현·장·중·심

상담심리

현 · 장 · 중 · 심

상담심리

정효정 · 심순애 · 이준희 · 장문규
전영택 · 김미숙 · 채소희 · 허린강

파워북

현대사회는 산업화에 따른 사회문화와 가족체계의 변화로 인해 가족기능의 상실, 경쟁사회로 인한 개인중심주의 등 우리가 사는 세상은 갈수록 어렵고 복잡해지고 있다. 이에 많은 사람들은 자기 마음속 이야기를 들어줄 사람이 필요하게 되었지만 사람들은 자기가 아닌 다른 사람의 일에 관심을 보이지 않아 마음에 문제가 생기게 되었고, 상담이라는 매체를 통해 어렵고 복잡한 세상을 잘 살아갈 수 있는 마음과 기술을 터득하도록 돕는 것이 정말 소중한 일로 여겨지고 있다. 이렇듯 오늘날에는 많은 심리적 · 행동적 문제는 상담으로 풀어야 한다는 접근이 허용되는 문화가 도래하고 있지만 아직 실생활과는 거리는 두고 있는 실정이다.

《교육학 사전》에 의하면, '상담'이란 상담자가 도움을 필요로 하는 사람에게 전문적 지식과 기능을 가지고 내담자 자신과 환경에 대한 이해를 증진시키며, 합리적이고 현실적으로 효율적인 행동양식을 증진하거나 의사결정을 내릴 수 있도록 원조하는 활동이다.

상담은 생활과 너무 멀리 떨어져 있으면 안 되는 중요한 '만남의 장'이라고 할 수 있는데, 우리나라에서는 전문가에 의해서만 상담 및 치료가 이루어져 왔으며 접근하기 어려운 문화로 인식되었다. 즉 많은 문제를 안고 있는 사람들을 만나는 현장의 담당자들에게 상담을 배우고 적용하는 것이 어렵다는 인식을 주고 있다.

따라서 저자들은 상담이 필요한 사람을 만나는 현장의 사람들－부모, 사회복지사, 영유아교사, 초중고 교사, 종교인, 공무원, 회사원, 병원, 학원 등－에게 상담을 쉽게 적용할 수 있는 방법이 없겠는가를 고민하게 되었고, 그 결과로 《현장중심 상담심리》를 펴내어 상담 현장에 있는 많은 이들과 상담을 배우고자 하는 학생, 상담에 관심이 있는 사회 성인들에게 도움이 되길 간절히 바라는 마음으로 책을 만들었음을 말씀드린다.

특히 이 책을 준비하며 가장 중요하게 생각한 것은

첫째, 상담에 대한 이해가 쉬울 것

둘째, 현장에서 다양하게 사용할 수 있는 이론과 기법을 체계적으로 정리할 것

셋째, 상담을 배우고자 하는 상담 입문자들, 현장에 적용하고자 하는 초보 상담자들에게 이론적 · 실제적인 도움이 될 것

마지막으로, 상담학으로 학위 과정을 전공하지는 못했지만 상담을 열심히 배워서 삶의 현장에서 적용함으로써 마음의 평안을 얻게 할 수 있는 현장중심 상담자들에게 도움이 되었으면 하는 것이다.

그렇다고 상담을 쉽게 생각하길 바라지 않는다. 상담자라면 상담관련 강의를 열심히 듣고 관련 자격증을 취득하고, 상담이나 그 밖에 다양한 책을 많이 읽어서 풍부한 상담 지식과 사례를 갖추어야 한다. 또한 가능한 다양한 내담자들과의 만남을 통해 상담의 어려움과 그 과정에서 터득한 경험을 쌓아야 하며, 이러한 과정을 위해서는 좋은 지도자와의 공부와 훈련은 아주 중요한 일이라 할 수 있다.

따라서 이 책은 직접 현장에서 실무를 담당하고 있는 여러 상담기관의 상담자와 치료자, 상담에 관심이 많고 상담실을 운영하고 있는 선생님들과의 충실한 의견을 교환하였고, 현장에서 실질적으로 바로 적용할 수 있는 상담이 되도록 하였다. 미흡한 점은 상담에 대해 함께 고민하는 이들과의 소통을 통해 꾸준히 보완할 것을 약속한다.

이 책은 한국부모아동연구소를 중심으로 진행하였고, 이러한 저술 활동을 통하여 연구소가 한국의 부모 · 아동 · 보육 · 상담(치료)의 발전을 위해 많은 역할을 하기 바란다.

마지막으로 우리나라의 상담발전을 위하여 기꺼이 이 책을 출간하여 주신 파워북 유제구 사장님과 책의 출간을 위해 노력하여 주신 김재원 실장님, 편집부 여러분께도 감사의 말을 전하고 싶다.

2010년 8월

저자 일동

PART 1 상담의 기초

제1장 상담의 이해

제2장 상담자의 윤리 및 자세

차례

제3장 상담의 관계와 내담자

제4장 상담을 위한 심리검사

PART 2 상담의 과정

제5장 상담의 과정

PART 3 상담의 이론

제6장 상담의 이론

제7장 현장 중심 상담의 이론

PART 4 현장 중심 상담의 실제

제8장 현장 중심 상담의 적용

제9장 현장 중심 상담의 기본방법

PART 1

상담의 기초

Chapter 01

상담의 이해

1. 상담의 기본개념과 이해

상담(counseling)은 여러 사람들에 의해 서로 다른 뜻으로 쓰여 왔으며, 오늘날에는 더욱 빈번하게 넓은 의미로 사용되고 있다. 상담은 라틴어 consulere에서 그 어원을 찾을 수 있는데, 원래 '고려하다', '반성하다', '숙고하다', '조언을 받다', '상담하다'의 뜻을 지니고 있다. 이러한 면에서 상담이란 독특한 인간관계에 의하여 이루어진 매우 전문적인 활동이다. 《교육학사전》에서는 상담이란 상담자가 도움을 필요로 하는 사람에게 전문적 지식과 기능을 가지고 내담자 자신과 환경에 대한 이해를 증진시키며, 합리적이고 현실적으로 효율적인 행동양식을 증진시키거나 의사결정을 내릴 수 있도록 원조하는 활동으로 정의하고 있다. 정원식 등(1982)은 상담은 도움을 필요로 하는 사람과 도움을 줄 수 있는 사람 사이의 개별적인 관계를 통하여 새로운 학습이 이루어지는 과정이며, 이장호(1988)는 도움을 필요로 하는 사람(내담자)이 전문적 훈련을 받은 사람(상담자)의 대면관계에서 생활과제의 해결과 사고, 감정의 인간적 성장을 위해 노력하는 학습과정으로 정의하고 있으며, 이시용 등(2000)은 상담의 의미를 인간이 자신의 문제를 해결하기 위하여 자기사고도 하고, 자기판단도 하며 당면한 문제를 해결하는 과정이라고 하였다. 로저스(Rosers, 1942)는 상담이란 훈련된 상담자와 도움을 필요로 하는 내담자의 관계를 토대로 한 상호작용의 과정이며, 상담자는 내담자의 감정을 수용하고, 명료화하는 과정이라고 하였다. 셔처와 스톤(Shertzer & Stone, 1980)은 상담은 자기와 환경에 대한 이해를 촉진시키고 장래 행동의 목표나 가치관을 확립해서 명료화하는 상호작용의 과정이라 하며, 자신과 환경에 대한 의미 있는 학습과정을 강조하였다. 이상과 같이 상담의 의미는 학자에 따라 견해의 차이가 있으나, 다음과 같은 공통점을 가지고 있다.

① 상담은 개인 대 개인의 관계이다.
② 상담은 언어적 수단에 의한 역동적인 상호작용이다.
③ 전문적인 조력을 주는 관계이다.
④ 상담은 학습의 과정이다.
⑤ 상담은 사적인 관계이다.

따라서 상담이란 전문적인 지식과 훈련을 갖춘 상담자와 도움을 필요로 하는 내담자 간의 수용적이고 구조화된 관계가 형성되고, 이 관계 속에서 내담자가 지닌 생활과제를 스스로 효율적으로 의사결정하고 긍정적인 방향으로 해결할 수 있도록 도와주는 조력의 과정이다. 또한 내담자의 긍정적인 사고와 건강한 성장 · 발달을 심리적으로 지원해 주는 계획적이고 전문적인 활동으로 정의할 수 있다.

2. 상담의 목표

상담은 심리적 문제나 증상을 가진 사람에 대한 심리적 지원이라고 하는 목표를 가지고 있다. 문제나 증상을 갖고 있는 사람, 즉 내담자는 자신의 문제를 해결하고 증상이 사라지기를 바라는 마음에서 상담자에게 도움을 청한다. 내담자는 현재 상태에서 바람직한 방향으로 변화된 모습을 원하고 있으며, 그 변화를 도와주는 방법이 상담이다. 그러므로 어떤 유형의 상담일지라도 궁극적인 목표는 상담자와 내담자 관계에서 내담자에게 건강한 변화가 일어날 수 있도록 적절한 접근이 이루어지도록 하는 데 있다고 할 수 있다.

따라서 상담의 목표를 구체적으로 살펴보면 다음과 같다.

첫째, 인간의 행동에 있어서 변화를 촉진시킨다. 대부분의 상담이론을 보면 내담자로 하여금 좀 더 생산적이고 만족스러운 삶을 살 수 있도록 내담자의 행동 변화를 가져오는 것을 상담의 목표로 하고 있다. 즉 사고, 감정 그리고 행동의 변화를 가져오는 것이 상담의 목표이다.

둘째, 사회적 · 개인적인 관계들을 개선시킨다. 상담을 내담자로 하여금 인간관계를 원만히 하도록 하는 것이다. 즉 가정, 학교, 직장, 지역사회 등 여러 유형의 인간관계가 발달을 촉진할 수 있는 방향으로 변화되도록 하는 것을 가리킨다. 상담의 최종 결과로 내담자는 상담자와 '촉진적' 인간관계를 맺고 바람직한 방향으로 변화를 이루게 될 뿐만 아니라 내담자 자신이 다른 사람과 촉진적 인간관계를 형성하고 발달시킬 수 있는 힘을 기르게 된다.

셋째, 사회적 효율성과 대처하는 능력을 증진시킨다. 상담은 내담자로 하여금 문제해결 능력과 적응기술을 증진시킨다. 문제해결을 상담의 목표로 할 경우 삶 그 자체가 문제의 연속이기 때문에 상담 또한 계속 필요한 것이 된다. 그렇기 때문에 상담의 목표는 문제해결보다 내담자 스스로 문제라고 생각하는 것을 해결할 수 있도록 돕는 것이 되어야 한다.

넷째, 의사결정 과정들을 배운다. 상담은 내담자로 하여금 의사결정 기술을 함양하는 것이다. 우리의 삶은 선택과 결정의 연속이고 합리적인 의사결정을 필요로 한다. 상담은 가장 합리적인 의사결정 과정이라고 할 수 있다.

다섯째, 인간의 잠재력을 향상시키고 자기발달을 풍부하게 한다. 상담은 내담자의 타고난 잠재 능력을 개발하여 저마다 자기를 실현하는 사람이 되도록 돕는 것이다. 인간은 무한한 잠재력이 있지만 극히 일부만 활용하고 있다. 상담은 내담자로 하여금 자기탐색의 기회를 갖도록 한다. 자기탐색의 과정을 거쳐서 자신의 능력과 특성을 발견할 수 있는 것이다.

효과적인 상담을 위한 구체적인 상담목표를 설정할 때 고려해야 할 점을 구체적으로 살펴보면 다음과 같다.

내담자에게 중요한 것을 목표로 하기

상담목표는 내담자에게 중요하며 유익한 것이어야만 한다. 또한 목표의 성취는 직접 관찰이 가능한 것이어야 한다. 내담자는 상담목표가 내담자에게 중요할 때 목표를 성취하기 위하여 좀 더 노력하게 된다. 내담자와 상담자가 함께 내담자에게 중요한 것을 상담목표로 설정하는 것은 상담과정 중에 서로 협력하여 만들어가는 것이다. 따라서 이미 형성된 어떤 원칙에 근거하여 상담자의 목표나 프로그램의 목표를 주장하기보다는 내담자의 목표를 수용하면서 진행하는 것이 한층 많은 도움이 된다.

작은 것을 목표로 하기

내담자가 설정하는 목표는 작은 것이어서 내담자가 성취할 수 있는 것이어야 한다. 상담목표가 적을 때 내담자는 쉽게 성공한다. 목표를 성취하는 것은 내담자에게 성공하고 있다는 감정을 주고 희망을 가지게 해주며 변화하고자 하는 동기를 증가시킨다. 예를 들면, 산책하고 친구에게 전화하고 방문하며 신체적으로 기분 좋게 느끼게 하는 것과 같은 것이다.

구체적이며 명확하고 행동적인 것을 목표로 하기

'정상적인 생활을 하는 것', '행복해지는 것'과 같은 목표는 잘 설정되었다고 말할 수 없다. 왜냐하면, 이것은 너무 애매모호하기 때문이다. 이와 같이 애매모호하게 설정한 목표의 문제는 상담자와 내담자의 상담과정이 이루어졌는지 파악하는 것이 불가능한 것이다. 도피적인 목표가 상담의 초점이 되었을 때 상담은 필요보다 길어질 가능성이 많다. 목표를 정확하게 설명할 때의 이점은 상담자와 내담자가 진행하고 있는 것을 쉽게 평가할 수 있고 나머지 목표로 알 수 있다.

없는 것보다는 있는 것에 관심 두기

상담을 받아 무엇이 성취되기를 바라는가라고 질문하면 내담자들은 대부분 문제가 제거되거나 문제로부터 해방되기를 원한다고 대답한다. 경험에 의하면, 문제시되는 것을 없애는 것보다는 있는 것에 관심을 두고, 부정적인 단어를 사용하지 않는 목표들이 좀 더 효과적이고 효율적인 것이 증명되었다. 목표는 내담자가 하지 말아야 하는 것 대신에 해야 하는 것에 관하여 긍정적이고 보호적으로 설명해야만 한다.

목표를 중시하기보다는 시작으로 간주하기

목표는 내담자가 성취하고자 하는 처음의 작은 시작단계를 설명하여야 한다. 내담자들은 처음에 상담받으러 올 때 완전한 것, 절제, 행복한 것 등과 같은 목표를 설명한다. 다른 말로 하면 그들의 목표는 성취하기를 희망하는 최종의 결과에 관한 것을 말하는 것이다.

이러한 것은 내담자가 다른 생활을 인식할 수 있다는 신호로 볼 수 있는 반면에, 내담자가 한 단계씩 목표를 향해 나가도록 도움을 받지 않는 한 내담자의 목표는 희망일 뿐 아무것도 도움이 되지 않을 수 있다.

내담자의 생활에서 현실적이고 성취 가능한 것을 목표로 하기

목표는 내담자가 일상생활에서 일어나는 부적응행동을 스스로 자율적인 의사결정 과정을 통해 문제의 해결점을 찾아내고 해결하는 과정을 이끌어갈 수 있도록 현실적이고 성취 가능한 것을 목표로 삼고 행할 수 있어야 한다.

목표 수행은 힘든 일이라고 인식하기

내담자가 문제를 인식하고 해결하는 과정은 결코 간단하거나 쉬운 일이 아니라는 것을 인식하고 과거의 영향으로부터 벗어날 수 있으면 더욱 성숙한 개인이 될 수 있다는 희망을 가지고 참고 인내하는 과정을 인식하고 나아갈 수 있도록 한다.

3. 상담의 원리

전문적 소양을 갖춘 상담자가 상담을 전개할 때는 일정한 원리에 바탕을 두고 시작하는 것이 바람직하다. 구체적인 상담의 기본원리를 살펴보면 다음과 같다.

1) 상담관계 형성의 원리

상담이란 내담자와 상담자 간의 상담관계를 핵심으로 하여 내담자가 자신의 문제를 한층 객관적으로 바라볼 수 있도록 하고, 나아가 그 문제를 해결함으로써 자신의 삶의 질을 더욱 향상시키도록 도와주는 일련의 과정이다. 상담관계란 일반적인 인간관계와 대비되는 것이다. 이는 특정한 인간관계 기술을 사용하여 내담자가 행동적 · 정서적, 그리고 인지적인 면에서 스스로 성장, 변화하겠다는 결심을 하고, 실제로 변화를 추진할 수 있도록 도와주는 의도적이고 체계적인 관계로 정의된다. 따라서 상담관계를 형성하고 발달시키는 것이 상담효과를 높이는 데 가장 중요한 변인이라 할 수 있다. 상담관계의 형성을 위해 필요한 몇 가지 요소들은 다음과 같다.

(1) 공감적 이해

공감적 이해란 내담자의 입장에서 그들의 내면체계를 이해하는 것을 말한다. 공감적 이해는 내담자를 정확히 이해하고 내담자와 정서적으로 연결되었을 때, 그리고 상담자가 자기를 이해하고 동시에 자신과 정서적으로 연결된 것을 내담자가 느낄 수 있을 때 온전한 것이 된다. 물론 지적인 이해, 정서적 연결, 그리고 이해의 전달이 어떤 정해진 순서에 따라 일어나는 것보다는 동시적으로 일어나는 것이라고 생각된다.

상담자가 내담자와 정서적으로 연결되어 있다는 것은 내담자가 표면적으로 보여주는 행동이나 말 이면의 감정들을 마치 자기의 감정인 것처럼 상담자가 느끼고 그것을 고리로 하여 내담자의 경험세계를 주관적으로 경험하게 되는 과정을 의미한다. 이때 상담자는 내담자가 마치 표현하지 못한 감정까지도 함께 느끼고 내담자로 하여금 이 감정을 안전한 상담관계 속에서 재경험하고 표현할 수 있도록 도와줄 수 있어야 한다.

(2) 무조건 존중

상담자는 내담자의 행동이나 감정, 사고를 무조건적으로 존중하며 내담자를 하나의 전체적인 인간으로 아끼고 사랑할 수 있어야 한다. 만일 내담자를 무조건적으로 존중할 수 없으면 내담자와 진정한 상담관계를 형성할 수도 없다. 내담자들은 일반적으로 다른 관계 속에서 많은 것을 박탈당한 사람들이다. 따라서 상담자가 그들에 대한 인간적 존중감이 없이 그들을 대하게 되면 내담자는 상담자와의 관계 또한 다른 관계와 비슷한 것으로 가벼워지고, 이것은 경우에 따라서 치명적인 상처를 줄 수도 있다. 그러나 내담자를 무조건적으로 존중해 주면 이제껏 가지고 있었던 방어의 벽을 허물고 안전한 상담관계 속에서 자기탐색을 활발히 하게 된다.

(3) 신뢰성(또는 진실성)

내담자는 상담자를 신뢰할 때 상담자들에게 자신을 의뢰할 수 있다. 상담 초기에 내담자는 보통 상담자에 대한 신뢰수준을 결정하기 위하여 끊임없이 시험해 본다. 이때 상담자가 능력 있고 솔직하며, 진지하고 숨겨진 의도를 갖고 있지 않다고 판단되면 내담자는 상담자를 신뢰하게 된다. 일단 상담자를 신뢰하게 되면 상담관계는 공고해진다. 그러나 상담이 진행되는 과정에서도 여전히 내담자는 상담자에 대하여 신뢰 여부를 확인해 보고자 한다. 결국 상담과정에서 '이 상담자는 나를 진심으로 생각하고, 나를 위해 최선을 다하고 있다'는 신뢰성에 대하여 내담자가 잠시라도 의문시한다면 그 상담자는 내담자를 진정으로 도울 수 없게 된다.

(4) 안전성

내담자는 상담자와의 관계에서 안전함을 느낄 수 있어야 한다. 안전한 관계 속에서 내담자는 자기의 감정을 자유롭게 느끼고 다양한 행동대안들을 탐색해 볼 수 있다. 안전한 관계 속에서 내담자는 자기의 모습을 적나라하게 내보일 수 있다. 내담자에게 심리적 안정을 주기 위해서는 내담자가 정서적으로 상담자와 연결되고 존중받는다는 사실을 느끼며 상담자를 신뢰할 수 있어야 한다. 또한 내담자가 상담에 대한 올바른 오리엔테이션을 받음으로써 상담과정에서 어떤 행동을 하고 어떤 것을 기대해야 하는지를 확실히 알 때 내담자는 덜 불안하게 된다. 또한 좀 더 구체적인 상담내용을 구체적인 용어로 다룰 때 내담자들은 안정감을 느끼게 된다.

2) 동기유발의 원리

상담관계는 일단 형성되고 나면 그 성격이나 기능이 계속 똑같이 유지되는 것은 아니다. 상담이 진행되는 동안 상담관계는 계속적인 변화를 가져온다. 상담자는 가능한 효과적이고 치료적인 상담관계를 유지하기 위하여 부단히 노력해야 한다. 그러나 여러 가지 이유로 인하여 어쩔 수 없이 역기능적 상담관계로 빠질 수 있다. 따라서 상담자는 상담관계의 다양한 변화에도 불구하고 내담자로 하여금 상담에 대한 적극적인 동기를 유지할 수 있도록 도와야 한다. 그리하여 내담자 스스로 자기변화와 성장을 희망적으로 기대하고 나아가 여러 가지 대안적인 행동과 사고를 시도해 볼 수 있도록 해야 한다.

동기유발의 방법으로는 우선 상담자는 내담자가 상담에 대해 얼마나 분명한 목표를 가지고 있는지, 자기성장과 발전에 대해 어떠한 느낌을 가지고 있는지, 그리고 상담을 통한 변화에 대해 어떠한 생각을 가지고 있는지를 잘 살펴야 한다. 그리고 현실적이고 적절한 목표를 설정하고 이를 활성화하며 가능한 많은 목표를 동시에 달성할 수 있도록 내담자를 동기화해야 한다. 뿐만 아니라 적절하게 도전적인 수준의 목표를 설정하고 내담자의 동기화를 위해 노력하는 과정에서 상담자는 현실적인 한계를 염두에 두고 있어야 한다.

3) 지도의 원리

상담자는 많은 내담자들을 상담해야 한다. 즉 많은 내담자를 한꺼번에 상담해야 하는 상황이 발생할 수도 있다. 물론 그 중에서 개인적으로 상담해야만 하는 내담자들도 있을 수 있으나 많은 내담자들을 좀 더 효율적으로 상담하기 위해서는 집단으로 상담하는 것이 나을 때도 있다. 뿐만 아니라 집단으로 심리교육을 함으로써 한꺼번에 많은 내담자들을 교육하고 그들에게서 발생할 가능성이 있는 문제들을 사전에 예방할 수 있다.

내담자들을 상담할 때에는 그들이 지닌 잠재적 발달의 가능성을 최대한 구현하도록 도와야 한다. 인간은 주어진 시간과 상황에서 취할 수 있는 수많은 행동의 가능성을 지니고 있다. 현재 보이고 있는 행동은 그 많은 가능성 중에서 일부에 지나지 않는다. 내담자들이 나타내는 행동과 성취에만 관심을 갖기보다는 잠재 가능성에 더 큰 관심을 가지고 내담자들을 지도하고 상담해야 한다.

4) 상담의 기본원리

개별화의 원리

상담자는 내담자의 개성과 개인화를 인정하는 범위 내에서 상담을 전개해야 한다.

의도적 감정표현의 원리

상담자는 내담자에게 자유롭게 의도적인 표현을 할 수 있는 온화한 분위기를 조성해 주어야 한다.

통제된 정서관여의 원리

상담자는 내담자의 정서 변화에 민감하게 반응하여 이해하고, 적절한 대응책을 마련할 태세를 갖추고 적극적인 관여를 해야 한다.

수용의 원리

상담자는 내담자에게 따뜻하고 수용적이어야 하며, 내담자를 인격체로서 존중한다는 것을 말이나 행동으로 전달하여야 한다.

비판적인 태도의 원리

상담자는 객관적으로 내담자의 행동, 태도, 가치관 등을 평가하여야 하며, '유죄이다', '책임져야 한다', '나쁘다' 등과 같은 판단적인 언어로 문제를 다루어서는 안 된다.

자기결정의 원리

상담자는 내담자의 개인의 가치와 존엄성을 존중하고 내담자가 스스로의 힘으로 문제를 해결할 수 있다는 신념을 가져야 한다.

비밀보장의 원리

상담자는 내담자와의 대화 내용을 아무에게나 이야기하는 습관을 버리고 반드시 비밀을 지켜야 한다.

4. 상담의 기술

상담은 인간관계를 통하여 심리적으로 조력하는 과정이라고 할 수 있으며, 이러한 심리적 조력에도 기술이 필요하다. 구체적인 상담기술을 살펴보면 다음과 같다.

(1) 수용의 기술

내담자가 이야기한 것을 이해하고 받아들였다는 것을 표현하면서 내담자 사고의 흐름을 방해하지 않는 것이다. 따뜻하고 친밀한 태도로 이야기하는 것이 수용의 기초가 된다.

(2) 발언의 핵심에 대한 반응의 기술

내담자가 편안한 마음으로 이야기를 계속하면 상담자는 그 핵심을 파악하여 이에 적절하게 반응해 주어야 한다. 그러기 위해서 상담자는 상담내용보다도 내담자에게 정신을 집중시켜야 한다. 상담자 자신의 관심사나 대화의 맨 끝말에 주의를 집중하여 반응하면 핵심을 잃어버리기가 쉽다. 핵심을 파악하려면 대화 속에 내포되어 있는 감정과 자주 대두되는 말, 즉 주제에 주목해야 한다.

(3) 명료화의 기술

내담자가 자신의 느낌이나 생각을 분명히 할 수 있게 하는 기술이다. 이는 내담자가 산만하고 막연하게 말한 것 중에서 분명한 것을 신중하고, 간결하게 그리고 정확하게 말해 줌으로써 내담자가 자신의 문제나 생각 또는 감정을 이해할 수 있게 한다.

(4) 요약의 기술

내담자가 요령 없이 이것저것 늘어놓은 말을 간결하게 하는 것이다. 이때 상담자는 새로운 개념을 도입하지 않게 하여 화제가 상담자에 의해 지배되지 않도록 한다.

(5) 인도의 기술

내담자가 이야기하고 있을 때 이를 촉진하거나 계속하게 하거나 화제를 바꾸게 할 때 사용되는 기술이다. 이것은 요약을 넘어서서 새로운 화제를 유도할 때도 사용된다.

(6) 직면의 기술

내담자가 내면에 지니고 있는 자신에 대한 그릇된 감정, 특히 현실의 경험과 일치되지 않은 감정을 드러내어 스스로 인지하도록 하는 기술이다. 이렇게 하여 내담자가 자신의 감정을 받아들이고 행동에 책임을 지게 한다.

(7) 해석의 기술

내담자가 직접 진술하지 않은 내용이나 개념을 그의 과거 경험이나 진술을 토대로 하여 추론해서 말하는 것이다. 즉 내담자의 행동이나 발언에 근거하여 그의 성장에 도움이 되는 새로운 개념이나 관계를 제시하는 것이다.

5. 상담과 심리치료

상담과 심리치료(psychotheraphy)는 조력관계에 기초하여 개인의 행동상의 장애와 적응상의 문제를 해결하도록 도와준다는 공통점을 가지고 있는 반면, 차이점 또한 가지고 있다. 우선 목표 면에서 상담은 주로 교육적 · 예방적 · 발달적인데 목표를 두고 있다고 하면, 심리치료는 적응적 · 교정적 · 치료적인 데 목표를 두고 있다고 할 수 있다. 또한 특징적인 단어 표현 면에서 상담은 교육적, 직업적, 지지적, 상황적, 문제해결, 의식의 인식, 정상적, 현재, 단기간 등과 같은 말로 특징지을 수 있으나, 심리치료는 지지적(위기상황에서), 재구성적, 심층의 강조, 분석적, 과거에 대한 강조, 신경증 또는 심한 정서적 문제, 장기간 등과 같은 말로 특징지을 수 있다.

내담자의 주된 문제, 조력해 주는 장면에서도 차이점을 찾을 수 있다. 즉 인간의 문제는 복잡하며 연속성을 띠는 것이기 때문에, 사실 상담의 대상과 심리치료의 대상을 엄격하게 구별하기는 어렵다. 하지만 한 전문가가 모든 적응문제를 다룰 수 없으므로 상담과 심리치료는 구분할 필요가 있다.

상담이란 상담자와 내담자의 관계를 통하여 내담자의 현재의 문제를 해결하여 부적응적 증상을 해소하도록 돕는 과정이며, 내담자가 자신을 긍정적으로 받아들이고 자율적인 문제해결 능력을 획득하고, 더욱 높은 적응력을 키울 수 있도록 전문적이고 과학적인 방식으로 돕는 과정이다. 즉 내담자로 하여금 자기 자신에 대해 이해하게 하고 해결하게 하여 궁극적으로는 인간적인 성장을 이룰 수 있도록 돕는 과정이다. 상담은 주로 전문적인 상담자나 일정한 상담교육을 받은 상담교사에 의해 이루어지고, 교육적인 목적보다는 심리이론에 근거하여 이루어진다는 특성이 있다.

한편 심리치료는 주로 병원에서 사용되는 치료적 용어로서, 환자를 대상으로 '증상'을 다루며, 심층분석적 문제해결과 자각이나 통찰에 역점을 둔다는 면에서 차이가 있다고 하겠다. 하지만 전문적인 관계를 바탕으로 정서적인 문제를 심리학적 접근방법을 이용한다는 면에서 상담과 공통점을 가지고 있다. 또한 상담에서와 같이 대인관계 및 성격상의 여러 문제들을 폭넓게 다룬다는 점에서 상담과 심리치료의 경계를 분명하게 하기는 힘들다. 심리치료는 상담자들에 의해 이루어지기도 하지만, 임상장면의 심리치료사나 혹은 임상심리사에 의해 주로 이루어진다는 특징이 있다.

서처와 스톤(Shertzer & Stone, 1981)은 상담과 심리치료의 차이에 관해 다음과 같이 언급하고 있다.

첫째, 상담에서는 상황적이고 환경적인 압력을 다루는 반면, 심리치료는 성격의 수정과 좀 더 심각한 행동의 수정에 관여한다.

둘째, 상담은 주로 심각한 적응문제를 가지고 있는 사람들보다는 정상적인 사람들을 대상으로 하는 반면, 심리치료는 심리적 장애를 가지고 있는 사람들을 대상으로 한다.

셋째, 상담에서는 현재의 의식적인 자료를 강조하는 반면, 심리치료에서는 무의식적인 과정의 반응에 대한 역사적이고 상징적인 자료를 강조한다.

넷째, 상담은 주로 학교, 대학, 지역사회 건강센터 등에서 실시되는 반면, 심리치료는 임상진료소, 병원 등에서 실시된다.

다섯째, 상담에서는 개인의 긍정적인 장점을 강조하지만, 심리치료에서는 진단과 치료를 강조한다.

여섯째, 상담은 주로 단기간 동안 실시되지만, 심리치료는 대체로 많의 회기의 면담으로 이루어지며 심지어 수년 동안 지속되기도 한다.

일곱째, 상담에서는 개인이 발달과업에 적응하도록 도와주는 것을 강조하지만, 심리치료에서는 개인의 내적인 갈등을 주로 다룬다.

앞의 내용을 정리하면, 상담은 '정상인'을 대상으로 하며, 심리치료는 '환자'를 대상으로 한다. 상담이 대체로 교육적이고, 상황적인 문제해결과 의식적인 내용의 자각에 주력하는 반면, 심리치료는 '재구성적'이고, '심층분석적'인 문제해결과 무의식적 동기의 통찰에 역점을 두고 있다고 말할 수 있다.

Chapter 02

상담자의 윤리 및 자세

1. 상담자란

상담은 한 사람이 도움을 필요로 하는 사람의 문제를 해결할 수 있도록 만나는 두 사람 사이의 관계를 포함하고 있다. 이 중 도움을 받는 사람을 내담자라 하고, 훈련된 한 사람을 상담자라고 한다(천성문 외, 2005). 상담자는 훈련받은 전문가로 도움이 필요한 내담자의 경험, 감정, 행동 등을 나누고 함께 문제를 파악하여 목표와 대안을 마련하면서 내담자가 문제를 해결하는 과정 안에 함께 있다. 상담자는 내담자의 조력자이자 지지자로서 내담자를 이해하고 평가하지 않는 안정적인 분위기를 마련하여 내담자가 고통받고 있는 생각과 감정을 스스로 탐색하고 표현할 수 있도록 기회를 제공한다.

상담자는 대표적인 정신건강전문가이다. 도움을 주는 전문직에서 훈련받은 다양한 사람들은 상담자, 학교상담자, 학교심리학자, 가족상담자, 상담심리학자, 임상심리학자, 사회사업가, 재활상담자, 아동발달상담자 등이 있다(천성문 외, 2005). 이들은 개인상담, 집단상담, 또 학교나 기관, 병원, 복지관, 기업체, 산업체 등에서 사람들을 돕거나 자문 등의 역할을 하고 있는데, 대개 면담, 검사, 사례분석, 관찰기법, 평가, 교육 및 연구 또는 추후 활동 등을 한다.

상담은 전문분야의 하나로, 상담학 · 심리학 · 교육학 · 아동학 · 사회복지 등의 관련 전공의 학사학위(4년), 석사나 박사학위를 필요로 할 수 있다. 상담 관련 자격을 갖추기 위해서는 상담 관련 공인기관이나 관련 학회에서 주관하는 상담전문가의 감독하에서 수련과 인턴과정을 거치기도 하며 자격과정에 따라 1급(전문가), 2급, 3급으로 나누어 각기 다른 학위와 수련과정을 요한다. 상담자로서 내담자를 만나는 매순간 최선을 다하고 전문가로서의 자질을 갖추기 위해서는 지속적인 수련과정을 거쳐야 하며, 상담자는 자신의 극복되지 않은 문제로 인해 내담자와의 상담과정에 영향을 미치지 않기 위하여 전문가를 통해 자신을 분석하는 시간을 가질 수 있다.

상담에 대한 일반 사람들의 관심은 나날이 증가하고 있다. 전문직에 있는 사람들에게도 각광받고 있는 분야임에도 틀림없다. 현대인들은 스스로 조절하기 어려울 정도의 만성 스트레스 속에서 도움을 원하고 있고 정신건강의 중요성은 더욱 커지고 있는 실정에서 상담자의 역할과 책임은 더욱 커지고 있다. 상담은 내담자의 문제를 평가하고 환경을 변화시켜 줌으로써 감소시키는 역할을 하고, 사람들이 가지는 일반적인 문제에서 더 심각한 수준의 갈등 및 혼란을 야기하는 것을 예방할 수 있기 때문에 상담자의 역할은 지속적으로 증가할 것이다.

2. 상담자의 윤리

상담은 상담자가 도움을 필요로 하는 내담자에게 전문적인 도움을 주는 활동으로 이들은 인간과 인간의 관계 안에서 반드시 지켜야 할 윤리적 지침을 가진다. 이것은 상담자로 하여금 전문적인 활동을 하는 전문가로서의 기본적인 태도와 책임을 가지도록 한다. 또 상담에서의 윤리적 사항과 법적 조항에 대해 알고 미리 준비하는 것은 상담자를 법적 책임으로부터 보호하고 치료를 성공적으로 이끌 수 있도록 돕는다.

따라서 미국상담및발달학회(American Association for Counseling and Development, 1988)와 미국심리학회(American Psychological Association, 1981), 그리고 미국학교심리학자협회(National Association of School Psychologists, 1985) 등은 상담자의 윤리에 오랫동안 관심을 가지고 상담을 진행할 때 지켜야 할 윤리적 강령을 제시하였다. 우리나라에서는 상담자의 윤리적 지침에 관심을 가진 한국상담심리학회를 중심으로 2003년 5월에 윤리강령을 제정하였고, 이것을 2005년 4월에 개정하여 상담자들에게 안내하고 있다(강문희 · 손승아 · 안경숙 · 김승경, 2008). 상담자들이 지켜야 할 윤리적 사항을 간략히 다섯 가지로 요약하면 다음과 같다.

1) 인간의 권리와 존엄성에 대한 존중

상담자는 내담자를 한 인간으로서 권리를 보장하고 존엄성을 존중할 수 있어야 한다. 이것을 보장하기 위해서는 내담자의 연령과 무관하게 모두를 한 사람의 인격으로 대하고, 내담자의 기본적인 특성, 즉 성별, 종교, 장애, 문화적 배경 등으로부터 부당한 대우나 차별하지 않으며 이들의 다양성을 존중하는 태도를 가져야 한다(강문희 외, 2008).

최근 다양한 형태의 가족을 상담현장에 만날 수 있다. 이혼가족, 한부모가족뿐만 아니라 다문화가정, 이주노동자가정, 새터민 등 이들의 출현으로 상담현장에서도 이들에 대한 준비를 하고 있다. 그러나 이들을 현대사회의 문제점으로 야기된 가족의 형태로 볼 것이 아니라 이들 각각의 다양성을 존중할 수 있는 상담자의 태도와 인식이 먼저 요구되는 실정이다.

2) 동의서

동의서(informed consent)는 상담에 참가하겠다는 내담자의 의사결정을 문서화한 것이다(김춘경, 2006). 상담에서는 내담자의 자발적인 동의가 매우 중요하고 내담자가 그 의미를 가지도록 하기 위해서 동의서를 작성하는 것은 중요한 의의를 가진다. 그러나 절대 내담자가 강요에 의해 서명하도록 해서는 안 된다. 특히 내담자가 아동일 경우 부모의 이해나 동의 없이 아동이 상담자를 만났을 때 아동의 사생활의 권리와 상담에 동의할 부모의 권리 사이에 직접적인 긴장관계가 형성될 수 있음을 지적한 바 있다(Salo & Shumate, 1993). 또 내담아동이 너무 어리거나 장애로 인해 동의하는 데 문제가 있는 경우에는 부모나 법적 보호자가 대리로 서명할 수도 있다. 이는 상담결과를 우려하는 부모와 먼저 연락하는 것이 나중에 생길 문제를 방지할 수 있음을 의미하며, 아동이 대개 11~12세 이상이면 아동의 서명을 받는다(김춘경, 2006). 동의서는 내담자가 치료과정에 영향을 줄 수 있는 모든 정보를 미리 알고 이에 대해 동의한다는 내용과 함께 녹음, 관찰, 위험, 치료의 이점과 비밀보장과 그 제한점에 대한 정보, 경고의 의무, 보호의 의무, 보고의 의무, 클리닉의 관찰, 관찰 및 기록 방침, 요금에 대한 정보를 포함한다(김춘경, 2006). 또 상담자가 슈퍼비전(수련감독)을 받는 경우 내담자 가족은 상담자의 슈퍼바이저(수련감독관)에 대한 사항도 알 수 있도록 안내한다.

3) 비밀보장

상담자는 내담자의 사적인 정보와 사생활에 대해 노출되기 마련이다. 이는 지극히 개인적인 사항으로 상담자는 내담자의 문제를 보호하고 사생활과 상담내용에 관하여 비밀을 철저히 보장해 줄 책임이 따른다. 상담자가 내담자의 비밀보장에 대해 철저히 지켜줄 때 내담자는 상담과 상담자에 대한 라포(rapport) 형성과 신뢰감을 쌓을 수 있을 것이며, 상담을 진행하는 데 불안정하거나 주저하는 마음을 낮출 수 있게 된다. 만일 비밀보장이 잘 지켜지지 않을 경우 내담자는 상담과정에서 상담에 필요한 정보나 자료를 모두 노출하지 않게 되고 상담자를 믿고 관계를 이어나가기 어려운 상황도 생길 수 있다. 이런 경우 상담은 순조로운 진행이 되기 어렵고, 경우에 따라 상담과정이 끝날 수도 있다.

그러나 상담에서 비밀보장이 엄격히 지켜지는 데 한계가 따른다(강문희 외, 2008). 내담자의 생명이나 사회의 안전을 위협하는 경우와 내담자가 감염성이 있는 치명적인 질병이 있음을 확인한 경우, 법적으로 정보의 공개가 요구되는 경우 등 특히 심각하거나 다급한 경우 비밀보장이 한계에 부딪히기도 한다. 이러한 경우를 위하여 상담자는 미리 내담자에게 비밀보장의 한계를 사전에 반드시 안내하고 내담자가 숙지할 수 있도록 하며 동의를 거치는 과정이 필요하다. 특히 아동의 경우 다른 기관이나 부모와 관계가 없는 사람에게 비밀보장을 엄수하는 것은 당연한 것이나, 부모에게 공개하는 것은 아직까지 그 의견이 분분한 상황이다(김춘경, 2006). 중요한 것은 부모에게 아동의 정보를 공개하는 것은 '무엇이 아동에게 최선인가'를 기준으로 상담자는 신중한 판단을 통해 결정해야 한다. 또한 상담자는 공개를 결정하기에 앞서 아동에게는 동의를 얻고 아동의 합의하에 부모에게 정보를 제공한다. 부모와 아동은 아동이 제공하는 정보를 부모에게 공개하거나 부모의 정보를 아동에게 공개하는 것 모두 상담자가 가진 규칙에 의해 이루어진다는 것을 이해하도록 안내한다. 대부분의 아동들은 상담과정 동안의 세부사항 모두를 공개하는 것보다는 상담의 진행 또는 진보사항을 보고하는 것을 편안해 하는 것이 사실이며, 처음 부모에게 아동의 정보를 공개하는 방식을 잘 마련하는 것은 치료적인 공감대를 형성하는 데 중요한 사항이다. 그러나 사실상 아동이 내담자일 경우 부모에게 진행과정을 알리는 것이 윤리적 지침인 동시에 사실상 일반적인 형태의 부모는 보호적인 차원, 부모교육적인 의미에서 알아야 한다.

미국심리학회(APA, 1987)에서는 다음과 같은 경우 비밀보장의 틀에서 벗어날 수 있다고 제시하기도 했다(김춘경, 2006 재인용).

① 아동, 청소년 혹은 무능력하거나 능력이 없는 사람이 학대나 해로운 방임으로 판명되거나 의심이 가는 경우
② 환자나 내담자의 의도가 합법성에 이의가 제기될 경우
③ 심리학자가 내담자에 의해 야기된 잘못된 행동을 변호하는 데 정보가 필요한 경우
④ 동일한 희생자에 대한 신체적 폭력의 위협이 상담자에게 공개되었을 경우
⑤ 민사소송절차에서 자기를 해칠 위협이 상담자에게 노출되었을 경우
⑥ 소송에서 정신적 혹은 정서적 손상을 주장하는 환자 또는 내담자가 자신의 정신상태를 문제 삼을 경우
⑦ 환자 혹은 내담자가 법령에 준하여 조사받을 경우
⑧ 환자나 내담자에 의한 조사와 청문회의 상황에서 이 행동의 위반을 문제 삼는 기관에 의해 처리될 경우

4) 보호와 경고의 의무

상담자는 비밀보장의 한계를 언급하는 맥락에서 내담자에게 보호의 의무(duty to protect)와 경고의 의무(duty to warn)를 알려주어야 한다(김춘경, 2006). 이것은 크게 세 가지로 나누어 설명할 수 있다. 만약 어떤 아동이 부모로부터 위협받고 있음을 알게 된다면 상담자는 법적으로 경찰에 상황을 알려야 할 책임이 있다. 그리하여 적절한 아동보호기관과 연계를 하거나 부모가 상당히 위험한 상태일 경우 위탁절차를 밟기도 하는데, 이는 아동을 위험으로부터 보호할 수 있도록 조치를 취하는 데 목적을 둔다.

이와 달리, 아동이 부모나 형제를 해치려고 하는 경우 상담자는 그 부모가 자신이나 그 형제를 충분히 보호할 수 있다는 확신이 있으면 그 부모에게 아동의 의도를 통지하는 것으로 충분할 수도 있다. 상담자는 아동에게 경고를 하고 필요한 경우 내담자를 입원시키면 경고의 의무를 다 한 것이 된다(Pierofesa, Pierofesa, & Pierofesa, 1990; 김춘경, 2006 재인용). 내담자를 입원시킬 필요가 있다고 판단되면 그 가족에게 알리고 내담자 가족이 무엇을 해야 하는지, 그의 가족이 받을 스트레스를 다룰 수 있도록 돕고 응

급처치가 필요한 경우도 있다. 이런 경고의 의무는 HIV/AIDS 환자인 내담자의 경우와 감염의 위험이 있는 경우에도 적용될 수 있다.

경고나 보호의 의무는 내담자가 자살을 계획하거나 행하려고 할 때도 적용된다. 이때 상담자는 반드시 내담자와의 상호작용의 내용을 기록할 필요가 있다. 기록은 상담자를 법적인 책임으로부터 보호할 수 있고, 경고의 의무나 보호의 의무와 관련된 그 상황을 증명하는 자료로 사용될 수 있기 때문에(김춘경, 2006) 중요하므로 주의 깊게 기록한다.

5) 보고의 의무

아동이 내담자일 경우 아동학대나 방임에 노출되었을 가능성이 높다. 이러한 경우 상담자는 아동보호전문기관[1]에 신속히 알려 아동이 더 큰 상황에 놓이지 않도록 해야 할 의무를 가진다. 신체학대나 정서적 학대, 성학대, 그리고 방임까지 아동이 받는 학대의 형태는 다양하며 그 양상은 조금씩 달리 나타날 수 있음을 인식하고 상담자는 잘 파악할 수 있도록 준비해야 한다. 신체학대의 경우 아동은 신체발달 수준 및 전반적인 발달이 지연된 상태를 보일 수 있고, 아동의 위생이나 청결상태, 정서적 불안정, 위축, 억압 등의 상태를 보일 것이다. 성학대의 경우 아동의 심한 두려움이나 불안, 일생상활의 갑작스러운 변화, 성적 이상행동 등을 나타내는 경우 주의 깊게 관찰할 필요가 있다. 방임된 아동 역시 최근 주요하게 드러나고 매우 위험한 경우이나 실제적인 증상을 파악하기 어려워 상담자가 쉽게 알아보기 힘들다.

아동학대의 경우 상담자는 세심한 관찰을 통해 보고할 의무가 있고, 보고 후 기관에서 아동과 관련된 정보를 요구할 때 상세히 알려준다. 또한 아동의 부모와 가족에게 이 상황을 신속히 알리고 가능한 아동이 안정된 상황에서 빠른 시일 내에 치료를 받을 수 있도록 한다. 이때 아동이 스스로 죄의식, 자괴감, 위축과 같은 자기 부정적 정서를 가질 수 있으므로 아동을 탐색할 필요가 있고 그 가족들 역시 함께 다룰 필요가 있다.

1) 전국 차원에서 아동학대예방 교육, 홍보, 연구, 국제협력 등의 업무를 수행하는 중앙아동보호전문기관과 아동학대 신고접수, 현장조사 및 각종 서비스 제공 등의 업무를 수행하는 지역아동보호전문기관으로 구분되어 있으며, 2009년 당시 전국에 중앙아동보호전문기관을 포함하여 총 45개의 아동보호전문기관이 설치되어 있다(☎1577-1391).

3. 상담자의 자세

1) 상담자의 자질

상담자는 내담자를 만나 상담을 진행하면서 올바른 길을 판단하고 선택해야 하는 순간에 부딪힌다. 이때 상담자가 가지고 있는 자세와 철학은 상담을 진행하고 적절한 선택을 하는 데 기준이 되며 내담자와의 관계에 영향을 준다.

상담자가 갖추어야 할 자질로는 전문적 자질과 인간적 자질로 나누어 설명할 수 있다. 상담자는 일반적으로 상담과 관련된 정규대학 교육과정에서 학사 또는 석사 이상의 교육과정을 수행하고 소정의 수련과정을 거치거나, 상담 관련 전문단체에서 소정의 교육을 이수하여 전문가로서의 자격을 갖추어야 한다. 이는 상담이 인간을 돕는 과정인 동시에 전문적 지식과 기술이 요구되는 직업이므로 상담자는 전문적 자질을 갖추는 것이 필수적으로 요구되며, 전문적 자질을 위해서 상담관련 분야의 이론에 대해 깊은 지식을 습득하는 것이 중요하다. 상담자는 이러한 이론적 틀에 기초하여 상담현장에서 내담자를 도울 수 있는 방법과 절차를 지속적으로 수련을 받고 자기 내면의 것으로 받아들이려는 끊임없는 노력의 과정을 거쳐야 한다. 상담의 특성상 이론에 대한 심층학습으로는 실제 상담현장에서 능숙하기 어렵다. 이것은 상담자에게 기본적인 준비를 어느 정도 갖추었을 때 실제적인 사항에 대한 과학적이고 전문적인 정보와 지식을 위한 지속적인 교육과 연수가 필요하다는 것을 뜻한다. 전문가로부터의 훈련과 최신 과학적 방법에 대한 교류는 상담현장에서 더 유용한 방향과 자신감을 줄 수 있을 것이다.

상담자는 전문적 자질만으로 그 과정을 잘 이루어내기 어렵다. 상담자는 전문가로서의 인간적인 자질을 갖춰야 한다. 이는 인간을 만나 다루는 전문적 활동을 하는 사람이라는 점과 더불어 내담자는 심리적 고통을 가진 사람이라는 점을 생각한다면 크게 수용될 사항이다. 이형득(1987)은 인간에 대한 선의와 관심, 자신에 대한 각성, 용기, 창의적 태도, 끈기, 유머감각을 상담자의 인간적 자질로 제시하였다. 또한 상담자는 자신이 가진 목표, 정체, 동기, 요구, 가치관, 느낌, 장점과 단점 등 자기개념을 분명히 가지고 객관적으로 지각하고 있어야 하며, 실수나 실패를 경험함에도 불구하고 이겨내고 모험적으로 시도해 보는 용기를 갖추고 창의적인 태도를 가져 정형화된 틀에서 벗어나 새롭고 개방적인 사고를 기를 필요가 있다. 때때로 힘든 마라톤 경기의 선수이기도 해야 하는 상담자에게 끈기와 유머감각은 힘든 과정을 잘 이겨내고 긴장을 해소하는 데 도움이 될 것이다. 무엇보다도 상담자는 인간에 대해 긍정적인 관점을 가지고 다른 사람의 안녕과 행복을 위한 진실한 관심을 가질 수 있어야 함이 기본적인 동시에 가장 중요한 요건이라 설명한다.

2) 상담에 대한 철학

상담자는 상담에 대한 이론과 철학을 가질 필요가 있다. 내담자를 만나는 과정에서 상담자는 판단과 선택의 순간을 종종 만나는데, 상담자가 가지고 있는 가치관은 이런 판단과 선택을 결정짓는 중요한 자신만의 기준이 될 수 있기 때문이다. 상담자는 상담의 가치, 상담이론 정립, 내담자에 대한 수용, 상담관계에 대한 자세 등 상담 전반에 대한 철학을 가지는 것은 유능한 상담자로서의 요건이다.

우선 상담자는 지금 어떤 목표를 가지고 상담을 하고 있는지, 그들은 무엇을 필요로 하고 있고 내가 어떻게 그들을 도와줄 수 있는지에 대해 기본적인 생각을 가지고 있어야 한다. 이것은 상담의 가장 기본적인 기능을 위한 것이며 동시에 상담자가 내담자를 만나는 이유이다. 또한 각기 다른 환경을 배경으로 가진 내담자를 대할 때 상담자는 각 내담자의 배경을 존중할 수 있어야 한다. 한 개인의 가치체계에 대한 인식과 잠재된 편견 가능성에 대한 인식의 중요성을 알고, 개인적 견해와 문제가 전문적인 상호작용에서 어떻게 영향을 미치는지에 대해 인식할 수 있어야 한다는 것이다(이규미 · 이은경 · 주영아 · 지승희, 2006). 이것은 상담자에게 다양한 문화적 접근에서 내담자의 고유한 특성을 파악하여 이해하는 과정 이전에 필수적으로 요구되는 부분이다. 특히 최근 증가하는 다양한 문화적 배경의 사람들은 상담자에게 다문화적 접근에 관한 준비를 요구한다. 다만 명심해야 할 것은 문화적 차이에 대한 인식의 필요성이 그들을 이해하기 위한 것이지 그들을 분리하거나 편견을 가지고자 함이 아니라는 것이다. 그러기 위해서 상담자는 상담에 대한 가치와 철학을 분명하게 형성해야 하고, 그럴 때 비로소 내담자를 올바른 태도로 만날 수 있게 된다. 그러나 상담자는 자신의 가치에 대해 무조건적인 믿음과 고집으로 상담과 내담자를 혼란에 빠트리는 상황이 초래하지 않도록 자신에 대한 끊임없는 반성적 사고가 필요하다.

3) 상담자를 위한 개인분석

상담자는 체계적 훈련을 받아 전문적 자질을 갖춘 자로 앞서 언급하였다. 상담자는 좀 더 지속적으로 상담에 대한 전문적 자질을 갖추어 상담에 임하기 위하여 개인분석을 받도록 권유받는다. 내담자의 심리적 문제를 객관적인 시각으로 볼 수 있어야 하며, 내담자가 스스로 문제해결을 하도록 도와주어야 하는 상담자의 역할을 수행하기 위해서는 상담자가 자신으로부터 자유로워야 한다. 상담자는 기본적으로 자신에 대한 탐색이 필요하며 인간으로서 상담자 역시 가질 수 있는 자신의 문제에 대해 이해하고 해결하는 시간을 가지는 것이 상담관계를 원활하게 만든다. 이와 같이 상담자는 전문가와의 개인분석을 통해 상담관계에 해를 끼칠 수도 있는 상담자 자신의 해결되지 않은 문제를 다루어 내담자와의 관계 형성 및 상담에 부정적 영향을 사전에 방지할 수 있다. 또 개인분석은 상담자의 상담관계 내의 공감과 이해능력을 증진시키며 상담자의 기술까지 향상시킨다는 점에서 충분히 이롭다(이규미 외, 2006). 개인분석을 받은 상담자는 내담자의 변화과정을 이해하기 쉽고, 도움을 요청하는 것과 상담에 참여하는 것이 얼마나 힘든 과정인지, 상담자로서 내담자에게 무엇을 요청해야 할지를 알 수 있게 된다. 상담자는 전문가로서 내담자와의 관계를 가치 있게 만들기 위하여 개인분석을 경험하는 것은 상담자의 자질을 가지고 꾸준히 유지하는 데 도움이 될 것이다.

4) 문화적 다양성

유능한 상담자에게 요구되는 자세 중 문화적 역량(cultural competence)은 최근 우리나라에서도 크게 강조되고 있다. 이제 더 이상 상담장면에서 서로 다른 문화적 배경을 가진 내담자와 상담자가 만나는 일은 그리 어려운 일이 아니다. 상담이 원활히 이루어지기 위해서는 상담자에게 내담자의 문화적 배경과 조건을 이해하는 능력이 필요하다.

문화적 역량이란 다른 문화에 대해 인식할 수 있고 다른 문화를 수용할 수 있는 능력이다(Sue, 2002). 내담자는 다양한 사회적 배경을 가질 수 있고, 현대는 다민족·다인종사회로의 변화와 글로벌화를 맞고 있다. 그로 인해 내담자가 가진 문제의 해결력을 높일 수 있는 지식, 기술, 태도를 포함하는 능력이 상담자에게 요구된다(조현춘·조현재, 2003).

먼저 유능한 상담자로서 문화의 다양성에 대하여 자신의 편견이나 가치관이 방해하지 않는 태도가 요구된다. 내담자의 인종, 종교, 민족성, 문화, 신념이 자신과 다르더라도 불편해하거나 자신의 것이 우월하다고 여기는 입장을 고수하기보다 문화적 다양성을 인정하고 존중한다(조현춘 · 조현재, 2003). 둘째는 문화적으로 유능한 상담자는 다양한 문화에 대한 지식을 소유하기를 요구받는다. 자신의 민족과 문화유산에 대해 구체적으로 알고 그러한 지식이 다른 한 개인과 자신에게 어떤 영향을 주는지 알고 있어야 한다. 그리고 내담자의 세계관을 이해하고 그의 문화적 요소에 대한 이해를 위하여 공부할 필요가 있다. 셋째는 문화적으로 다양한 내담자들을 상담하는 데 필요한 기술을 습득하는 것이다. 이는 내담자의 생활경험이나 문화가치관과 조화되는 목표를 설정하고 방법과 방략을 사용할 때 요구되며, 상담자는 목표, 기대, 법적 권리, 상담의 태도 등에 대해 내담자에게 가르쳐야 할 책임이 있다.

문화적 역량, 즉 태도, 지식, 습득 이 세 가지를 갖추고 능력을 증진시키는 것이 상담자가 문화적으로 다양한 내담자를 만나기 위한 준비인 동시에 문화적 역량을 갖춘 상담자라 볼 수 있겠다. 상담자는 정기적으로 문화적으로 다양한 배경을 가진 내담자를 위하여 자신의 상담에 대한 능력을 증진시키기 위한 교육이나 자문을 자발적으로 추구한다. 그리하여 자신의 개인적 가치가 상담에 편견이나 부정적 영향을 주지 않도록 한다.

4. 상담의 원칙

이장호(2001)는 상담자가 지켜야 할 몇 가지의 원칙을 다음과 같이 제시하였다.

① 상담자는 자신이 어떠한 개인적 욕구를 가지고 있는지, 상담을 통해 자신이 얻는 바가 무엇인지, 자신의 욕구와 행동이 내담자에게 어떠한 영향을 미치는지를 분명히 자각하고 있어야 한다.

② 상담자는 자신이 소속한 기관의 윤리적 규준에 대해 알고 있어야 하나, 그러한 규준을 실제 상담에 적용시키는 것은 자신이기 때문에 상담자 자신의 독자적인 판단이 중요하다는 점을 인식하고 있어야 한다. 또 상담자는 많은 문제들에는 분명한 대답이 없을 수 있는 동시에 적절한 대답을 찾는 책임도 있다는 것을 알고 있어야 한다.

③ 내담자를 자신의 욕구를 충족시키기 위해 이용하는 일은 없도록 한다.

④ 상담자는 치료적 관계를 명백히 해칠 수 있는 내담자와의 특별한 관계는 피한다.

⑤ 상담자는 내담자의 비밀에 대한 보장과 상담관계에 부정적인 영향을 줄 수 있는 다른 문제들에 대해서도 내담자에게 알려줄 책임이 있다.

⑥ 상담자는 자신의 가치관, 태도 등을 지각하고 있으면서 이러한 가치와 태도가 상담관계 및 내담자에게 어떠한 영향을 미치는지 인식하고 있어야 한다.

⑦ 상담자는 상담의 목표, 기법 및 절차, 그리고 상담관계를 시작하므로 내담자가 경험하게 될지 모르는 위험과 내담자가 상담을 결정내리기 전에 고려해야 할 요인들에 대해서 미리 내담자에게 알려 주어야 한다.

⑧ 상담자는 자신이 제공할 수 있는 전문적인 도움의 한계를 알고, 내담자에게 적절한 도움을 주지 못하고 있다는 판단이 내려질 때에는 전문가나 슈퍼바이저(수련감독관)의 도움을 받거나 내담자가 다른 상담자에게 상담받을 수 있도록 연계할 수 있어야 한다.

⑨ 상담자는 상담과정에서 자신이 내담자에게 모델이 될 수도 있다는 것을 알고, 상담자 자신의 생활에서 내담자에게 영향을 미칠 수 있는 행동에 대한 분별을 가질 수 있어야 한다.

5. 초보 상담자의 문제

1) 상담자의 오랜 경험

상담자의 경험과 숙련된 정도는 상담관계를 원만히 이끄는 중요한 요인이다. 상담경험이 많고 숙련된 기술을 충분히 가진 상담자는 내담자에게 신뢰감을 주고 높은 기대를 갖게 하는 것이 사실이다. 다년간의 경험은 상담자의 공감능력을 증가시키며 이론적인 설명이나 지식을 바탕에 두고 실제 상담관계를 이끄는 중요한 부분이기도 하다(이장호, 2001). 그러나 초보 상담자는 능숙하지 못하기 때문에 긴장한 모습을 보이기 쉽고 자신감을 유지하기 어렵다. 상담자 스스로 자신의 부족함을 느낄 경우 내담자에게 신뢰감을 주기 어렵고 내담자와의 의사소통에서 능숙하지 못하게 된다.

대부분의 초보 상담자는 내담자와의 첫 대면에서 수련을 거듭하여 충분히 자신감을 가지고 있더라도 불안은 느낄 수 있다. 불안이 없는 것처럼 부정하는 것보다 인식하고 처리하는 것이 용기 있는 것이다(조현춘 · 조현재, 2003). 자기의심을 가지고 있다는 사실은 지극히 정상적인 것일 수 있으므로 불안을 어떻게 다룰 것인가에 주의를 기울이는 편이 낫다. 초보 상담자는 동료들과 서로 지지를 주고받으며, 수련감독관 혹은 조언자 등을 통해 의미 있는 토의를 하면서 불안을 감소시키는 것은 적절한 방법이 될 것이다.

상담자는 자신의 경험을 믿기보다 내담자에 대해 성실하게 노력하고 이해하는 것이 더 필수적이라는 것을 잊지 말아야 한다. 오히려 경험이 많은 상담자가 지나친 자신감을 가지고 충분히 파악하는 노력을 하지 않아 상담을 잘 이끌어가지 못하는 경우도 있기 때문이다.

2) 상담자의 자기노출

처음 만나는 사람에게서 나와 같은 점을 발견하면서 매우 기뻐하는 모습이나 상대가 많은 사적인 이야기를 할 때 인정받는 기분을 느끼는 상황을 우리는 종종 본다. 사람들은 다른 사람이 자신과 공통점을 가질 때 친근감을 느끼며 비슷한 점을 찾으려고 노력하기도 한다. 상담관계에서 내담자와 상담자는 인간 대 인간의 관계로 만나기 때문에 내담자는 상담자에게 인간적인 관심을 가지기 쉽고 상담자의 나이, 출신, 학교, 결혼 여부 등 사적인 사항의 질문을 하여 상담자로 하여금 어려운 상황에 직면하게 하기도 한다. 이런 경우 상담자는 질문에 대한 대답을 거절하면 상담관계를 망치게 될 위험이 있지 않을까 하는 염려나 오히려 더 많은 질문을 가지게 하여 신비스러운 인물로 받아들여지는 상황을 만드는 것이 아닌가 하는 염려를 하게 된다. 특히 초보 상담자의 경우 상담결과에 대한 부담감은 내담자의 질문에 단호한 태도를 가지기 어렵게 하고, 무조건적인 친절이 무분별한 태도를 낳기도 하므로 더욱 주의해야 할 필요가 있다. 상담자는 내담자가 하는 모든 개인적인 질문에 대해 대답을 한다면 면접시간은 내담자보다는 상담자 중심으로 전개될 수 있고 아주 심한 표출행동은 내담자에게 위험스러울 수 있다(천성문 외, 2005). 상담자를 위한 일반적인 지침은 몇몇의 개인정보를 공유하도록 하는 것이나, 너무 개인적이거나 오래 질문이 지속될 경우 "당신은 개인적으로 나에게 관심이 많으시군요."라고 내담자를 반영해 주고, 내담자의 호기심 및 그 주제의 의미를 탐색해 보는 것이 필요하다(천성문 외, 2005). 이것은 내담자가 아동이거나 성인일 경우 모두 상담자가 이들의 의미와 호기심을 이해할 때 내담자에 대한 이해를 도울 수 있다.

3) 내담자에 대한 호감

상담자와 내담자가 만나 관계를 맺기 시작하는 그때, 상담자와 내담자는 서로에 대한 호감의 정도가 상담관계에 영향을 미칠 수 있다. 내담자는 상담자에 대한 호감이나 관심의 정도에 따라 상관에 대한 이미지를 형성할 수 있기 때문에 상담자는 수용적이고 친근한 느낌으로 다가갈 필요가 있다. 상담자 역시 내담자에 대한 개인적인 호감의 정도를 가질 수 있으나 이것이 상담관계에 영향을 주는 것은 방지해야 하는데, 이때 초보 상담자일수록 내담자에 대한 호감이 상담 분위기에 영향을 쉽게 미칠 수 있음을 알아야 한다. 내담자에 대한 호감도가 높을 때 상담자는 우호적인 분위기를 조성하기 쉽고 좀 더 수용적이고 온정적인 태도로 임하게 된다. 그러나 이런 경우 상담자는 상담관계에서 필요한 명확한 기준과 판단이 흐려질 수 있음을 기억해야 한다. 반면 불쾌감을 주는 내담자의 경우 내담자에 대한 개인적인 판단을 멀리하고 거부감이 생기지 않도록 스스로를 조절해야 하는데, 이는 초보 상담자뿐 아니라 숙련된 상담자 역시 계속해서 자신을 돌아보는 시간을 통해 관찰해야 할 것이다.

4) 저항과 역전이

경우에 따라 상담자는 내담자가 보이는 문제와 자신 사이에서 혼란스러운 경험할 수 있다. 상담자는 내담자가 가진 문제와 자신의 해결되지 않은 문제가 섞이면 상담과정에서 내담자에게 역전이 감정이 생길 수 있다. 이는 상담자가 상담의 방향을 순조로이 이끄는 데 방해요인이 되므로 역전이 감정에 대한 준비가 필요하다. 상담자는 자신을 내담자와 지나치게 동일시하거나 자신의 정체감 대신 내담자의 정체감을 떠맡기도 하며 공감을 왜곡시키고 치료적 중재에 반하는 식으로 영향을 미치기도 한다(조현춘 · 조현재, 2003). 상담자는 자신의 미해결된 문제나 상황이 있는지, 그 문제가 자신을 얼마나 저항으로 이끄는지 등을 인식하기 위하여 개인분석을 통해 미리 문제를 다루어 자유로워지는 것이 가장 바람직하다. 그러나 상담자는 내담자에게 역전이 감정이 생기면 슈퍼비전이나 자문을 받거나 의뢰하는 것이 최선일 수 있다. 새로 상담을 시작할 때 내담자와 관련된 자료를 보고 자신에게 특정 반응이 나타나는지 살펴보아야 한다. 예를 들면, 이웃집 소녀를 강간한 14세의 소년을 만났을 때 거부감이 느껴지는가? 즉각적으로 그 소녀에 대한 동정심이 생기면서 그 소년에 대한 반감이 생기는가?

역전이가 발생했을 때 가장 적절한 자세는 가능하면 현재에서 내담자를 느끼고 그들의 갈등을 경험하도록 하는 것이다. 또 상담실 밖에서의 생활이나 선택의 책임은 내담자가 지도록 하여 내담자가 자신의 생활을 이끌어야 하는 책임을 느끼게 하고 그들의 성장이 촉진되도록 해야 한다. 그렇지 않으면 내담자는 갈등이나 혼란 속에 빠져 자신을 잃어버리고 어둠을 헤치고 자신의 길을 찾기 어려워진다(조현춘 · 조현재, 2003).

5) 상담자의 충고

상담자는 문제해결이 어려운 내담자에게 충고하는 경우가 생길 수 있다. 상담이론의 한 측면에서는 상담자가 내담자에게 충고하도록 옹호되는 경우가 있고, 상담자의 역할을 충고자로 받아들이기도 한다(천성문 외, 2005). 그러나 상담자는 내담자의 갈등이나 혼란의 원인을 탐색하도록 돕고 그것의 문제해결을 위한 방향을 찾을 수 있도록 조력의 역할을 가지는 것이 일반적이다. 내담자는 스스로 자신의 문제를 파악하기 어려운 상태에 있고 방법을 찾을 에너지가 부족하며 그 방향을 정확히 선택하는 것이 어렵기 때문에 그것을 배울 수 있도록 돕는 것이다.

상담자는 내담자가 문제를 해결하는 방향을 설정하고 방법을 생각하도록 돕는 것이 아니라 자신의 견해를 통해 강하게 충고하는 것에 대해 주의해야 한다. 그것은 내담자의 상태를 충분히 이해하지 못했기 때문에 내담자로 하여금 신뢰할 수 있는 상대를 잃거나 내담자의 모든 배경을 고려하지 못한 채 충고하여 문제를 심화시킬 수 있다는 것을 알아야 한다. 또 내담자는 상담자의 충고에 의존하게 되면 스스로의 힘을 기르지 못한다. 무기력한 내담자의 경우 상담자의 충고에 의존하기 쉽고, 상담자의 충고에 많이 노출된 내담자와 아동은 문제해결을 하는 방법을 배우기보다 언제, 어떻게 행동할 것인가에 대한 지시를 받는 것이 된다. 따라서 이러한 내담자는 의사결정 상황에서 전적으로 누군가에게 의지하게 되어 성숙하고 독립적인 성장이 어려워지므로 의존성, 과잉 순응 및 낮은 자아존중감을 야기할 수 있다(천성문 외, 2005).

상담자가 충고하도록 강요받는 상황에서는 내담자가 원하는 느낌을 반영해 주고, 내담자와 함께 가능성을 찾아보도록 다시 제안한다. 내담자가 계속해서 고집하여 해답을 요구할 경우에는 상담자는 그 요구에 대한 이유를 찾아보는 것이 바람직하다(천성문 외, 2005).

6) 침묵하는 내담자

상담에 저항하거나 사회적인 결함이 있는 경우, 또는 문제가 심각하여 정서적으로 불안정한 상태의 내담자들은 상담자와 라포를 형성하기 어렵고 상담관계에서 침묵하기 쉽다. 이런 경우 내담자는 상담을 불편해하는 상황일 수도 있고 상담자에게 덜 협조적일 수 있어 초보 상담자는 당황하기 쉽다. 또 이렇게 내담자가 침묵하는 경우 초보 상담자는 반응을 끌어내기 위해 어떤 압력을 가하거나 조급한 마음을 견디기 어려워한다. 침묵은 상담자뿐 아니라 내담자에게도 불편하게 느껴지고 관계에 거리감을 만들 수 있다. 내담자가 느끼는 불편함이 지속적인 상담을 방해하지 않도록 주의를 기울여야 하며, 또 초보 상담자는 침묵에 대한 불편함으로 자신에 대한 이야기를 하게 될 수 있다. 그러나 이것은 오히려 상담의 초점을 흐리거나 멀게 만들 수 있고, 이들의 상호작용을 사적인 관계에 좀 더 가까운 비공식적인 의사소통으로 만들 수 있기 때문에 조심해야 한다. 상담자의 자기노출은 잘못 사용되었을 때 상담에 바람직하지 않은 강력한 영향을 줄 수 있으므로 치료적 근거와 효과에 대한 확신이 있을 경우 시도하기를 권장한다(Hill & Knox, 2001; Psychopathology Committee of Group for Advancement of Psychiatry, 2001; 이규미, 2006 재인용). 내담자가 즐겨하는 것에 대한 사소한 공유는 말이 적은 내담자와 라포 형성에 충분히 도움이 되므로 활용가능하다.

내담자의 침묵이 상담에 대한 저항으로 판단된다면 내담자가 낯선 사람에게 마음을 열고 이야기하는 데 시간이 걸릴 수 있다는 점을 이해해야 한다. 혹은 문제를 인정하고 다루는 것을 받아들이지 못하는 것일 수 있으므로 심리적인 접근을 활용하여 저항을 다루어 준다.

상담자는 우선적으로 내담자가 편하고 흥미로워하는 것을 탐색하는 것이 좋다. 좋아하는 활동이나 주제를 안다면 그것부터 상담에서 시작하고 편안함을 주어 상담에 대해 긍정적인 생각을 가지도록 돕는다. 또 가족들로부터 내담자에 대한 정보를 구하여 내담자에 대한 더 깊은 탐색을 하는 것 또한 상담자에게 유용할 것이다.

침묵이 반드시 불편한 것은 아니다. 침묵은 치료적으로 볼 때 생산적인 방식으로 내담자를 민감한 주제로 옮겨가게 할 수 있다(이규미 외, 2006). 또 침묵은 도움이 될 수도 있다(천성문 외, 2005). 내담자에 따라 생각과 감정을 정리하기 위하여 몇 분 동안의 침묵이 필요하기도 하고, 그 시간 동안 내담자는 몇몇의 정서적 사건이나 생각을 관련지으며 표현할 준비를 하거나 평정심을 찾고자 필요할 때도 있다는 점을 알아야 한다. 침묵이 상담의 중요한 하나의 과정일 수 있으나, 상담자는 내담자의 침묵을 얼마만큼 허용해야 하는지가 의문이 된다. 초보 상담자는 모든 회기마다 상담자와 내담자 간의 침묵이 있는 것은 유용하지 않다고 생각한다. 하지만 내담자의 비언어적 행동을 잘 관찰하고, 침묵의 원인을 반영하는 온화하고 친근한 말(예: "당신은 방금 나에게 말한 것에 대해 약간 혼란스러운 것처럼 보이는군요.")을 하여 내담자의 의도를 검증할 필요가 있다(천성문 외, 2005).

7) 내담자의 모호성

유능한 상담자는 자신을 긍정적으로 보고 상담에 한층 적극적으로 임하고, 내담자에게 우호적이며 독단적이거나 지배적이지 않다. 또한 내담자의 사고가 불명료하고 모호한 의지 상태인 감정의 혼란에 대하여 수용적인 인내를 보일 수 있다. 모호한 상황을 참지 못하는 상담자는 지배성이 높고 자제력이 없거나 공격성이 강한 경우가 많다고 한다. 때로 남자 상담자는 평균 이상의 예민한 감수성이 요구되고, 여자 상담자는 보통 여성들보다도 자기주장적인 대담한 성격이 필요하다.

Chapter 03

상담의 관계와 내담자

1. 상담관계

인생의 궁극적인 문제에 철저히 직면해 보면 인간생활에서 인간과 인간이 서로 연관을 가지는 것이 무엇보다도 중요하다는 사실을 인식하게 된다. 상담자로서 성숙해 가면서 내담자와 맺는 관계의 질이 치료적인 변화를 가져오는 결정적인 요소라는 것은 사실이다.

상담자는 무엇보다는 중요한 것은 통찰이라는 명제에서 '좀 더 냉정하게, 좀 더 용기 있게' 통찰력을 갖는 것, 예를 들어 "나는 다른 무엇보다도 내담자와의 관계에 주력했다. 그 결과, 나는 훌륭한 신뢰 속에서 행동할 수 있었다. 유니폼이나 의상을 입지 않고, 네모난 액자에 졸업장을 넣어 진열하지 않고, 전문적인 학위나 수상 사실을 나열하지 않고, 내가 모르는 것에 대해서 아는 척하지 않고, 실존적인 딜레마가 나에게도 들이닥친다는 사실을 부정하지 않고, 질문에 대해서 대답하는 것을 거절하지 않고, 내 역할 뒤에 숨지 않고, 마지막으로 내 자신의 인간적인 속성과 상처 받기 쉬운 점들을 숨기지 않는다."(Ruthellen Josselson, pp.18, 120)

상담자와 내담자의 관계에서 모든 것을 다 아는 것은 힘들다. 왜냐하면 아무리 깊고 의미 있는 만남의 관계를 갖는다고 해도 거기에는 항상 알 수 없는 부분이 많이 있다는 사실을 잘 인식하고 있다. 우리는 불확실함 속에서 서로 관계를 맺으면서 살아가야 한다는 것을 배워야 한다. 상담자와 내담자를 어떻게 즉각적이고 본능적으로 탐색하는가를 보여주고 있다. 상담에서의 핵심은 배려하는 것이고, 두 사람, 즉 한 사람(대체적으로 언제나 그런 것은 아니지만, 내담자)이 다른 사람보다 더 문제가 많은 사람, 이 두 사람 사이의 깊은 인간적인 만남이다. 두 사람 모두 의미, 고립감, 자유, 그리고 죽음이라는 실존적인 문제에 표출되어 있다. 즉 한사람의 동행자로서, 고통스러운 여정을 그의 내담자들과 함께 걸어가는 것이 중요한 관계라고 한다.

1) 상담관계의 의미

상담에서의 관계란 일반적으로 상담자와 내담자의 관계를 의미하며 상담자와 내담자의 좋은 관계를 발전시키는 것은 원조노력의 필수부분으로 간주되고 있다(Johnson, 1998).

이러한 상담관계의 진정한 의미를 찾기 위해서는 상담에서 가치관적인 역할, 가치관 표현 대 가치관 강요, 상담관계에서 가치관에 대한 관점, 내담자와의 가치관 갈등을 살펴보면서 상담관계의 의미를 파악해 보고자 한다.

(1) 상담에서 가치관의 역할

상담 관련 문헌에는 상담과정에서 가치관의 역할에 대한 관심을 나타냈을지라도 가치관이 상담관계에서 중요한지 혹은 가치관이 상담관계에서 어떻게 사용되어야 하는지에 대한 합의된 의견은 없었다(Bergin, 1991). 버긴(Bergin)은 상담과정의 효과적인 부모양육과 비교하였다. 신뢰로운 관계가 형성되면 상담자는 내담자를 존중하면서 가치관을 다루고 성장이 뒤따르도록 안내한다. 상담관계를 통하여 내담자는 자신의 가치를 명확히 하는 방법을 학습하고 그 선택을 시험하게 된다. 그리고 성숙하고 자율적으로 되면 새로운 행동과 아이디어를 가지고 시험해 본다. 내담자가 더 강해지고 독립적으로 변화함에 따라 상담자의 개입은 감소한다. 내담자를 위해 내담자 스스로 할 수 있는 일을 상담자가 대신해 주지 않는다.

기본적인 가치가 정신적으로 건강한 생활방식을 유지하며, 상담관계를 이끌고 평가하는 데 중요하다는 결과가 일관되게 보고되었다. 이러한 기본적인 가치관 속에는 개인의 행동에 대한 책임이 포함된다.

상담관계에서 기본적으로 가정하는 보편적인 가치

- 스트레스에 대처하는 효과적인 전략을 발달시키기
- 감정을 주고받는 능력 발달시키기
- 타인의 감정에 민감해지기
- 실질적인 자기통제
- 삶의 목적의식 가지기
- 개방적이고 정직하고 진실 되게 반응하기
- 자신의 일에 만족을 찾기
- 정체감과 가치 있는 감정 가지기
- 숙련된 대인관계, 민감성, 배려
- 결혼, 가족, 대인관계에서의 헌신
- 깊이 있는 자기 자각과 성장을 향한 동기
- 신체 건강을 위한 좋은 습관 훈련

(2) 가치관 표현 대 가치관 강요

궁극적으로 내담자는 선택해야 할 가치관이 무엇인지, 수정하거나 버려야 할 가치관이 무엇인지, 내담자의 삶이 취할 방향이 무엇인지 선택할 책임을 가지게 된다. 상담관계를 통해서 내담자는 선택하기 전에 가치관을 검토하도록 학습할 수 있다. 상담자는 내담자에게 상담자 자신의 가치관을 숨기거나 상담자의 가치관을 부과하지 않으면서 촉매자가 되어 중요한 역할을 할 수 있다. 상담자가 자신의 가치관을 내담자에게 보일 때는 명확하게 상담자의 것임을 밝히는 것이 중요하다. 결국 가치관은 개방적이고 비강압적인 방식으로 토론할 수 있고, 이것은 내담자가 자신의 가치관과 이에 따른 행동을 탐색하도록 도울 수 있다.

때때로 상담자는 내담자의 가치관에 동의할 수 없을지도 모른다. 그러나 상담자는 다른 가치관을 유지하고자 하는 내담자의 권리를 존중하는 것이 중요하다.

(3) 상담관계에서 가치관에 대한 관점

상담자가 중립성을 유지하거나 상담자의 가치관을 전문적 상담관계로부터 계속해서 분리시킨다는 것은 가능하지도 않으며 어떤 면에서는 바람직하지도 않다. 따라서 가치관이 상담과정에서 중요한 영향을 미치므로 적절한 시기에 상담자의 가치관을 개방적으로 표현하는 것은 중요한 일이 될 것이다. 상담자가 내담자에 대해서 또한 내담자가 상담자를 만나러 오는 이유에 대해 주의를 기울인다면 가치관에 대해 표현할 수 있는 적절한 시기를 결정할 수 있을 것이다.

가치관의 역할에 관한 위와 같은 입장에 동의하지 않는 상담자도 물론 있다. 상담이 사회에 영향을 미치는 과정이라는 점을 강조하는 사람들은 좀 더 극단적일 수 있다. 예를 들어, 어떤 상담자는 명확하고 절대적인 가치체계를 가지고 있으며, 이것이 내담자가 자신의 세계관을 갖는 데 영향을 미치는 적합한 기준이라고 믿는다. 상담자가 철저히 중립적이어서 내담자에게 영향을 미치는 것에 관하여 지나치게 염려하는 상담자도 또 다른 극단적인 예가 될 수 있다. 상담자의 가치관이 내담자의 결정을 오염시킬 수 있다는 데 두려움을 가지고 있는 상담자는 자신의 가치관을 표현하지 않으면서 상담을 하게 된다. 사실 어떤 가치관은 상담과정에서 기본적인데도 불구하고 상담자가 가치관을 강요하지 않는다는 것은 상담자가 어떠한 가치관도 떠맡기지 않아야 한다는 사실을 동시에 가정함으로써 오류를 범하고 있는 것일 수 있다.

또 다른 측면에서 애들러(Adler)식 상담에서 상담자와 내담자의 관계는 평등하다. 상담자들은 그들의 경험과 지식을 다른 사람들을 돕는 데 적극적으로 사용하면서도 동시에 독립적인 선택을 할 수 있는 개인의 능력과 힘을 존중한다. 그들은 내담자가 가지고 있던 그릇된 생각을 버리기만 한다면, 내담자는 오랫동안 겪은 곤경에 대해 만족할 만한 대안을 찾아내는 능력을 갖게 될 것이라고 가정한다.

상담자는 내담자에 대하여 진솔하고 소유적이지 않은 가치관을 보임으로써 내담자보다 우월하다는 생각을 갖지 않고 친구와 같은 모습으로 대한다. 그렇다면 평등한 가치관을 갖기 위해 상담자는 내담자에게 어떻게 질문하는 것이 좋을까? '만약에 이 문제가 없다면 당신의 삶은 어떻게 달라질까요?' 이 질문을 다음과 같이 바꾸어 할 수도 있다. '당신은 지금 무엇을 하고자 합니까?' 또는 '만약에 문제가 없다면 당신은 지금은 할 수 없는 것 중에서 어떤 것을 하고 있을까요?' 이러한 질문의 의미는 내담자가 문제를 가졌다는 이유로 기본적인 인생과제들을 피하고 있느냐 아니면 피하지 않고 있느냐와 관련 있다.

이와 같이 상담자와 내담자 관계의 평등성을 갖기 위해서는 내담자들 스스로 자신의 행동을 반추하도록 자극하고, 그들의 가치관과 일치하는지 살펴보며 현재의 행동이 그들이 원하는 바에 기여하는지 생각하는 것이다. 만약 내담자가 자신의 생활이 실현되지 않았다고 결론짓는다면, 그들은 자신의 가치관과 행동을 재검토하고 수정하기 위하여 상담관계를 활용하면서 자신에게 열려 있는 다양한 선택을 탐색할 수 있다. 내담자는 스스로에게 자신이 누구인지 질문해야 하고, 변화하고자 하는 바를 결정할 사람이 그들 자신인지 질문해야 한다.

(4) 내담자의 가치관 갈등

상담자가 자신의 가치관을 탐색하는 일은 매우 유용하다. 이는 특별히 상담자와 내담자가 첨예한 가치관의 차이를 보이는 상황에서 더욱 그러하다. 만약 상담자가 가치관의 충돌 때문에 다른 전문가에게 의뢰할 필요를 느끼면 내담자에게 의뢰에 대해 이야기하는 방법이 중요하다. 내담자의 문제가 아니라 상담자의 문제가 무엇인지 내담자에게 명확히 해야 한다. 결론적으로 상담자가 내담자를 다른 전문가에게 의뢰할 필요를 느끼면 특정한 내담자보다는 상담자에게 더 많은 문제가 있을 수 있음을 의미하는 것이다.

야토즈와 바노만(Yarthouse & Vanoman, 1999)은 상담자와 내담자의 관계에서 가치관의 갈등은 피할 수 없다고 주장한다. 내담자와의 가치관 갈등이 반드시 다른 전문가에게로의 의뢰를 의미하는 것은 아니다. 왜냐하면 가치관의 갈등을 통해서 성공적으로 상담하는 것이 가능하기 때문이다. 가치체계에서의 갈등이 있을 때 상담자가 너무 빨리 의뢰하지 않고, 이를 자극하는 내담자의 어떤 면 때문에 그런지 살펴보도록 권유하고 싶다. 상담자가 내담자의 가치관을 수용해야 하는 이유는 무엇인가? 또는 삶의 어떤 영역에서 내담자가 상담자의 가치관을 받아들이는 것이 왜 요구되는가?

우리는 다양한 내담자와 상담할 때 접하기 쉬운 가치관 문제에 대해 생각하려고 한다. 이러한 영역에서는 남성과 여성의 동성애 · 양성애에 대한 주제를 포함한다.

가족, 성역할 정체감과 관련된 가치관, 낙태 등을 살펴보면 다음과 같다.

남성과 여성의 동성애 · 양성애

많은 상담자들이 남성과 여성의 동성애 · 양성애에 대해 잘 모르거나 편파적이고 부정적인 태도를 보이며 잘못된 생각을 가지고 있다. 만약 상담자가 효과적으로 이러한 내담자와 상담하기를 원한다면 상담자는 동성애자와 양성애자에 대한 자신의 태도와 가정을 자각하는 것이 매우 중요하다. 상담자가 자신의 편견을 탐색하면서 자신이 가지고 있는 미신과 그릇된 생각에 도전하고, 성정체감과 관련된 가치관이 상담장면에서 얼마나 영향을 미치기 쉬운지 이해하면서 개방적인 마음을 갖는 것이 상담자에게 중요하다.

애인과의 관계에 대해서 얘기하기를 원하고, 서로 의사소통에 어려움을 겪고 있는 남성 동성애 내담자를 대면하고 있는 상황을 상상해 보자. 남성 동성애 내담자와 함께 상담하는 상담자는 내담자의 성정체감을 수용하기가 어렵다는 것을 자각하게 된다. 상담자는 내담자의 성정체감에 대해 도전하고 있고, 내담자가 상담에서 말하고 싶은 것에 집중하지 못한다. 그 대신에 상담자는 내담자의 성정체감에 대해 초점을 맞추게 되는데 이러한 초점은 상담자 자신에게조차 수용되기 어렵다. 왜냐하면 상담자가 도덕적으로 옳다고 생각하는 것에 기준이 있기 때문이다. 이렇게 되면 상담자가 내담자를 도와줄 수 없다는 것을 상담자뿐만 아니라 내담자도 알게 된다는 것이 두드러지게 나타난다. 만약 상담자가 이러한 상황에 처하게 된다면 가치관의 차이를 어떤 단계로 말할 수 있는가? 상담자는 남성 동성애 내담자와 함께 진행하는 상담에서 상담자의 가치관이 미치는 영향에 대해 무엇을 탐색할 수 있을까?

그럼, 다음 상황에 처했다고 가정하고 상담자가 내담자와 상담하는 방식에 영향을 미치기 쉬운 상담자의 가치관이 어떤지 생각해 보자.

상황 상담자는 지금 33세의 남성 동성애 내담자와 접수면접을 하고 있다. 상담자는 아트(Art, 가명)가 자주 외롭고 소외감을 느껴서 상담하러 왔다는 것을 알게 된다. 내담자는 남녀 상관없이 친밀한 관계에서 어려움을 가지고 있다. 일단 사람들이 내담자에 대해 알게 되면 사람들이 자신을 수용하지 않고 어떻게 해서든지 자신을 좋아하지 않는다고 느낀다고 하였다. 면접을 하면서 상담자는 아트가 만나지 않고 있는 아버지로부터 많은 고통을 받았다는 것을 알게 된다. 내담자는 아버지와 친밀한 관계를 원하지만 남성 동성애자이기 때문에 그렇게 못하고 있다. 그의 아버지는 아트에게 남성 동성애라는 삶의 방식을 바꾸라고 하면서 수치심을 느낀다고 말하였다. 그의 아버지는 아트가 왜 '정상적이지' 못한지, 왜 자신의 아들이 여자를 만나서 형처럼 결혼하며 살 수 없는지 그 이유를 이해할 수 없다고 하였다. 아트는 주로 아버지와의 관계를 상담에서 다루기를 원하며, 또한 그가 친밀한 관계를 맺고 싶은 타인으로부터 거부당하는 두려움을 극복하기를 원한다. 그는 상담자에게 자신의 존재 자체를 아버지가 수용하면서 돌봐주기를 원한다고 말한다.

당신의 입장 아트의 상황을 읽고 난 당신의 처음 반응은 무엇인가? 당신의 가치관을 생각해 볼 때 그와 상담관계를 맺는 데 문제가 생길 것이라고 생각하는가? 그가 당신에게 자신의 성정체감을 변화시키고 싶지 않다고 할 때 당신은 내담자의 결정을 존중할 수 있는가? 당신은 아트와 상담에서 어떻게 나아가야 하고, 어떻게 남성 동성애자라고 가정해 볼 때 상을 반추할 수 있다고 생각하는가? 당신은 아트와 상담을 하면서 거부당하는 것을 가정해 볼 때의 두려움, 아버지와의 관계에서의 고충, 아버지를 위해 달라지려는 욕구, 남자와 여자 모두와 친밀해지지 못하는 어려움에 대한 의결, 당신이 변화시키고 싶은 정보를 통하여 여러 활동시 문제에서 당신이 강조하고 싶은 것은 무엇인가? 아트와 탐색하고 싶은 문제는 무엇인가?

논 의 만약 당신이 보수적인 가치체계를 가지고 있다면 남성과 여성의 동성애자 · 양성애자와 상담을 할 때 도전을 받을 것이다. 비록 당신이 스스로에게 그리고 다른 사람에게 그들이 그럴 수 있으며 그들의 살아갈 권리를 수용한다고 말하여도 실제 내담자를 만나면 문제는 달라질 수 있다. 당신이 인지적으로 수용하는 것과 감정적으로 그 내담자를 받아들이는 것 사이에는 상당한 차이가 존재할 수 있다. 만약 상담자가 동성애 · 양성애자에게 부정적인 감정 혹은 인지적 반응을 하게 되면, 그들을 내담자로 수용한다 하더라도 상담자의 가치관을 강제로 주입할 수 있다.

동성애자
자신이 남자임에도 불구하고 이성인 여성을 사랑하지 못하고 동성인 남자에게 애정을 느끼는 사람

양성애자
자신이 남자일 때 이성여성에게도 사랑을 느낄 수 있고 동성인 남성에게도 똑같이 사랑을 느낄 수 있는 사람

가족

#1. 불안정한 엄마가 포함된 상황 베로니카(Veronica, 가명)는 억압된 삶을 살아왔다. 그녀는 17세에 결혼해서 22세에 4명의 자녀를 두었고, 현재는 32세로 전문대학에 갈 예정이다. 그녀는 활달하고 배우려는 동기가 강하고, 자신이 놓친 것을 발견하려는 훌륭한 학생이다. 그녀는 자신이 더 어린 동료들과 교수들에게 매력적이라는 사실을 알고 있다. 그녀는 현재 자신의 두 번째 청소년기를 경험하고 있으며, 전에 가지지 못

했던 많은 확신들을 얻고 있다. 집에서 그녀는 당연하게 받아들여지고 있으며 가족들이 그들을 위해 그녀가 할 수 있는 것에 관심을 가진다. 학교에서 그녀는 특별하며 지적으로 존경받고 있다.

결국 베로니카는 더 어린 남자와 혼외정사에 빠진다. 그녀는 자신의 남편과 10~15세 된 자녀들을 떠나기로 막 결정하려고 한다. 그녀는 대학상담센터에 당신을 만나러 온다. 베로니카는 무엇을 해야 할지에 대해 혼란스러워하고, 자신의 죄책감과 양가감정을 다루려는 방법을 찾기를 원한다.

양가감정
사람에게는 사랑하는 마음과 미워하는 마음이 공존하고 있다. 어느 것이 우세하느냐의 문제이다. 소위 말하는 콩깍지가 쓰인 상태가 전적으로 좋아지는 상태이다. 하지만 헤어지면 그 상태를 벗어나게 되어 미워지는 감정이 함께 있다는 것을 말한다.

당신의 입장 순간적으로 당신의 가치체계를 생각하라. 만약 베로니카가 당신의 충고를 원한다면 당신은 무엇을 말할 가능성이 높겠는가? 남편과 4명의 자녀를 두고 떠난다는 사실에 대해 당신의 생각은 어떠한가? 당신은 "하고 싶은 대로 하라."고 그녀에게 용기를 주겠는가? 만약 베로니카가 이 문제에 대해 여러 번 고민 끝에 얘기하고 자신의 성장과 행복을 위해 고통스럽지만 그녀가 자신의 가족을 떠날 필요가 있다면, 당신의 입장은 무엇이겠는가? 당신은 상담회기 동안 전체 가족에게 데리고 가서 그녀에게 용기를 줄 의향이 있는가? 당신이 생각하기에 당신은 어떤 가치관을 강요하겠는가? 설사 그녀가 화가 날지언정 당신에게 자신이 결혼을 유지하면서 집에 남겠다고 한다면 당신은 어떠한 개입을 하겠는가? 만약 당신이 아이로서 혹은 배우자로서 혼자 남겨진 채로 있었다면, 이러한 외상적 사건이 베로니카와 상담할 때 당신에게 어떤 영향을 미치겠는가?

#2. 가족을 포함한 위기 상황 아내와 남편, 3명의 청소년 자녀가 당신의 상담실로 온다.

가족은 가장 어린 아들의 사회복지사에 의해서 의뢰되었다. 그 아들은 도둑질을 하고 가족으로부터 문제아로 찍혔다.

남편은 마지못해 상담실에 있다. 그는 화가 나 있고 저항을 보이며, 이러한 '상담'의 가치를 믿지 않는다고 표현했다. 그는 아들에 대해 변명하며 결혼 혹은 가족에게 있어서 문제가 있음을 부인한다.

부인은 당신에게 자신과 남편이 많이 싸우고, 집에는 긴장이 있으며, 아이들이 고통스러워한다고 말한다. 그녀는 앞으로의 일이 두렵고 가족에게 일어날 수 있는 일에 대해 걱정된다고 말한다. 그녀는 자신과 3명의 자녀들을 지지할 방법이 없으며, 그 관계에 대해 자진해서 상담받고 싶어 한다.

당신의 입장 당신이 이러한 가족과 함께 있을 때 어떠한 감정이 드는가? 당신이 취해야 할 행동은 무엇인가? 가족생활을 유지하기 위해서 당신의 가치관은 이 가족과의 상담에 어떠한 영향을 미치겠는가? 당신은 이러한 경우에 설사 가족구성원들이 당신에게 묻지도 않았는데 당신 자신의 가치관을 노출시킬 수 있는가? 만약 그들이 당신에게 자신들의 상황에 대해 생각하는 바가 무엇이고, 당신이 무엇을 해야만 하는지 생각하는 바를 묻는다면, 당신은 무엇을 말하겠는가?

#3. 혼외정사와 관련된 상황 한 부부가 상담을 받으려 왔다. 남편은 자신의 부인에게 그가 부인 이외의 관계가 있다는 것을 고백했고, 그 사건은 그들의 관계에서 가장 최근의 위기상황으로 몰아넣었다. 부인은 매우 혼란스럽지만 결혼을 유지하기를 원한다. 그녀는 상담이 필요하며 둘 사이에 권태가 있지만 그들의 문제를 상담할 가치가 있다고 생각한다. 그들은 자녀가 있고 가족은 지역사회에서 존경받으며 좋은 평판을 받고 있다.

남편은 새로운 애인과 살기를 원하지만 갈등하고 있으며 무엇을 해야 할지 확신이 없다. 그는 매우 혼란스러운데 그것은 여전히 자신이 자녀와 부인을 사랑하기 때문이다. 그는 중년의 위기를 겪고 있으며 매일 자신이 다른 결정을 하고 있다는 것을 알고 있다. 그의 부인은 상당히 고통을 겪고 있으며 절망적이다. 그녀는 다른 지지원 없이 전적으로 남편을 의지하고 있다.

당신의 입장 결혼생활을 하면서 혼외정사 관계를 유지하는 것에 대하여 당신의 가치관은 무엇인가? 당신은 부인에게 무엇이라 말하겠는가? 부부에게 결혼생활을 유지하라고 상담해야 하는가 아니면 이혼하라고 상담해야 하는가?

당신이 가족과 함께 취할 수 있는 방향에 대해서 생각할 때, 상담자 당신의 가족이 이와 같은 상황을 경험했는지를 생각해 보아라. 만약 그렇다면 당신은 이 경험이 자신의 상담방식에 영향을 미칠 수 있다는 것을 어떻게 생각할 것인가? 만약 남편은 혼란스러우며 간절히 대답을 원하고, 당신 또한 그에게 어떤 방향을 가리키기를 원한다면, 당신은 그가 해야만 한다고 생각하는 것을 말할 의향이 있는가?

성역할 정체성

상 황 페르난도(Fernando, 가명)와 엘리자베스(Elizabeth, 가명)는 스스로 '고리타분한 부부'라고 말한다. 그들은 2명의 청소년 자녀를 양육할 때 생기는 부부관계의 긴장 때문에 상담을 하고자 한다. 그들은 자녀들에 대해 많은 것을 얘기한다. 페르난도와 엘리자베스는 하루종일 일을 하고 있다. 초등학교 교장으로서 일하는 것 이외에 엘리자베스는 엄마로서 가정주부로서 또 하루종일 집안일을 한다. 페르난도는 자신이 집에서 '여자들이 하는 일'을 하지 않을 것이라고 말한다. 엘리자베스는 자신이 두 가지 일을 하고 있다는 사실을 정말로 많이 생각해 보지 않았다. 페르난도와 엘리자베스 모두 그들이 통합시킨 문화적 고정관념을 비판적으로 검토하는 데 그리 관심을 보이지 않았다. 그들은 각각 여자와 남자가 무엇을 '해야만 한다'라고 명확한 입장을 가지고 있었다. 그들은 가사분담의 불공평한 면이나 혹은 부부관계에 대해 말하는 것보다는 오히려 자녀들에 대한 문제에 초점을 맞춘다. 엘리자베스는 그들의 문제를 어떻게 해야 하는지 대한 조언을 원한다.

당신의 입장 만약 당신이 이 부부가 전통적인 성역할과 관련하여 긴장이 있다는 것을 자각한다면, 당신은 상담에서 그들의 관심사를 다룰 것인가? 당신은 문제를 페르난도의 전통적인 관점을 직면시켜야 할 것으로 보는가? 당신은 부부관계에서 더 평등해지기를 원하는 엘리자베스를 지지하도록 상담할 것인가? 만약 당신이 이 부부를 상담하게 된다면 당신은 그들 각각이 얘기하는 것을 무엇이라고 생각하겠는가? 어떻게 당신의 가치관이 상담방향에 영향을 미칠 수 있는가? 상담자 자신의 성역할 조건과 관점이 상담에서 어떤 결과를 낳을 수 있겠는가?

논 의 만약 당신이 부부, 가족과 상담을 하게 된다면 성역할의 고정관념이 어떠한 것이며, 또한 변화의 가능성 여부를 잘 식별하는 것이 중요하다. 상담자로서 당신의 역할은 내담자가 성역할 태도와 행동을 검토하는 과정으로 안내하는 것으로 내담자가 상담자의 도움을 구하는 이유와 관련될 것이다. 당신은 적합한 가족역할과 책임, 자녀양육의 실제, 여성에 대한 다양한 역할과 전통적이거나 비전통적인 가족구성에 대한 신념을 검토해야만 한다. 상담자와 내담자와의 효과적인 의사소통이 때로 여자와 남자가 어떻게 생각하고 느끼고 행동하는지에 관한 고정관념에 의해서 손상될 수도 있다. 당신은 남자와 여자가 서로 갈등하는 특정 문제와 전통적인 역할로 억압되는 성에 대해 바라보는 방식에 주의할 필요가 있다. 당신은 성역할 기대에 대해 그들이 수용하는 문화적인 메시지를 탐색하고 평가하면서 남성과 여성 내담자를 도와줄 수 있다. 그들이 무엇을 변화시켜야 하는지 결정하지 않고 내담자의 자각을 촉진시킬 수 있으며, 이것은 자기결정적 선택을 하는 데 새로운 가능성을 열어줄 것이다.

낙 태

상 황 19세의 대학생인 코니(Connie, 가명)는 낙태를 할까 생각한다. 그녀는 한편으로는 낙태하기를 원하지만, 다른 한편으로는 아이를 가지기를 원한다. 코니는 부모님에게 말하려고 생각하고 있으나 자신이 해야만 하는 것이 무엇인지 명확하게 알고 싶기 때문에 고민하고 있다. 그녀는 또한 아이를 낳을 것인가 입양시킬 것인가 하는 선택에서 고민하고 있다. 그녀는 통 잠을 잘 수가 없고 이러한 상황에 빠진 것 때문에 죄의식을 느끼고 있다. 그녀는 친구들에게 말하고 그들의 충고를 구한다. 그녀는 많은 모순되는 조언들을 얻게 된다. 코니는 자신이 해야 할 일에 대한 확신이 없는 것과 조언을 구한다는 것을 당신에게 알린다.

당신의 입장 당신이 가진 정보로 코니에게 말할 수 있는 것은 무엇인가? 낙태에 대한 당신의 가치관에 대해 생각해 보라. 당신은 그녀가 낙태를 단념하도록 하고 다른 대안을 제안하겠는가? 당신이 생각하기에 상담 밖에서 당신의 가치관을 어느 정도 유지할 수 있는가?

가끔 우리는 자신의 가치관 때문에 낙태를 고려하고 있는 임신한 내담자를 다른 전문가에게 의뢰한다는 상담자들의 얘기를 듣는다. 그들은 그 여성 내담자를 동요시키기를 원하지 않으며, 그들이 객관성을 유지할 수 없을 것 같아 염려한다. 이것이 당신에게 적용되는가? 당신은 만약 내담자가 당신과 상담하는 동안 임신하게 된다면 무엇을 하겠는가? 당신은 이러한 이유로 그 내담자를 의뢰하겠는가? 만약 그 내담자가 당신을 떠난다고 느낀다면 어떻게 하겠는가?

이러한 상담관계에서 가치관의 갈등적 특징들은 여러 가지 형태와 유형을 갖고 있다는 사실을 알 수 있다.

그렇다면 상담자와 내담자는 사이에 필요한 것이 무엇인지가 궁금해진다. 다음으로 상담관계 형성의 기법을 구체적으로 알아보자.

3) 상담관계 형성기법

상담훈련을 받고 있는 수련생들은 종종 불안, 저항, 완벽주의 추구, 다른 개인적인 문제들을 경험한다. 예를 들어 많은 수련생들은 내담자와의 상담에 대해 예상되는 불안을 표현한다. 대부분은 다음과 같은 질문을 할 것이다. "내담자가 원하는 것이 무엇이지? 내가 내담자가 원하는 것을 줄 수 있을까? 무슨 말을 하지? 어떻게 말하지? 내담자가 다시 나에게 올까? 다시 온다면 그때는 어떻게 하지?"라는 질문을 스스로에게 한다. 이로 인해 지나치게 불안해서 내담자에게 주의를 기울이지 못하는 일이 발생하기도 한다. 또한 많은 수련상담자들은 자신이 완벽한 상담자가 되어야만 한다는 기대로 인해 어려움을 겪기도 한다. 그들은 종종 스스로 완벽하지 못하고 실수하는 것을 감당하지 못할 것이라는 신념으로 스스로에게 부담을 주고, 이러한 기대가 내담자와 상담자 모두에게 비참한 결과를 낳는다.

따라서 상담관계 형성기법에 대한 이해를 하기 위해서는 다음과 같이 유능한 상담자의 특징 및 내담자의 유형에 대해 살펴보자.

(1) 유능한 상담사의 특징

① 내담자의 가치관 존중에 대한 이해

② 내담자의 주관적 세계에 관심

③ 긍정적인 인간관 보유

④ 자신에 대한 긍정적 태도

(2) 상담에서 지나친 기대는 금물

내담자는 상담자가 완벽한 사람이라는 기대를 가지고 상담실에 대부분은 찾아온다. 내담자는 자신의 문제를 잘 해결해 줄 것이라고 기대한다. 내담자가 상담자에게 거는 기대는 가급적 빨리 처리해야 하며, 내담자 스스로 문제를 발견하고 해결책을 찾아보도록 도와주어야 한다. 내담자가 지나친 기대를 하고 있다고 느껴지면 상담자는 솔직하게 자신이 해줄 수 있는 정도를 잘 설명해 주어야 한다.

상담자 자신이 상담결과에 대해 지나친 기대를 하거나 내담자의 협력을 요구하는 것을 경계하여야 한다. 내담자를 완벽하게 도와주어야 한다고 생각하는 상담자는 기진맥진하여 결국 남을 도와주는 능력이 저하되기도 하며, 스스로 높게 설정한 목표 때문에 상담기간 동안 많은 스트레스를 받는다.

(3) 적개심을 나타내는 내담자

상담자는 상담을 시작하는 순간부터 부정적인 태도를 보이는 내담자가 있다는 사실에 대비해야 한다. 이러한 태도는 상담 초기에 직 · 간접적인 말이나 행동으로 표출되는데, 상담자가 이를 깨닫지 못한다면 상담이 잘못되고 있는 이유를 알지 못하게 될 것이다.

내담자는 상담실에 들어와서 의자에 앉는 순간부터 여러 메시지를 전달한다. 만약 내담자가 의자에 앉으면서 도전적인 자세를 보인다면 이 내담자는 다른 사람과의 관계에서도 이런 태도를 보일 것이다. 만약 상담자가 내담자의 이러한 행동성향을 이해하지 못하면 내담자의 공격적인 행동이 자신에 대한 사적인 감정에서 나온 것이라고 생각한다. 그래서 상담자는 내담자와 경쟁을 하게 되고 이런 경쟁심은 스트레스를 증가시킨다.

내담자의 도전적인 태도는 상담자에게 하는 질문에서 밝혀낼 수 있다. 그들은 상담자에게 "전문적인 훈련을 받았느냐? 정말 남을 도와준 경험이 있느냐? 어느 학교를 졸업했느냐?"와 같은 질문을 한다. 이러한 질문은 상담자를 당황하게 할 것이며, 이 부분에 자신이 없는 상담자는 더욱 심한 심리적 스트레스를 겪게 될 것이다.

보통 이와 같은 질문을 받은 상담자는 자신이 충분한 훈련을 받았다고 장황하게 설명하게 된다. 상담자가 이런 상황에 빠지게 되면 실수하는 것과 다름없다. 왜냐하면 이런 질문을 하는 내담자는 그 대답을 원한다기보다는 자신의 적개심을 이렇게 표현하는 것이기 때문이다. 그러므로 이런 질문을 받게 되면 그 질문에 대한 대답을 하기보다는 "당신은 진정으로 나에 관한 것을 알고 싶은가 보군요?" 또는 "당신은 나의 능력을 점검해 보는 일이 중요한가 보군요?"와 같은 질문을 정중하게 하면 내담자는 자신의 질문에 대해 진정한 동기를 다시 한 번 점검하게 되며, 보통은 긍정적인 태도로 변화된다.

결국 상담에서 내담자가 원하는 것은 무엇일까라는 의문을 가질 수 있다. 그것은 상담관계에서의 의사소통이라고 할 수 있다. 즉 내담자가 상담자로부터 인정, 격려 받고 있는 사랑의 언어이다.

4) 상담관계 상호작용적 기법

상담자와 내담자의 상호작용적 소통의 기법이 내담자로 하여금 인정과 격려의 사랑의 언어표현을 익힘으로써 자존감을 높이며 내담자 스스로가 가치 있음을 인식할 수 있도록 상담자는 다음과 같은 기법을 사용할 수 있다.

내담자는 자신의 장점, 강점, 자원 등을 발견하여 치료에 사용한다. 즉, 내담자들은 낮은 자존감이나 열등감으로 자신의 에너지를 소모하는 경우가 많다. 상담자는 그런 내담자들을 더욱 긍정적인 모습으로 변화시키기 위해 그들이 갖고 있는 가족구성원 내에서 느끼는 에너지나 자원들을 활용할 수 있도록 안내하는 것이다.

새티어(Satier)의 성장지향적인 모델 네 가지 기초

- 사람들의 모든 행동에는 합리적이거나 적절한 동기가 있다.
- 모든 사람들의 문제는 치유될 수 있으며 상담과정을 통하여 치유될 수 있다.
- 상담자는 일관된 행동으로 바람직한 의사소통을 해야 한다.
- 자존감과 효과적인 의사소통과는 서로 밀접한 관련이 있다.

(1) 새티어 모델의 주요개념

대화체계

열린 대화체계를 말하는데, 가족 간의 대화가 분명해서 상대방에게 의사전달이 쉽게 이루어지는 상태를 말한다.

① 장점 : 가족들은 서로의 의견을 존중하며 가족구성원 모두 가치 있으며 사랑받고 있다고 느끼며 융통성 있고 건설적인 문재해결 능력을 가지고 서로의 성장을 돕는 특징이 있다.

② 단점 : 역기능적 관계를 유지하는 가족들은 낮은 자존감, 자기비하와 불만감을 가

지게 된다. 이들은 자기감정이나 느낌에 충실한 상태에서 대화를 하지 못하기 때문에 역기능적인 대화가 발생하여 대화 내용을 이중 메시지로 전달하여 상대방을 혼란스럽게 만든다.

자기존중감

자존감과 자존심의 차이는 무엇이라고 생각하는가?

① 자존감이 센 사람 : 자신을 소중하게 여기고 타인을 존중하며 책임감이 큰 사람으로 어려운 상황도 잘 견디고 극복할 수 있는 사람(예: 저 사람이 나를 비난하는 이유가 뭘까에 대해 생각해 보고 그 비난한 것에 대해 자신에게 질문하는 것)

② 자존심이 센 사람 : 타인에게 용납할 수 없는 말을 들었을 때 이것을 극복하지 못하고 꼭 간직 하고 있다가 고집을 피우는 사람(예: "난 저 인간에게 절대 사과할 수 없어~ 아이 자존심 상해.")

개인의 성장

가족들은 다른 사람들 앞에서 자신의 느낌이나 생각을 분명하게 말할 수 있어야 하고 가족 각자의 차이점을 인식해야 하며 의사결정을 할 때 강요가 아닌 협상을 통해 이루어지도록 한다.

상담자의 역할

자아존중감을 높이고 인생에 대한 자기선택권을 돕는 개인 성장을 목표로, 상담을 통하여 낮은 자존감을 회복시키고 자신의 가치를 인정할 수 있는 자원들을 찾아내도록 도와주는 것이다.

상담기법(질문의 기법)

인본(人尊)주의적인 관점을 견지했던 새티어는 가족관계의 친밀성과 상담자의 따뜻하고 온화한 태도를 강조한다.

상담자의 역할

가족기능 향상이라는 목표를 달성하기 위하여 변화하는 가족의 모델이 되어야 하는데, 새티어는 주로 가족조각기법이나 은유, 재정의 같은 기법들을 사용하였다.

주요 기법

가족조각기법, 은유, 재정의

가족조각기법 가족 간의 문제와 갈등은 역기능적인 대화 형태에서 비롯된 경우 대화의 언어적인 측면과 비언어적인 측면을 일치시키는 것으로, 가족조각이란 어느 한 시점을 선택하여 그 시점에서 인간관계와 타인에 대한 느낌 등을 동작과 공간을 사용하여 표현하는 비언어적 기법을 말한다. 즉, 개인이 갖고 있는 의사소통 유형이나 경계선, 규칙, 소속감, 가족체계의 융통성의 정도를 파악하여 배열하는 것이다.

새티어의 역기능적인 의사소통 유형

- 위로자 : 타인들을 기쁘게 해주면서 자신을 위로하며 늘 타인의 말에 긍정하고 사과하며, 미안해하는 마음 약한 모습 보인다. (착한아이형)
- 비난자 : 다른 사람을 비난함으로써 타인을 통제하려고 하는 유형으로 타인의 잘못한 점만을 찾아내려는 듯이 말하며, 쉽게 타인과 싸우고 행동하고 거칠며, 쉽게 흥분하고 다른 사람들의 잘못이 부각되어야 편안해한다. (군주형)
- 계산자 : 조용하며 말할 때 억양의 변화가 별로 없고 바른말을 하고 정보를 수집하는 방식으로 대화하기 때문에 타인들과 감정적으로 연결되는 데에 불편함을 갖는다. (회피형)
- 혼란자 : 다른 사람들을 무시하며 대화의 초점을 흐리게 하여 상대방을 혼란스럽게 만들며, 다양한 몸짓과 억양의 변화를 보여주어 다른 사람들을 어리둥절하게 만든다. (사오정)

은 유 개인의 내적인 과정을 표출해 내는 은유적인 방법으로 빙산기법을 활용한다. 사람들의 경험의 대부분은 물 위에 떠 있는 빙산 아래의 수면에서 이루어진다는 의미이다.

재정의 부정적인 의미를 긍정적인 것으로 바꾸기 위하여 사용하는 기법으로 행동, 감정, 사고에 내재한 긍정적 의미를 제시하는 것이다.

예를 들면 현재의 힘들고 어려운 상황 때문에 모든 것을 자포자기한 내담자에게 현재 겪고 있는 혼란과 고통이 성장하고 발전하기 위해 치러야만 할 어려움이라고 재정의해 줄 수 있다.

2. 내담자

내담자들은 상담이란 어떤 것이고 자기와 상담자가 어떻게 행동해야 되는지에 대해 나름대로 가정을 가지고 상담에 접근하게 되는데, 이것이 바로 상담에 대한 내담자의 기대(expectancy)이다.

로저스(Rogers, 1967)는 내담자가 상담에 대해 긍정적인 기대를 가질 때 상담에서의 긍정적 관계가 형성되고, 이를 통해 효과적인 상담이 이루어진다. 즉, 내담자의 상담에 대한 기대가 상담의 과정과 효과에 영향을 미치기 때문에 내담자의 상담에 대한 기대를 반드시 고려해야 하는 것이다. 또한 내담자들은 매우 다양한 태도와 기제를 가지고 상담에 임하기 때문에 상담자는 내담자가 상담에서 기대하는 것이 무엇인가를 명확히 할 필요가 있다. 따라서 내담자의 상담에 대한 기대가 무엇인가를 파악하기 위해서는 현재 문제에 대한 인식은 어떤 변인에 대해 상황을 인식하고 있는지를 아는 것은 내담자에게 중요한 요소라고 할 수 있다.

1) 내담자의 현재 문제 인식

다양한 문제 때문에 상담실을 찾는 내담자들은 자신들의 문제유형에 따라 상담자, 상담과정 그리고 상담결과에 대해 다른 기대를 가진다. 이때 상담자가 내담자의 기대를 잘 이해하여 충실하게 만족 시켜줄 수 있다면 상담의 효과는 더 높아질 것이다.

브라운(Brown, 1982)에 따르면, 내담자들은 상담을 원하는 경우 자신이 가진 문제유형에 따라 상담자에 대한 선호도가 달라진다고 한다. 내담자들이 구체적으로 어떤 문제에 직면하여 상담자의 도움을 받아야할 것을 결정하게 되는 경우 먼저 도움을 요구하는 문제의 본질을 인식한 후에 도움을 줄 사람, 즉 상담자에 관한 특성을 고려하게 된다고 한다.

그러면 내담자들은 어떤 문제로 현재 고민하고 상담을 요청하게 되었는지에 대한 문제를 탐색하는 것이 바람직한 상담자의 자세와 태도이다. 먼저 선행연구를 살펴보면, 힐(Hill, 1977)은 문제유형을 전통적 직업문제, 비전통적인 직업문제, 성적 개인문제, 성적이지 않은 개인문제의 네 가지로 분류하였다.

정원식(1985)은 청소년들이 진로, 성적, 성격, 친구, 건강, 용모, 문제 순으로 고민하고 있다고 했다.

따라서 상담에 대한 내담자가 제시하는 다양한 문제유형에 따라서 달라지기 때문에 심리적인 신체, 정서, 사회, 언어, 인지 등에 평가인 심리검사에 의해 알아보는 것이 필요하다.

2) 내담자의 문제평가

상담분야에서 굳이 심리검사에 관한 교육과 훈련을 받아야 하는가 하는 의문이 종종 제기된다. 그러나 내담자의 정확한 문제를 진단 및 평가하기 위해서는 필수조건이라고 할 수 있다.

내담자를 알기 위하여 심리검사를 받아야 하는 이유는 다음과 같다.

① 내담자 문제를 사정(assessment)하기
② 내담자 문제를 개념화하고 정의하기
③ 효과적인 치료절차를 선정하고 실행하기
④ 상담효과를 평가하기

상담 초기 단계에서 상담자는 내담자를 면밀하게 사정할 필요가 있다. 만약 사정과정이 불완전하다면 앞으로 전개될 전체 상담과정에 부정적인 영향을 미치게 된다. 더욱이 상담자의 사정기술이 미흡할 경우 내담자가 호소하는 문제 가운데 중요한 부분을 놓치거나 간과할 수 있다.

상담자가 사례 개념화 기술을 잘 갖추었다 하더라도 내담자에 관해 제한된 정보를 갖고 있다면 실제 개념화 과정에 부정적인 영향을 미친다. 사례 개념화 과정 중에도 상담자는 자신이 내담자의 문제를 적절하게 이해하고 있는지 점검하기 위해 내담자를 지속적으로 사정할 필요가 있다. 적절한 치료절차를 선정하고 효과적인 상담이 이루어지기 위해서는 내담자가 호소하는 문제가 단순한 문제인지 복합적인 문제인지를 구분하는 것이 매우 중요하다. 내담자 문제의 심각성에 대한 간과는 비효과적인 상담을 예측하는 주요 요인으로 확인되었다(Mohr, 1995).

사정은 상담의 치료단계에서도 지속적으로 이루어진다. 상담자는 자신이 내담자의 상황을 충분히 이해하고 있는지를 지속적으로 관찰할 필요가 있다. 더욱이 상담자는 상담에 진전이 있는지 냉철하게 판단하여 내담자가 상담목표에 근접하고 있지 못하다고 여겨질 때는 상담과정을 조정할 필요가 있다. 특정 내담자에게 적합한 효과적인 치료절차를 선정한다는 것은 결코 쉬운 일이 아니기 때문에 상담자는 상담서비스의 효율성을 지속적으로 재평가해야 한다(Whiston, 2005).

상담자에게는 내담자를 조력하기 위해 효과적인 의사소통기술이 필요하듯이 효과적인 사정기술도 요구된다.

Chapter 04

상담을 위한 심리검사

1. 심리검사의 기초

현재까지 개발되어 상담현장에서 사용되고 있는 심리검사의 종류는 셀 수 없을 정도로 많다. 다양한 심리검사를 전반적으로 파악하는 한 방법은 각 검사의 특징에 따라 유사한 것들끼리 묶어서 보는 것이다. 검사들을 분류하는 방법 또한 다양한데, 능력검사와 성향검사로 분류하는 것이 분류의 한 방법이다. 능력검사는 최대수행검사라고도 하며, 성향검사는 전형적 수행검사라고도 한다. 상담현장에서 사용되는 모든 성격검사는 전형적 수행검사에 해당된다.

능력검사 또는 최대수행검사는 정답과 오답이 존재하는 검사이며, 피검자가 정답을 많이 맞힐수록 그 사람의 능력이 우수하거나 기능의 손상이 없다. 또는 더 잘 발달하였다는 것을 말해 주는 검사이다. 이 유형의 검사는 주로 인지적 기능 또는 발달적 기능의 수준과 양상을 측정하는 것으로 지능검사, 학업성취검사, 적성검사, 신경심리검사, 발달수준검사 등이 여기에 속한다.

최대수행검사는 피검자가 검사에 임하여 자신의 능력을 최대한 발휘하려고 노력한다는 것을 전제로 한다. 어떤 이유 때문이건 피검자가 최대 능력을 발휘하고자 하는 동기가 갖춰지지 않은 경우 이 검사를 통해 피검자의 능력 수준과 기능상의 특징을 정확하게 파악하기 어렵다. 따라서 검사가 실시되기 전 상담자와 피검자 간에 충분한 신뢰와 협력관계가 형성되어야 한다.

최대수행검사 중 임상현장에서 가장 빈번하게 사용되는 검사는 지능검사다. 지능검사 중에는 특히 웩슬러 지능검사가 가장 널리 사용되지만 특별한 상황에서는 비네 지능검사나 그림지능검사가 사용되기도 하며, 지능검사를 실시하기 어려운 상황에서 내담자의 지능 수준을 대략적으로 추측하는 데 도움이 되는 다른 심리검사가 사용되기도 한다.

지능은 인간의 고등 정신기능을 가장 잘 대표하는 개념 중의 하나이다. 따라서 지능평가는 개인의 지적 능력의 수준, 정신기능의 효율성과 비효율성, 비효율성을 보이는 세부 지적 영역 등에 관한 상세한 정보를 제공한다. 또한 지능검사의 수행에는 순수한 지적 기능에 속하는 영역뿐 아니라 성격, 정서와 같은 비지적 영역이 영향을 준다. 이러한 특징 때문에 지능검사는 특별히 사고-인지 기능의 손상뿐 아니라 이러한 기능과는 직접적인 관련이 없는 다른 다양한 유형의 부적응과 정신병리를 평가하는 데도 사용된다.

성향검사 또는 성격검사는 정답과 오답이 존재하지 않고 몇 가지 반응 대안들 중 피검자가 선호하여 선택한 반응대안을 토대로 성향을 측정하는 검사로, 주로 인지적 영역을 제외한 변인을 측정하기 위한 검사들이 여기에 속한다. 성격, 태도, 정서, 동기, 요구와 압력, 정신역동, 정신병리 등을 측정할 때 이 유형의 검사가 흔히 사용된다.

임상현장에서 사용하는 성격검사는 크게 질문지형 검사와 투사적 검사로 나눌 수 있다. 질문지형 성격검사는 자기보고형 성격검사라는 것으로, 검사문항이 제시하는 상황 혹은 문제에 대한 주관적인 현상과 경험, 판단을 응답지에 기록하는 방식으로 이루어진다. 이 유형의 검사는 객관적으로는 관찰할 수 없는 내적이고 주관적인 상태와 경험을 측정하는 데 흔히 사용된다. 상담현장에서 널리 사용되는 다면적 인성검사가 질문지형 성격검사의 예이다.

이 유형의 검사는 자기보고형 검사이기 때문에 내담자가 자신의 내적 경험과 상태를 있는 그대로 보고할 것을 전제로 한다. 따라서 내담자가 자신의 내적 경험과 상태를 정확하게 지각, 평가하고 보고하는 능력과 의도를 갖추고 있어야 검사자료의 정확한 해석이 가능하다. 자신의 상태를 은폐하거나 과장하는 경우에 이 검사를 통해 개인을 이해하는 데는 상당히 어려움이 있을 수 있다.

대표적인 질문지형 성격검사인 MMPI에서는 자기보고형 검사에서 작용할 수 있기 때문에 은폐, 과장과 같은 특별한 검사태도가 검사결과에 미치는 영향을 배제하기 위해 합리적인 방식이 아닌 경험적인 방식에 따라 검사문항을 제작한다. 또한 진지하지 못한 반응태도와 그로 인한 타당하지 못한 검사결과를 해석과정에서 배제하기 위해 임상척도 외에 정교하게 만들어진 타당도척도를 포함시켰다. 그러나 이러한 노력에도 불구하고 특별한 검사태도가 검사 시의 반응과 검사결과에 미치는 영향을 완전하게 차단하기는 어렵다.

투사적 성격검사는 모호한 검사자극에 대한 개인의 반응을 분석하여 사고의 과정과 내용, 정서와 성격상의 다양한 특징, 자신과 환경에 대한 태도, 주요한 갈등과 방어, 심리적인 부적응, 정신병리 등을 측정하는 검사이다. 투사는 정신역동이론에서 제시한 방어기제의 일종으로, 개인 내부에 있는 어떤 감정, 욕구, 충동, 갈등 등을 자기 자신이 아닌 외부의 어떤 대상이 소유하고 있다고 생각하는 경향을 말한다. 모호한 자극에 반응하는 과정에서 개인마다 독특한 반응 양식과 내용이 드러나게 되는데, 이러한 각 개인의 독특한 반응들은 자극 이 자체의 특징보다는 반응자의 고유한 내적 정신활동과 내용이 투사된다고 보는 것이 이 검사의 기본적인 가정이다.

투사적 검사의 가장 중요한 특징은 앞서 제시된 인지기능검사나 자기보고형 성격검사와는 달리 반응자가 인식하지 못하고 있는, 즉 개인의 의식 영역 바깥에 있는 정신현상을 측정한다는 장점이 있다. 이러한 검사 고유의 장점 외에도 피검자가 자신의 내적 경험과 상태를 은폐하거나 과장하기가 어렵거나 불가능하다는 부수적인 장점도 있다.

그러나 대부분의 투사적 검사는 실시와 채점, 해석이 매우 복잡하여 상당한 정도의 전문성을 갖추지 않으면 사용하기 어렵다는 한계가 있다. 또한 다른 유형의 심리검사에 비해 검사의 타당도가 충분히 입증되지 않았기 때문에 검사를 매우 조심스럽게 사용해야 하며, 특히 이 검사에서 시사되는 해석적 가설은 이 검사 외의 다른 자료를 통해 지지되는 범위 내에서 잠정적인 결론으로 채택하는 것이 해석의 오류를 줄이는 데 도움이 될 것이다.

2. 심리검사의 종류

1) 지능검사

1905년 비넷(Binet)과 시몬(Simon)이 최초의 지능검사를 만든 이후로 오늘날까지 여러 가지 개인용 지능검사가 개발되어 사용되고 있다.

(1) 초기의 비넷 척도

1905년 비넷은 시몬과 함께 처음으로 척도를 개발했다. 비넷은 감각 능력을 측정하는 과제로는 인간의 정신능력을 정확히 측정할 수 없다고 생각하여 판단력, 추리력, 주의집중력과 같은 능력을 측정할 수 있는 과제를 자신들이 개발한 검사에 집중적으로 포함시켰다. 그리고 이러한 과제들을 사용해서 측정한 정신능력은 연령에 따라 증가하고, 연령이 높은 아동이 연령이 낮은 아동보다 더 우세하게 나타나야 한다는 원칙과 검사 속에 다양한 종류의 과제를 포함시키지만 이 과제들은 오직 하나의 총체적 능력, 소위 말하는 일반적 정신능력을 측정하도록 해야 한다는 원칙에 근거해서 검사과제를 개발하고 선정하였다. 이 두 가지 원칙은 비넷이 처음 지능검사를 개발할 때는 물론 이후의 여러 개정판을 개발하는 데 적용되었고, 인간의 지적 능력 연구에서 중요한 원칙이 되었다. 이런 두 원칙에 따라 최초로 개발된 지능검사가 1905년판 비넷-시몬(Binet-Simon) 척도이다.

(2) 터만의 스탠포드-비넷 척도

비넷과 시몬이 1911년 비넷-시몬 척도를 약간 수정하여 세 번째 개정판을 내놓을 무렵, 미국과 유럽에서는 1905년판과 1908년판 비넷-시몬 척도가 널리 알려지기 시작했다. 특히 미국에서는 1908년에 고다드(Goddard)가 1905년판 척도를 번안하여 소개했고, 1911년에는 1908년판 척도를 번안하여 소개하였다. 그리고 다른 여러 학자들이 연이어 여러 개의 번역판을 출판하기도 했다. 그러나 스탠포드(Stanford) 대학의 터만(Terman) 교수가 1916년에 번역한 1916년판 비넷-시몬 척도가 가장 폭발적인 관심을 받았고 상당기간 동안 전 세계에 다시 번안되어 가장 많이 사용되었다. 1916년판 비넷-시몬 척도 역시 이후에 세 차례(1937 · 1960 · 1986년) 개정되었다.

(3) 웩슬러 지능검사

지능검사의 결과는 반드시 아동의 지적 능력을 반영하지는 않는다. 그 이유 중 하나는 비지적 요인도 지능검사 결과에 영향을 미치기 때문이다. 비넷과 터만도 지능검사에 비지적 요인이 영향을 미친다는 사실을 인식하고 있었다. 그러나 비지적 요인이 지능검사 결과에 미치는 영향력에 대해 가장 많이 강조한 학자 중의 한 사람은 바로 웩슬러(David Wechsler)이다. 웩슬러는 인간의 지능과 관련된 여러 종류의 상이한 능력이 있고, 이들 능력 중 대부분은 독특한 비지적 요인의 영향을 받는다고 보고 지능검사를 개발하면서 비지적 요인이 지능검사에 미치는 영향에 대해 많은 관심을 두었다. 웩슬러는 지능검사를 통해 얻어진 IQ는 인간의 지능을 측정하는 단일 측정치로는 가장 좋은 것이기는 하지만, 지능검사 자체는 인간의 지능을 측정하는 유일한 측정방법도 아니고 완벽한 것도 아니라고 하였다. 그리고 지능검사에서 얻어진 IQ점수 속에는 순수한 지적 능력과 다른 요인이 혼합되어 있다고 주장하면서 비지적 요인이 지능검사 결과에 미치는 영향에 대해 관심을 기울여야 한다는 것을 강조하였다.

(4) K-WISC-III

한국 웩슬러 아동지능검사는 미국의 웩슬러 아동지능검사 3판을 모체로 한 것이다. 웩슬러 지능검사는 크게 성인용(WAIS), 아동용(WISC), 유아용(WPPSI) 등 세 가지가 있다. 우리나라에서는 1963년에 성인용 검사인 KWIS가 웩슬러 지능검사 중에서는 처음으로 제작되어 1992년에 개정판 K-WAIS가 표준화되었다.

웩슬러 아동지능검사는 미국에서 1949년에 제작되어 1974년에 WISC-R로, 다시 1991년에 WISC-III로 개정되었다. 우리나라에서는 K-WISC가 WISC를 바탕으로 제작되었으며, 이어 1991년 한국교육개발원에서 KEDI-WISC를 개발하여 최근까지 사용되었다. 이것은 1974년 제작된 WISC-R을 표준화한 것으로 원본의 제작연도와 25년 이상 차이가 있다. 특히 유아용 웩슬러 지능검사가 우리나라에서 표준화되기 이전에 제작되어 원래 WISC-R의 실시 연령이 만 6세 6개월에서 16세 6개월까지인 것을 KEDI-WISC에서는 만 5세에서 15세로 낮추어 제작하였다.

유아용은 1967년에 웩슬러 유아지능검사가 개발되어 1989년에 WPPSI-R로 개정되었다. 이를 1996년에 K-WPPSI로 한국판으로 표준화하였다. 따라서 만 3세에서 만 7세 연령에게 실시할 수 있는 한국판 웩슬러 유아용 지능검사가 표준화되어 있는 현재, 아동용 지능검사는 원래대로 시작연령을 만 6세로 원상복구할 필요가 있다.

WISC-III는 언어성, 동작성 요인의 4개의 지표점수가 추가되어 이전 도구에 비해 새로운 요인들이 추출되었으며, 임상적 장면에서 더욱 유용한 도구로 발전되었다. 뿐만 아니라 아이들이 검사경험을 좀 더 흥미 있게 느낄 수 있도록 검사재료와 실시절차 상의 변화를 꾀하였다. 예를 들면 많은 그림자극 재료들이 새롭게 원색으로 인쇄되었으며, 소검사 실시순서도 변화되어 아이들을 검사상황에 좀 더 점진적으로 접근할 수 있게 하였다. 또 완전히 새로운 문항을 첨가하여 예전에 있던 항목들을 대치하였고, 경험상 필요하다고 여긴 다양한 난이도의 문항들을 첨가하였으며, 분석을 통해 특정 집단 아동에게는 부적합한 항목들을 대치시켰다. 따라서 WISC-III는 WISC-R에 비해 많은 변화를 시도한 검사도구이다.

K-WISC-III는 6세 0개월과 16세 11개월 사이 아동을 대상으로 한 것으로, 이는 미

표 4-1 K-WISC-III의 소검사에 대한 설명

소검사	설명
빠진 곳 찾기	여러 색상으로 이루어진 물건이나 장면 그림에는 중요한 부분이 빠져 있다.
상 식	일상적인 사건, 물건, 장소, 사람들에 대한 아동들의 지식을 알아보기 위한 것으로, 정해진 일련의 질문들을 말로 제시한다.
기호쓰기	일련의 간단한 형태나 숫자가 단순한 기호와 짝지워져 있다. 아동은 형태나 숫자에 대응하는 기호를 그려 넣는다. 기호쓰기는 기록용지에 포함되어 있다.
공통성	구두로 제시되는 쌍으로 짝지은 일련의 낱말에 대한 공통성을 설명한다.
차례 맞추기	여러 색상의 그림들이 순서가 뒤섞인 채 제시되고, 아동은 논리적인 이야기 순서로 재배열한다.
산 수	일련의 산수 문제를 암산으로 풀고 구두로 대답한다.
토막 짜기	인쇄된 기하학적 형태나 검사자가 직접 제시하는 기하학적인 형태를 관찰하고 두 가지 색상의 토막을 사용하여 제시된 것과 똑같은 형태를 만들어 낸다.
어 휘	검사자는 어휘를 구두로 제시하고, 아동은 그 어휘에 대해 구두로 정의를 내린다.
모양 맞추기	일상적인 물건이 그려진 퍼즐로 구성되어 있으며 각 퍼즐은 표준화된 방식으로 제시한다. 아동은 그 퍼즐들을 모아서 의미 있는 하나의 전체 모양으로 만든다.
이 해	구두로 제시되는 질문으로 아동의 일상생활에서의 문제해결 능력과 사회적 규칙 및 개념에 대한 이해 능력을 측정한다.
동형 찾기	쌍으로 이루어진 도형들로서 각 쌍은 표적부분과 반응부분으로 구성되어 있다. 아동은 두 부분을 훑어보고 표적모양이 반응부분에 있는지 여부를 지적하는 것이다. 본 소검사는 별도 반응지에 실려 있다.
숫 자	검사자가 차례대로 숫자를 말하면, 아동은 숫자를 순서대로 또는 역순으로 따라한다.
미 로	별도의 반응지로 구성된 미로는 점점 난이도가 높아지도록 구성되어 있다. 아동은 연필을 사용하여 문제를 푼다.

국의 검사들이 제시한 연령과 일치한다. 그러나 KEDI-WISC의 경우 만 5세에서 만 15세에 해당하는 것이었는데 본 검사에서는 다시 원래의 연령대로 수정하였다. 이 연령의 하한계는 K-WPPSI의 연령범위와 중복되고, 상한계는 K-WAIS와 중복된다. 따라서 검사자는 6세 아동과 16세 아동을 대상으로 검사하려고 할 때 어떤 지능검사를 사용할지 선택해야 한다. 일반적으로 능력이 평균 이하인 6세 아동의 지적 능력은 아마도 K-WPPSI로 측정할 때 더 잘 측정될 것이며, 평균 이상인 아동의 경우 K-WISC-Ⅲ가 더 적합하다. 반대로 능력이 평균 이상인 16세 아동의 지적 능력은 아마도 K-WAIS로 써 더 잘 측정될 것이며, 평균 이하의 능력을 지닌 16세 아동의 경우에는 K-WISC-Ⅲ가 더 적합하다.

(5) K-ABC

K—ABC로 측정되는 지능은 문제를 해결하고 정보를 처리하는 개인의 인지처리 양식으로 정의된다. 이 정의는 각 정보처리 양식에 있어서 기능의 수준을 강조하며 신경심리학과 인지심리학 분야의 이론과 연구결과에 확고한 이론적 기초를 두고 있다.

종래의 지능에 대한 정의와 지능의 측정방법과는 달리, K-ABC는 문제해결 능력과 사실적 지식을 명확하게 구별해서 측정한다. K-ABC에서는 문제해결과 관련된 일련의 기능을 지능으로 정의하고, 사실에 관한 지식을 습득도로 정의하고 있다. 이러한 점이 다른 지능검사와 K-ABC의 차이점이다. 종래의 지능검사에서는 흔히 아동의 검사에게 받은 IQ점수 속에 아동이 습득한 사실적 지식과 그것을 습득하기 위해서 사용되는 기능이 복합적으로 반영되어 나타난다는 점에서 K-ABC는 분명히 종래의 전통적인 지능검사와 뚜렷이 구별된다.

2) 성격검사

성격검사의 선구는 정신과 환자를 대상으로 한 크래펠린(Kraepelin)의 자유연상검사를 들 수 있다. 이 검사는 수검자에게 자극단어를 제시하고 제일 먼저 떠오르는 단어를 말하게 하는 방식이다. 그는 이 검사를 이용하여 피로, 배고픔 및 약물 등의 심리적 작용을 연구하였다. 그 후 솜머(Sommer)는 자유연상기법을 이용하면 여러 유형의 정신장애를 구분할 수 있다고 하였다. 이러한 전통은 융(Jung)이 1903년에 시작하여 1908년에 완성한 단어연상검사로 발전하였다. 이러한 몇 가지 검사가 개발됨에 따라 성격검사는 인벤토리형 또는 질문지형 성격검사, 행동검사 및 투사법검사로 발전되었다.

(1) 에니어그램

에니어그램은 아홉 가지의 세계관 혹은 전략, 즉 지능을 나타내는 성격모형이다. 그리스어로 에니어(ennea)란 9를 의미하며, 그램(gram)은 그래프 혹은 모형을 의미한다. 종족, 성, 나이, 민족성, 사회경제적 지위 등 개인적인 차이점을 만족스럽게 설명해 주고 있는 이 에니어그램은 아홉 가지의 전략을 여러 가지로 기술하고 있다.

이 모형은 제한된 주의의 중심 특징과 연관된 사고, 감정, 동기 그리고 지각의 아홉 가지 유형에 기초하고 있다. 이러한 에니어그램 유형은 오늘날 '정신장애의 진단 및 통계 편람(DSI-IV)'의 범주와 같은 현재의 성격 이론과 폭 넓게 일치하고는 있지만 병리적 인간보다는 좀 더 정상적인 그리고 고기능적 인간을 기술하고 있다.

에니어그램 유형의 유용성에 관한 경험적 증거는 실제로 행해진 수백 명과의 면담과정에서 발견된다. 이러한 에니어그램 유형의 심리학적 개관은 하나의 중심 특징을 향해 별자리로 이루고 있다.

다른 에니어그램의 저자들은 이러한 정형화가 기독교에서 말하는 일곱 가지의 큰 죄나 불교의 심리상태, 수피즘의 신성한 심리학과 유태교의 신비철학 등과 같은 많은 주요한 종교적 전통에서 기술된 심리학적 상태에 어떻게 접근하고 있는지를 묘사하고 있다.

어느 한 가지 에니어그램의 한 가지 유형이 다른 유형보다 나은 것이 아니라 각각의 유형 모두 타당성을 지닌 것이며, 각각의 유형은 세상을 지각하는 나름대로의 독특한 방식을 내포하고 있다. 모든 사람들은 하나의 기본적인 유형을 보여주기도 하지만 자신의 일부를 그 유형 속의 한 가지로 볼 수도 있다. 왜냐하면 각각은 자신이 연관지을 수 있는 성격의 한 단면을 나타내기 때문이다. 이 에니어그램은 사람들과 행위를 이해하기 위한 개념적 어휘와 구조를 제공해 준다. 에니어그램의 체제를 아는 것은 교육, 교수 및 훈련을 포함한 모든 상호작용을 고양시켜 준다. 아홉 가지 유형과 각각에 대한 간략한 설명은 〈표 4-2〉와 같다.

표 4-2 독특한 아홉 가지 존재 양식

유형	내용
1유형: 완벽주의자	양심적이고 도덕적이며, 정직하고 이상주의적이다. 완벽주의자는 옳은 일에 집중하며 잘못을 피한다. 이것은 머뭇거림과 자발성의 결여를 초래할 수도 있고 설교적 · 열정적인 의사소통을 한다.
2유형: 조력자	공감적 · 양육적 · 관계지향적이며 진정한 이타심을 갖는다. 이들은 상대방의 사랑, 동의, 찬사와 같은 정서적 욕구를 충족시키고 상대방의 거부감을 피하기 위하여 무엇인가를 다른 사람들에게 제공하는 것을 목표로 삼는다.
3유형: 수행가	자신이 넘치고 유능하며, 효율적이고 노련한 팀 조직자로서 성공을 하도록 내몰리는 유형이다. 이득은 실패를 두려워하며 결과에 치중하고 과업지향적이다. 자신의 이미지를 의식하는 이들은 종종 자신과 남을 속이고 감정의 경험을 피하려고 한다.
4유형: 낭만주의자	개인적이고 창의적이며, 민감하고 깊은 감정의 고저를 경험할 수 있다. 이들은 평범함을 피하고 얻지 못할 것에 집중한다. 즉 이들의 유리잔은 언제나 반쯤은 비어 있다. 우울증이 삶에 매력적인 요소를 제공하기도 하지만 또한 침울함을 초래할 수도 있다. 이들은 자기가 갖지 못한 것을 가진 것 같이 보이는 사람을 질투한다.
5유형: 관찰자	이들은 개인적이고 자로 잰 듯하며, 논리적이고 지적인 것을 추구하는 사람들이다. 이들은 감정적 집착을 거부하고 지식의 획득에 초점을 맞춘다. 회피하며 지나치게 자기통제적이고 자신의 감정을 잘 표현하지 않을 수 있다. 예측 가능한 것에 마음을 놓으며 놀라는 것을 좋아하지 않는다.
6유형: 의문론자	사려 깊고 이성적이며, 충실하고 책임감이 강하다. 이들은 다른 사람처럼 보이는 것을 싫어하고 숨겨진 위험성을 찾아내는 데 치중한다. 성공을 두려워하고 늘 회의적인 이들은 그 성격으로 말미암아 우유부단하고 꾸물대며 그리하여 과업을 끝까지 완성하지 못한다.
7유형: 낙관주의자	우수하며 열정적이고 매력적이며 자의적이고 유쾌한 유형이다. 이들은 삶에 적극적으로 열중하며 스스로 선택할 수 있는 많은 즐거운 선택권을 지니고 있다. 이들은 계획하며 열광적으로 시간을 보내기를 즐기고 고통은 피하려고 한다. 어려움을 만들며 약속을 지킨다. 낙관주의자들은 스스로 어떤 일과 연관을 맺으며 다른 사람들의 일상적이고 세속적인 욕구에는 끼어들지 않으려고 한다.
8유형: 보스주의자	자신감에 차 있으며 힘 있고 책임을 지려는 지도자이고, 정직하고 직선적이며 한 세력권의 집단을 보호하려는 유형이다. 이들은 힘과 통제력의 획득에 치중하며, 의존적인 상태나 취약성을 보여주지 않으려고 한다. 이들은 극단적인 삶의 스타일을 살거나 끝까지 기를 쓰고 버티며 사는 삶을 살 수도 있다.
9유형: 평화주의자	애정이 있으며 남을 위해 정열적이고, 비경쟁적이며 인내심이 강하며 문제의 모든 곳을 고루 살피는 유형이다. 이들은 갈등을 피하는 사람들이며 자발적으로 계획하는 것을 싫어하고, 꾸물거리는 경향이 있다. 일에 우선순위를 두거나 결정을 내리는 데 주저하는 경향이 있으며, TV와 함께 도피하거나, 체념하고 비활동적일 수 있고 자신의 욕구나 일정에 소홀히 할 수 있다.

(2) MBTI

마이어-브릭스 유형지표(Myers-Briggs Type Indicator, MBTI)는 인간이 경험하고 인식하는 방식에 관한 융의 심리적 유형론을 근거로 마이어(Myers)와 브릭스(Briggs)가 만든 자기보고형 검사이다. MBTI는 심리검사라기보다는 하나의 지표로서 성격검사와는 달리 옳고 그른 답이 있는 것이 아니고 개인의 특징적인 심리적 유형을 알아보기 위한 것이다.

MBTI는 4개의 심리적 유형, 즉 외향성-내향성, 감각형-직관형, 사고형-감정형, 판단형-인식형으로 구성되어 있다. 이러한 네 차원의 점수를 조합하면 16개의 심리적 유형이 가능하다. 이러한 심리유형의 분류를 토대로 개인이 인식하고 판단하는 과정에서 선호하는 것을 찾아내고 각각의 선호형이 개별적 또는 복합적으로 어떻게 작용하는지를 예측하려는 것이다. 여기서 인식과정이란 우리가 사물, 사람, 사건, 생각들을 의식하게 되는 것을 말하고 판단과정이란 인식에 근거해서 어떤 결론을 유도해 내는 것을 말한다. 개인이 인식하고 결론에 도달하는 방식이 다르기 때문에 반응, 관심, 가치, 동기, 기술, 흥미 또한 다르다고 볼 수 있다. 즉 유형에 따라서 상이한 인식과 판단과정을 사용하기 때문에 개인의 심리유형을 알게 되면 자기 자신은 물론 타인에 대한 이해가 가능하고 대인관계에서 여러 가지 이점이 있을 수 있다는 점에서 MBTI가 많이 활용되고 있다.

(3) 다면적 인성검사

다면적 인성검사(Minnesota Multiphasic Personality Inventory, MMPI)는 세계적으로 가장 많이 사용되고 있는 인벤토리형 성격검사이다. 1930년대에 미네소타 대학의 임상심리학자인 하파웨이(Hathaway)와 정신과의사인 맥킨리(McKinley)가 정신과 환자의 행동을 객관적으로 측정하기 위하여 제작한 것으로 구조화된 진단용 성격검사이다. MMPI는 1943년에 처음 개발된 이후로 전 세계적으로 가장 활발하게 연구가 진행되었을 뿐만 아니라 가장 많이 사용된 검사이다. 그리고 최근 들어서 MMPI는 MMPI-2, 청소년을 대상으로 실시할 수 있도록 만들어진 MMPI-A와 같이 두 가지 독립적인 검사로 개정되었다.

MMPI는 구조화된 진단용 성격검사인데, 여기서 구조화된 성격검사란 검사자료 자체가 문화적 관습에 따라 결정된 문항으로 구성되어 있고, 수검자는 이러한 문항에 대해 한정된 몇 가지 방식으로 응답하도록 구성된 검사를 말한다. 그리고 MMPI는 25개의 영역과 관련된 550개 문항을 포함하고 있고, 이러한 문항들은 다시 4개의 타당성척도와 10개의 임상척도를 구성하고 있다. MMPI에서 타당성척도란 검사 자체의 타당도를 의미하는 것이 아니고 반응과정에서 작용하는 수검태도를 반영하는 것이다. 임상척도는 근본적으로 크래펠린의 정신과적 장애의 진단분류에 근거하고 있다. 그리고 진단용 성격검사라는 말이 지적하고 있는 바와 같이 MMPI는 원래 정상에서 이탈된 이상행동의 진단분류를 목적으로 하고 있어서 이탈가설을 상정하고 있다.

(4) MMPI에서의 타당도 개념

전통적으로 타당도의 개념은 검사가 측정하려고 목적하는 것을 실제로 측정하는 정도를 의미한다. 예를 들어, 대학원 적성검사는 앞으로 대학원에서 성공할 학생을 알아낼 수 있는 정도에 따라 그 검사의 타당도가 결정된다. 검사의 타당도는 검사점수와 대학원에서의 어떤 성공지표, 가령 평균학점이라든가 학위의 완성정도와 같은 사실과의 상관관계에 의하여 측정되는 것이다. 마찬가지로 MMPI의 경우, 어떤 외적 준거, 예를 들어 입원기간이나 정신과적 진단과 같은 제반 변인을 예측할 수 있는 정확도가 타당도의 척도가 될 수 있을 것이다.

MMPI에서 타당도의 두 번째 개념은 다소 다른 의미로서, 환자가 검사문항들을 왜곡해서 응답하지는 않았는가를 보는, 즉 그 환자의 검사태도를 의미한다. 환자가 MMPI 반응에서 정확하고 일관된 자기평가를 보여주었다면 그 프로파일은 타당도가 높다고 말한다. 이 두 번째 개념의 타당도란 실제로 환자가 일관성 있게 검사문항들에 응답했는가를 의미하는 것이므로 '신뢰도'란 말이 오히려 더 적절한 표현이 될 것이다. 더 구체적으로 말하면, 신뢰도 중에서도 내적일치도라는 것이 전통적으로 어떤 사람이 한 검사나 척도에서 일관된 모양으로 반응하는 정도를 나타낼 때 쓰인 말이다. 그러나 MMPI에서 '타당도'라는 용어가 오랫동안 이렇게 쓰인 역사를 갖고 있기 때문에, 여러 세대에 걸친 상담자들에게 좀 더 적절한 용어를 쓰게끔 고쳐 준다는 것이 더 비현실적인 일이 될 수도 있다. 따라서 상담자들은 MMPI에서 타당도라는 개념이 가지는 이 특수한 의미를 잘 이해할 필요가 있다.

표 4-3 MMPI의 타당도척도

타당도 척도 유형	내 용
?(알수 없다) 척도	?척도는 환자가 빠뜨린 문항, 즉 답하지 않았거나, 혹은 '그렇다'와 '아니다' 모두에 답한 문항들의 총합이다. 문항의 누락은 대개 피검자의 반응태도에 따라 좌우되며, 그 반응태도는 또한 그때의 검사지시에 의하여 많이 결정된다. 모든 문항에 응답하도록 요청하면 대개 그렇게 하며, 대부분의 사람들은 MMPI에서 별로 빠뜨리지 않고 응답한다. 여기에서 중요한 문제는 환자가 빠뜨린 문항들을 답하지 못하는 것인가, 아니면 답하지 않으려는 것인가인데, 전자의 경우에는 빠뜨린 문항들이 그에게 해당되지 않는 문항일 수도 있으므로 무시해도 괜찮을 것이다. 그러나 후자의 경우에는 만일 환자가 이들 문항에 실제로 응답했더라면 비정상적인 방향으로 답했을 가능성이 많다. 따라서 현재 나타난 프로파일은 그만큼 타당도가 저하되어 있다고 볼 수 있으며, 그 환자의 참모습이 아닐 수도 있다. 이 두 가지 경우를 식별할 수 있는 기준은 아직도 알려져 있지 않으며, 환자를 자세히 면담하는 방법밖에 없다. 그러나 이 방법은 시간이 많이 걸릴 뿐만 아니라 비실제적이거나 실제로 불가능한 경우가 많으며, 다행히 이런 환자의 수가 적어 큰 문제가 되지는 않는다.
L 척도	L 척도는 원래 피검사자가 자신을 좋은 모양으로 나타내 보이려는 다소 고의적이고도 부정직하며 세련되지 못한 시도를 측정하려는 척도이다. 이 척도가 높을수록 그 사람은 사회적으로 올바르게 행동한다고 주장하며, 이 척도가 낮을수록 그는 일반적인 인간적 약점을 솔직하게 고백하려 하는 것이다. 이 척도는 이성적 근거에 의하여 선발된 15개의 문항들로 구성되어 있으며, 사회적으로는 찬양할 만하나 실제로는 극히 양심적인 사람들에게서만 발견되는 태도나 행동을 측정한다. 여기에서 다루는 사소한 결점이나 약점들은 대부분의 사람들이 인정하는 것들이다. 고의적으로 자신을 좋게 보이려는 사람들은 그러한 사소한 단점마저도 부인하려 하는 것이다.
F 척도	F 척도는 검사문항에 대하여 보통과는 다르거나 혹은 비전형적인 방법으로 응답하는 사람들을 탐지하기 위하여 선발된 문항들로 구성되어 있다. F 척도는 거의 언제나 어느 사람의 생각이나 경험이 일반 대중들의 그것과 다른 정도를 측정한다. F가 높을 때 고의적으로 나쁘게 보이려는 경우는 매우 드물다. 대학생이나 창조적 활동을 하는 사람들의 경우 어느 정도 일반 사람들과 다른 생각을 가지고 있는 예가 적지 않은데, F 척도가 높아질수록 그 사람이 가지고 있는 문제영역이 많고 문제의 정도가 심함을 의미한다.
K 척도	내담자가 자신을 지나치게 긍정적으로 기술하는 것을 측정하는 것으로 L 척도와 유사하나 세련되고 효과적이다. 순진하고 도덕적이고 세련되지 않은 사람은 L 척도의 점수가 높고, 지적이고 심리적으로 세련된 사람은 K 척도의 점수가 높다. 사회 · 경제적, 교육적 수준이 낮은 사람은 K 척도의 점수가 다소 낮으므로 해석 시 주의해야 한다. 점수가 중간인 사람은 자아강도가 높고 정서적 방어가 효과적이며, 현실접촉이 좋고 대처기술이 탁월하다. 점수가 높은 경우는 자신에 대해 지나치게 방어적이고 긍정적인 면만 내보니려는 경향이 있다.

표 4-4 MMPI 임상척도

척도 유형	내 용
척도 1: 건강염려증	이 척도가 측정하는 임상적 특징은 신체기능에 대한 과도한 집착 및 그와 관련되는 질환이나 비정상적인 상태에 대한 불안이다. 이 증상들은 특히 위장계통을 선호하며 그 같은 장애를 부인하는 여하한 의학적 검사결과나 설득에 대해서도 전혀 반응을 보이지 않는다. 이러한 불안이나 집착은 원칙적으로 정신병적 상태보다는 신체기능에 대한 신경증적 걱정을 의미하는 것으로, 이것이 척도 1의 측정목적이다.
척도 2: 우울증	이 척도는 MMPI 시행 당시에 그 사람이 느끼는 비관 및 슬픔의 정도를 나타내는 기분척도이다. 우울증상의 주된 현상은 사기 저하, 미래에 대한 희망의 상실 및 자신의 생활환경에 대한 일반적인 불만이다. 그밖에 이 척도에서 다루는 우울증상에는 행복감이나 자기가치감의 부인, 행동이 느려지고 아무 일에도 관여하고 싶지 않은 태도, 주변에서 일어나는 일에 대한 관심의 결여 등이 있고, 심인성 신체증상, 걱정, 긴장, 적대감의 부인, 사고기능 통제의 곤란 등이 나타난다.
척도 3: 히스테리	많은 사람들에게 있어 어떤 현실적 어려움이나 갈등을 회피하는 최선의 방법은 그것의 존재를 부인하는 것이다. 이 척도는 이와 같은 부인의 양과 형태를 측정한다. 그런데 이 사람들에게 있어서 이러한 특성은 그의 생활방식의 일부로 되어 있고 성격 속에 너무나도 깊이 뿌리박고 있어서 그 같은 방어기제를 사용하고 있다는 사실조차 그들은 알지 못하고 있다. 이들에게 치료란 매우 어려운 일로서, 그 이유는 분명히 존재하는 현실조차도 그들은 인정하기를 단호히 거부하기 때문이다.
척도 4: 반사회성	갈등의 정확한 성질과 그 적절성은 갈등의 대상(부모, 친구, 배우자, 사회, 학교 등), 그에 수반된 혼란의 정도 및 그것이 발생한 상황 등에 의하여 결정되는 것이며, 그 사람이 처한 상황을 알아보지도 않고 이 척도가 나타내는 행동은 무조건 나쁘다고 판단내리는 것은 온당하지 못하다. 문항내용 영역은 다양성이 있고 어떤 경우에는 서로 모순되기도 하는데, 주로 가정이나 권위적 대상 일반에 대한 불만, 자신 및 사회와의 괴리 그리고 일상생활에서의 권태 등이 이것들이 측정하는 주요 대상이다. 척도 3에서와 마찬가지로, 외견상 모순되는 문항들을 동시에 채점되게 반응하는 것이 척도 4를 구성하는 데 사용된 기준집단의 큰 특징이어서 그들은 사회적 적응곤란을 인정하면서 동시에 사회적 침착성과 자신감을 함께 주장한다. 이 사람들은 새로운 상황에 빨리 적응하며 정력적이고 선도적이나 좌절되었을 경우에는 이같은 장점들이 공격성과 부적응적인 사회적 행동으로 변모한다.
척도 5: 남성특성-여성특성	척도 5는 모든 임상척도 중에서 가장 잘못 이해되고 있는 척도라고 할 수 있겠는데, 그 첫째 이유는 남성특성-여성특성이라는 이름 때문이다. 이 척도명이 함축하고 있는 의미는 이 척도가 그 사람이 남성적인가 혹은 여성적인가를 나타내는 것처럼 되어 있는데, 실제로 현대사회에 있어서 이 양자 간의 구별이 이전에 비하여 많이 모호해지고 있을 뿐만 아니라 남성특성-여성특성의 의미도 빨리 변하고, 이 척도가 처음 제작될 당시의 그것과 많이 다를 수 있다는 데 문제가 있다. 척도 5가 가지고 있는 두 번째 문제는 이 척도가 실제 혹은 잠재적인 남성 동성애자들을 색출할 수 있다는 가정인데, 그 같은 가정은 근거가 없는 것으로 밝혀졌다. 일부 남성 동성애자들 중에서는 이 척도에서 상승을 보이는 경우도 있으나 오류긍정과 오류부정이 많으며, 이 척도는 남성 동성애자들을 확인하는 데 별로 효과가 없다. 세 번째 문제로 이 척도에는 실제로 남자와 여자용 두 개의 척도 5가 존재하는 것이어서, 이들 각 척도는 저마다 별개의 해석을 가지고 있다.

(계속)

척도 유형	내 용
척도 6: 편집증	이 척도가 조금 높을 때는 대인관계에서의 민감성을 의미하는 것으로서, '지금 당신은 무슨 생각을 하고 있고 어떤 기분인가, 그리고 그것이 나에게 어떤 영향을 주고 있는가?'와 같은 것이다. 척도 점수가 상승되었을 때는 이 같은 예민성에 의심성이 첨가되는 것으로서 다른 사람들이 악의를 가지고 있다고 생각하고, 그러므로 그들이 무슨 짓을 하려고 하는지 혹은 할 수 있는지 잘 경계할 필요가 있다고 느끼는 상태다. 척도 6의 또 다른 특징은 자기정당성으로서 '나는 당신을 위해서 이 모든 것을 했는데 당신은 나에게 어떻게 했는지 보라'와 같은 감정을 나타낸다. 때로는 이 같은 감정을 말로 표현하는 경우도 있지만 대개는 묵시적으로 강하게 암시할 뿐이다.
척도 7: 강박증	이 척도가 측정하는 것은 주로 오랫동안 지속되어 온 만성적 불안이다. 때로는 스트레스 상황(상태불안)에 의하여 이 척도가 상승할 때도 있지만 원칙적으로 이 척도는 걱정을 많이 하는 성격형(특성불안)에서 나타나는 스트레스 상황을 측정하는 것이다.
척도 8: 정신분열증	이 척도에서 다루는 내용영역들은 다양한 사고, 감정, 행동 등의 장애인데, 특히 외부현실에 대한 해석의 오류, 망상, 환각 등이 있을 수 있다. 감정반응의 위축 및 양면성이 보편적으로 나타나며 현실 회피적 · 공격적 그리고 기태적 행동 등을 보인다. 그 밖에 사회적 소외, 가족 간의 갈등, 주의집중 및 충동억제의 곤란, 깊은 흥미의 결여, 자기가치 및 자아정체에 대한 심한 의문 및 성생활 장애 등이다.
척도 9: 경조증	이 척도의 문항들은 정신적 에너지를 측정하는 척도여서 이 척도가 높으면 높을수록 그 사람은 정력적이고 그 정력으로 무엇인가를 하지 않고는 못 견디는 사람이다. 인지영역에서는 사고의 다양성, 비약 및 과장성을 보이고, 행동영역에서는 과잉활동적이고 안절부절하며, 정서영역에서는 불안정성, 흥분성, 민감성 및 기분의 고양을 나타낸다.
척도 10: 내향성	이 척도는 그 사람이 혼자 있는 것을 좋아하는가, 아니면 다른 사람들과 함께 있는 것을 좋아하는가를 측정하는 척도이다. 척도 0을 해석할 때 겪게 되는 한 가지 어려운 점은 척도이름에 대한 가치판단을 회피하는 일이다. 흔히 우리 문화에서는 외향성은 좋고 내향성은 나쁘다고 생각하는 경향이 있다.

3) 투사법검사

구조화된 검사와 달리 투사법검사는 비교적 모호한 자극을 검사자료로 사용하고 있다. 투사법검사는 이러한 자극자료에 대해 수검자가 지각하는 방식이나 반응을 구성하는 방식 및 반응유형이 개인의 동기나 갈등 및 방어와 관련이 있다고 가정한다. 그리고 비교적 모호한 자극에 대한 수검자의 반응은 여러 성격적 특징이 투사되는 것으로 볼 수 있고, 수검자의 반응범위가 크면 클수록 개인의 독특한 성격적 특성이 더 잘 투사될 것이라고 가정한다.

베크(Beck)는 투사의 이러한 성격을 강조하여 투사심리학이라는 용어를 사용하기도 하였다. 그리고 그는 지각이란 자극의 물리적 성격뿐 아니라 개인의 주관적 조건의 영향을 받기 때문에 물리적 자극에 대한 지각적 해석과정을 이해하는 것이 중요하다고 하였다. 그는 주관적 조건이 크게 작용하는 광범위한 지각과정을 통각이라고 하였다. 또한 머레이(Murray)는 인간은 금지된 욕구 때문에 갈등을 경험하게 되면 갈등과 관련된 감정을 타인이나 외부 대상에 투사하게 된다고 가정하였다. 이럴 경우 모호한 자극재료를 제시하면 개인적 욕구나 갈등 및 감정이 투사될 수밖에 없다고 하였다. 이러한 관점에서 볼 때 투사법검사는 비교적 모호한 자극이나 비구조화된 자극자료를 사용하여 수검자가 자신의 욕구, 기대, 원망, 태도, 가치관 등을 투사하여 해석하고 개념화하는 과정이라고 할 수 있다. 따라서 투사법검사는 검사자료를 지각하고 해석하는 과정에 투사된 수검자의 통각적 왜곡을 통하여 투사된 개인적 감정, 욕구, 태도 및 갈등 등을 밝힐 수 있는 검사이다.

(1) 로르샤하 검사

로르샤하 잉크반점검사는 투사법검사 중 가장 대표적인 심리검사로서 스위스 정신과의사 로르샤흐(Hermann Rorschach)가 1921년 《Psychodiagnostik》를 통하여 소개한 이래 지금까지 가장 많은 자료로 사용되고, 수검자는 비교적 비구조화된 자극자료에 대하여 다양한 방식으로 자유롭게 반응할 수 있다. 즉 수검자는 잉크반점의 지각적 특성에 따라 다양한 방식으로 반응할 수 있고, 이러한 반응과정에서 개인의 욕구와 경험 및 습관적인 반응경향이 반영된다고 가정하고 있다.

(2) 주제통각검사

하버드 대학의 머레이와 모건(Murray & Morgan, 1935)이 공상연구의 한 방법으로 처음 소개한 주제통각검사(Thematic Apperception Test, TAT)는 로르샤하검사와 함께 가장 널리 사용되고 있는 투사법검사 중 하나이다. 다른 투사법검사와 마찬가지로 TAT도 역시 카드에 들어 있는 일련의 그림에 대해 투사된 수검자의 반응내용을 분석하고 해석함으로써 동기, 정서, 기분, 콤플렉스, 갈등 및 대인관계와 성격의 역동을 이해할 수 있다고 한다. 또한 개인이 인식하지 못하는 억압된 측면을 이해할 수 있고 정신적 갈등이나 환경과의 갈등을 이해하는 데 많은 도움이 될 뿐만 아니라 개인의 내적 요구와 동기, 방어방식, 환경을 지각하는 방식에 관한 의미 있는 정보를 얻을 수 있기 때문에 평가와 치료 및 연구에 유용하다.

(3) 문장완성검사

문장완성검사(Sentence Completion Test, SCT)는 수검자에게 일련의 미완성문장을 제시하고 그 문장을 완성하도록 하는 검사이다. 다른 투사법검사와 마찬가지로 수검자가 문장을 완성하는 과정에서 자신의 기본적인 동기, 태도, 갈등, 공포 등을 반영한다고 가정하고 있다. 그러나 문장완성검사는 로르샤하검사나 주제통각검사보다 검사자극이 더 분명하고 수검자가 검사자극의 내용을 감지할 수 있도록 구성되어 있다는 점에서 차이가 있다. 따라서 다른 투사법검사보다 의식수준의 심리적 현상이 잘 반응되는 경향이 있다. 임상실제에서 문장완성검사는 면접과정에서는 잘 나타나지 않는 개인의 갈등이나 병리적 내용에 대한 정보를 제공해 줄 뿐만 아니라 다른 검사들에서 나타난 역동적 내용을 확인해 주는 매우 유용한 검사이다.

(4) 인물화검사

인물화검사(Draw-A-Person, DAP)는 검사를 실시하기가 매우 간단하면서도 개인에 대한 여러 가지 다양하고 유용한 정보를 제공해 주기 때문에 널리 사용되고 있는 투사법검사 중의 하나이다. 대부분의 투사법과 마찬가지로 인물화검사는 수검자가 그린 특정 인물에 대한 그림을 통하여 수검자가 투사한 개인의 자아상, 개인내적 욕구, 주변 인물 및 환경과의 관계 등 다양한 측면을 파악할 수 있다.

(5) 집-나무-사람검사

집-나무-사람검사(House-Tree-Person Test, HTP)는 집, 나무, 사람을 자유롭게 그리도록 하는 투사법검사이다. 거의 모든 종교, 신화, 의식, 전설, 예술, 꿈 등에서 인간의 발달과정을 나무에 비유한다. 나무그림은 수검자의 개인적 변화과정을 의미하고, 사람그림은 이보다 더 깊이 있는 은유적 측면을 나타내며, 집그림은 수검자의 현실감을 의미한다. 이 세 가지 대상을 그리도록 하는 집-나무-사람검사는 세 가지 요소 간의 상호작용과 이를 통해 수검자의 내적 심리상태를 이해하려는 검사이다.

3. 심리검사보고서[1)]

합의된 단일한 형식은 없지만 모든 보고서는 기존의 정보뿐만 아니라 개인에 대한 새로운 견해를 제공해야 한다. 기존의 정보는 신원에 대한 정보(이름, 생년월일 등), 의뢰된 이유, 관련된 과거력 등을 포함하고, 새로운 정보는 평가 결과, 인상, 요약/결론, 권고 등을 포함한다. 보고서 상단에는 개인심리평가(Confidential Psychological Evaluation)라고 기록하여 보고서의 기밀유지를 나타내어야 한다.

1) 심리검사 해석

상담자는 보고서가 구체적인 가설을 전제로 각 검사의 자료를 해석하는 것을 선호한다. 가설 지향 모델은 의뢰한 사람이 특히 궁금해하는 질문에 대한 답을 주는 것을 강조한다. 이러한 보고서는 특정 문제에 집중하여 통합적이며 관계없는 자료는 피하는 경향이 있다. 예를 들어 뇌손상을 판단해 달라는 의뢰에 모든 검사에 대한 해석은 이 궁금함에 대해서만 답하게 된다.

각 영역에 초점을 맞추는 보고서는 개인의 인지능력, 대인관계, 직업능력, 성적관심과 같은 구체적 영역을 논의한다. 이러한 접근은 광범위하여 내담자의 강점과 약점을 보여주고, 의뢰받은 질문에 대해 대답하는 것과 더불어 질문과 관련된 구체적 영역에 대해서도 알려준다. 읽는 사람은 검사점수 제시보다는 각 영역을 잘 조직한 통합된 보고서를 더 선호하고 더 잘 이해하는 경향이 있다. 영역 중심 보고서의 단점은 너무 많은 정보를 제공하여 읽는 사람에게 부담을 줄 수 있다는 것이다.

또한 보고서는 한 번에 하나씩 각 검사의 결과를 보여주는 방식으로 쓸 수도 있다. 이 접근은 자료가 어디서 나오는지가 명확하고, 읽는 사람이 상담자가 어떻게 추론하는지 더 분명히 이해할 수 있게 해준다. 그러나 이러한 장점은 중요한 단점이 되기도 한다. 검사에 대한 강조는 읽는 사람의 주의를 흐트러뜨리고, 내담자를 전체로 이해하기보다는 수치에 더 의존하게 된다. 각 검사를 하나씩 분석하는 방식은 자료를 통합하지 못하고 상담자가 관련된 역동을 적절히 인식하지 못할 뿐만 아니라 검사의 영역을 완

1) 심리검사보고서 사례를 85쪽에 첨부하였다.

전히 이해할 수도 없다. 또한 검사자는 단지 검사를 수행하는 사람이지만 상담자는 의뢰 질문에 답하고 사람들이 직면한 문제를 해결하도록 돕기 위해 여러 정보를 제공한다는 생각을 가져야 한다. 이러한 단점 때문에 test by test보다는 통합된 형태를 사용할 것을 권한다.

〈그림 4-1〉은 자주 사용되는 형식이기는 하지만 이와 다른 형태도 많다. 어떤 상담자는 다른 인구학적 정보와 함께 보고서 상단에 내담자의 결혼 상태, 직업 상태, 잘 쓰는 손(신경심리학적 보고서의 경우)을 포함시키는 것을 선호한다. 또 검사결과를 제외하고 진단, 사례 개념화, 요약 등을 포함시키는 것을 선호하는 이도 있다. '인상 및 해석' 내에 소제목으로 인지 기능과 관념, 대처 양식, 정서/기분/정서조절 등을 포함시키는 것을 좋아하는 사람들도 있다. 때때로 모든 제목을 삭제하고 편지 형식으로 의뢰한 사람에게 쓰는 것이 적당할 경우도 있다. 각 상담자는 자신의 내담자와 의뢰한 사람의 요구에 가장 효과적인 각자의 형식과 유형을 개발할 필요가 있다. 법률적인 보고서는 자세하고 상당히 긴 보고서(5~10장)인데 비해, 병원에서는 간단한 보고서(2~3장)를 선호한다.

이름
연령(생년월일)
성별
보고서 날짜
검사자 이름
의뢰

1. 의뢰 이유
2. 평가 절차
3. 행동 관찰
4. 배경 정보
5. 검사 결과
6. 인상(IMPRESSION) 및 해석
7. 권고

그림 4-1 **심리검사보고서 양식 예**

2) 의뢰 이유

의뢰된 질문은 내담자에 대한 간단한 설명과 평가를 하기 위한 일반적인 이유에 대해 언급한다. 특히 이는 문제의 성격에 대한 간단한 진술을 포함한다. 이 부분을 잘 적게 되면 읽는 사람에게 어떻게 읽을 것이며 앞으로 논의될 문제가 무엇인지 보여주어 보고서의 초점이 무엇인지를 알게 한다. 이 부분은 간단히 시작해야 하며 내담자에 대한 기초적인 정보를 포함해야 한다.

A씨는 35세, 기혼이고 고등학교를 졸업했으며, 우울과 불안을 호소하고 있다.

이러한 문장은 명확하고 간결하게 내담자를 소개한다. 또 이 문장은 '배경정보'의 첫번째 문장이 될 수도 있다. 이 부분의 필수조건은 상담자가 의뢰된 질문에 대해 적절하게 명료화하는 것이다. 검사의 목적은 정확하고 문제 지향적인 방식으로 언급되어야 한다. 따라서 '내담자는 심리평가를 위해 의뢰되었다'라든가 '프로젝트의 일환으로'와 같은 문구는 정확성이 부족하므로 부적절하다. 평가의 구체적인 목적과 의뢰된 사람의 결정 모두를 포함하는 것이 좋다. 가능한 한 의뢰 이유를 의뢰한 사람과 함께 직접적으로 논의해야 한다. 다음은 의뢰의 일반적인 예들이다.

① 지적 평가로써 보통, 정신지체 혹은 영재
② 심리학적(기능적) 어려움인가 기질적 손상인가에 관한 감별진단
③ 뇌 손상의 상태에 대한 평가
④ 직업상담을 위한 목적의 평가와 추천
⑤ 당면한 문제들의 최적의 심리치료 접근의 적합성 평가
⑥ 대인관계의 어려움에 대한 개인의 통찰

실제 상황에서는 특히 의뢰한 사람이 당면한 결정을 내리는 데 심리검사보고서가 중요하므로 명확성을 요구하기 마련이다. 중요한 점은 의뢰한 사람이 보고서로부터 얻고자 하는 것을 알 수 있어야 한다. 그러기 위해서는 의뢰 질문의 이면에 있는 여러 목록들을 명확히 언급해야 하며, 현재 문제들보다 더 넓은 맥락에서 의뢰 질문을 다시 생각해 보는 것이 필요할 수도 있다. 효과적인 의뢰 질문은 내담자의 현재 문제와 의뢰원이 무엇이 궁금한지에 대해 정확히 설명해야 한다. 보고서 안에서 질문들은 요약되어 답

하고 권고사항도 내담자에 관한 질문과 관련되어야 한다.

3) 평가의 절차

보고서는 검사와 평가에 사용된 절차들의 간단한 평가 절차를 다루지만 실제의 검사 결과를 포함시키지는 않는다. 보고서에서는 주로 어떤 검사를 하였는지 그 검사 이름의 약자로 쓰지만 검사 약자에 익숙하지 않은 사람을 위해 처음에는 전체 이름을 써준다. 시행에 있어 정확한 세부사항으로, 법적인 평가인 경우 각 검사의 시행된 날짜와 완성에 요구된 시간을 포함시키는 것이 중요하다. 그러나 일반 평가에서는 이러한 세부사항은 권하지 않는다. 또한 주어진 상담자 면담이나 정신상태의 검사를 포함하는 것이 중요한데, 이 경우 어떤 구조화된 면접을 실시하였으며 면담시간은 얼마나 소요되었는지가 포함되어야 한다. 평가과정에서 내담자와의 면담이나 검사를 제한시킬 필요는 없다. 평가에는 종종 의학보고, 치료기록, 군대기록, 경찰기록, 이전의 심리학적이나 정신과적 보고서, 교육기록 등 관련 자료들을 포함할 수 있다. 부가적 자료로 배우자, 자녀, 부모, 친구, 상사, 의사, 변호사, 사회사업가, 교사와의 면담을 사용할 수도 있다. 어떤 자료가 사용되던 날짜와 기록한 사람은 기록되어야 한다.

4) 행동 관찰

내담자 행동에 대한 설명은 내담자 문제를 이해하기 위해 중요한 자료를 확인하고 검사 해석을 좀더 명확하게 이해하는 데 도움이 된다. 이러한 관찰은 내담자의 외모, 행동관찰 혹은 검사자와 내담자의 상호작용에 관한 정보를 포함한다. 행동관찰 기술은 구체적으로 표현되어야 하고 상담자의 추론을 반영해서는 안된다. 예를 들어, 내담자가 우울하다라고 추론하는 대신 "말하는 속도가 느리고, 제대로 된 것이 하나도 없다 같은 자기 비난을 자주 했다."라고 쓰는 것이 좋다.

면담 동안 여러 행동을 관찰하고 신체적 외모, 검사나 검사자에 대한 반응, 협조의 정도를 포함한다. 신체적인 외모는 얼굴 표정, 옷, 체형, 독특한 버릇, 움직임 등에 초점을 맞추어야 한다. 특히 일치하지 않는 점에 주의해야 하는데, 만약 14세 소년이 외모는 지저분하고 치장하는 데 신경을 거의 쓰지 않는 모습이나 말은 아주 유창하고 18세처럼 행동한다면 이는 중요한 정보가 될 수 있다. 이는 개인의 정서 수준, 즉 우울함이나 적대감 등을 반영하는 것일 수 있다. 내담자의 행동 특징은 적극적인 참여자일 수도 있고 대개는 소극적이거나 복종적인 경우가 많다. 내담자는 검사를 잘해 낼 수 있는지에 대해 매우 염려할 수도 있고, 아예 무관심할 수도 있다. 내담자가 문제를 어떻게 해결하는지 그 방법 및 행동특징을 기록하는 것은 중요하다. 어떤 내담자는 조심스럽고 질서정연하게 행동하는가 하면 충동적이고 조직적이지 못한 행동에 이르기까지 다양하다. 또한 내담자가 검사자료에 대해 말하는 모든 평범하지 않은 언급에도 주의를 기울여야 한다. 이는 특히 지능검사와 같은 능력검사 시에 중요한데 내담자가 주의를 기울여 최선의 노력을 해야 하는 검사이기 때문이다. 그밖에도 개인이 처한 위기상황, 전날 밤의 수면상태, 약물의 복용 등 검사 이전에 일어났던 일들에 대해서도 기록해야 한다. 만약 상황적인 문제로 인해 검사 신뢰도가 의심스럽다면 '~때문에 검사결과는 주의해서 살펴야 한다' 혹은 '이 검사에서 나타난 부적응의 정도는 검사시행 시의 상황들로 인해 내담자의 평소 기능 수준보다 과장되었을 수 있다'라고 언급해야 한다.

행동관찰은 대개 간결하고 구체적이며 관련성이 있어야 한다. 개인에 대한 이해에 도움이 되지 않는 진부한 설명은 제외되어야 한다. 그러므로 검사행동이 평범하다면 중요하게 논의하기보다는 '협조적이었고 검사에 기민했다'와 같이 간단하게 언급하면 된다. 내담자의 행동에서 강조해야 할 독특한 행동특성이 있다면 이러한 점에 관한 언급은 두세 개의 간단한 문장에서부터 상담자가 본 관찰행동의 양에 따라 상당히 길어질 수도 있다. 때로 이 부분은 검사결과만큼 중요할 수도 있으나 어떤 때에는 몇 마디 관찰로 끝날 수도 있다.

행동적 평가과정을 선호하는 상담자는 더 길게 설명함으로써 행동관찰의 부분을 강조할 수도 있다. 또한 문제행동으로 생긴 일들의 발병시기, 기간, 빈도, 강도를 평가하거나 자기보고 양식을 사용할 수 있다.

행동관찰의 끝에는 평가절차에 대한 타당도를 보여주는 진술을 포함하는 것이 관계이다. 예를 들어 '내담자 반응이 일관성과 높은 수준의 동기, MMPI의 타당도척도를 볼 때 내담자의 현재 기능 수준에 대한 평가는 어느 정도 정확한 것으로 보인다'와 같은 진술을 한다.

5) 배경정보

내담자의 배경정보에는 개인의 직면하고 있는 문제와 검사결과 해석과 관련된 개인력을 포함한다. 의뢰한 이유와 개인력은 적당한 맥락에서 함께 기술하도록 한다. 이렇게 하기 위해서 상담자는 개인력을 길고 상세하게 쓰기보다는 될 수 있는 대로 간결하게 기록해야 한다. 어떤 상담자는 배경정보에서 간단한 문단을 고수하는데, 특히 간결성을 강조하는 병원 현장에서 그러하다. 어떤 것을 포함시키고 어떤 것을 제외시킬 것인지를 선택하는 데 있어 상담자는 보고서의 전체적인 목적과의 관련성을 고려해야 한다. 개인마다 다르기 때문에 통일된 원칙을 일일이 열거하기는 어렵다. 게다가 상담자가 선호하는 이론적인 태도에 따라 중요하다고 느끼는 정보가 다르기 마련이다. 어떤 상담자는 대인관계를 주로 기술하는 반면 다른 상담자는 심리 내적 변인이나 출생 순위, 초기 아동기의 사건 혹은 내담자의 현재 상황과 환경에 초점을 맞출 수도 있다. 중요한 것은 유연한 태도를 유지하여 내담자의 생활에 있어 무엇이 중요한지를 인식하는 것이다. 일반적으로 배경정보는 중요한 생활사건, 가족역동, 직장, 개인적 관심, 일상활동, 과거와 현재의 대인관계와 같은 문제의 개인력을 포함한다.

내담자의 배경을 설명할 때 정보의 출처를 평가하는 것은 중요하다. 특히 내담자의 자기보고에 대한 진실성이 의심스러울 때나 다양한 정보원으로부터 얻어진 정보일 때 더욱 그러하다.

대개 개인력은 내담자의 연령, 성별, 가족구성, 교육, 건강, 문제에 대한 재진술 등의 일반적인 배경의 간단한 요약으로 시작한다. 첫 문장은 다음과 같이 시작한다.

A씨는 48세 여성, 이혼 경험이 있고 고졸로 긴장, 불편, 우울을 호소하고 있다.

이전에 지적했듯이 이러한 문장은 '의뢰이유' 부분의 첫 번째 문장으로도 사용될 수 있다. 이 문장의 다음에 가족배경, 개인력, 병원력, 문제력, 현재 상황 등이 이어질 수 있다.

6) 검사결과

어떤 보고서에는 검사점수를 나열하는 것이 필요치 않을 때가 있다. 어떤 상담자는 보고서가 과도하게 자료/검사 위주라는 인상을 주게 된다는 이유로 검사점수를 완전히 제외하는 경우도 있다. 그러나 일반적으로 어떤 점수는 포함되어야 한다고 보는데, 특히 법적인 보고서나 보고서를 읽을 사람이 검사에 대해 알고 있는 전문가일 때 그렇다. 만약 상담자가 보고서 안에 이 부분을 포함하는 것이 자료/검사지향적이라고 느낀다면 실제 프로파일을 포함한 검사자료는 부록에 첨가할 수 있다. 지능검사 점수는 처음에 나오는데 웩슬러 점수인 경우에는 언어성 지능지수, 동작성 지능지수, 전체 지능지수가 소검사 점수와 함께 포함되어야 한다. 유의미한 강점의 소검사에는 'S'를 표시하고 유의미한 약점에는 'W'를 표시한다. 다음에는 벤더 결과를 기록한다. MMPI 결과는 타당도척도를 먼저 쓰고 다음 높은 척도에서 낮은 척도 순으로 기록한다. 프로파일 용지에 나타난 순서대로 기록할 수도 있다. 모든 표준화된 검사는 원점수가 아닌 T(혹은 다른 규준 점수)점수로 나타내야 한다. 객관적인 지능검사 점수를 나열하는 것은 간단한 반면, 투사적 검사의 점수를 적절히 기록하는 것은 상대적으로 어렵다. 로샤 구조요약 기록지는 포함되지만 투사적 그림검사와 TAT는 대개 생략된다. 상담자가 투사적 그림검사를 요약하는 것을 원한다면 '사람의 모습은 작고 미성숙하다'와 같은 간단한 언급이면 충분하다. 마찬가지로 TAT 역시 내담자의 강한 욕구와 압박감에 대해 간단히 언급하고 이야기에 가장 빈번히 나오는 주제를 요약한다.

7) 인상 및 해석

이 부분은 보고서의 주요 부분이라고 할 수 있다. 평가를 통해 나타난 특정 및 문제점이 통합된 가설의 형태로 서술되어야 한다. 검사해석 및 논의점들을 어떤 방식으로 쓸지는 상담자의 개인적인 태도, 검사의 목적, 검사 받은 개인, 수행된 검사유형에 따라 다를 수 있다. 어떤 형식은 검사 하나하나를 언급하기보다는 통합된 주제, 예컨대 인지적인 영역 및 정서 및 대인관계 영역에서 자료를 해석하는 것을 권장하는데 이는 좀 더 응집된 정보의 제시를 할 수 있게 한다.

'인상과 해석'에서 기술되는 모든 추론은 검사자료, 행동관찰, 관련 역사, 부가적 자료의 통합을 통해 이루어진다. 결론과 논의는 내담자의 외현적 행동, 자아개념, 가족배경, 지적 수준, 정서적 어려움, 의학적 질병, 학교문제, 대인관계 갈등과 같은 영역과 관련되어 있다. 내담자의 지적 능력은 인격 변인의 다양성을 살펴보는 데 기초가 되기 때문에 처음에 논의된다. 지능지수 점수로 개인의 일반적 지능평가가 포함되어야 하지만 좀 더 구체적인 능력에 대한 논의 또한 중요하다. 이러한 논의에는 기억, 문제해결, 추상적 개념화, 주의집중, 정보원과 같은 영역의 분석을 포함한다. 만약 검사이론에 익숙한 사람이 읽을 보고서라면 지능지수의 규준이나 유의도를 설명하지 않고 지능지수만을 제시하는 것으로 충분하다. 대부분의 보고서에서는 지능지수뿐만 아니라 백분위와 일반적인 지능의 수준, 예컨대 보통수준 등을 포함하는 것이 좋다. 이는 보고서를 읽는 사람이 설명되지 않은 지능지수를 잘못 이해하거나 잘못 해석할 우려를 막을 수 있다. 지능에 대한 일반적인 평가가 끝나면 다음에는 내담자의 지적인 강점과 약점의 논의가 이어져야 한다. 이것은 언어성 지능과 동작성 지능의 차이가 유의미한 수준인지 아닌지를 설명하거나 소검사 분산 특징에 관한 언급을 포함한다. 또한 실제 수행능력과 내담자의 잠재적인 지능 수준을 비교하는 것에도 유용할 수 있다. 만약 두 지능 사이에 큰 차이가 있다면 이러한 차이의 이유가 무엇인지를 언급해야 한다. 예를 들면 내담자가 불안, 낮은 동기, 정서적, 인지 과정의 어려움으로 인해 성취가 낮아질 수 있는 것이다.

지적인 능력의 논의가 비교적 명확하고 간단한 데 비해 다음 부분은 좀 더 까다롭고 기술하는 방식도 다양하다. 이는 전형적으로 내담자의 정서적 특징, 대인관계 양식과 태도, 개인 간/개인 내적인 기능 수준을 포함한다. 신경심리학적 평가에는 기억, 언어적 기능, 정신운동성 기능, 감각/지각 기능, 성격 등과 같은 영역의 인상과 해석이 포함된다. 논의해야 할 주제의 목록을 미리 정하지 않아야 하는 이유 중 하나는 주제가 주로 의뢰 질문에 기초해야 한다는 것이다. 즉 상담자는 보고서의 맥락과 의뢰자와 내담자의 요구에 따라 주제를 조직하도록 해야 한다. 만약 의뢰질문이 구체적인 문제에 명확하게 초점이 맞추어져 있다면 두세 가지로 구체화할 필요가 있다.

일반적이고 중요한 주제는 내담자의 병리, 의존성, 적대감, 성적 관심, 대인관계, 진단, 행동예측 등이다. 내담자의 병리 수준은 개인이 경험하는 문제의 심각성과 관련되어 있다. 이는 입원 여부, 장기간의 어려움이나 현재 생활의 스트레스에 대한 반응에 의거해 달리 볼 수 있다. 내담자의 행동이 적응적인지 혹은 부적응적이거나 자기파괴적인지는 망상, 환청, 산만한 연상, 생각의 막힘, 보속성, 비논리성이 있는가와 함께 고려해 표현해야 한다. 더불어 내담자의 현실집중력과 통찰 정도의 적절성을 평가하는 것도 중요하다. 내담자가 효과적으로 계획을 세우고 자신이 다른 사람에게 미치는 영향을 이해하고 자신의 행동의 적절성을 판단할 수 있는가와 효과적인 치료의 가능성을 평가하기 위해 내담자의 통찰 수준을 평가하는 것은 특히 중요하다. 이는 개인이 심리학적으로 사고할 수 있는 능력, 자신의 기분 변화에 대한 인식, 다른 사람의 행동에 대한 이해 등과 같은 통찰을 논의하는 것을 포함한다.

대개 상담자의 가장 큰 관심은 의존성, 적대감, 성적 관심에 대한 어려움에 집중되어 있다. 내담자의 의존성은 이들의 요구 강도, 타인과의 관계에서 주로 하는 역할, 현재나 과거의 중요한 대인관계에서 알 수 있다. 내담자가 어떤 방식으로 의존하게 되었는가를 평가하기 위해서는 의존성과 관련된 방어기제, 사고, 행동, 감정, 신체화 반응 등을 검토해야 한다. 적대감의 강도 또한 중요하다. 적대감의 표현이 간접적인가 혹은 언어적인 비난이나 실제로 폭발적인 행동을 보이는 직접적인 방식인가? 만약 적대감의 표현이 직접적이지 않다면 이는 애정 상실에 대한 두려움, 보복, 죄의식과 같은 요인 때문일 것이다. 내담자가 분노를 느낄 때 이러한 감정에 대한 방어는 무엇인가? 예를 들어, 이런 경우 다른 사람을 과도하게 배려하는 상반된 행동을 하는 사람이 있는가 하면, 분노를 내부로 향하게 해서 신체적인 증상을 만들어 공격적인 충동에 대해 자기 벌주기를 하는 이도 있다. 이러한 방식은 타인에 대한 의심을 증가시켜 자신의 적대감을 부정하고 이를 다른 사람의 탓으로 돌릴 수 있다. 내담자의 성적 관심에 대한 해석에는 성적 충동의 표현과 이에 따른 불안의 정도나 성적 충동의 강도를 포함한다. 내담자가 자신의 성적 관심을 불결하다고 믿거나, 어떤 상황에서 불안을 경험했거나, 공격성과 연관시키고 있는지를 살펴보아야 한다. 성적 충동에 대한 방어는 적대감과 유사하게 다루어져야 하는데, 극도의 종교주의와 금욕주의에 대한 반발 행동을 보이는 경우와 마찬가지이다. 반면, 내담자가 성적 충동에 따라 순간적으로 행동하는 것은 어느 정도는 성적 접촉을 통하여 자기 확인을 하려는 요구에서 나온 것일 수도 있다. 상담자는 비정상적인 성적 행동과 관련된 역동을 언급해야 한다.

대인관계에서 내담자의 성격 패턴과 역할에 대해 논의하는 것은 아주 유용하다. 이는 관계의 양상에 있어 복종적/지배적, 사랑/미움, 소속되고자 하는지, 타인을 지배하고자 하는지, 애정을 찾고 있는지에 대해 언급할 수 있다. 의사소통하는 양식이 대체로 조심스러운가? 혹은 자기노출을 잘하고 고통스러운 감정이나 공포까지도 이야기할 수 있는지 구체적인 상황을 다룰 수 있는지 아니면 그렇지 못한지, 주장적이고 맞서는 편인지 수동적이고 회피적인지를 살펴보아야 한다. 마지막으로 대인관계와 갈등을 해결하기 위한 상식적인 방식으로 접근하는지를 알아보는 것이 중요하다.

직업에 대한 목표나 적성에 대한 언급도 포함해야 할 때도 있다. 이는 교육적인 보고서, 특히 장애인들을 위한 특별한 교육적인 요구가 있는 보고서에서 중요하다. 이 책의 많은 검사들은 개인의 강점이나 약점을 평가하는 데 도움을 주지만 경우에 따라 상담자는 다른 평가도구를 포함시킬 필요가 있을 수도 있다.

내담자의 어려움이 계속될 것인지 혹은 지금은 어려움이 없으나 다시 재발할 것인가에 대해서도 검토해야 한다. 만약 내담자의 장래 전망이 좋지 않다면 이러한 결론에 대한 타당한 이유를 열거해야 한다. 만약 상담자가 치료예후가 좋지 않다고 예상했다면, 통찰이 부족하고 방어 수준이 높다와 같은 사실에 기인한다는 설명을 해주어야 한다. 마찬가지로 바람직한 예후에 대해서도 심리학적인 의식, 변화의 동기, 사회적 지지와 같은 내담자가 가진 자원을 포함해야 한다. 치료 동안 부딪칠 수 있는 어려움이 있다면 이러한 어려움의 특성과 강도에 대해서도 논의해야 한다. 자살 가능성, 공격적인 행동, 아동학대, 범죄행위에 대한 예상은 관련 보고서에 반드시 포함되어야 한다. 때로 검사만으로는 이러한 행동을 예상하기 어려울 수도 있다. 예를 들어, 자살 가능성을 예상할 수 있는 가장 좋은 단서는 내담자의 과거력, 현재 환경, 지지해 줄 사람이 있는지, 자살할까 하는 생각의 정도이다. 내담자의 행동에 대한 많은 예측들은 때로 오류를 범하기 쉬운데, 특히 장기적인 예측을 할 때 더욱 그렇다. 그러므로 상담자가 내담자의 미래에 대한 예측을 할 때는 타당한 확신의 범위를 넘어서는 안 된다.

8) 권 고

보고서의 궁극적인 목적은 문제를 해결하기 위해 어떤 단계를 밟을 것인가를 제안하는 권고를 하는 것이다. 이러한 권고는 명확하고 실제적이고 가능해야 하며, 보고서의 목적과 연관되어 있어야 한다. 가장 좋은 보고서는 의뢰자를 돕고 내담자가 직면한 문제를 해결할 수 있게 하는 보고서이다. 보고서 쓰기의 목적을 달성하기 위해 상담자는 문제와 개선을 위한 대안과 지역사회 내에서 이용 가능한 자원에 대해 명확히 이해하고 있어야 한다. 효과적인 보고서는 의뢰질문에 반드시 답해야 하며, 또한 내담자를 위한 결정에 도움이 되는 것이어야 한다. 이러한 요소들을 주의 깊게 고려한 다음 권고를 쓰게 된다. 권고와 관련된 결정은 세 가지 측면에서 고려하게 된다.

첫째, 결정은 내담자의 처한 상황이나 맥락(외래, 입원, 환경, 학교의 변화)과 관련하여 내려야 한다.

둘째, 내담자 관계의 발전(저항의 정도, 통찰 수준, 대인 관계 양식 등)이 포함되어야 한다.

마지막으로 구체적인 개입 절차(체계적 둔감화, 정서지지, 직업교육, 재활, 특수교육 등)가 정해져야 한다.

상담자와 연구자는 모두 내담자 개입을 위한 최적의 평가결과를 내리는 데 점차 관심을 갖게 되었다. 문제의 복잡성과 심각성, 동기에 관한 스트레스, 적응양식, 저항의 수준을 고려한 개입 계획은 치료효과를 증진시킨다고 보았다. 문제가 특정 영역(불안, 성기능 장애 등)일 경우는 특정한 개입이 더 효과적이라는 것을 보여준다. 특정한 문제의 원인과 장애의 특징과 관련하여 개입이나 권고를 하게 된다. 예를 들어, 우울은 이성적이지 못한 사고, 낮은 사회적 기술, 슬픔, 스트레스, 빈약한 대인관계, 질병, 약물 남용, 불완전한 생물학적 기제 등 다양한 요인에 의해 유발되고 유지된다. 각각의 원인들은 가장 적절한 내담자 개입을 정하는 데 있어 중요한 함의를 시사한다.

중요한 사항은 보고서의 권고가 일반적이고 애매한 경우보다 구체적일 때 가장 유용하다고 볼 수 있다. 그러므로 '내담자는 심리치료를 시작해야 한다'라는 언급은 '개인치료는 다음과 같은 영역에 초점을 맞추어야 한다. 주장성 증가, 불안 감소를 위한 이완 훈련, 인간관계에서 반복되고 있는 자기파괴적인 패턴의 지각이 요망된다'고 진술할 필요가 있다.

심리검사 보고서

이름 : 김☆은

연령(생년월일): 1998. 6. 15

성별 : 여

보고서 날짜 : 2008. 5. 26

검사자 이름 : 장△△

Ⅰ. 의뢰된 이유 (개인정보)

김☆은 11세 (만9세) 초등학생으로 현재 방과후나, 주말에 ♤♤사회복지관에 다니고 있는 여아이다. 자기주장이 확실하고 활동적인 성격이고 선생님을 잘 따르는 아이라는 복지관 선생님의 추천에 의해 심리 검사가 의뢰되었다.

Ⅱ. 평가 절차

2008. 5. 17, 18일 양일에 걸쳐 심리검사를 실시하였으며 17일 오후 4시부터 H-T-P(집-나무-사람 검사), K-F-D(가족그림검사), B-G-T(벤더게스탈트 검사), C-A-T(아동용 주제 통각 검사) 순으로 진행하였다. 시간이 부족한 관계로 S-C-T(문장완성검사) 는 18일 오후 4시에 실시하였다.

♤♤사회복지관 도서실안의 방안에서 검사를 실시하였으며 방 한쪽 벽면이 유리로 되어있어 복지관의 다른 아이들이 유리창으로 검사장면을 보거나 유리창을 두드려 H-T-P 검사도중 한 번, K-F-D 검사도중 한 번 총 2번 다른 아이들에게 주의를 주었다. B-G-T 검사도중 복지관이 문 닫을 시간이 되어 회상검사를 실시하지 못하였다.

Ⅲ. 행동 관찰

검사를 위해 처음 만난 ☆은이는 검사 전 잠시 인사를 나누고 이야기를 하는 동안 호의적인 태도를 보였다. 검사를 하기 전 특별한 사항은 묻지 않았고, 첫 번째 H-T-P 검사 도중에 나를 2번 정도 쳐다보면서 그림을 그렸다. 방안에 유리문을 통해 다른 아이들이 쳐다보고 문을 두드리자 한 번 쳐다보고는 다시 그림을 그렸다. 검사는 대체적으로 빠르게 진행되었으며 용지를 내

주고 검사를 위해 요구를 하자 지체 없이 바로바로 그려나갔다. 총 검사 시간이 40분 정도였으며 H-T-P 도중 한 번 검사에 대해 의문을 가졌다. (이거 해서 뭐해요?) 그림에 대해 질문을 하는 시간을 이용해서 내 질문에 대답을 하며 그림을 추가적으로 더 그렸다. (집-집 아래 곡선, 나무-나무 옆 고양이) 질문에는 대체적으로 막힘없이 답변 하였으며 일관성이 떨어지는 부분이 간혹 있었다. (같은 성 사람그림의 경우 자신이 어른이 된 모습을 그렸다고 하고, 나이는 12살이라고 한 것 등)

Ⅳ. 배경 정보

복지관 선생님과의 짧은 면담을 통해 다음과 같은 정보를 알게 되었다. ☆은이는 가정은 중국에서 이주한 한인가정이며 ☆은이의 부모님은 한국에서 물건을 사 중국에서 그것을 다시 파는 일을 하고 계신다고 하였다. 일을 지속적으로 하시는 것은 아니지만 한번 중국으로 물건을 팔러 들어가시면 보름에서 한 달 정도는 들어오지 않은 것 같다고 하셨으며, 부모님이 번갈아 가시는 것 같다고 하였다. ☆은의 엄마가 ☆은이를 과잉보호 하는 경향이 있다고 말씀하셨고 복지관에 있는 동안에도 엄마에게 2~3차례 전화가 걸려왔다. ☆은이에게는 7살 어린 여동생이 있다. ☆은이의 성격은 자기주장이 강하고 밖에서 뛰어노는 것을 좋아하는 외향적인 아이라고 하였다. 그러나 학교에서는 현재 따돌림을 당하고 있으며 복지관 아이들 중에서도 ☆은이와 잘 어울리려 하지 않는 아이들이 있다고 하셨다.

Ⅴ. 인상 및 해석

1. 초기 면접지

☆은의 엄마가 복지관에 잠깐 들리셨을 때 초기면접지 작성을 하였는데 엄마가 바쁘셔서 첫 장의 기본적인 가족사항을 기재하고 발달력은 기억나는 대로 대답해 주시고 가셨다. 바쁘셔서 그런지 옆에서 질문지를 보면서 기억나는 것을 짚어서 몇 가지 말씀해 주시고 나머지 것들은 빨리 가봐야 하신다고 하며 대답해 주시지 않고 가셨다.

2. H-T-P(House-Tree-Person Test/집-나무-사람 검사)

1) 집

그림을 그릴 때 대체적으로 선을 한 번에 긋지 못하고 반복해서 덧칠해 그림을 그렸는데 집 그림의 경우 그 정도가 좀 더 심했던 것 같다. 가로로 준 종이에 가로로 집 그림을 그렸으며 그림을 그릴 때 종이를 고정시키기 않고 이리저리 돌려가면서 그림을 그렸다. 그림을 가운데 보다는 조금 왼쪽에 치우쳐지게 그렸다. 그림을 그리면서 나를 두 번 정도 쳐다보았다. 그림은 2분 안으로 그렸다.

◎ **집 그림에 대한 질의응답**

Q1. 누구의 집인가?

A) 친구 집.

Q2. 누가 살고 있는가?

A) 친구와 할아버지.

Q3. 이집의 분위기는 어떠한가?

A) 아름다워요.

Q4. 무엇으로 만들어졌는가?

A) 벽돌.

Q5. 나중에 이집이 어떻게 될 것 같은가?

A) 무너질 것 같다.

◎ **해 석**

① 지붕 : 지붕 오른쪽 선을 진한 선으로 강조하고 반복해서 덧칠한 경우는 자아통제에서 벗어나 현실로부터 공상에 빠지려는 데 대한 불안과 방어 노력으로 해석할 수 있다.

② 창문 : 집에 창이 총 3개가 나 있다. 집 창문 하나와 문에 달려있는 창문, 또 지붕 아래 동그란 모양의 창문을 그렸다. 창문의 수가 많은 것은 과도하게 자신을 개방하고 타인과 관계 맺고자 하는 욕구, 때로 지나치게 타인에게 다가가고 타인이 수용할 수 있는 것 이상으로 가까워지고자 하는 소망을 반영할 수 있다. 또 타인에게 인정받고 싶고 보여주고 싶은 소망을 나타내는 것일 수도 있다. 그리고 창문의 격자가 없는 경우는 적대적이고 반항적인 경향을 나타낸다고 한다.

③ 그 외의 것들 : 창틀에 작은 새싹 화분을 그려놓았는데 집을 꾸미기 위해 그린 것 같다. 그리고 이 집에 대해 물어보는 도중에 집 밑으로 구불구불한 선을 하나 그렸는데, 무엇인지 물어보니 "그냥요, 그냥 그린거예요. 심심해서."라고 대답하였다.

2) 나 무

세로로 제시해준 종이를 가로로 돌리고 1분여 만에 완성하였다. 나무를 그려달라고 했더니, 산을 그리고 총 3그루의 나무를 그렸다. "☆은이가 이렇게도 나무를 그릴 수 있구나. 그런데, 우리가 나무에 대해 이야기도 할 건데 어떤 나무인지 모르니깐 나무 한 그루만 다시 그려볼 수 있을까?"라고 묻는 도중에 "이 나무요."라고 하면서 가장 오른쪽 나무를 가리켰다. 이야기가 끝나고 뒷장에 세로로 제시해 주니 30초만에 오른쪽 나무와 비슷하게 생긴 나무 한 그루를 그렸다. 그리고 나무그림에 대해 질문을 하는 도중에 나무 옆에 고양이를 그렸다.

◎ 나무그림에 대한 질의응답

Q1. 이 나무는 어떤 종류의 나무인가?

A) 계족산에 있는 나무.

Q2. 나무의 나이는 몇 살인가?

A) 5살.

Q3. 나무가 죽었는가 살았는가?

A) 살아있어요.

Q4. 나무의 건강은 어떠한가?

A) 아직 젊어서 건강하다.

Q5. 나무 주변에는 어떤 것들이 있는가?

A) 고양이.

Q6. 나무의 소원은 무엇인가?

A) 공기가 맑아지는 것.

Q7. 나중에 이 나무는 어떻게 될 것인가?

A) 커서 어른이 되요.

Q8. 나무를 그리면서 생각나는 사람은 누구인가?

A) 외할머니, 외할아버지.

Q9. 나무를 그리면서 드는 생각은?

A) 외할머니랑 외할아버지가 돌아가셨는데, 나무를 좋아하셨다. 그 생각이 들었다.

◎ 해 석

① 나무의 나이 : 나무의 나이는 피검자의 심리적 정서적 성격적 성숙 정도의 지표를 나타낸다고 한다. ☆은의 경우 나무의 나이를 자신의 나이보다 어린 5살 이라고 하였다.

② 나무 주변의 동물 : 질문 도중 나무주변에 동물을 그렸다. 고양이라고 하였는데, 나무에 있는 동물들은 인물을 나타낸다고 한다. ☆은이는 그냥 고양이를 그렸다고 대답하였다.

③ 어린나무 : 가지가 작고 어린나무는 미성숙과 공격성을 나타낸다고 한다.

3) 사 람

종이를 세로로 제시하였는데 가로로 그림을 그렸다. 이리 저리 종이를 움직여 가면서 그림을 그렸고, "근데 이거 가르쳐서 뭐해요?"라는 질문을 했다. 여자 그림을 3분만에 완성하였고, 만화처럼 그림을 그려서 진짜 사람처럼 다시 한 번 그려보도록 요구했다. 3분이 걸려 다시 완성하였다. 남자그림은 2분에 걸쳐 그렸다. 남자그림은 남자친구라고 했는데 ☆은의 실제 남자친구라고 했다.

◎ 사람 그림에 대한 질의응답

Q1. 이 사람은 누구인가?

A) 내가 어른이 된 모습.

Q2. 이 사람은 몇 살인가?

A) 12살.

Q3. 이 사람은 무엇을 하고 있는가?

A) 지금 복도에서 열중쉬어 하고 있다.

Q4. 이 사람은 어떤 생각을 하고 있는가?

A) 부모님 생각.

Q5. 이 사람의 기분은 어떠한가?

A) 좋아요.

Q6. 이 사람의 소원이 있다면 무엇일까?

A) 집이 부자 되고, 건강해지는 것.

Q7. 나중에 이 사람은 어떻게 될 것인가?

A) 훌륭한 사람.

◎ **사람 그림(반대의 성)에 대한 질의응답**

Q1. 이 사람은 누구인가?

A) 남자친구.

Q2. 이 사람은 몇 살인가?

A) 12살.

Q3. 이 사람은 무엇을 하고 있는가?

A) 여자친구 기다리고 있는 중.

Q4. 이 사람은 어떤 생각을 하고 있는가?

A) 여자친구에게 차일까, 안 차일까라는 생각.

Q5. 이 사람의 기분은 어떠한가?

A) 긴장하고 있어요.

Q6. 이 사람의 소원이 있다면 무엇일까?

A) 여자친구랑 헤어지지 않는 것.

Q7. 나중에 이 사람은 어떻게 될 것인가?

A) 여자친구랑 행복하게 잘 사귀는 것.

◎ **해 석**

① 손 : 두 가지 사람 그림 모두 손을 그려 넣지 않았다. 손이 모두 뒤로 향해 보이지 않게 그렸는데 손의 생략은 타인과의 교류에서 부적절, 불안감을 나타낸다고 한다.

② 머리카락 : 눈을 먼저 그린다음 그 위로 머리카락이 눈과 얼굴을 가리게 그렸다. 머리카락은 여성다움과 외모에 대한 관심을 나타내는데, ☆은이가 만화 캐릭터를 좋아하여 만화캐릭터처럼 머리카락을 표현하려 한 것인 것 같다.

③ 만화적 인물 : 첫 번째 그림에는 사람의 모습에 얼굴은 고양이 느낌이 나는 만화적 인물화를 그렸다. 다시 사람을 그려달라고 하자 고양이 수염과 입을 제외하고 거의 첫 번째 그림과 비슷하게 그렸다. 만화적 인물의 그림은 자기방어적인 태도, 경계심, 인간관계의 불안,

자기개념의 불 확립, 타인에 대한 적의, 인관관계 회피를 나타낸다고 한다.

④ 눈 : 눈은 세상을 향한 창문, 외부에 대한 기분과 정보를 받아들이는 태도라고 한다. 세 그림 모두 눈을 강조하여 그렸고, 얼굴 중에서 눈을 가장 먼저 그렸다. 모두 윙크하고 있는 눈을 그렸으며 속눈썹을 표현하였다. 눈의 강조는 지나친 민감을 나타내고 일어선 눈썹은 경멸적인 태도를 나타낸다고 한다.

⑤ 다리 : 첫 번째 그림에서는 다리를 그리지 않았는데 다리의 생략은 현실에서의 자신감 부족, 양가감정, 우울, 위축을 나타낸다고 한다. 그리고 다시 그린 여자아이의 그림에서는 다리는 가늘게 조금 표현하였는데 짧고 가는 다리는 억제, 수동적을 나타낸다고 한다.

⑥ 발 : 여자아이의 그림에서 발을 생략하였는데 발의 생략은 독립에 대한 부적절감을 나타낸다고 한다.

⑦ 머리 : 전체적인 비율에 비해 머리를 크게 나타내었는데 현저하게 큰 머리는 과대 평가, 고도의 열망, 체격에 대한 불만, 두통에 대한 사전 징후, 보통 이하의 지능을 나타낸다고 한다.

3. K-F-D(Kinetic Family Drawing/동작성 가족화)

가족그림을 그리는데는 4분 정도의 시간이 걸렸으며 엄마 · 아빠 · 동생 · 문의 순으로 그림을 그렸다. 그림을 다 그리고 난 후, 각 인물에 대한 질문을 하였고 자신의 모습을 그리지 않아서 "☆은이는 여기에 없네요? 안 그린 거예요?"라고 질문하였다. 그러자 "네, 저는 여기 없어요. 밖에 나가 놀고 있어요."라고 대답하였다.

◎ 동작성 가족화에 대한 질의응답

Q1. 각 인물에 대한 질문

A) (좌 → 우) 동생, 엄마, 아빠

Q2. 이 그림을 보면서 무슨 생각을 했는가?

A) 엄마 아빠가 나 때문에 싸우지 않았으면 좋겠다.

Q3. 이 그림을 보면 무슨 생각이 드는가?

A) 마음이 아파요.

Q4. 여기 가족화에 그린 상황 바로 전에는 어떤 일이 있었을 것 같은가?

A) 조금 다투다가 나는 상황이 더 커지기전에 나와서 노는 중이예요.

Q5. 앞으로 이 가족은 어떻게 될 것 같은가?

A) 이혼할 것 같아요.

Q6. 만일 이 그림에서 무언가를 바꿀 수 있다면 무엇을 바꾸고 싶은가?

A) 부모님 화해 시켜드리는 그림으로 바꾸고 싶어요.

◎ **해 석**

① 선의 굵기 : 가족그림을 그릴 때는 다른 그림에 비해 연필을 눌러 힘을 주어 진하게 그렸다 (특히 엄마, 아빠의 경우). 이 경우는 긴장감이 높은 상태를 나타낸다.

② 그렸다가 지운 경우 : 아빠의 모습을 그릴 때, 그림을 그렸다가 지우고 다시 그렸는데 지우기는 아동의 갈등이나 양가감정을 반영한다고 볼 수 있다.

③ 자기 자신을 빠뜨리고 그린 경우 : 부적절감 혹은 비 소속감을 나타낸다. 부모에 대한 불만족 과도한 비평 및 형제들과의 편파적인 비교 등이 아동의 자존감을 저하시키며 주도성을 없애고, 성취욕을 빼앗아 가는 결과는 가져오게 된다고 한다.

④ 얼굴 표정 : 얼굴에 나타나는 표정은 직접적인 감정을 나타내는 것이기 때문에 해석상에 더욱 확실한 지표가 된다고 한다. ☆의 그림의 경우 엄마 아빠의 얼굴표정이 화난 사람처럼 표현 하였고 질문을 했을 때 싸우는 중이라고 하였다.

→ 그림에서 보여지는 특징적 패턴

① 사람 그림의 경우 손이 모두 몸 뒤로 가있게 그려 손을 생략하였다.

② 다리는 가늘게 그려 발이 나오지 않도록 발을 생략하였다.

③ 전체적으로 그림을 그릴 때 짧고 동글고 스케치하듯이 그렸는데 이 경우는 불안감, 불확실감, 우울증, 수줍음을 나타낸다고 한다.

4. B-G-T(Bender Gestalt Test/벤더게스탈트 검사) 아동용

B-G-T검사를 하는데 걸린 총 시간은 약 4분 정도이며 보여주는 그림마다 시간 지체 없이 바로바로 그려나갔다. 숫자를 세야 하는 경우는 그림을 그리는 도중에 눈으로 대충 세면서 완성했다. B-G-T검사 실시 도중 복지관 문 닫을 시간이 되었고 밖이 어수선 하여 회상검사는 실시하지 못하였다.

① 중첩의 정도 : 7, 8번 그림에 중첩이 있고 2, 6번 그림에 중첩의 경향이 있다.

② 중복 곤란 : A번 그림에서 다이아몬드 모양을 완성시키지 못했다. 4번 그림에서 곡선과 열린 사각형을 맞닿아 그리지 못했다.

◎ B-G-T 검사 답안

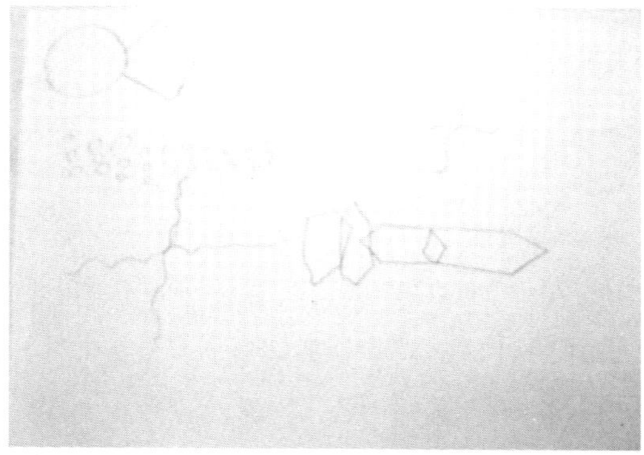

5. C−A−T(Children Apperception Test/아동용 주제통각검사)

17일 마지막 검사로 C−A−T검사를 실시하였다. 그림을 보여주었을 때 시간의 지체 없이 생각나는 대로 바로바로 대답해 주었다. 그림에 대한 설명은 대체적으로 짧고 간단했다.

1) 엄마는 새끼 병아리에게 달걀을 낳아서 주는 그림 같아요. 엄마는 먹지 않고 병아리들만 먹어요.
2) 아기 곰이랑 늑대 한 마리랑 큰 곰이랑 줄다리기를 하는 것 같아요.
3) 호랑이가 왕이 된 그림 같아요.
4) 토끼가 아침에 일어나는 그림 같아요.
5) 겨울이 되어서 모두 겨울잠을 자고 있어요.
6) 호랑이가 원숭이를 잡아먹으려는 것 같아요.
7) 원숭이가 이야기를 하고 있는 그림 같아요. 가족들끼리. 재미있어 보여요.
8) 하마가 차린 가게에서 도둑고양이들이 음식을 훔쳐 먹다가 하마가 나타나자 도망을 가고 있어요.
9) 아기 강아지가 엄마한테 나쁜 짓을 해서 엄마한테 엉덩이를 맞고 있는 그림이예요.

6. S-C-T(Sentence Completion Test/**문장완성검사**)

S-C-T는 18일 오후 4시에 실시되었으며 검사 시간은 약 10분 정도였다. 크게 힘들어 하지 않고 문장을 완성했다.

◎ 몇 가지 예문들

1. 내가 가장 행복한 때는 / 내 말을 잘 들어 줬을 때
4. 다른 사람들은 나를 / 흉을 보다.
5. 우리 엄마는/ 나를 사랑하지 않는다.
8. 내가 제일 걱정하는 것은 / 나랑 동생 때문에 싸우지 않는 것.
12. 내가 가장 싫어하는 사람은 / 안예은, 조영선, 정필호, 진현우, 정유철
20. 나는 때때로/ 쓸쓸하다.
22. 나의 나쁜 점은 / 사랑을 못 받기 때문이다.
23. 나를 가장 슬프게 하는 것은 / 부모님이 싸울 때.
25. 선생님은 / 아이들한테 시달린다.
27. 나는 공부/를 못한다
28. 내가 꾼 꿈 중에서 제일 무서운 꿈은/ 귀신에게 부모님이 잡혀가는 것이다.
29. 우리 엄마아빠는/ 동생을 사랑한다.
32. 내가 만일 먼 외딴 곳에 혼자 살게 된다면, /친한 친구/ 와 제일 같이 살고 싶다.
33. 내가 만일 동물로 변할 수 있다면 /호랑이/가 되고 싶다. 왜냐하면 /호랑이가 되면 사람들이 사랑을 많이 해주기 때문이다.

◎ 전체적으로 보았을 때 가족과 친구들로부터의 관심과 애정을 바라는 것 같은 느낌이 들었다. 가정의 불화와 학교에서 따돌림이 문장에 그대로 나타나는 것 같다.

VI. 느낌 및 소감

처음 만난 아이와 심리검사를 실시하는 것에 대해 아이가 거부감을 가지지 않을까 조금 걱정했는데, 오히려 너무 친한 사이보다는 처음만난 사이가 검사를 하는데 더 도움이 되었던 것 같다. (아이의 내면적인 면을 이해하는 것에 대해서는 어려움이 있겠지만 검사를 좀 더 객관적으로 할 수 있었던 것 같다.) 검사를 하면서 아이가 가정적인 문제에 대해 뚜렷하게 부정적인 반응을 보여서 조금 걱정되었다. 그리고 아이가 학교에서 따돌림을 당하고 있다는 정보를 듣고 나

니, 가정적인 문제와 학교문제가 겹쳐서 검사지에서 문제가 드러나는 것 같다. 또 이런 정보를 알게 되고 나니 해석 시 내가 아이를 자꾸 문제 상황으로 몰고 가는 것이 아닌가 하는 느낌이 들었다. 이 과제를 통해 심리검사와 해석이 얼마나 민감한 문제이고 또 얼마나 어려운 것인지에 대해 다시 한 번 느끼게 된 것 같다. 섣부른 나의 판단이 잘못된 결과를 도출하게 될 수 있기 때문에 검사와 해석 시 신중한 태도와 충분한 경험과 지식이 필요하고, 상황을 좀 더 객관적으로 볼 수 있는 자세가 필요한 것 같다.

PART **2**

상담의 과정

Chapter 05

상담의 과정

상담은 상담자와 내담자가 만나는 순간부터 종결될 때까지 거치게 되는 일련의 과정을 말한다. 상담과정의 단계는 내담자가 가지고 있는 문제를 발견하고 해결방법을 찾아내기까지 상담자와 내담자의 활동목표들을 중심으로 나누어 볼 수 있다. 상담을 단계적으로 나누는 것은 상담자가 내담자의 문제를 효과적으로 해결할 수 있도록 도울 뿐 아니라 상담자의 상담기술을 증진시킨다. 하지만 무엇보다 중요한 것은 상담자와 내담자가 서로를 신뢰하는 것이다. 상담과정 전반에 걸쳐 내담자는 상담자가 자신의 문제를 직접적으로 해결해 주는 것이 아니며, 상담자가 내담자 자신의 말을 경청하고 수용하려는 태도라는 것을 알게 된다. 내담자는 상담과정에서 상담자의 조력을 통해 자신의 문제를 스스로 해결할 수 있는 힘을 키우게 된다. 〈표 5-1〉은 상담과 심리치료의 과정이다.

내담자는 상담과정을 통해 자아개념과 성격에 변화를 일으킨다. 심리적인 조력을 찾는 대부분의 내담자들은 단계 3에 머물러 있으며, 실제 상담과 심리치료를 구성하는 과정의 단계는 단계 4와 5이다. 이와 같은 상담단계는 모든 형태의 상담과 심리치료 과정에서 매우 공통적이다.

표 5-1 상담과 심리치료 과정의 7단계

단계	설명
1단계	내담자가 자신과 관계없는 외부 사건이나 추상적인 생각을 얘기하며 상담자와의 상호작용에 별 관심을 보이지 않는다.
2단계	개인적으로 관련된 사건, 생각, 그리고 행동 등에 대하여 지적 · 상황적으로 설명한다.
3단계	외부 사건이나 행동에 대하여 제한적으로 감정을 표현한다.
4단계	주관적인 사적 체험이나 감정에 초점을 두고 이를 표현하지만 내적 체험들 간의 관계를 상호연결시키지 못한다.
5단계	자신의 감정과 내적 체험의 불명료성에 대해 의문을 나타내며, 이를 자발적으로 탐색한다.
6단계	내적 체험에 대한 직접적이고 즉각적인 새로운 자각이 오며, 문제가 해결되고 자신을 수용하게 된다.
7단계	순간순간의 감정과 내적 체험에 대한 자각이 견고해지며, 이러한 자각이나 해결책을 서로 관련시키고 통합시킴으로써 자신을 확장, 발전시켜 나간다.

출처: Rogers(1961)

1. 상담의 초기

상담 초기는 상담의 기초를 세우는 단계이기 때문에 매우 중요하다. 상담 초기 단계는 내담자의 문제를 이해하고 평가한 후에 문제를 해결하기 위한 상담목표를 세우고 내담자와 문제에 구체적인 개입을 시작할 때까지를 말한다.

상담을 진행하는 과정에서 문제가 해결되는 진전도가 느리거나 갑자기 종결되는 경우가 있는데 이런 상황이 발생하기 않으려면 상담 초기 단계에서 이루어져야 할 일들이 적절하게 실행되어야 한다. 내담자의 갈등을 효과적으로 해결하기 위해서는 상담 초기의 계획이 매우 중요하다. 물론 상담 초기에 진행된 몇 회기만으로 상담효과의 전반적인 평가는 무리이다. 하지만 일반적으로 내담자가 지니고 있는 문제를 인식시키고 구체적인 해결방법을 모색하기 위해 목표를 설립하는 것은 상담 초기에 이루어져야 할 주요과제이다.

초기 단계에서는 상담자와 내담자의 협력적 관계, 상담장면 구조화시키기, 상담목표 설정과 같은 문제해결을 위한 구체적인 설계가 이루어진다. 대부분 상담 초기에 이루어지는 과정이지만 경우에 따라서는 순서대로 진행되지 않고 상담 중기에도 재설정될 수 있다. 이때 상담목표는 상담자와 내담자가 대화를 통해 설정되어야 하고, 구체적인 사항은 상담 중기와 종결과정에서 재검토되는 경우도 있다.

상담의 진행과정을 살펴볼 때 상담 초기에는 내담자의 말을 경청하며 충분히 이해하고 있다는 것을 적절하게 표현해야 한다. 또한 상담자와 내담자 간의 신뢰관계를 형성하기 위한 가장 중요한 단계이고, 이때 형성된 촉진관계의 형성은 상담과정 전반에 걸쳐 이루어질 문제해결의 원동력이 된다. 상담과정은 대체적으로 시간의 흐름에 따라 설정된 것이긴 하지만 실제 상담과정에서는 이런 분류가 분명하지 않고 서로 중복되거나 생략되는 경우도 있다. 일반적인 상담과정은 상담자와 내담자의 협력관계 형성을 위한 초기 단계를 거치지만 경우에 따라서는 촉진적 관계 형성을 이루는 태도나 기술이 상담과정의 어느 단계에서나 요구되며, 구조화도 상담 초기에만 필요한 것은 아니다. 〈표 5-2〉은 상담의 초기 단계의 과정을 정리한 것이다.

표 5-2 상담의 초기 단계

단계	설명
1단계	상담목표 설정의 목적과 필요성에 대해 내담자가 납득할 수 있도록 자세히 설명한다.
2단계	목표를 설정한다.
3단계	내담자가 세워진 목표에 합의하는지 확인한다.
4단계	목표 달성이 가져다줄 이점과 손실을 검토하고 목표 달성에 장애가 될 수 있는 요인을 정확하게 파악한다.

출처: 천성문 외(2009)

1) 접수 단계

내담자가 개인적인 문제를 해결하기 위해 상담실을 찾아오면 제일 먼저 접수면접을 하게 된다. 이때 상담자와 상담실 내부 환경, 접수면접 당시 느끼는 내담자의 기분은 이후에 이루어질 상담과정 전반에 의미 있는 영향을 미치게 된다. 조금씩 차이가 있지만 대부분의 상담기관에서는 내담자가 상담을 의뢰하게 된 사유에 대한 간략한 정보는 접수면접자들에 의해 기록되는 경우가 많다. 접수면접은 내담자가 해결하고 싶어 하는 문제, 현재 갈등을 겪고 있는 상황, 주호소 문제 등 내담자에 대한 정보를 수집하기 위해 이루어진다. 접수면접은 정기적인 상담 회기를 진행하기에 앞서 상담자가 아닌 다른 사람들에 의해 실시되는 경우가 대부분이다.

접수면접에서는 내담자의 주호소 문제, 기분 상태, 언어 · 인지 · 사고 · 지각능력, 현실에 대한 의식, 외모, 말과 행동의 특성 등과 같이 내담자의 전반적인 특성에 대해 기록하게 되며, 이때 얻어진 내담자에 대한 정보는 상담자가 상담을 진행하기에 앞서 내담자에 대한 이해를 충분히 할 수 있도록 돕는다.

한편, 접수면접을 할 때 고려할 점은 내담자가 접수면접자에 대한 신뢰와 협력관계가 전혀 형성되지 않은 상태에서 정보를 말할 것을 요구받는 것에 대해 거부감을 느끼지 않도록 해야 한다. 또한 내담자가 앞으로 진행될 상담장면에서 지속적으로 만나게 될 상담자가 정해지면 접수면접자에게 이야기했던 자신의 문제를 또다시 반복해서 말해야 하는 번거로움을 느끼게 된다. 따라서 상담자는 접수면접지의 내담자에 대한 정보를 충분히 이해한 후 내담자와의 상담을 시작해야 한다.

또한 접수면접에서 수집된 자료가 항상 정확한 것만은 아니므로 접수면접에서 내려지는 진단은 잠정적이어야 하며, 상담이 진행되면 접수면접지의 정보와 상담장면 시 내담자의 모습을 지속적으로 비교, 관찰해 보아야 한다. 따라서 상담자와 내담자의 상담이 진행되는 과정에서도 끊임없이 접수면접에서 얻어진 정보들을 재확인해야 한다.

2) 내담자의 문제 인식

상담자는 내담자가 상담을 받게 된 과정을 자세히 알고 있어야 한다. 그 이유는 내담자가 자발적으로 찾아왔는지 혹은 외부의 압력으로 왔는지에 따라 상담에 임하는 자세가 다를 뿐 아니라 상담이 진행되는 과정에서 상담자가 목표를 설정하고 구체적으로 개입하는 접근방법이 달라지기 때문이다.

상담자는 내담자가 이야기하는 문제를 충분히 이해하고 평가해야 한다. 또한 내담자 스스로 무엇이 해결되기를 바라는지 목표설정에 참여할 수 있도록 촉구해야 한다. 문제를 인식시키고 목표를 설정하는 과정에서 상담자는 내담자가 현재 직면하고 있는 문제를 인식하고 그에 따른 내담자가 느끼는 고통, 갈등들을 파악하게 된다.

상담자는 내담자와의 상담과정에서 보이는 내담자의 의사소통 상호작용 방식은 다른 대인관계 방식의 재현이라는 것을 염두할 필요가 있다. 내담자가 문제를 호소하는 행동을 관찰함으로써 개인이 가지고 있는 심리적 문제와 갈등의 원인을 더 잘 이해할 수 있다. 내담자는 반복적으로 학습된 행동패턴을 상담장면에서 드러내기 때문에 상담자는 내담자의 행동을 면밀하게 관찰해야 한다.

3) 상담의 구조화

상담의 구조화는 상담 초기에 이루어지며 상담자가 내담자에게 상담과정 전반에 대해 설명해 주는 과정으로 세 가지 유형의 구조화를 실시한다. 상담구조화는 상담시간, 상담횟수, 상담장소와 상담시간에 늦거나 약속을 지키지 못할 일이 발생하였을 경우 연락하는 방법 등에 대해 구조화시키는 작업이다. 상담구조화는 상담자와 내담자 간에도 이루어지는데 이를 상담관계의 구조화라고 한다. 상담과정이 어떻게 진행되며, 상담자와 내담자가 각자 어떤 역할을 하게 되는지 알려주게 된다. 마지막으로 비밀보장의 구조화는 상담자가 내담자에게 비밀보장을 유지하고 지켜야 할 의무가 있고, 비밀보장이 특수한 경우(예: 내담자가 위험에 처한 경우)에는 지키지 못할 수 있음을 알려주는 것이다.

4) 목표설정

상담자는 내담자의 문제를 해결하기 위한 목표를 설정하게 된다. 목표를 설정하는 이유는 내담자의 문제와 관련된 상황이나 과정을 탐색하고 해결하기 위한 방법을 모색하기 위해서이다. 상담자는 내담자가 목표를 설정하는 과정에 적극적으로 참여할 수 있도록 촉구해야 한다. 목표설정은 상담을 성공적으로 이끌기 위해 매우 중요한 요소이다.

5) 동기조성

상담자는 내담자의 걱정, 고민, 문제에 대해 말할 수 있도록 편안한 분위기를 마련해 주어야 한다. 상담자는 내담자의 말과 비언어적 행동을 관찰하면서 문제를 정확히 파악할 수 있도록 한다. 또한 내담자가 상담에 대해 어떠한 기대와 느낌을 가지고 있는지 말할 수 있도록 하고 내담자의 느낌을 재인식시킴으로써 상담에 적극적으로 참여할 수 있도록 이끌어주어야 한다. 상담자는 내담자의 문제를 해결하기 위한 방향을 분명히 알려준다. 상담자는 상담자가 내담자 자신의 문제를 직접 해결해 주는 것이 아니라 문제에 대한 해답을 스스로 발견할 수 있도록 행동방향을 제시해 준다는 것을 알려주어야 한다. 따라서 상담자는 내담자로 하여금 상담에 대한 올바른 인식을 갖게 하고 상담 진행에 대한 궁금증을 줄일 수 있도록 도와야 한다.

6) 촉진적 관계의 형성

상담자와 내담자의 신뢰관계는 상담의 효과를 증진시킨다. 특히 상담자의 전문성, 숙련성, 매력 등은 내담자가 상담에 대한 긍정적인 기대를 갖게 하는 중요한 요인이다. 상담자가 내담자와 촉진적 관계를 형성하기 위해서는 상담자의 적극적인 경청, 내담자의 말과 행동을 존중하고 수용하는 태도, 공감적 이해 등이 요구된다. 이와 같은 상담자의 기본적 역량들은 내담자가 상담을 어떻게 생각하고 받아들이는지 지각 및 태도, 행동들을 결정하는 데 영향을 미치며 상담효과와 밀접한 관련이 있다. 상담자의 솔직한 행동과 진실된 마음이 내담자에게 전달될 때 내담자는 편안한 마음으로 자신을 개방하고 상담자와 원활한 교류를 할 수 있다.

상담촉진 관계의 질은 상담의 전반적 과정 및 궁극적 성과에 큰 영향을 미치는 상담 초기에 중요하다. 프로이트(Frued, 1912)는 상담촉진 관계에 대해 구체적인 개념 정의를 내리지는 않았지만 상담에서의 촉진관계에 대한 중요성을 지적한 바 있다. 내담자의 협조가 상담자에 대한 우호적인 감정에서 시작되는 것으로 보고 이를 전이의 한 측면으로 보았지만, 분석상황에서 해석되어야 할 신경증적 전이 속성으로는 생각하지 않았고 오히려 성공적인 상담에 필수적인 요소로 간주했다. 상담촉진 관계는 상담의 이론적 접근에 관계없이 모든 상담형태에 있어서 공통적으로 중요한 요소이다. 상담자와 내담자의 상담촉진 관계를 증진시키기 위해서는 상담자의 자기효능감, 상담자의 안정적인 정서상태가 필수적이다.

상담자의 자기효능감은 개인이 소유하고 있는 능력의 수와 관련된 것이 아니라 소유하고 있는 그 능력들을 활용해 목표달성 상황에서 유능하게 해낼 수 있다는 믿음과 관련된다(Bandura, 1984). 따라서 사고과정, 동기의 수준과 지속성, 정서적인 상태, 그리고 실현되는 수행의 유형에 중요한 영향을 미치게 된다. 샤플레이와 리지웨이(Sharpley & Ridgway, 1993)는 상담장면에서의 자기효능감이 상담자 훈련에 있어서 중요 요인임을 밝히고 있다.

또한 상담자의 안정적인 정서상태가 내담자와의 상담촉진 관계에 의미 있는 영향을 미친다. 상담자와 내담자가 지속적으로 영향을 주고받는 교류의 연속과정인 상담과정에서 상담자의 불안 상태가 어떤 식으로든 영향을 끼칠 것으로 추측해 볼 수 있다. 이때 상담자의 상태불안이란 특정 상황에서 위협이 지각될 때 경험하게 되는, 긴장감과 걱정이 수반되는 일시적 정서상태로 상황에 따라 강도가 다양하고 시간이 경과함에 따라 변화한다. 높은 불안은 과업수행을 방해하고, 대인관계에서의 신뢰와 상태 불안간에는 밀접한 상관관계가 있다. 포프와 시그만(Pope & Siegman, 1970)은 불안수준의 증가를 언어적 결과(말한 단어의 수)를 증가시키는 동시에 언어적 왜곡의 빈도를 증가시킴으로써 대화의 흐름을 혼란스럽게 하고, 결과적으로 상담의 효율성을 저하시킨다고 하였다. 상담자의 불안수준과 상담자가 상담회기 중에 하는 혼잣말 또는 내적 언어를 살펴보면 불안 수준이 높은 상담자는 자기 평가에 대한 생각에 집중하게 되고 이것이 상담의 효율성에 부정적 영향을 미친다(Ellis, 1962). 〈표 5-3〉은 상담의 질을 결정하는 상담자의 태도이다.

표 5-3 상담의 질을 결정하는 상담자의 태도

상담자의 태도	내담자의 지각
공감적 이해	상담자는 내가 어떻게 느끼는지 알고 있다.
수용적 존중도	상담자는 내가 어떤 생각, 어떤 행동을 하더라도 있는 그대로 나를 받아들인다.
일관성 있는 성실성	상담자는 말과 행동이 같다. 상담자는 솔직하다.
전문적인 구체성	상담자는 내 문제에 대해 실타래 매듭을 풀듯 하나하나씩 해결해 나갈 능력이 있다.

출처: Ellis(1962)

7) 초기 단계에서 사용되는 상담기법

상담 초기 단계에서 사용되는 기법으로는 경청, 관심 기울이기, 개방형 질문이 있다.

(1) 경 청

사람이 대화를 나눌 때 가장 기본은 서로의 말에 귀를 기울이는 것이다. 상대방이 무슨 말을 하고 있는지 잘 들어야 그 사람이 현재 가지고 있는 생각과 감정들을 이해할 수 있다. 따라서 대화를 할 때 상대방의 말에 어떠한 생각과 감정이 담겨 있는지 파악하고, 그 사람의 이야기를 적극적으로 경청하고 있다는 것을 충분히 표현해 주어야 한다.

적극적 경청은 상대방의 말을 단순히 귀로만 듣는 것이 아니라 온 마음으로 정성들여 듣는 태도를 의미한다. 즉 적극적 경청은 상대방이 하고 있는 말의 내용을 파악하고, 그 사람의 목소리, 얼굴 표정, 몸짓 등 전반적인 모습을 관찰해야 하고, 그의 내면세계를 들여다 볼 수 있어야 한다.

(2) 관심 기울이기

상담자는 내담자가 자신의 이야기를 할 때 자신의 말을 잘 듣고 있다는 것을 알게끔 비언어적인 태도를 취해야 한다. 비언어적 태도는 상담자의 시선, 목소리, 자세 등을 통해 나타난다.

상담자는 내담자가 자신의 이야기를 상담자가 주의 깊게 듣고 있다는 것을 느낄 수 있도록 수용하는 눈빛으로 시선을 맞추어야 한다. 단, 내담자의 눈을 너무 오래 쳐다보는 것은 오히려 거부감을 느끼게 할 수 있으므로 최대한 자연스럽게 응시하도록 한다.

대화를 나눌 때의 자세는 몸 전체의 긴장을 풀고 자연스러운 몸짓으로 내담자 쪽으로 약간 기울여 내담자의 이야기에 관심을 기울이고 있다는 것을 표현한다.

이야기를 듣는 중간에 고개를 끄덕이며 내담자의 이야기를 충분히 이해하고 있다는 반응을 보이도록 한다. 이때 얼굴 표정은 온화하고 진지하게 하고, 목소리는 부드럽고 안정감 있게 내도록 한다.

(3) 개방형 질문

개방형 질문이란 상담자가 내담자에게 질문을 하였을 때 내담자의 대답이 '예', '아니요' 혹은 한두 마디의 단어로만 한정되어 있지 않은 질문을 말한다. 상담자는 개방형 질문을 통하여 내담자가 현재 자신이 직면해 있는 문제를 명확하게 표현하고 내담자가 처한 상황에 대한 느낌이나 생각을 인식할 수 있도록 해야 한다.

개방형 질문은 상담 초기 단계에 내담자에 대한 구체적인 정보를 수집하기 위해 사용된다. 이때 고려할 점은 내담자로 하여금 상담자는 우위에 있는 존재라는 느낌을 받지 않도록 조심스럽게 질문해야 하며, 내담자와의 대화의 흐름을 단절하지 않도록 주의해야 한다. 개방형 질문은 초기, 중기, 종결 단계 등 상담 전반에 걸쳐 모두 사용된다. 특히 초기 단계에서 개방형 질문을 사용할 경우 내담자의 문제를 좀 더 면밀히 검토해 볼 수 있다.

(4) 초기 단계에서 나타날 수 있는 문제

상담자는 내담자가 자신의 의지가 아닌 타인에 의해 상담을 시작한 경우 어떻게 동기화할지 고민해야 한다. 특히 내담자에게 상담장면에서 자신이 어떠한 역할을 하게 될 것인지 설명할 필요가 있는데, 상담자가 내담자의 문제를 전적으로 해결해 주는 것이 아니라는 것을 명확히 해야 한다. 또한 내담자가 자신의 문제를 바라보는 관점을 적절하게 바로잡아 주고 자기개방 이후에 내담자가 느낄 수 있는 불편한 감정들을 충분히 수용하고 이해해야 한다.

(5) 상담실 환경

상담자와 내담자의 대화가 원활하게 이루어지기 위해서는 내담자가 자신의 이야기를 편안하게 꺼내놓을 수 있는 물리적 장면도 중요하다. 상담자의 자질이나 능력, 내담자의 참여도, 상담자와 내담자의 협력관계도 중요하지만 상담이 이루어지는 장소도 매우 중요한 요소이다.

비록 상담실 환경에 대한 구체적인 사항이 정해져 있는 것은 아니지만 내담자가 상담자에게 자신의 이야기를 편안하게 꺼낼 수 있고 상담자는 내담자의 말에 주의를 기울여 들을 수 있는 조용하며 안락한 곳이 적절하다. 상담실의 크기와 가구 배치는 상담기관마다 다르지만 깨끗이 정돈되어 있어야 하고, 편안한 조명, 친근한 색상의 벽지와 바닥, 가구 등으로 구성되어 있는 것이 좋다.

상담자와 내담자 간의 공통 요소에 따라 상담효과의 정도가 달라질 수도 있다. 같은 문제를 지닌 내담자일지라도 개인의 특성에 따라 상담자와의 상호작용이 다를 수 있기 때문이다. 이때 내담자 개인의 특성이란 성별, 연령, 문화적 배경과 같은 것들을 의미한다. 상담장면에서 대화를 나눌 때 상담자와 내담자 두 사람의 거리는 너무 가깝지도 멀지도 않아야 하는데, 약 70~100cm 정도의 거리를 두고 마주앉을 때 내담자가 심리적으로 가장 편안함을 느낀다고 한다.

상담자의 취향에 따라 책상을 가운데 두고 내담자와 마주보고 앉아 상담을 하는 경우도 있고, 책상을 놓지 않고 마주보고 앉는 상담자들도 있다. 만일 내담자가 연령이 어린 경우 책상을 가운데 놓지 않고 상담을 하는 것이 더욱 바람직하다. 책상은 상담자와 내담자의 친밀한 관계를 형성하는 데 물리적이나 정신적으로 장벽이 될 수 있기 때문이다. 만일의 경우에 대비해 휴지를 준비해 놓을 수 있는 낮은 탁자 1개 정도만 배치되어 있는 것이 적절하고, 상담자와 내담자가 앉는 의자는 서로 90° 각도로 배치하는 것이 좋다. 이 각도로 앉게 되는 경우 내담자는 상담자를 편안하게 쳐다볼 수 있고 간혹 정면으로 쳐다볼 수도 있기 때문에 부담이 적다.

한편, 상담실의 물리적 환경조건 중 상담에 방해가 되는 환경을 철저하게 차단해야 한다. 예를 들어 상담 회기 도중에 누군가가 들어온다거나 전화벨 소리가 울리는 경우 내담자는 자신의 상담시간을 침해받게 된다. 상담자는 상담실 문 밖에 현재 상담이 진행 중이라는 것을 명확하게 표시해 두어야 한다. 내담자의 자기노출이 안정적으로 이루어질 수 있도록 편안하고 안정된 분위기를 유지시켜 주는 것이 무엇보다 중요하다.

(6) 상담기록

상담자는 내담자와 이야기 나누었던 내용들을 기록하여 보관해 두어야 한다. 각각의 회기마다 있었던 대화내용과 내담자를 관찰한 것을 요약하여 정리해 두면 다음 회기를 준비할 때 지난 회기들 중 의미 있는 정보들을 회상하여 도움이 될 수 있기 때문이다.

때로는 내담자에게 미리 동의를 구한 다음 상담 회기마다 비디오테이프에 녹화하거나 오디오테이프에 녹음을 하는 경우도 있다. 이러한 절차는 상담자들이 내담자와의 상담장면에서 자기이해 및 자기인식을 적절하게 할 수 있도록 해준다. 그리고 자신의 내담자가 아닌 다른 상담자들의 사례를 듣거나 보고 평가함으로써 상담자로서의 더욱 뛰어난 기술과 자질을 키우게 되는 것이다. 한편, 상담했던 내용들을 기록해 놓은 자료를 내담자에게 공개하여 서로 논의해 보는 활동은 내담자의 성장을 촉진시키는 데 매우 효과적이다. 이때 상담기록이 상담자가 되기 위한 학생들에게 교육용으로 사용되거나 다른 상담자에게 들려주게 될 경우에는 반드시 내담자에게 사전 동의를 받아야 한다.

상담내용을 기록하기 이전에는 녹음기를 보여주고 눈에 보이지 않는 곳에 두어 상담이 진행되는 데 방해요소가 되지 않도록 한다. 비록 처음에는 녹음이 되고 있다는 사실을 알고 있는 경우 내담자들은 자신의 이야기를 자연스럽게 꺼내지 못하지만 대부분의 내담자들은 그 장비가 있다는 것을 곧 잊어버리게 된다. 만약 내담자가 녹음하는 것을 원하지 않는 경우 상담자는 그 이유에 대해 궁리해 볼 필요가 있고 의미 있는 정보를 알아낼 수도 있다. 일부 내담자들은 상담 자체보다는 녹음장비에 과도한 관심을 보여 상담 진행을 불가능하게 만드는 경우도 있는데 녹음하는 것이 상담진행에 방해가 된다면 상담자는 즉시 장비를 치워야 한다. 녹음하기 이전에 녹음기의 사용목적에 대한 명료한 설명을 통해 녹음기 자체에 대한 관심을 최소화할 필요가 있다.

(7) 기밀 엄수하기

상담자는 내담자가 이야기했던 내용에 대해 엄격한 비밀유지를 해야 한다. 단, 내담자 자신 혹은 다른 사람의 생명에 위협이 있거나 재산 등에 문제가 생길 수 있는 경우는 제외한다. 본격적인 상담이 이루어지기 전에 초기 면접 시 내담자에게 상담내용에 대한 비밀유지에 대해 설명하고, 내담자 자신이나 타인 혹은 재산에 위험한 상황이 발생할 경우에는 보고할 의무가 있다는 것을 명확하게 말해야 한다.

2. 상담의 중기

효과적인 상담은 수용적인 관계에서 내담자가 자기 자신을 이해하고 새로운 방향으로 적극적으로 나갈 수 있도록 돕는 것이다(Rogers, 1942).

내담자의 부정적인 자아개념이 긍정적인 자아개념으로 변화하는 것은 결국 성격을 변화시키고 나아가 행동이 변화하는 효과를 가져온다(Rogers, 1980).

내담자는 상담을 통해 자신이 갖고 있던 내면의 문제를 더 잘 이해하게 되고, 문제를 해결하는 과정에서 자기 스스로를 신뢰하게 된다. 상담장면에서 과거에 미해결되었던 과제들을 상담과정에서 다시 체험하여 자신에게 통합시키는 것이 중요하다. 내담자의 자신의 문제에 대한 심층적인 탐색이 이루어지고 문제를 해결하기 위한 전략을 실행하는 단계이다.

중기 단계에서는 심층적 공감, 감정의 반영, 재진술, 직면, 즉시성의 활용, 해석 등의 상담기법이 사용된다. 내담자는 현재 직면해 있는 문제들과 관련 있는 왜곡된 인지, 사고, 감정 등에 대해 인식하고 변화를 추구하게 된다.

1) 목표설정 및 문제해결을 위한 노력

내담자가 현재 직면해 있는 문제에 대한 감정을 적절한 방법으로 표현할 수 있도록 지지하고 해결해야 할 목표를 세운다. 이때 내담자가 문제를 발생시키는 원인행동과 갈등을 없애기 위해 변화시켜야 할 목표행동을 올바르게 인식할 수 있도록 실제적인 방법을 찾을 수 있게 조력한다. 상담자는 내담자를 조력하는 과정에서 상담목표와 관련된 내담자의 생각들을 탐색하고 상담장면에서 느끼게 되는 다양한 감정들을 정리할 수 있도록 한다.

내담자는 자신에게 발생한 의미 있는 사건들과 연결되어 있는 생각과 감정들을 자각하고 이전보다 훨씬 통합된 시야로 문제해결 방법을 모색하게 된다. 이와 같은 내담자 자신에 대한 올바른 자각은 상담목표에 도달하는 데 효과적이다. 내담자의 주요 관심사, 의미 있는 사건, 반복적으로 겪고 있는 갈등, 습관적인 말과 행동, 문제가 발생되는 배경 등과 관련된 자신의 느낌을 탐색한다.

이때 상담자는 내담자들이 자기 자신을 탐색하는 과정에서 도중에 그만두고 싶어 하거나 거부적인 태도 혹은 저항하는 행동을 나타낼 수 있다는 것을 염두해야 한다. 내담자가 본래 가지고 있던 사고의 틀을 변화시키는 것은 심리적 부담과 저항을 일으킬 수 있고, 상담자와 내담자가 상담의 목표행동에 대한 개념적 정의에 차이가 생겼을 경우에도 발생할 수 있다. 또한 상담자의 목표행동을 위한 상담진행 기술의 부족, 상담자와 내담자 간의 충분한 의사소통의 차원에서도 주의해야 한다.

2) 인식의 변화

자신이 원해서 상담실을 찾아온 경우 혹은 자발적인 동기가 아닌 다른 사람의 요구에 의해 상담실을 찾아온 경우 모두 내담자는 자신이 처한 상황이 최악이라고 생각하는 것이 대부분이다. 내담자는 스스로 자신의 문제를 가장 잘 알고 있다고 생각하지만 감정에 압도당한 채로 문제의 근본적인 원인을 정확하게 판단하는 것은 쉽지 않다. 동일한 문제를 가지고 여러 사람들과 대화를 나누었을 때 각자 생각하는 방식은 매우 다양하게 나타난다. 심지어는 비슷한 문제를 가지고 있는 내담자들 간에도 인식의 차이는 크다.

내담자는 객관적인 관점에서 자신의 문제를 인정하고 상담자와의 협력관계를 통해 자신의 욕구가 무엇인지 정확하게 파악해 보아야 한다. 이와 같은 일련의 과정을 통해 인지적 왜곡을 바로 잡고 현실세계에 적응하기 위한 능력을 키우는 것을 목표로 하게 된다. 내담자의 왜곡된 인지와 비현실적인 사고를 전환시키기 위해서는 다양한 상담기법이 사용되며 상담이 진전됨에 따라 목표는 더욱 구체화된다. 상담목표를 구체화시키는 것은 내담자가 상담장면 이외의 상황에서도 스스로 사고와 행동을 변화시키고 문제에 대처할 수 있도록 점진적인 단계를 마련하기 위함이다.

내담자는 자신이 직면한 갈등상황의 근본적인 원인이 무엇인지 내면을 잘 들여다보고 상담자가 해석해 주는 내용에 대해 긍정적인 관점으로 수용하여 통합된 사고를 할 수 있도록 인식의 변화를 추구해야 한다. 이때 내담자의 인식 변화는 앞으로 문제를 해결할 때 과거에 대처해 온 방법과는 다른 방법으로 성숙한 반응을 나타낸다. 내담자 자신의 경험을 끊임없이 재구성할 수 있도록 촉구하는 상담자야말로 유능한 상담자이다. 인식의 재구성은 내담자가 보일 수 있는 저항이나 불안을 줄여주며 스스로 갈등을 해소할 수 있는 능력을 향상시키는 역할을 한다.

3) 실천행동의 계획

내담자가 자신의 문제를 인식하고 사고를 전환하는 것이 가능해졌다면 갈등해결을 위한 구체적인 실천행동을 계획해야 한다. 상담자의 조력이 이루어지는 상담 도중에는 내담자가 모든 문제를 해결할 수 있을 것 같은 자신감을 갖게 되지만 실제 장면에서 문제를 직면했을 때에는 당황하게 된다. 상담자의 조력 없이도 내담자가 자신의 새로운 인식과 사고의 전환이 실제 장면에서도 활용 가능할 수 있도록 내담자의 행동계획을 돕는 것이 중요하다. 이 단계의 목표는 내담자가 스스로 구체적인 행동계획을 세울 수 있도록 세부절차를 협의하는 것이다.

4) 중기 단계에서 상담자의 역할

상담 중기 단계에서 상담자는 현재 진행되고 있는 상담과정의 전반적인 내용을 내담자에게 설명하고 어떠한 진전이 있었는지 평가해 볼 의무가 있다. 상담 초기 단계에서 인식했던 내담자의 문제를 해결하기 위해 어떠한 목표를 설정했는지 재확인하고 깊게 탐색하기 위해 다양한 상담기법을 활용하게 된다. 상담을 거듭할수록 새롭게 알게 된 정보에 대해 세부적으로 검토하고 내담자와의 대화를 통해 앞으로의 상담진행에 도움이 되도록 격려한다. 내담자는 상담 초기 단계에서 인식한 자신의 문제를 객관적으로 인식하고 상담 중기 단계에 들어서면서 자기이해를 위해 더욱 노력하게 된다. 기존과는 다른 방법으로 자신의 문제를 구체화시키고 현실에서도 활용 가능한지 실행해 보는 것이 필요하다. 상담자와의 연습과 과제수행을 통해 자신에게 처한 갈등상황을 효과적으로 대처할 수 있는 능력을 발전시키는 것이 중요하다.

상담 중기는 상담 전 과정 중 가장 오랜 기간을 차지하며 그만큼 내담자의 변화가 가장 많이 일어나야 하는 단계이다. 이때 상담자는 각 회기마다 내담자의 말이나 행동, 태도를 면밀히 분석하고 어떠한 변화가 일어났는지 잘 알고 있어야 한다. 만일 상담자가 계획했던 대로 상담이 진행되지 않는 경우에는 그 이유가 무엇인지 즉시 파악해야 하고 상담을 원활하게 진행시키기 위해서 어떻게 해야 할지 고민해 보아야 한다.

상담자는 상담 회기가 진행되는 과정에서 내담자의 말과 행동이 어떻게 변화하는지 탐색하고 내담자가 과거에 보였던 모습과 현재의 모습을 비교분석해야 한다. 이때 이전에 미처 인식하지 못했던 내담자의 새로운 모습을 발견하는 경우도 있다. 또한 내담자가 상담자 자신을 어떻게 인식하고 있는지 상담자의 존재 인식 여부에 대한 사항도 검토해야 한다.

상담자는 내담자가 과거에 비해 당면해 있는 문제를 해결할 수 있는 능력이 향상되었음을 증명할 수 있는 구체적인 내용을 제시하고 격려해야 한다. 또한 내담자가 그동안 얼마나 힘든 과정을 거쳤는지, 긍정적으로 변화하기 위해 어떠한 노력을 했는지 충분히 이해하고 있음을 말해 준다. 특히 내담자가 현재 일상에서 겪고 있는 사람들과의 관계를 원만하게 유지하고 주어진 과제들을 잘 수행하도록 하기 위해 필요한 정보를 설명한다. 내담자는 상담자의 설명이나 해석을 듣고 여러 가지 태도를 보이는데, 이때의 내담자 반응은 상담자에게 매우 의미 있는 정보이다. 상담자는 내담자의 왜곡된 인지와 사고의 형태를 변화시키기 위해 다양한 촉구를 하게 된다. 내담자가 상담자에게 과거에 경험했던 어려운 사건이나 상담을 받으면서 겪고 있는 변화과정들에 대해 이야기하는 것도 그들의 인지, 정서, 행동을 변화시키는 데 매우 효과적이다.

한편, 상담자의 설명이나 해석이 내담자의 입장에서 받아들이기 어려운 부분이 있는 경우 불편함을 느끼고 저항하고 싶을지도 모른다. 하지만 상담자가 시기에 직면시킬 경우 자신에게 발생한 사건 자체를 부정하지는 못하는 경우가 대부분이다. 무엇보다 중요한 것은 내담자가 불편함을 느끼는 표현이나 비수용적 태도를 나타내는 경우 주의를 잠시 환기시키거나 좀 더 기다림이 요구될 수도 있다. 물론 필요한 개입을 장시간 미룰 수는 없지만 내담자 자신의 문제를 두려움 없이 들여다볼 수 있을 때까지 기다려줄 수 있어야 하며 불안함을 느끼는 상황에 대해 지지하고 공감해 주는 것이 가장 중요하다.

5) 중기 단계에서 사용되는 상담기법

상담 중기 단계에서 내담자는 자신의 문제를 명확하게 인식한 후 해결책을 탐색하고 자신이 직면한 상황을 통합적으로 바라볼 수 있는 능력을 길러야 한다. 상담 중기 단계에서 상담의 효과를 증진시킬 수 있는 상담기법으로는 다음과 같은 것들이 있다.

(1) 즉시성

즉시성이란 상담과정에서 목표로 설정한 문제를 해결하기 위한 방법을 찾기 위해 상담자와 내담자가 각자의 생각, 감정들을 대화를 통해 상호작용하는 것을 의미한다. 이때 즉시성은 상담자와 내담자 간의 의사소통이 이루어질 때 그 어느 때보다도 강력한 자기주장을 할 수 있도록 요구한다.

비록 상담자가 내담자의 생각을 모두 정확하게 해석할 수 는 없지만 즉시성을 활용하여 내담자의 생각을 단정 짓는 것이 아니라 잠정적으로 추측하여 이야기하는 것이 바람직하다. 상담자가 내담자의 생각을 잘못 이해하거나 상담자 자신의 생각을 마치 내담자의 생각인 것처럼 말하는 경우가 있는데, 이는 내담자가 상담자를 더 이상 신뢰하지 못하는 상황을 발생시키고 이후의 상담과정에 부정적인 결과를 초래할 수도 있다. 특히 즉시성은 다른 상담기법에 비해 적절하게 사용되지 못했을 경우 가져오는 위험 부담이 크다.

즉시성을 부적절하게 사용하게 되는 경우 상담자와 내담자 간에 형성되어 있는 신뢰가 크게 손상될 수 있고 다시 회복하기가 매우 어렵다. 그렇기 때문에 즉시성으로 인해 내담자와 관계가 손상된 상담자는 상담을 더 이상 진전시키는 것에 어려움을 느껴서 중간에 종결해 버리거나 다른 상담자에게 연계하는 경우가 발생할 수 있다. 내담자 또한 상담자와의 관계가 무너지면서 상담을 종결할 것을 요구할 수 있다.

(2) 심층적 공감

공감은 상담자와 내담자의 협력적 관계를 형성하기 위해 필요한 상담기법이고 주로 상담 초기에도 많이 사용된다. 단, 상담 초기 단계에 내담자의 말에 과도하게 공감하는 것은 오히려 내담자로 하여금 두렵고 불안한 감정을 일으킬 수 있다. 상담자가 내담자에 대해서 너무 잘 알고 있는 것처럼 느껴지거나 내담자 스스로가 관찰당하고 있는 것처럼 생각할 때 불편한 감정을 가질 수 있기 때문이다. 따라서 초기 단계에는 가벼운 내담자의 문제상황을 이해하고 있고 자신의 이야기를 잘 듣고 있다는 것을 표현하는 정도로 그치는 것이 좋다.

심층적 공감이란 내담자가 말하는 내용 자체뿐 아니라 표현되지는 않았지만 숨겨진 의도를 파악하여 상담자의 말로 표현해 주는 것을 말한다. 미처 깨닫지 못하고 있는 내담자 자신의 생각이나 느낌들을 인식할 수 있도록 돕는 상담기법이다. 심층적인 공감은 내담자 스스로가 문제를 해결할 수 있는 근본적인 방법을 찾고 자신의 내면을 솔직히 들여다볼 수 있도록 상담 중기 단계에서 사용하는 것이 바람직하다. 〈표 5-4〉에서 공감의 여덟 가지 차원을 제시하고 있다.

표 5-4 공감의 여덟 가지 차원

차원	내용
1	상담자가 내담자의 감정을 어느 정도로 표현하는가이다.
2	인지적 추론과 명료화는 내담자의 준거 틀에 더하거나 함의를 끌어내기 위해 내담자가 아직 말하지 않은 어떤 것을 상담자가 추론해서 말하는 것을 말한다.
3	화제의 핵심성은 내담자에게 가장 중요한 것을 상담자가 언급하는지 여부와 상담자가 내담자의 근본적인 불평이나 문제와 관련 있는 반응을 보이는 것이다.
4	표현력은 상담자가 창의적이고 참신한 말이나 억양 있는 목소리로 적절하게 표현력 있는 태도로 의사소통하는 것이다.
5	협력은 상담자의 태도가 협력적으로 함께 작업해 나간다는 느낌을 준다.
6	말 허용하기 대 압도하기는 내담자의 말을 압도하거나 가로막지 않고 내담자가 말할 기회를 상담자가 어느 정도 허용하거나 주고 있는가를 말한다.
7	상담자가 하는 말의 내용이 내담자의 탐색을 적극적으로 촉진하는 것이다.
8	탐색의 영향력은 상담자의 반응이 내담자를 더 탐색하게 하거나 새로운 자료를 내놓도록 촉진하는가 아니면 방해하거나 혼란시키는 것이다.

출처: Elliott(1982)

(3) 감정의 반영

감정의 반영이란 내담자가 말하고 있는 내용의 이면에 감춰져 있는 실제의 의미를 찾아내어 적절하게 표현해 주는 것을 말한다. 내담자가 실제로 이야기하는 내용뿐 아니라 말로써 언급하지 않았지만 비언어적 행동까지도 세심하게 관찰하여 내담자의 감정을 정확하게 파악할 수 있어야 한다. 그리고 내담자의 언어적 혹은 비언어적 행동에서 느껴지는 전반적인 느낌들을 반영해야 한다. 내담자의 비언어적 행동에는 말의 속도, 얼굴 표정, 숨소리, 태도 등이 있다. 상담자가 내담자에게 적절한 감정의 반영을 해주게 되면 내담자는 자신이 수용받고 이해받는 느낌을 갖게 되고 이는 상담효과를 높이게 된다.

(4) 재진술

재진술이란 상담자가 내담자의 말을 듣고 그 내용의 의미를 파악하여 자신의 표현 방식으로 정리하여 말하는 것을 말한다. 상담자가 내담자의 말을 재진술하는 것은 내담자로 하여금 상담자가 내담자의 말을 진심어린 마음으로 듣고 있다는 것을 느끼게 해준다.

재진술 방식 중 내담자의 말을 요약하여 정리하는 기법은 상담자가 내담자의 말을 잘 이해하고 있는지 확인해 보기 위해 사용되기도 한다. 또한 내담자가 말로써 다 표현하지 못한 느낌이나 감정에 대해 강조하기 위해 재진술기법을 사용하기도 한다.

(5) 자기개방

자기개방은 내담자에게 상담자 자신의 생각이나 느낌을 드러내는 것을 말한다. 상담자는 자기개방을 통해 내담자와 비슷한 생각과 감정들을 가지고 있다는 것을 전달함으로써 좀 더 편안하게 대화를 나눌 수 있는 분위기를 연출할 수 있다. 또한 방어적인 태도의 내담자에게 적용하는 경우 상담자가 내담자를 진심으로 이해하고 있다는 것을 전달할 수 있으며, 내담자 또한 자기개방을 할 수 있도록 도와준다.

(6) 피드백

피드백이란 상담자가 상담과정에서 관찰한 내담자의 사고, 정서, 행동에 대한 정보를 수집하여 내담자의 문제를 해결하기 위해 사용하는 상담기법이다. 피드백을 사용할 때 주의할 점은 내담자를 지지하고 변화를 촉구하기 위해 사용되어야 하고, 상담자가 일방적으로 내담자의 사고, 정서, 행동에 대해 변화를 강요하는 느낌을 주어서는 안 된다. 내담자를 평가, 판단, 비판하는 것이 아니라 그들의 입장에서 이해하고 공감하여 발전을 시도하는 것이 초점이어야 한다.

피드백은 상담 중기나 종결 단계에서 주로 사용되는데, 내담자가 오랫동안 습관처럼 사용한 인지, 정서, 행동을 변화시켜야 하기 때문에 상담자와의 충분한 신뢰관계가 형성된 다음에 사용해야 효과적이기 때문이다. 내담자는 상담 중기 단계에서 상담자에 대해 충분히 탐색하게 되고 상담자의 말과 행동을 수용할 준비를 하게 된다. 이때 상담자의 지지와 공감을 바탕으로 상담목표를 실행하기 위해 다양한 시도를 하게 된다.

(7) 직 면

직면은 상담자가 내담자의 이야기를 듣고 맥락적으로 일치하지 않는 부분이 있을 때 내담자에게 설명을 요구하는 것이다. 다시 말해서 내담자의 말과 행동이 모순인 경우, 앞에서 한 이야기와 뒤에서 한 이야기가 일치하지 않는 경우, 앞 뒤 행동이 불일치하는 경우, 자신이 원하는 이상과 현실 속의 자기의 모습이 너무 큰 차이가 있는 경우, 상담자가 생각하는 문제의 초점과 내담자가 생각하는 문제의 초점이 일치하지 않는 경우 등에 사용되는 상담기법이다.

한편, 직면은 내담자의 특성을 고려하여 적절한 시기에 사용해야 한다. 내담자가 현재 자신의 상황을 객관적으로 볼 수 있도록 돕는 기법이지만 시기를 잘못 맞추거나 내담자가 받아들일 준비가 되지 않았을 때 사용하게 되는 경우 위험 부담이 굉장히 크다. 만일 내담자가 수용할 준비가 안되어 있을 때 무리하게 직면시키는 경우 내담자가 나타내는 저항으로 인해 상담을 진행하는 데 어려움이 커질 수 있다. 그러므로 상담자는 적절한 시기를 잘 선택하여 직면을 사용하여야 한다. 즉 상담자와 내담자의 촉진적 관계가 잘 형성된 이후에 시도해 볼 수 있다. 내담자가 자신이 변화하고 있음을 느끼고 문제를 해결하려는 의지가 커졌을 때 시도해 볼 수 있을 것이다. 이때 상담자는 내담자의 상황을 고려하여 직면시킬 시기를 결정하고 직면을 사용하여 수집하고자 하는 것들을 정리해 볼 필요가 있다.

(8) 해 석

해석은 내담자가 말하고자 하는 것에 대해 정확하게 표현하지 못하는 것을 상담자의 말로 부연설명하는 것을 말한다. 해석은 내담자의 말을 순서에 맞게 정리하고 원래 말하고자 하는 의도를 찾아서 현재 겪고 있는 어려움에 대한 생각과 느낌을 설명하는 것이다. 이때 내담자는 상담자의 해석에 대해 방어하거나 저항하는 반응을 나타낼 수도 있고 동의할 수도 있다.

상담자가 내담자의 생각을 해석하는 것은 내담자가 상담과정에서 나타내는 행동양식과 대화내용을 바탕으로 평소에 내담자가 자신이 처한 문제를 대처하는 자세를 관찰할 수 있는 기회가 된다. 단, 내담자가 상담자의 생각을 수용할 수 있는 준비가 되어 있을 때 이루어져야 하기 때문에 상담 초기 단계보다는 상담자과 내담자의 친밀한 관계가 형성된 상담 중기나 종결 단계에 사용하는 것이 바람직하다.

(9) 시 연

상담자는 상담장면에서 내담자가 목표했던 전략들을 직접 시연하고 연습할 수 있도록 격려해야 한다. 반복적으로 경험한 갈등상황들을 상담자의 조력없이 내담자 스스로 해결할 수 있도록 연습해야 한다. 이때 상담자는 내담자가 직접 시연하기 위해서는 구체적인 계획을 어떻게 세워야 할지 지도해야 하는데, 내담자가 이미 수행한 것에 대한 지지를 아끼지 않아야 하며, 다음 단계에 내담자가 할 것은 무엇인지 알아차리도록 촉구한다.

내담자는 상담자와 함께 있는 장면에서뿐 아니라 그동안 연습한 생활기술들을 자신의 삶에서 적용할 수 있도록 훈련받아야 하며, 상담자의 조력없이도 일반화될 수 있도록 과제를 수행해야 한다. 여기에서 과제란 내담자의 주호소 문제를 해결하는 데 필요한 핵심기술들을 포함해야 하고, 스스로 문제해결 능력이 얼마큼 향상되었는지 인식할 수 있도록 도와야 한다. 또한 내담자 자신의 진전된 변화에 대해 만족감을 느낄 수 있도록 강화하고 보완해야 할 부분에 대해서는 수정하고 재평가할 수 있도록 해야 한다.

(10) 유 머

유머는 상담자와 내담자가 긴장되어 있는 상황에 놓여 있는 경우에도 이완시켜줄 수 있는 효과적인 상담기법이다. 상담자의 유머는 적절하게 사용되는 경우 내담자가 처한 상황에 대해 예상치 못한 재미있는 반응을 보여줌으로써 상담 분위기를 편안하게 만들어준다.

이때 상담자는 자신 혹은 내담자를 비하하는 발언이나 상담의 진지함을 떨어뜨리는 유머는 사용하지 않는 것이 좋다. 유머가 적절한 타이밍에 사용될 경우 치료적 가치는 매우 높다. 특히 저항을 심하게 나타내는 내담자가 좀처럼 진전되지 않는 경우에도 효과적이고, 긴장을 잘하는 내담자의 경우 유머를 통해 자신의 내적 갈등으로부터 객관적인 시야로 판단할 수 있는 여유를 제공할 수 있다.

6) 중기 단계에서 나타날 수 있는 문제

상담과정에서 내담자의 갈등을 해결하는 데 어려움이 지속되는 경우 상담과정을 재검토하는 것이 바람직하다.

(1) 전 이

전이란 내담자가 과거에 해결하지 못했던 욕구나 현재 경험하고 있는 감정들을 상담자에게 투사하는 것을 말한다. 정신분석학 이론은 내담자가 과거의 감정이 전이되는 것에 초점을 두었지만 현 시대의 상담자들은 내담자의 과거 경험뿐 아니라 오늘날의 경험에도 초점을 맞추고 있다.

내담자는 자신의 현 상황과 상담자의 이미지가 부합되는 경우 전이반응을 나타나게 되며, 특히 상담자가 말하는 모습, 몸짓, 외모 등에서 유발시키는 경우가 많다. 이때 나타나는 부정적 전이는 상담자가 자신을 잘 대해 주지 않았다고 비난하기도 하며, 자신이 상담자에게 느끼는 감정을 마치 상담자가 자신에게 느끼고 있는 것처럼 말하기도 한다. 이와 같은 부정적 전이는 상담관계에 좋지 않은 영향을 미치기 때문에 꼭 다루어야 한다. 전이가 나타나는 장면은 내담자의 문제가 발생한 원인에 대한 의미 있는 정보를 제공하기도 한다.

한편, 전이가 부정적인 측면만 있는 것은 아니다. 상담과정에서 내담자가 상담자에게 우호적인 태도를 나타내거나 매력을 느끼는 경우가 있는데, 이를 긍정적 전이라고 한다. 내담자가 상담자에게 가지는 감정이 심각한 정도가 아니라면 긍정적 전이는 오히려 상담의 효과를 증진시키는 역할을 하기도 한다.

(2) 역전이

역전이란 상담자 자신이 느끼는 생각이나 느낌을 내담자에게 투사하는 것을 말한다. 이러한 역전이는 상담자의 자질을 좀 더 키워야 할 필요성을 의미하며, 적절하게 해결하지 못하는 경우 상담과정에 부정적인 영향을 미칠 수 있다.

역전이는 상담을 진행하는 데 매우 비생산적이며 상담자뿐만 아니라 내담자에게까지 상처를 줄 수 있어 매우 위험하다. 상담자는 자신이 역전이를 일으키고 있다는 것을 명확히 인식할 수 있어야 한다. 그러한 감정을 인식한 후에는 역전이를 일으키도록 작용시킨 근본적인 원인을 찾기 위해 노력해야 한다. 이때 상담자 자신의 힘으로는 부족할 수 있는데, 자기 내면을 솔직하게 들여다보고 객관적으로 판단할 수 있도록 수퍼비전을 받아야 한다. 상담자 또한 내담자처럼 자신의 삶에서 적절하게 인식하지 못하는 부분이 있을 수 있기 때문에 전문가의 조력을 빌려야 하는 것이다. 수퍼비전은 상담자가 자기이해를 할 수 있도록 하고 결국 내담자에게 더욱 질 높은 상담 서비스를 제공하는 데 기여한다.

(3) 침묵 다루기

상담장면에서 나타나는 침묵은 상담자로 하여금 참으로 힘든 상황이다. 내담자와 대화를 원활하게 진행할 수 있어야 상담과정이 적절하게 진행되고 있다고 생각하기 때문이다. 만약 상담 중간에 내담자가 아무런 말없이 침묵으로 일관할 때 상담자는 침묵이 시작되기 이전에 어떠한 이야기를 나누고 있었는지 면밀히 검토해 볼 필요가 있다. 이어서 내담자가 상담과정에서 침묵하는 경우 그 자체가 유의미한 정보임에도 불구하고 상담자는 내담자가 스스로 말을 다시 시작할 때까지 기다리는 것을 매우 힘들어 한다. 그렇지만 섣불리 침묵하는 이유에 대해 질문을 하거나 대답을 이끌어내기 위해 촉구를 해서는 안 된다.

침묵이 항상 상담과정에 부정적인 영향을 미치는 것은 아니다. 어떤 경우 내담자는 복잡한 생각을 정리하기 위해서 얼마 동안의 침묵을 지키고 있는 경우도 있을 수 있고 상담자에게 받은 질문이나 자신의 생각과 감정을 적절하기 표현하기 위한 시간이 필요할 수 있다. 이어서 침묵의 시간에 대해 상담자와 내담자는 각기 다른 방식으로 해석할 수 있는데, 상담자는 내담자가 침묵하는 것의 의미를 맥락적으로 잘 분석할 수 있어야 한다.

한편 침묵은 상담이 진행되는 것에 대해 저항을 나타내는 것일 수도 있다. 특히 상담자와 내담자 간의 친밀감이 형성되지 않은 상태에서 자신의 문제를 개방한다는 것은 매우 어려운 일이다. 또한 내담자의 입장에서 상담자가 자신 개인적인 문제를 평가받는다는 불편한 감정을 갖게 되는 경우도 있다.

어떤 경우이든 침묵이 문제해결을 위한 유의미한 정보를 제공하고, 때로는 직접적인 해결방법을 제시할 수도 있지만 너무 장시간 침묵을 지키도록 두는 것은 바람직하지 않다. 내담자가 침묵을 지키는 행동을 얼마나 지켜봐야 할지 적절한 타이밍을 맞추어 반응할 수 있도록 생각해야 한다. 명백한 사실은 지나치게 오랫동안 침묵을 지키는 상황은 상담의 진전을 방해하는 요소임이 분명하다는 것이다.

만약 내담자가 자신의 생각과 감정이 정리가 되었다면 침묵을 깨고 다시 이야기를 시작할 것이다. 이때 상담자는 내담자의 언어적 혹은 비언어적 행동을 관찰함으로써 다시 말을 시작할 것인지 어느 정도 유추 가능하도록 해야 한다. 또한 내담자가 다시 이야기를 시작한 이후에도 상담자는 이전에 침묵하는 행동을 나타냈던 의도에 대한 탐색을 실시해야 한다. 이러한 내담자의 반응을 관찰하면서 이후에 상담과정을 진행할 수 있는 상황인지 판단할 수 있다.

3. 상담의 종결

종결은 상담자가 상담과정을 마무리해도 되겠다고 판단했을 때 내담자와의 의논을 통해 이루어진다. 내담자가 종결을 원하는 경우에도 상담자가 상담을 지속할 필요성이 느껴질 때에는 상담자의 조력없이도 문제를 잘 대처할 수 있는지 확인하기 위한 상담을 당분간 지속하는 것이 바람직하다.

또한 상담이 종결된 이후 내담자들은 다시 문제가 발생할까봐 두려워할 수 있고, 혼자서 해결해야 하는 것에 대한 불안을 느낄 수도 있다. 혹은 상담이 종결되는 것이 상담자가 자신을 거부하는 것이라고 생각하는 내담자들도 있기 때문에 종결에 대한 합의과정이 서서히 이루어지도록 계획해야 한다. 종결일을 기점으로 2주일 혹은 3주일의 간격을 두고 만나는 것이 적절하다.

종결이 이루어지기 전에 내담자의 문제를 해결하기 위해 세웠던 목표들을 달성했는지 여부를 평가하고 이야기를 나누는 것이 중요하다. 이때 상담 초기 단계부터 종결 단계까지 이루어졌던 상담과정을 내담자가 요약하도록 하는 것도 도움이 된다. 또한 내담자가 문제를 다시 갖게 되는 경우 상담자를 다시 찾아올 수 있다는 사실을 미리 알려준다.

만일 상담 결과가 내담자의 기대에 부합하지 못한 경우에는 상담과정과 상담자에 대한 자신의 생각을 명확하게 밝힐 수 있도록 하고 다른 기관이나 상담자에게 연계시키는 것이 바람직하다. 종결 단계에서는 내담자가 자신의 상황을 통찰하여 현실에 직면하여 직접 문제를 해결할 수 있도록 해야 한다. 상담이 종결될 때 상담자는 내담자가 느낄 수 있는 다양한 감정들에 대해서 충분히 수용하고 공감해야 한다.

1) 상담자의 종결 시기 결정

내담자가 겪고 있던 갈등이나 문제 상황이 해결되면 상담자는 종결을 계획하고 적절한 종결 시기를 고민해야 한다. 이때 내담자가 상담자에 대한 애착이 강하게 형성되어 있는 경우 상담자가 상담을 종결하는 것에 대해 자신이 거절당했다고 느끼고 그로 인해 분리불안을 느낄 수도 있다.

따라서 상담자는 종결 시기에 앞서 내담자가 상담을 통해 변화된 모습을 확인시키고 현실 상황에서 상담자와 연습했던 문제해결 방법들을 스스로 실행할 수 있도록 지지하고 안심시킬 필요가 있다.

2) 종결 단계에서 하는 일

상담자는 종결이 내담자를 거부하는 것이 아니라 문제를 스스로 해결할 수 있는 능력이 키워졌기 때문이라는 것을 설명해야 한다. 내담자가 느낄 수 있는 불안함과 거절감에 대한 충분한 이해와 공감을 표현하고 안정시켜 자발적으로 갈등 상황을 해결할 수 있도록 격려한다.

특히 일상생활에서 발생할 수 있는 갈등 상황들을 스스로 해결하기 위해 상담자와 연습해 왔던 적응기술들을 실행할 수 있도록 계획하는 것을 도와야 한다. 또한 상담이 종결된 이후에도 상담자의 도움이 필요한 경우 추수상담을 진행하게 된다.

(1) 종결 시 이별의 감정 다루기

내담자는 상담자에게 자신 내면의 깊은 이야기들을 꺼내고 해결하기 위한 방법들을 모색하는 상담과정에서 애착관계가 형성이 되었을 것이다. 그렇기 때문에 상담자와의 이별이 힘이 들고 불안감을 가질 수도 있다. 특히 내담자가 의존적인 성향이 강한 경우 종결로 인한 분리불안 증상은 더욱 심각할 수 있다.

상담자는 종결 시 내담자가 느낄 수 있는 이별의 감정들을 충분히 수용하고 이해하면서 앞으로 해결해야 할 과제들을 스스로 해결할 수 있도록 격려하고 지지해야 한다. 만약 상담이 종결된 이후에 상담자의 도움이 필요하거나 심리적으로 갈등이 심화되면 상담을 다시 시작할 수 있다는 것을 말해 줌으로써 내담자가 안정감을 갖고 상담목표를 실행할 수 있도록 한다.

(2) 상담성과에 대한 평가와 문제해결력 다지기

상담자는 내담자가 최초로 상담접수되었을 때 호소하였던 문제부터 상담 초기 단계에 설정하였던 상담목표를 바탕으로 상담 전후를 비교하여 내담자가 어떻게 변화하고 성장하였는지 확인해야 한다. 또한 내담자 스스로 자신이 상담을 통해 얼마나 성과를 이루었는지 탐색하는 시간을 가져야 한다.

특히 상담목표를 달성하기 위해 자신이 어떠한 노력을 했는지 상담과정을 되짚어보고, 앞으로 상담이 종결된 이후에 현실 생활에서 상담의 성과가 효과적으로 유지되도록 하기 위해서 어떠한 노력이 필요한지 구체적인 전략을 마련해야 한다. 또한 상담자는 내담자가 상담 장면에서 평소 자주 겪는 갈등상황을 해결하기 위한 적응기술을 연습한 것들을 바탕으로 실제 생활에서 활용해 보고 연습할 수 있도록 도와야 한다.

(3) 추수상담에 관해 논의하기

상담을 종결한 후에 필요한 경우 추수상담을 할 수 있다. 추수상담은 내담자의 행동변화를 지속적으로 점검하여 내담자가 잘하는 점을 강화하고 부족한 점은 보완할 수 있다. 뿐만 아니라 상담자 자신에게도 상담문제의 해결과정이 적합하였는지에 대한 임상적 통찰을 가져다준다는 점에서 의미가 있다.

3) 상담 종결 시의 고려사항

상담이 장기간 지속되는 경우 내담자는 상담자에게 지나치게 의존하는데, 상담자는 내담자와의 전이관계를 모두 해결해야 한다. 종결하기 이전에 상담자는 내담자에게 종결 시기에 대해서 미리 알려주고 그에 대비하도록 해야 하며, 종결이 내담자에게 미치게 될 영향을 검토해야 한다.

또한 상담과정이 진행되는 과정에서 진전이 보이지 않는 경우 상담자는 내담자와 종결에 대한 의논을 해야 한다. 상담자는 내담자에게 종결에 대한 이유를 충분히 설명해야 하고, 이와 같은 설명은 조기 종결인 경우에 더욱 중요하다. 상담과정이 원활하지 않고 일정한 시간이 경과한 뒤에도 내담자의 갈등을 해결하는 데 어려움이 지속된다면 상담자는 상황을 호전시킬 수 있는 새로운 방법을 제시해 줄 의무가 있다.

(1) 종결에 대한 내담자의 저항

상담자는 기존에 가지고 있던 내담자의 문제가 해결되면 종결을 알리게 된다. 종결을 알리는 경우 상담자와 애착관계가 형성된 내담자는 상담을 더 지속할 것을 요구하는 등 저항하는 태도를 나타내기도 한다. 상담목표가 달성되었는데도 불구하고 상담을 오래 지속하기를 원하고 상담자와 분리되는 것을 불안해한다.

일부 내담자는 상담을 지속하기 위해 상담 초기에 목표로 설정하였던 문제가 아닌 전혀 다른 문제 요소를 만들어내는 경우도 있다. 이와 같은 종결에 저항하는 태도는 상담 종결을 어렵게 만든다. 그리고 내담자는 상담자의 도움 없이는 현실 생활에 적응하기도 어렵다고 호소하기도 한다. 그로 인해 상담자는 윤리적인 이유로 내담자와 상담을 지속해야 한다는 책임감을 느끼게 될 수도 있다. 그렇지만 내담자 스스로가 그동안 연습해 온 전략기술들을 실제 생활에 활용해볼 수 있도록 상담자의 개입을 점차적으로 줄이고 스스로 해결할 수 있는 기회를 잡을 수 있도록 촉구해야 한다.

(2) 종결에 대한 상담자의 저항

내담자가 자신의 문제를 해결할 수 있게 되었을 때 상담자는 종결을 준비해야 한다. 그런데 일부 상담자들은 내담자와의 만남을 정리하는 것을 힘들어하기도 한다. 특히 내담자가 매력적인 성격이나 외모를 갖추고 있는 경우나 독특한 상담목표를 갖고 상담이 진행된 경우에 더욱 그렇다. 이와 같은 경우 상담자는 다른 상담자에게 종결을 어려워하는 자신의 문제에 대한 조언을 구하거나 수퍼비전을 통해 자신이 종결을 어려워하는 까닭을 탐색해야 한다. 만약 상담자가 친밀감이나 고립감에 대해 불안정한 정서나 두려움과 같은 개인 내적인 문제가 있는 경우에는 반드시 상담을 받아야 한다.

4. 상담유형에 따른 상담과정

1) 문제해결 중심 상담과정

문제해결 중심 상담과정은 호소문제 듣고 이해하기, 상담에서 다루어야 할 문제 선정하기, 내담자가 문제상황에 대처해온 방법 탐색하기, 문제해결을 위한 새로운 방법을 도출 합의하기, 문제해결을 위해 실천행동계획 수립 단계로 이루어진다. 각 단계에 따른 세부적인 내용은 〈표 5-5〉와 같다.

표 5-5 문제해결 중심 상담과정

단계	과정명	내용
1단계	호소문제 듣고 이해하기	(1) 촉진적 관계의 형성 가. 상담의 최종목표는 아니지만 상담의 좋은 결과를 가져오기 위해 필요한 과정이다. 나. 내담자가 안심하고 편안한 마음으로 이야기할 수 있는 분위기를 만들어준다. 다. 경청, 반영, 공감 (2) 구조화 가. 상담시간, 비밀보장의 확인, 상담의 한계, 상담자의 역할 등에 대해 내담자에게 알린다. (3) 문제 탐색을 서두르지 말 것 (4) 무엇을 들을 것인가를 명확히 할 것 가. 호소문제의 전체 줄거리 나. 내담자가 무엇을 원하는가 다. 내담자의 현재 심정과 상태 (5) 내담자의 호소문제와 관련된 정보를 제한적으로 들을 것 가. 적절한 수준에서 듣고 공감하며, 다시 문제와 관련된 이야기를 할 수 있도록 유도한다.

(계속)

단계	과정명	내용
2단계	상담에서 다루어야 할 문제 선정하기	(1) 내담자 문제의 유형과 성격 파악 가. 상황적인 문제: 환경적인 문제, 발달상의 일시적인 문제, 문제가 누적되거나 복잡하지 않고 비교적 단순하다. 예를 들어 전학, 사춘기, 친한 친구와의 일시적인 문제 나. 심리적인 문제: 문제의 뿌리가 깊고 고질적이다. 다. 문제행동이 나타나는 기간이 지속적이고 빈도가 높다. 라. 연령의 정상 범위를 벗어난다. 마. 사회관계나 일상생활에서 정상적인 기능을 발휘하는데 방해가 될 정도로 심각하다. 예를 들어 특성 불안, 만성우울, 성격장애, 신경성 폭식증 (2) 내담자가 보이는 문제의 심각성, 고질성에 대한 올바른 이해와 적절한 처치가 필요 (3) 단기상담을 통해 소기의 효과를 달성할 수 있는 문제 가. 구체적인 호소문제 ① 구체적인 정보나 조언을 요청: 예를 들어 사춘기 청소년의 성행동에 대한 지식 ② 특정 문제 상황에 대처하는 구체적인 방법을 요청 나. 발달과정상의 문제 ① 누적되거나 복잡하지 않고 발달과정상에서 일시적으로 생기는 문제 ② 의복착용으로 인한 부모와의 갈등, 이성교제 방식, 성적 발달에 대한 정보, 자녀의 성장에 따른 시간 활용 다. 호소문제 발생 이전에 비교적 기능적 생활을 해왔던 내담자가 호소하는 문제, 호소문제 발생 이전부터 심리적으로 건강 (4) 내담자가 원하는 것이 무엇인가? 가. 무엇을 기대하고 상담자를 찾았는가? 나. 상담자로부터 어떤 도움을 바라고 있는가? 다. 궁극적으로 무엇을 말하려고 호소하는가?
3단계	내담자가 문제상황에 대처해 온 방법 탐색하기	(1) 내담자가 호소하는 문제상황에 지금까지 어떻게 대처해 왔는지를 구체적으로 살펴본다. (2) 내담자의 대처방식이 문제해결에 얼마나 도움이 되는지 혹은 더 많은 어려움을 야기시키고 있는지를 파악해 본다. (3) 충분한 탐색 없이 조언이나 방향 제시는 비효과적 〈상담자 반응의 예〉 그런 어려운 상황을 해결하기 위해 어떻게 해보셨나요? 그러한 상황을 해결하기 위해 노력을 해오셨군요. 또 다른 노력은 어떤 것이 있으셨나요?
4단계	문제해결을 위한 새로운 방법을 도출 합의하기	가. 내담자와 함께 대처방안에 대한 브레인스토밍 나. 내담자가 제시한 대안에 대해 성급한 판단을 내리지 않는다. 다. 상담자도 자신의 의견을 하나의 안으로 제시한다. 라. 의견들을 유목화하고, 내담자에게 현실적으로 가장 가능성이 있고, 또한 효과가 있다고 여겨지는 대처방안을 선정한다.
5단계	문제해결을 위해 실천행동 계획 수립	가. 대안을 행동화하는 전략을 세운다. 나. 구체적 행동전략은 상담자와 간단한 연습을 할 필요가 있다. 다. 실천 결과를 평가하고 필요한 경우 새로운 실천행동 전략 및 계획을 수립한다.

출처: 김진숙(1999)

2) 단기상담의 과정

단기상담은 상담에 들이는 시간과 비용이 절약되고, 짧은 시간에 문제해결을 위한 방법을 찾을 수 있다는 측면에서 효율적이다. 또한, 단기상담은 개인적 형편이 어려워 장기간 상담이 어렵거나 다양한 가치관이나 정서적 특성을 지닌 내담자들에게도 적합하다. 〈표 5-6〉은 단기상담의 과정이다.

표 5-6 단기상담의 과정

과정명	내 용
첫면접	상담자와 내담자 간의 상담관계를 형성하고 내담자의 기대와 동기를 확인하며, 내담자에 대한 자료를 종합하여 상담에 대한 구조화를 실시한다.
단기상담의 초기	내담자의 행동 패턴을 확인하고 내담자에 대한 견해를 수정하고 확장하며, 내담자에게 적절한 과제를 부여하면서 상담을 진행하도록 한다.
단기상담의 중기	우호적인 상담관계를 바탕으로 내담자의 문제를 보다 깊이 탐색하고, 이를 현실적으로 해결하기 위한 노력을 시도하면서 상담의 진행과정을 평가한다.
단기상담의 종결	내담자와 협의된 종결 계획을 세우고, 상담자와 내담자가 종결에 대해서 어떤 느낌과 생각을 갖는지 점검하여 상담을 통해서 얻은 변화는 무엇이며, 앞으로 문제해결을 위해 어떤 노력을 할지에 대해 논의한다.

출처: 천성문 외(2009)

3) 집단상담

집단상담은 비교적 가벼운 심리적 문제를 가지고 있는 사람들이 상담자와 서로 신뢰로운 분위기 속에서 자기이해와 수용 및 개방을 촉진하는 상호작용을 통해 생활태도와 행동을 변화시키고 문제를 해결할 수 있는 잠재능력을 증진시킨다.

특히 집단상담은 대인관계에서의 불편함, 갈등을 집단원들과의 상호작용을 통해 해결하고 한층 성숙한 인간이 될 수 있도록 돕는다. 〈표 5-7〉는 집단상담의 과정이다.

표 5-7 집단상담의 과정

과정명	내용
집단의 시작	집단상담 초기에 집단원들은 불안해하면서 집단 분위기를 탐색하고 지도자에 대한 의존적 경향을 나타낸다. 지도자는 초기에 편안한 분위기를 제공하고, 존중, 공감, 수용의 기본적 태도를 학습하게 도우며, 서로간에 신뢰감과 친밀감을 형성하게 된다.
갈등 단계	집단원이 집단과 다른 집단원 그리고 지도자에 대해 부정적인 반응을 나타내는 것이 특징이다. 집단상담 지도자가 저항과 방어 그리고 갈등을 성공적으로 다루면 집단응집력이 생기게 된다.
응집성 단계	집단원 상호간에 신뢰감이 증가하고 적극적인 관심과 애착을 갖게 되면서 깊은 수준의 자기노출을 한다. 지도자는 집단원의 성장의지를 촉진하고 상호작용을 촉진한다.
생산적 단계	자신에 대한 깊은 통찰을 얻게 되고, 그 결과 행동을 변화시킬 수 있는 준비도 이루어진다. 또한 상호간의 피드백이나 직면이 이루어지고 교정적 정서경험을 하게 된다. 지도자는 적절한 시기에 집단원 행동의 의미를 해석해 주어 더 깊은 수준의 자기탐색이 이루어지게 한다.
종결 단계	자기노출이 감소하고 이별의 아쉬움을 경험하게 된다. 지도자는 종결 단계에서 이별의 감정을 다루고 미해결 과제를 정리하며, 집단에서의 경험의 의미를 명확하게 이해하게 하고, 집단과정에서 익힌 것을 실생활에서 적용할 수 있도록 돕는다.

출처: 천성문 외(2009)

4) 가족상담

개인상담은 자신의 심리적 문제를 단일의 차원에서 해결하려고 하지만 가족상담은 가족을 하나의 체계로 보고 가족체계에 변화를 주어 가족구성원들이 직면해 있는 문제를 더욱 효과적으로 해결할 수 있도록 돕는다. 〈표 5-8〉은 가족상담의 과정이다.

표 5-8 가족상담의 과정

과정명	내용
초기 단계	접수면접, 문제파악, 목표설정이 된 상태까지를 말한다. 이 단계에서는 가족과 상담관계를 형성하며 가족력, 과거의 중대한 사건, 가족 간의 상호작용 패턴 등을 파악하여 문제를 명료화하고 상담목표를 설정한다.
중기 단계	변화를 위한 주된 작업이 이루어지는 시기로 가족구조의 재조직이 일어난다.
종결 단계	종결을 결정하는 단서는 상담목표의 달성 여부다. 종결 과정은 종결을 결정한 이유를 설명하는 도입 단계, 요약 단계, 장기적 목표 나누기 단계, 추수면담 단계의 네 단계로 나눌 수 있다.

출처: 신혜종(2007)

5) 전화상담의 과정

전화상담은 내담자가 문제를 호소한 즉시 구체적인 개입을 해야 하기 때문에 일반적인 상담과 다른 상담절차가 요구된다. 특히 전화상담은 일회적이며 위기중심 접근 방식이 이루어진다는 측면에서 짧은 시간 내에 효과적인 역할을 요구받는다. 전화상담은 익명성, 비밀보장, 편의성, 즉시성 등의 특성을 지니고 있다. 〈표 5-9〉는 전화상담의 과정이다.

표 5-9 전화상담의 과정

단계		내용
1단계	내담자 문제 상황 공유하기	가. 호소문제 이해와 수용 나. 다룰 문제 정하기 다. 내담자 지각 및 대처행동 이해
2단계	원함을 정리하고 개발하기	가. 보다 나은 상황 개발하기 나. 다양한 가능성 중에 다룰 것 정하기
3단계	원함에 도달하는 방법 모색하기	가. 해결대안 산출하기 나. 의사결정하기
4단계	해결방안 실천 계획하기	
5단계	대안결과 확인하기	

출처: 구본용(1995)

6) 사이버 상담의 과정

사이버 상담은 인터넷을 매개로 한 상담으로 사이버 공간에서 이루어진다. 사이버 상담은 컴퓨터라는 매체를 통해 시간과 공간의 제약을 받지 않고 진행할 수 있는 효율적인 상담방법이다. 〈표 5-10〉은 사이버 상담의 과정과 실제이다.

표 5-10 사이버 상담의 과정과 실제

과정	실제
내담자의 요구 파악하기	내담자의 요구나 호소 문제의 유형은 하나가 아닌 복합된 형태로 나타나기도 한다.
제목 정하기	답변을 쓸 때 제목은 상담자가 핵심적으로 부각시키고 싶은 내용을 집약해서 쓴다.
맞이하기	맞이하기는 상담관계를 형성하는 기본 과정이다.
호소문제 명료화	내담자의 호소문제를 명료화하는 것은 자신의 문제를 객관적으로 살펴볼 수 있는 기회를 제공한다.
공감하기	지지호소형의 문제를 가진 내담자에게 공감이나 지지는 가장 중요한 요소다.
내담자의 강점 지지하기	내담자의 강점을 찾고 지지하는 일은 문제해결에 큰 힘이 된다.
상담목표 설정하기	내담자의 요구에 맞추어 상담목표를 정하고 그에 따라 상담을 해야 한다.
격려하기	내담자의 강점 확인이나 문제해결 시의 희망적인 상황이 글에 포함되어야 한다.
추수상담의 가능성 열어놓기	언제든 추수상담의 가능성을 열어 놓아 내담자가 편안한 마음으로 다시 상담을 요청할 수 있도록 하는 것이 좋다.

출처: 천성문 외(2009)

PART **3**

상담의 이론

Chapter 06

상담의 이론

상담자의 인간에 대한 이해, 삶의 문제와 이를 보는 관점, 병리관에 따라 내담자의 문제해결을 위한 상담목표와 상담과정, 상담전략 등이 달라진다. 따라서 상담이론의 이해는 매우 중요하다.

상담이론은 개인의 어떤 측면에 초점을 맞추느냐에 따라 개인의 정서와 감정에 초점을 맞추는 정서적 접근, 개인의 사고와 신념에 초점을 맞추는 인지적 접근, 관찰 가능한 행동에 초점을 맞추는 행동적 접근으로 분류된다. 어떤 상담자는 내담자의 감정에 초점을 맞추는 반면, 어떤 상담자는 사고나 행동을 강조한다. 각 접근마다 나름대로 유용한 측면이 있기 때문에 한 이론을 따른다고 다른 이론을 배척할 필요는 없다. 대체로 사고, 감정, 행동 중의 한 영역이 변화되면 다른 두 개 영역도 변화된다. 따라서 최근에는 한두 개의 차원보다는 사고, 감정 및 행동을 모두 아우르는 통합적 모델을 시도한다(Tompson & Rudolph, 2001; Corey, 2002). 다시 말해, 상담자는 내담자의 사고, 감정, 행동 모두에 관심을 가지며 통합적 접근을 시도할 필요가 있다. 인간의 사고, 감정, 행동 중 어느 하나에 치우친 상담 접근은 인간이 분리될 수 없는 존재인 한 불완전한 상담 접근이기 때문이다. 그러나 통합적 접근을 시도할지라도 각 상담 접근의 기본 이론을 이해하는 것은 매우 중요하다. 본 장에서는 각 측면의 기본이 되는 이론들을 살펴보고자 한다.

1. 정신분석 상담이론

정신분석학(Psychoanalysis)은 심층심리학(Depth Psychology) 혹은 정신역동학, 심리역동학(Psychodynamics)이라고도 하며 지그문트 프로이트(Sigmund Freud)에 의해 시작되었다. 그는 신경증 환자를 치료하는 과정에서 발견한 사실들을 바탕으로 하여 이 정신분석학을 창시하였으나, 대학실험실이 아닌 의학적 치료과정에서, 그리고 정상적 피험자에 대한 이론이 아니라 환자를 치료하는 과정에서 유래되었으므로 이상(異常)심리학이라는 비난을 받기도 하였다.

정신분석이론은 심리적 결정론을 강조하면서 인간의 사고와 정서 및 행동에 있어서 무의식적 결정인자와 본능적 측면을 강조하였다. 정신분석이론에서는 인간을 이해하기 위하여 자유연상법, 꿈의 분석, 투사법(로샤 잉크반점검사, 주제통각검사) 등을 사용한다.

1) 성격의 구조

프로이트는 인간의 성격이란 원초아(id), 자아(ego), 초자아(superego)로 구성된다고 보았다. 이것들은 각자 독특한 기능, 특성, 구성요소, 작용원리 및 기제들을 가지고 있으며 서로 아주 밀접하게 관련되어 있다. 행동은 이러한 성격요소들의 상호작용의 결과이다.

(1) 원초아(id)

무의식의 대부분을 차지한다. 이것은 성격의 기초가 되는 부분으로서 가장 원시적인 요소이다. 자아와 초자아가 분화되어 나오는 모체이며 정신 에너지와 기본 욕구들의 저장소이다. 자아와 초자아의 작용에 필요한 힘을 공급한다. 유기체의 긴장 수준이 올라가면 원초아는 긴장을 즉각 발산하여 유기체를 편하고 안정된 낮은 에너지 수준으로 돌아가도록 작용한다. 이러한 긴장 해소의 원리를 쾌락원리(pleasure principle)라고 한다. 원초아는 쾌락의 목적을 성취하기 위하여 재채기나 눈 깜박임과 같은 반사작용(reflex action)이나 배고플 때 음식물을 상상하는 등 긴장을 제거해 주는 물체의 영상을 떠올림으로써 긴장을 해소하는데, 이러한 작용을 일차적 과정(primary process)이라고 부른다.

(2) 자아(ego)

자아는 원초아로부터 분화된 것이다. 유기체가 가진 자아의 욕구는 객관적 현실세계와 적절한 타협이 필요하다. 즉 긴장을 해소해 주는 물체의 기억심상(원초아의 작용)과 외계에 존재하는 현실적 지각을 식별하고 맞추어 보아야 하는 것이다. 이것을 현실검증(reality testing)이라 한다. 자아의 주요한 역할은 유기체의 본능적 요구와 주위환경의 상태를 조정하는 것이다. 자아는 행동을 통제하며 반응할 환경의 특징을 선택하고, 어떤 본능을 어떤 방법으로 만족시킬 것인지를 결정하기 때문에 성격의 집행자라고 부른다. 또한 원초아, 자아, 초자아가 하나의 협동체로서 작용할 수 있도록 행정적 지도를 한다. 자아는 현실원리(reality principle)에 따라 본능적 욕구를 현실에 맞추어 조정하고 통하는 이차적 과정(secondary process)에 의해 움직이다.

(3) 초자아(superego)

부모의 명령이나 가치관이 내면화된 상태이다. 성격의 도덕적 측면으로서 현실보다는 이상을 나타내며, 쾌락보다는 자기통제와 완전성에 의해 노력하는 부분이다. 즉 초자아는 도덕성의 원리(morality principle)에 의해 움직인다. 부모의 처벌에 의해 죄책감이 형성되고 양심(conscience)이 생기며, 그들의 보상에 의해 자부심이 생겨 자아 이상(ego-ideal)이 형성된다. 이렇게 부모의 명령이나 가치관이 내면화되어 형성된 초자아의 주요 기능은 자아의 충동을 억제하고, 자아의 현실적 목표가 아니라 도덕적인 목표를 가지도록 하며 완전성을 향해 노력하도록 하는 것이다.

인간 정신의 깊이는 주의를 기울이는 순간에 곧 알아차릴 수 있는 영역인 의식(conscious)과 그 아래에 있는 전의식(preconscious)이 있으며 그리고 전혀 자각할 수 없는 영역인 무의식(unconscious)으로 구성되어 있다. 이 중 인간의 행동을 지배하는 근본동기는 무의식적인 요소라고 보는데, 이것은 주로 성욕과 공격욕으로 구성되어 있다고 정신분석학에서는 보았다.

2) 성격 발달

인간 성격의 발달은 크게 삶의 본능(eros)과 죽음의 본능(thanatos)에 의해 이루어진다. 여기서 삶의 본능이란 주로 성욕으로 구성되어 있고, 죽음의 본능은 공격욕으로 구성되어 있다.

삶의 본능의 심리적 에너지인 리비도(libido)가 집중되는 부위(성감대, erogenous zone)는 연령에 따라 달라지는데 이렇게 연령에 따른 성감대의 변화가 성격의 발달을 결정한다. 각 단계별로 성격이 형성되는 과정에서 리비도가 정상적으로 만족되면 정상적 성격이, 리비도가 불만족되거나 비정상적으로 만족되면 이상 성격이 되거나 다음 단계로 발달되지 못하는 고착(fixation)이 나타난다고 한다.

프로이트는 성격이 만 5세까지 거의 형성되고 그 후의 성장은 초기의 기본적인 구조가 마무리되는 과정으로 보았다. 성격은 생리적 성장과정(physiological growth process), 좌절(frustratin), 갈등(conflict) 및 위협(threats)이라는 네 가지 긴장의 원천에 반응함으로써 발달된다. 긴장이 증가하면 긴장 해소가 필요해지는데, 주로 동일시(identification)와 대치(displacement)기제로 반응하여 해결하게 된다. 이러한 과정이 반복적으로 일어나면서 성격 발달이 이루어진다.

(1) 구강기(oral stage)

출생부터 2세 무렵까지이며, 리비도가 입과 입술에 집중된다. 엄마의 젖이 최초의 성적 대상이 되며, 처음에는 빠는 것(sucking)으로서 욕구가 만족되나 점점 깨물게(cannibalistic)된다. 이 시기의 구강적 욕구 만족은 낙천적이고 자신감 있고 외향적인 성격으로 만들어주며, 그렇지 못할 때에는 구강성 성격이 되는데, 이것은 의존적이고 자기중심적이고 소극적이고 비판적인 성격이라고 한다.

(2) 항문기(anal stage)

2세부터 4세까지 정도이며, 배변(anal ejecting)에 의해 긴장 해소를 함으로써 정서적 충족감을 느끼게 되는 시기이다. 배설함으로써 생산하는 즐거움을 느끼게 되며, 또한 배변을 갖고 노는 즐거움도 느낀다. 이 시기에 부모의 배변훈련(toilet training)에 적절히 순응할 수 있으면 규범이 내면화되어 초자아의 기초가 된다. 그러나 부모의 배변훈련이 너무 엄격하면 권위에 대한 불만, 고집, 보복, 지나친 결벽증, 인색한 성격으로 되거나 돈, 우표, 곤충 등 지나친 수집광이 된다고 한다.

(3) 남근기(phalic stage)

4세부터 6세까지가 해당된다. 남아는 구강기부터 어머니를 애정의 대상으로 생각하고 있으나 아버지가 방해한다고 상상하여 아버지를 경쟁상대로 느낀다. 이에 아버지가 자신의 성기를 거세할 것 같은 불안(거세불안, castration anxiety)을 느끼게 된다고 한다. 이러한 아버지와의 갈등을 오이디푸스 콤플렉스(Oedipus Complex)라고 부른다. 한편 여아는 자신의 신체와 성기에 대하여 지각하게 되면서 자신도 외부 성기가 있었으나 거세된 것으로 상상하여 열등감을 느낀다. 그리고 이렇게 된 탓을 어머니에게 돌리고 아버지를 부러워한다. 아버지에 대한 애착과 선망에 의해 여아는 어머니를 질투의 대상으로 느끼며 남근 선망(pennis envy)의 감정을 가슴속에 품는다고 한다. 여아의 어머니와의 갈등을 엘렉트라 콤플렉스(Electra Complex)라고 부른다.

이러한 갈등은 남아든 여아든 동성의 부모에게 동일시(identification)함으로써 해결될 수 있다. 동일시에 의해 동성의 부모 역할과 행동이 내면화되고 자아상이 발달한다. 만일 오이디푸스 콤플렉스를 해소하지 못하여 무의식 속에 남아 있게 되면 사춘기 이후 어머니와 비슷한 사람이나 연상의 여인을 사랑한다든지 동성애, 무력증, 불감증이 생길 수 있다고 한다. 또 만일 엘렉트라 콤플렉스를 해소하지 못하면 연상의 남자를 사랑한다든지 남성처럼 행동하게 된다.

(4) 잠재기 혹은 잠복기(latent stage)

6세부터 12세까지 정도이며, 성적 호기심이나 성적 쾌감의 추구는 일시적으로 저하되어 무의식화되고 정신적 에너지의 대부분은 학습과 사회화에 사용된다.

(5) 생식기 혹은 성기기(genital stage)

12세 이상, 즉 사춘기 이후의 시기를 말한다. 타인인 이성으로부터 성적 만족을 얻으려 한다. 사랑의 감정은 과거의 신체애, 자기애, 동성애로부터 이성애로 발전한다. 이차성징이 발현되면서 생식능력을 갖는다. 이때는 정서적 독립의 욕구가 생기며 부모로부터 해방되고자 한다.

3) 방어기제

과도한 불안감에 눌리게 되면 자아는 압력에서 벗어나려고 여러 가지 방법을 취할 수밖에 없게 된다. 프로이트는 이러한 적응을 위한 기제를 방어기제(defence mechanism)라 하였다.

(1) 동일시(identification)

타인의 특성을 받아들여 자신의 일부로 만드는 방법이다. 이때 타인의 행동을 모방함으로써 긴장을 해소할 수 있다. 예를 들면, 친구들에게 무서운 호랑이 선생님을 흉내내는 것 등이다. 시기에 따라 동일시 대상이 달라지는데, 동물이나 상상적 특성, 제도, 추상적 개념 또는 무생물에 대하여도 동일시할 수 있다. 예를 들면 바이오맨, 마스크맨, 백설공주, 백두산, 히말라야산, 황금박쥐 등도 동일시 대상이 될 수 있다. 잃었던 대상을 되찾는 방법으로 죽은 애인과 동일시하여 자신의 성격이나 행동의 일부로 만들 수도 있다. 인간의 최종적인 성격 구조는 동일시의 누적이라고 한다.

(2) 대치, 치환 혹은 전위(displacement)

본능의 욕구 충족을 위한 최초의 본능적 선택 대상이 장애 때문에 이루어질 수 없게 될 때 강한 억압이 없다면 새로운 대상 추구가 생긴다. 즉 꿩 대신 닭인 격이다. 이것은 긴장을 해소시키는 대상이 발견될 때까지 계속된다. 그러나 본능의 원천과 목표는 계속 남아 있어 그 대상만 바뀐다. 대치를 계속하는 동안 성격이 발달된다. 대치가 일어나는 방향은 유사성과 사회적 제재에 의하여 결정된다. 고차적 · 문화적 성취를 이룩하게 하는 치환을 승화(sublimation)라고 한다. 예를 들어, 성적 욕구를 춤이나 문학, 예술 활동을 통하여 해소한다는지, 공격성을 권투나 운동을 통하여 해소하는 것이다.

(3) 지성화 혹은 주지화(intellectualization)

감정적으로 부담스러운 일을 추상적 · 관념적으로 바꾸어 생각하는 것이다. 예를 들면, 이혼한 부인이 자신의 이혼에 관한 일들을 감정적 표현 없이 장황하게 옳고 그름을 따지는 듯 이야기하는 것이다.

(4) 백일몽(day dreaming)

좌절된 욕망들을 상상의 세계에서 이루어졌다고 상상함으로써 해소하려는 것이다. 공상을 예로 들 수 있다.

(5) 부정(denial)

이별이나 질병 등 받아들이기 힘든 사실을 부정하는 것이다. 자기도 모르게 하게 되는 거짓말 등이 해당된다.

(6) 투사(projection)

다른 사람들도 나의 태도나 감정 등과 똑같은 것을 가졌다고 단정하려 드는 경향을 말한다. 아이들에게서 흔히 볼 수 있다. 또 자기 자신이 납득하기 어려운 사고(思考), 감정이나 만족할 수 없는 욕구를 갖고 있는 경우에 그것을 타인에게 돌려 버리는 것과 같은 무의식적인 마음의 움직임이다. 예를 들면, 타인에게 적대감을 느끼고 있는 사람이 자신이 그렇다고는 생각하지 않고 상대방이 자기에게 적대감을 느끼고 있다는 생각하고 말하는 것이다.

(7) 반동형성(reaction formation)

나타내기 힘든 감정이나 행동을 정반대로의 형태로 표현하는 것이다. 즉 사랑하는 마음을 증오로, 증오하는 마음을 공손으로, 자존심을 지나친 겸손으로 나타내는 것이다. 예를 들면, 미팅에서 만난 마음에 드는 남자가 데이트 신청해 주기를 학수고대하고 있는 여대생은 정작 그 남자가 "시간 있습니까?"라고 말하자마자 아주 강한 어조로 "바쁜데요."라고 말해 버리는 경우이다. 아마 그 여대생은 집에 돌아가면서 매우 후회하게 될 것이다.

(8) 보상(compensation)

다른 데서 과잉 충족하는 것을 말한다. 예를 들면, 못났다고 생각하는 여자가 공부를 열심히 한다든지, 키 작은 여자가 죽어라 키 큰 남자만 사귀고자 하는 경우이다.

(9) 전환(conversion)

욕구 좌절이나 갈등이 신체증상으로 나타나는 것이다. 예를 들면, 시험 칠 때마다 배가 아프다거나 머리가 아픈 경우이다.

(10) 고착화(fixation)

새로운 성장의 단계에 이르러 지금까지와는 다른 행동을 해야 할 때 불안감 때문에 성장을 정지해 버리고 그 상태에 머무르는 것이다. 예를 들면, 서울로 유학 간 대학 1년생이 틈만 나면 고향집으로 돌아오는 행동도 여기게 해당된다.

(11) 퇴행(repression)

성장이나 정지가 아니라 오히려 저급한 초기 단계의 상태나 행동으로 후회하는 것이다. 예를 들면, 혼자서 잘 자던 아이가 동생이 생기자 갑자기 혼자서는 못자겠다고 떼를 쓰는 경우이다.

(12) 억압(repression)

원초아를 자아가 억압하여 의식 밖으로 추방시키는 것을 말한다. 흔히 망각현상과 갑작스런 건망증이 여기에 해당된다.

(13) 합리화(rationalization)

'신포도의 논리'라고 한다. 실패에 대하여 그럴듯한 변명을 함으로써 긴장을 해소하려는 것이다.

4) 정신분석이론의 상담과정과 기법

(1) 상담의 목표

프로이트는 정신분석의 치료적 목적에 대해 자아가 원초아의 부분들을 새롭게 의식하는 것이라 하면서 자아를 강화하고 자아를 원초아와 초자아에 덜 의존적이게 하며, 자아의 지각장을 확대하고 자아의 조직을 복구하며 증축하는 것이라고 주장하였다. 그는 이 네 가지를 요약하여 '원초아가 자아가 되게 한다'고 하였다

최근 메르텐스(Mertense, 1990)는 정신분석과 정신분석 치료의 목표를 구별하여 피라미드 모양으로 설명하면서 이 두 가지는 동일한 목표를 가지나 분석과정에서 전이현상이 얼마나 중점적으로 다루고 작업하느냐에 따라 구분된다고 하였다. 정신분석의 목표는 첫째, 부적응 행동에 변화가 오게 하고, 둘째, 증상이 없어지게 하며, 셋째, 심리장애로 인해 그 동안 중단되었던 발달 과정을 정상궤도에 진입하도록 하며, 넷째, 자기분석 능력을 키우며, 다섯째, 전이 신경증을 유발시켜 훈습하고 극복하는 데 있다. 정신분석치료는 첫째, 둘째, 셋째 목표를 충족시켜 넷째 목표에 도달하게 하는 것이다. 그러나 정신분석은 셋째, 넷째, 다섯째를 주목표로 하여 첫째, 둘째도 함께 다루는 것이다.

맥글라쉔과 밀러(McGlashan & Miller, 1982)는 정신분석 치료의 목표에 대해 여덟 가지로 정리하였다. 이를 구체적으로 살펴보면 다음과 같다(장혁표 외, 1995)

성장의 촉진

한 사람의 성장이 정상적으로 궤도에 진입하여 촉진되도록 하려면 무엇보다 인간에 대한 기본적인 신뢰감과 안정감이 회복되어야 한다. 그리고 대상관계 발달에서 분리와 개별화가 이루어져 자기동일성을 구축하도록 해야 한다. 또한 초자아로부터 어느 정도 자유로워지고 자기화된 건전한 양심을 형성해야 한다. 자신의 공격성에 대한 불안을 극복하고, 공격성을 건설적으로 활용할 수 있는 능력을 길러야 하며, 성에 대한 미숙한 환상이나 도착적 습관을 극복하고 성숙한 사랑을 할 수 있는 통합된 인격체가 되어야 한다.

자기체계의 성숙

자기행동, 느낌, 결단에 대해 스스로 책임지고자 하는 사람은 실수나 실패를 그렇게 두려워하지 않는다. 그리고 외부의 피해에 대한 걱정과 불안에서 어느 정도 자유로우

며 자기반성의 비중이 커진다. 시간과 공간을 넘어 '이것이 나'라는 아주 자연스러운 자기감정, 즉 자기를 자기로 체험하게 하는 굳은 심지가 느껴지고 갈등과 변화, 좌절과 고난 속에서도 탄력 있는 자기 동일성을 유지하게 된다. 또한 건강한 자기가치 감정은 자기와 남을 있는 그대로 받아들이고 존경할 수 있는 기본적인 조건이다. 자신을 '이만하면 괜찮다'라고 느끼면 타인들의 반응이나 인정에 덜 의존하게 된다.

인간관계의 성숙

자기중심적 인간관계를 극복하고, 부모에 대한 비현실적인 기대, 좌절, 왜곡된 지각이나 판단 등에 대한 깊은 깨달음을 통해 부모도 부족한 인간임을 받아들이게 된다. 세대간의 경계를 받아들여 굳이 부모 사이에 끼이지 않고 그들의 부부관계를 인정하게 된다. 또한 동료관계가 원만해지며 친밀한 관계와 그렇지 않은 관계를 구별할 줄 알게 되고, 의존과 혼자 있는 것에 대한 불안이 줄어든다. 후세를 생각하며 물질적 · 정신적으로 가치 있는 것을 전수하고 싶고, 이웃과 세계에 대한 공동체적 관심으로 좀 더 폭넓은 사랑에 참여하고자 한다.

현실수용

자신이 '전지전능해야 한다'든지 '나만은 예외이다'라는 무의식적인 환상이나 비현실적인 신념들은 포기하게 된다. 자신의 포함되지 않는 다른 사람들끼리의 관계를 인정하며, 자신과 타인의 약점과 한계를 알고, 사람들이 서로를 필요로 한다는 것을 깨닫는다. 그리고 이 모든 것에도 불구하고 나와 남이 다 완전하지 못한 것을 용서함으로써 고마움을 아는 마음을 키우게 되며, 충동을 통제하는 힘과 조절을 이겨내는 능력이 자란다. 유아적 소망은 좌절될 수밖에 없음을 깨닫고 포기할 수밖에 없는 것을 포기하고 어려움을 견디어내는 힘을 기른다. 정확한 현실검증 능력이 생긴다. 지각과 느낌에 있어 내적인 것과 외적인 것을 구별할 줄 알며, 환상과 현실을 혼동하지 않는다.

성숙한 대처방안

일상생활에서 어떤 문제가 일어나기만 하면 분열, 투사적 동일시, 폐쇄적으로 돌아서는 것, 수동적 공격성 등과 같이 미숙한 방어를 경직되게 사용하는 것을 극복하게 된다. 방어는 심리적 · 사회적으로 어려운 상황에서 임시적으로 사용되는 것인데, 그것이 성격의 한 부분으로 굳어지면 문제해결 능력이 저하된다.

▽ 체험의 충만감과 생동성

에너지 관리를 잘하고 기쁨과 슬픔, 편안함 등과 같은 근본적인 생활감정을 정확하게 느끼며, 어떤 감정인지 알고 명명할 수 있는 능력이 생긴다. 이것은 동시에 삶을 채워주며 생활을 생동감 있게 해준다. 때에 따라 스스로 이완하여 아이처럼 느낄 수 있고 자신의 의존적-수동적 소망을 받아들일 수 있는 것은 대단히 중요하다.

▽ 통합적 수용력

양가감정을 수용할 수 있게 된다. 자신과 남을 이상화하거나 평가 절하하는 경향을 포기하고 현실을 있는 그대로 받아들이게 된다. 선과 악으로 갈라진 세계관을 통합하고 흑백논리에 대한 통찰과 통합이 이루어진다. 충동적 소망이나 정동[1)]을 애써 억압하지 않고도 통제가 가능하므로 기억력이나 집중력 같은 이차적 사고 과정이 갈등 때문에 방해를 받지 않는다. 그러므로 일차 과정적 소망이나 정동이 오히려 사고에 생명력과 관조성을 부여할 수 있다. 기억하기 어려운 체험도 대면이 가능하여 비효과적이고 부적응적인 행동이 감소된다. 과도기적 현상을 수용할 수 있어 비합리적인 것과 합리적인 것 사이의 긴장을 견디어낼 수 있게 된다.

(2) 상담과정

애로우(Arlow, 1979)에 의하면 정신분석의 기본원리와 기법은 억압된 무의식의 자각에 관련된 것이다. 무의식의 내용을 자각 또는 의식화시키기 위해 프로이트는 초기에 사용하였던 브로이어(Breuer)식의 최면법을 극복하고 자유연상이라는 방법을 발견하였다. 치료과정에서는 전이라는 현상이 나타나는데, 이 전이(transperance)를 해결하는 과정이 치료의 핵심을 이룬다. 내담자는 이러한 과정을 통해 자신의 신경증적 행동에 대한 통찰을 얻고 대안을 발견하여 문제를 해결할 수 있게 된다.

프로이트 시대의 정신분석 장면에서는 내담자가 상담자로부터 시선을 돌린 채 카우치라는 침대에 누워 마음에 떠오르는 모든 것을 보고하도록 하였다. 이것이 자유연상인데, 그러면 상담자는 내담자의 자유연상을 관찰하면서 때때로 해석해 주어 내담자가 자신의 문제에 관련된 무의식적 갈등을 의식화하고 언어적으로 자각하도록 돕는다.

---

1) 정동장애란 외부적인 자극이 없이도 기분이 너무 좋거나 우울한 것을 주증상으로 하는 정신장애이다.

애로우는 정신분석의 치료과정을 네 단계로 구분하였다.

개방 단계

이 단계는 두 부분으로 구성된다. 두세 번의 면접이 이루어지면서 내담자의 문제가 결정되고 그 문제를 해결하는 데 정신분석이 적절한가에 대한 결정이 내려진다. 분석 상황의 구조가 설명되고 특히 상담자와 내담자의 역할과 책임한계를 이해시킨다. 다음 단계는 내담자로 하여금 자유연상을 하게 하여 상담자는 내담자의 무의식적 갈등의 내면적 역동에 대해 점차 이해하게 된다.

전이의 발달

이 단계에서 의미 있는 존재가 된 상담자에 대해 내담자는 과거 그의 생활에서 중요했던 사람에 대해 가졌던 바로 그 감정을 투사하게 된다. 이것은 전이라고 부르며, 이 감정은 치료에서 내담자의 현재 생활에 영향을 미치고 있는 무의식을 보여주기 위해 사용된다. 과거의 감정이 어떻게 현재 행동에 영향을 미치고 있는가를 이해함으로써 내담자는 좀 더 덜 경직된 방식의 행동을 선택할 수 있게 된다.

전이의 훈습

이 단계는 전이의 분석이 이루어지는 전 단계부터 계속 연결된 과정이다. 여기서는 전이에 대한 훈습에 의해 의미 있는 문제들을 다시 떠오르게 되고 지금까지 더욱 더 깊은 수준에서 통찰이 일어나며 심화되는 과정이다.

전이의 해결

내담자나 상담자가 내담자의 주요 갈등이 해소되었다고 믿을 때 치료가 종결될 시간이 된 것이다. 이 단계에서는 내담자의 상담자에 대한 신경증적인 애착을 해결해야 한다. 내담자의 계속 의존하려는 증상은 치료의 거의 마지막 부분이 될 수 있다. 이제 내담자는 한층 강화된 자아의 힘으로 스스로 자기 문제를 무의식적 갈등의 측면에서 이해할 수 있으며 해결할 수 있게 된다.

(3) 상담기법

정신분석을 통해 내담자가 변화되고 치유되는 것은 상담자의 인격적 성숙과 전문적 훈련정도, 기법을 구사하는 능력에 의해 달라질 수 있을 것이다. 여기서는 이러한 상

담자의 성격적 · 전문적 숙련도 외에 중요한 상담기법 몇 가지를 소개하고자 한다(장혁표 외, 1995)

상담규칙의 적절한 활용

프로이트는 상담규칙을 규칙이라기보다 권고로서 이해되기를 바랐다. 어떤 상황에서는 효력이 없는 기법이 때에 따라서는 대단히 효과적일 수 있는데, 이는 인간 영혼의 움직임이 매우 입체적이며 그 행동을 결정하는 요인들도 너무나 풍부하고 복잡하기 때문이다. 우선 내담자는 분석시간에 마음 속에 떠오르는 것이면 무엇이나 말로 표현하여야 하며, 상담자는 잔잔히 깊은 주의력을 집중하여야 한다. 그리고 전이가 일어날 때 상담자는 자신의 자아 기능을 관찰하면서 동시에 전이에 참여하여야 한다. 그럼으로써 냉정하고 이지적인 상담자가 아닌 절제규칙을 지키는 지지적인 상담자가 되는 것이다.

역전이 현상의 이해와 활용

내담자가 상담자에게 어떤 감정을 느끼도록 무의식적으로 유발시키는 투사적 동일시가 역전이 현상이다. 내담자는 자신이 감당하기 어려운 체험, 감정, 상상, 관계양상 등을 상담자가 대신 느끼도록, 또는 그가 함께 체험하고 느낄 수 있도록 무의식적으로 강요하게 된다. 이것은 초기 장애 내담자의 특별한 소통방법이기도 하기 때문에 상담자가 이 체험을 감당하는 만큼 내담자를 도와줄 수 있다. 상담자는 자신의 상상이나 투사를 내담자의 투사적 동일시와 혼동할 가능성이 많으므로 자신의 감정과 체험의 질에 대한 분화된 감별 능력이 필수적이다.

경 청

라이크(Reik, 1976)는 상담자의 경청을 '제3의 귀로 듣는다'고 표현하였다. 즉 상담자는 내담자가 표현한 말뿐 아니라 내담자가 느끼고 생각한 것 그리고 평소 의식적 사고과정의 소음 속에서 좀처럼 들리지 않는 속마음을 들어야 한다. 상담자는 어떤 특정 주제에 귀를 귀울이기보다 자신의 무의식이 내담자의 무의식과 만날 수 있도록 분석과정에 자신을 맡길 수 있어야 한다.

공 감

프로이트는 내담자의 무의식적 감정과 소망을 이해하려면 그를 공감하여야 한다고 주장하였다.

하르트만 같은 학자는 공감의 가치를 부정하지만 대체로 정신분석에서는 심층적 공감을 통해 느끼는 감정을 상담자가 간직하고 있다가 자료가 충분히 모였을 때 해석해주는 방식을 취한다. 여기서 공감은 다차원적이고 다각적인 경청을 통해 서로 모순되어 보이는 정보를 전체적인 맥락 속에서 종합적으로 이해해하는 것이다.

버텨주기(holding)

이것은 내담자가 지금 체험하고 있거나 혹은 막연하게 느끼기는 하지만 감히 직면할 수 없는 끝없이 깊고 깊은 불안과 두려움을 상담자가 잘 알고 있다는 것을 분석과정에서 적절한 순간에 적합한 방법으로 전해 주면서 내담자에게 큰 힘으로 의지가 되고 따뜻한 배려로 마음을 녹여주는 것을 말한다. 이를 위니코트(Winnicott, 1963)는 '버텨주는 환경(holding environment)'이라 하였는데, 이것은 내적 위험으로부터 아이를 보호하고 안정시키는 어머니의 역할을 모델로 하는 것이다. 어린아이의 화나고 노한 감정을 안정시켜서 아이가 관계 대상이나 자신을 파괴하지 않도록 배려하는 것이 어머니의 중요한 역할이다. 분석과정에서는 내담자가 스스로 자기 자신을 위해 이러한 역할을 할 수 있도록 하기 위해 상담자는 임시로 그 역할을 하게 된다.

상담자는 내담자를 수용하고 일관성 있게 대하고 신뢰할 만한 사람으로 여기며, 비판을 위한 비판이 아니라 내담자를 위한 마음에서 내담자의 감정과 정서에 진실하게 반응한다. 그리고 내담자의 참된 요구와 소망이 무엇인지 이해하며, 내담자가 못살게 굴더라도 복수하지 않고, 내담자가 혼란스럽고 길을 잃을 것 같을 때나 미칠 것 같은 상황에서 현실과 환상을 무리없이 구분하고 정리해서 분명하게 해주는 것 등은 버티기 위한 필수불가결한 환경이 된다. 이렇게 하면 상담자는 내담자의 비위만 맞추는 우매함을 범하지 않으면서도 내담자의 마음을 안정시키는 결과를 낳을 수 있다.

간직하기(containing)

초기 장애에 시달리는 내담자들은 투사적 동일시를 통해 상담자가에게 강한 감정과 정서를 유발시킨다. 상담자는 이러한 감정이나 정서에 대해 즉각적으로 반응하지 않고 마음에 간직하고 뜸들이며 길들여서 위험하지 않도록 변화시킨다. 이렇게 완화된 감정과 정서를 내담자가 준비되었을 때 상담자는 해석을 통해 전달하게 된다. 이 점에서 상담자의 역할은 어머니와 유사하면서도 다르다. 즉 내면에서 요동치는 자아의 일부를 보살피고 다스리는 내담자의 가장 성숙한 부분과 작업동맹을 맺으면서 일하기 때문이다. 내담자는 점차 상담자가 해주던 역할을 스스로 해야 하는 것이다.

이 기법은 버텨주기와 직결되며 상담자가 역전이를 통제하고 그것을 치료에 효과적으로 활용하기 위해 필수적인 것이다.

해 석

해석이란 무의식적인 의미를 종합하고 의식화해 주는 것이다. 해석에는 내용의 해석, 저항(방어)의 해석, 전이의 해석, 다른 인물에 대한 전이해석, 꿈의 해석 등이 있다. 해석과정은 대체로 네 단계로 나눌 수 있다. 우선 내담자를 특정 사실이나 체험과 직면하게 하며 직면한 사실이나 의미를 더 명료화하고, 여러 상황과 정보를 종합하여 좀 더 커다란 의미로 종합하여 말로 전하는 것이다. 그리고 분석과정에서 해석된 것을 통합하고, 해석에서 유발된 저항을 극복하는 훈습의 과정이 포함된다.

해석은 한번에 끝나는 과정이 아니며 분석 자체가 작은 해석에서 큰 해석으로, 얕은 해석에서 깊은 해석으로 끝없이 이어지는 길고 긴 인내의 과정이다. 따라서 분석 자체가 바로 더 깊은 해석의 과정으로 볼 수 있다.

2. 인본주의 상담이론

인본주의 상담은 칼 로저스(Carl R. Rogers), 아브라함 매슬로우(Abraham Maslow), 오토 랭크(Otto Rank) 같은 인본주의 심리학자들의 이론을 토대로 발전된 상담이론이다. 제1, 제2심리학인 정신분석과 행동주의 이후 제3심리학으로도 불리는 인본주의 심리학은 인간의 잠재능력을 신뢰하고 인간의 기본적인 동기로서 성장동기를 강조한다. 그들은 정신분석학은 환자를 연구하여 만들어진 이론이므로 병적인 이론이라 주장하고 행동주의 심리학은 심리학의 과학화라는 명제에 너무 집착한 나머지 과학적 연구방법을 위해 실험실적인 엄격한 통제를 하였다. 따라서 그들은 환자가 아닌 좀 더 건강한 인간에 대해 더 연구하여 그들의 특성을 밝히고자 하였다. 따라서 여기서는 로저스의 이론과 자아실현에 대한 이론으로 유명한 매슬로우의 이론을 중심으로 살펴보고자 한다.

1) 인본주의 이론

(1) 로저스의 성격이론

로저스에 의하면 모든 인간은 독특한 존재이며 자신의 잠재력을 발휘할 수 있는 능력을 충분히 가지고 있다. 이러한 잠재적인 능력을 출생 시부터 존재하는 유기체의 내재적 지혜 속에 자리 잡고 있다. 이러한 내재적 지혜를 유기체적 가치화과정(organismic valuing process)이라 한다. 이 과정을 통해 인간은 특정 순간에 무엇이 자신에게 옳고, 무엇이 그렇지 않은지 평가할 수 있다. 출생 시부터 존재하는 이러한 경향성은 생명의 유지와 향상을 지향하며 개인적인 능력의 발달을 목표로 하는 내적인 힘이다. 이러한 독특한 인간의 측면은 '자아실현(self-actualization) 경향'이라고 한다(Holdstock & Rogers, 1977).

인간 지능이 발달하면서 인간은 자신의 존재에 대해 자각하게 되어 자기 자신에 대한 느낌을 가지게 된다. 자기에 대한 이 느낌에는 그 사람의 자신에 대한 지각은 물론 이 지각에 그가 부여하는 가치 역시 포함된다. 예를 들면, 한 아동이 주장적으로 행동했을 때마다 부모로부터 인정과 사랑을 계속 받는다면 이런 경험은 점차 자아개념으로 변화하여 이 아동은 자기 자신을 주장적인 사람으로 인식하게 될 것이다. 그리고 자아개념이 형성되는 과정에서 주요한 두 가지 욕구가 있다. 실현경향성의 표현인 이 두 가지 욕구는 타인으로부터 긍정적인 관심을 받으려는 욕구(positive regard)와 긍정적인 자아관심(postive self-regard)의 욕구이다. 처음에는 타인으로부터 관심과 사랑을 받는 것이 중요하였지만 결국 타인의 관심에 더 이상 의존하지 않게 되고 자기가치감이 더 중요하게 된다.

아동은 성장함에 따라 많은 것을 경험하게 된다. 아동에게 만족스러운 경험을 주는 행동이 타인의 긍정적 관심을 얻을 수 없을 때, 또는 그 반대의 경우 아동은 자신을 가치 있는 존재로 볼 수가 없다. 아동이 자신의 유기체적 경험이 주요한 타인들로부터 긍정적 관심을 받는 경우와 그렇지 못한 경우를 구별하면서 아동은 특정한 방식으로 행동할 때에만 자신을 가치있는 존재로 여기는 가치의 조건(condition of worth) 을 경험하게 된다.

인간은 혼자서는 살 수가 없기 때문에 타인으로부터 긍정적인 관심을 받는 것이 중요하다. 타인의 긍정적 관심을 받을 수 있는 행동은 비록 그것이 그 인간의 자아실현을 위해서는 불필요한 행동이라 할지라도 좋은 행동이 되고 그렇지 않은 것은 나쁜 행동이 된다. 인간은 타인으로부터 긍정적 관심을 받을 수 있는 경험, 즉 가치의 조건을 내면화하게 되면서 자신을 가치있는 존재로 계속 여기기 위하여 유기체적 경험을 부정하거나 왜곡하기 시작한다.

실제 경험하는 것과 지각된 경험 간의 불일치, 자아개념과 경험 간의 불일치는 결과적으로 내적인 긴장과 혼란을 초래한다. 이것이 심해진 것이 소위 '신경증적 행동'이다. 즉 이러한 불일치들은 지각과 행동상의 경직성을 초래하고 환상, 보상, 투사, 편집증 같은 지각과 행동상의 방어를 초래한다. 그러나 신경증적 행동이 계속되어 불일치가 극단적으로 커질 때 결국 방어는 무너지기 시작한다. 방어가 붕괴되고 행동이 더 이상 현재의 자아개념을 유지할 수 없을 때 그 유기체는 불안과 공포가 엄습하며 해체될 위기에 처하게 된다(정신병의 발병). 이처럼 인본주의에서는 신경증이나 정신병을 서로 다른 것으로 보지 않으므로 질적인 차이가 있는 것이 아니라 단지 자아개념과 경험 간의 불일치 정도의 차이로 이해한다.

정신병과 신경증의 반대편에 건강한 성격이 있다. 건강한 사람은 결국 자아개념과 경험의 불일치가 없고, 지각된 경험과 실제 경험 간의 불일치가 없다. 따라서 경험을 부인하거나 왜곡하지 않고 있는 그대로 받아들이며 자신과 자신의 경험을 신뢰한다. 로저스는 이러한 사람을 완전히 기능하는 인간(fully functional person)이라 불렀다. 그들의 특징은 다음과 같다.

경험에 대한 개방성

내적 · 외적인 모든 감각과 느낌이 왜곡되거나 장애를 받지 않고 유기체의 신경계에 전달된다. 완전히 기능하는 사람은 갖가지 긍정적 부정적인 정서들을 보다 더 강력하게 경험한다는 점에서 방어적인 사람보다 더 '정서적인 사람'으로 묘사될 수 있다.

실존적인 삶

존재하는 어느 순간에서나 충분히 삶을 영위한다. 모든 경험은 이전에는 결코 비슷한 방법으로 존재하지 않았던 것처럼 새롭고 신선하게 느껴진다. 건강한 성격은 순간에 일어나는 모든 것을 쉽게 받아들이며, 각각의 경험 속에서 다음에 올 경험에 부응할 수 있다.

▽ 자신의 유기체에 대한 신뢰

유기체적 감각 전체의 느낌을 믿고 이에 따른다. 건강한 사람은 경험에 대해 완전히 해방되어 있기 때문에 결정을 내려야 하는 상황에서 유용한 모든 정보에 접근할 수 있다. 모든 관련된 요소들이 신중하게 고려되어 그 상황의 모든 측면을 가장 잘 만족시키는 결정에 도달한다.

▽ 자유의식

심리적으로 건강한 사람일수록 선택과 행동에 더 많은 자유를 누린다. 건강한 사람은 사고와 행동의 대안들 중에서 제약이나 금지 없이 자유롭게 선택할 수 있다.

▽ 창조성

모든 경험에 완전히 개방적인 사람, 유지체적 신뢰가 있는 사람, 그들의 결정과 행동에 융통성이 있는 사람은 창조적이지 않을 수 없다.

(2) 매슬로우의 동기이론

매슬로우는 개인의 능력을 발휘하고자 하는 동기를 강조하는 자아발달 이론을 펼치면서 이 욕구를 자아실현(self-actualization)이라고 명명하였다. 자아실현을 이루기 위해서는 먼저 기본적인 욕구가 만족되어야 한다. 즉 생리적 욕구(physiological needs), 안전의 욕구(safety needs), 소속과 애정의 욕구(belongingness needs), 자존의 욕구(self-esteem needs)가 자아실현 이전에 충족되어야 한다. 이것은 인간의 욕구 5단계라고 한다.

또 매슬로우는 동기를 결핍동기(deficiency motives)와 성장동기(being motives or meta need)로 나누었다. 결핍동기는 자신에게 부족한 것을 보충하기 위한 동기이며, 성장동기는 자신에게 부족한 것을 보충하기보다는 더 발전하고 성장하려는 동기로서 잠재력을 실현하고자 하는 경향이다. 성장동기에 의해 잠재력을 실현하고 있는 인간, 즉 자아실현인의 특징은 다음과 같다.

① 효율적인 현실 지각과 현실 지향성

② 자신의 본성, 타인 및 자기자신에 대한 일반적 수용감, 자아, 타인, 세계에 대한 수용

③ 자발성, 솔직성, 자연스러움

④ 자기 밖의 문제에 몰두, 자아중심적이 아닌 문제 중심적

⑤ 프라이버시와 독립에의 욕구, 초연함

⑥ 자율적 기능, 자율성과 독립성

⑦ 신선한 감수성의 지속

⑧ 신비로운 혹은 절정 경험: 자아실현인은 종교적 경험과 유사한 강력하고 저항할 수 없는 황홀과 한없이 기쁨을 경험하는 수가 있다. 이러한 절정 경험(peak experience)을 하는 동안 자아는 초월되고, 그 사람은 지배감과 자신감 및 결정감 그리고 무엇이나 성취할 수 있고 될 수 있을 것이라는 심오한 의식을 갖는다.

⑨ 대인관계, 깊이 있는 인간관계

⑩ 민주적인 가치와 태도

⑪ 수단과 목적, 선과 악의 구별

⑫ 적개심이 없는 유머 감각, 철학적 유머

⑬ 창조성

⑭ 동조에 대한 저항

2) 인본주의 상담과정과 기법

인본주의 상담자는 선입견 없이 내담자의 세계에 접근하기 위해 노력한다. 상담자는 내담자와의 관계가 상호신뢰, 수용 및 자발성이 있다면 더욱 긍정적인 성과를 가져올 수 있으리라는 것을 알고 있다. 상담자는 내적 자유와 일치감을 경험하면서 역시 이러한 자유와 일치감을 경험할 수 있도록 의지를 보여주어야 한다. 또 상담자는 내담자에게 어떠한 외적 가치나 기준도 부과하지 말아야 하며, 내담자와의 관계에서 진실해지도록 노력하여야 한다. 그리고 내담자의 말을 잘 듣고 반응하며 공감적 느낌을 전달하여야 하며, 말과 행동을 통해 내담자를 수용, 이해, 존중하고 자랑스럽게 생각하고 있다는 것을 전달해야 한다.

(1) 인본주의적 상담의 목표

상담 초기 단계에서 내담자는 상담자나 상담에 대해 불신하며, 참여하는 방법을 몰라 걱정한다. 내담자는 자신의 경험에 대한 태도를 잘 인식하지 못하고 경험의 의미에 대해서도 잘 파악하지 못하는 경우가 많다. 또한 내담자의 행동이나 태도, 감정에 대한 평가기준이 사회규범, 도덕적 훈계, 타인의 가치 등 외적인 것에 의존하고 있다. 그리고 자기회의와 타인비난의 경향을 보이며, 자기 책임을 인정하기 보다 타인에게 책임을 전가하고 세계를 경직된 기계적인 방식으로 보아 경험과 실제 사실과 감정, 상황에 대한 신념과 외적 상황을 잘 구별하지 못한다.

상담이 성공적이라면 내담자의 태도나 느낌, 지각은 긍정적인 방향으로 변화하기 시작하는데, 이러한 변화에 의해 성취되는 것은 다음과 같다.

① 과거에 부인했던 감정을 인식하고 표현하며, 개방적이고 솔직한 대화자세를 가진다.
② 자신의 내적인 경험을 잘 이해하게 되어 경험의 과정을 수용할 수 있게 되고 자유롭게 생활할 수 있게 된다.
③ 평가나 가치의 소재가 외적인 것에서 일관성 있게 자신의 내적인 것으로 옮겨지게 된다.
④ 부정주의, 불안, 자기회의, 타인에 대한 비난이 감소되고, 낙천적이며 평화롭고 자기수용적이 되어 타인의 말과 행동에 대해 현실적인 반응을 할 수 있게 된다.
⑤ 편안한 마음으로 자신의 선택과 행동에 따른 책임을 받아들이며 타인의 행동, 선택에 대해서 더 이상 책임을 느끼지 않는다.
⑥ 경험과 실제, 사실과 감정, 외적 상황과 신념을 뚜렷하게 구별할 수 있다.
⑦ 정서나 고통을 인정하고 표현하며 한층 편안해지고 개방적이 되어 확신을 가지고 행동하게 된다.

이러한 과정을 거치면서 내담자는 앞서 언급되었던 완전히 기능하는 인간에 점차 가까워지게 된다.

(2) 인본주의적 상담과정

인본주의적 상담을 위해 상담자는 내담자가 자아실현의 경향성을 회복할 수 있도록 도와야 한다. 그러기 위해 인본주의 상담에서는 특별한 기술이나 기법보다는 내담자 스스로 성장할 수 있는 성장의 조건 또는 성장의 분위기를 만들어 주는 것이 중요하다고 말한다. 여기에는 순수성(genuiness), 무조건적 긍정적 관심(unconditional postive regard), 공감적 이해(empathic understanding)의 조건이 포함된다.

(3) 인본주의적 상담기법

인본주의 상담에서는 관계가 핵심이다. 관계가 상담의 시작이며 가장 중요한 방법이고 최종 목표이기도 하다. 상담자–내담자 관계는 안전하고 신뢰로워야 한다. 일단 안전하고 신뢰로운 분위기가 조성되면 촉진적 관계로 발전할 수 있다.

인본주의 상담은 필연적으로 '존재'와 '관계'를 지향하는 접근법이기 때문에 상담에서 실제로 수행할 수 있는 기법은 부족한 편이다. 즉 내담자가 어떤 목표를 향해 나아가도록 유도하는 단계나 기술 또는 도구가 적다. 모든 전략들은 경험적 관계에 맞추어 조절된다. '지금과 여기'에서 방법이 나오고, 현재 진행되고 있는 상담과정 그 자체를 내담자와 상담자 모두 경험하고 즐긴다. 내담자의 관심에 관해 이야기하는 주지화(intellectualizing)보다는 그 순간 내담자의 깊은 관심사를 직접적으로 다룬다. 인본주의 상담에서는 상담자가 주도하는 세 가지 핵심적인 관계의 조건을 강조한다. 이 핵심적 관계 또는 조건은 공감적 이해와 순수성 및 수용의 표현이다.

공감적 이해 표현

공감적 이해란 내담자의 관점에서 세계를 지각하고 이것을 내담자에게 전달하는 것을 의미한다. 여기에는 주의집중, 공감적 이해의 언어적 · 비언어적 의사소통, 공감적 이해를 표현하는 수단으로서의 침묵이 포함된다.

주의집중 상담자는 내담자에게 주목하지 않고 공감적 이해를 할 수 없다. 내담자는 처음부터 자신이 주의집중 받고 있는지 아닌지 알 수 있다. 내담자에게 주의를 기울이는 것은 태도이며 기술이다. 효과적인 상담자는 자신의 문제는 잠시 유보하고 내담자의 관심사에 대해 충분히 집중한다. 그러나 자신의 정체성과 독특성을 잃지 않는다.

주의집중하기 위해서는 내담자와의 거리(1m 전후로서 내담자와 상담자가 부담없는 거리), 자세(내담자 쪽으로 기울어진 자세로서 몸통이 내담자를 정면으로 향하고 있어야 한다), 시선(내담자의 상반신을 주로 보되 중요한 대목에서는 시선을 마주본다), 표정(내담자의 표정 또는 말의 내용과 일치하는 표정 그러나 전체적으로 부드러운 느낌을 주어야 한다), 목소리(적절한 크기와 속도), 팔다리의 자세(내담자에게 거부감을 주지 않는 한도 내에서 편안한 자세), 접촉(내담자가 수용할 수 있는 범위내에서 접촉), 에너지 수준(조력의 열정과 활기 보임), 기타(부담스럽거나 거부감을 주는 버릇 중지) 등이 필요하다. 적절한 양의 끄덕임, 미소, 진지한 표정, 내담자에 대한 관심 있는 어조, 이 모든 것 역시 내담자에 대한 주의집중 상태를 나타낸다.

공감적 이해의 언어적 의사소통 상담에서 공감적 이해를 언어적으로 소통한다는 것은 내담자의 감정과 사고를 이해하고 그 메세지가 표면적 · 심층적 수준에서 정확하게 이해되었음을 내담자에게 알리는 것을 의미한다. 표면적 수준의 공감은 상담자가 내담자가 말한 것을 재진술하거나 반영하는 언어적 표현을 하는 것이다. 즉 메시지를 말을 바꾸어 되돌려주는 것이다. 또한 심층적 수준의 공감은 내담자의 내적 상태를 추리하여 내재적인 심층적 의미를 상담자가 이해하고 의사소통하는 것이다.

공감적 이해의 비언어적 의사소통 공감적 이해를 위해서는 내담자가 전달하고 있는 비언어적 메시지를 정확하게 해석하는 것이 필요하다. 비언어적 메시지는 수많은 경로를 통해 전달된다. 자세, 몸의 움직임, 얼굴 표정, 미소, 찌푸림, 이마의 주름, 입술을 무는 동작, 몸동작의 속도, 제스처, 목소리(음색, 높낮이, 크기, 속도), 손과 발의 움직임, 시선의 접촉, 눈썹의 움직임 같은 신체동작과 생략된 말, 말로 표현되지 못한 메시지, 신체의 활력수준 또한 단서가 된다. 심지어 상담실의 가구 위치도 사회적 · 개인적 거리감과 이해 정도에 영향을 미친다. 예를 들어, 내담자가 상담자로부터 가장 멀리 있는 의자에 앉으려 한다면 이것은 내담자가 불편함과 불신함을 가지고 있다는 것을 암시하는 것일 수 있다.

상담자는 내담자의 비언어적 메시지를 민감하게 관찰할 뿐만이 아니라 내담자에게 전달되는 자신의 비언어적 메시지에도 주의를 기울여야 한다. 우리는 다양한 신체동작을 통해 어리둥절함, 두려움, 화, 즐거움, 피로, 의심, 회피, 거부, 당황함 같은 비언어적 단서를 전달할 수 있으며, 또한 단서의 의미를 완벽하게 해석할 수는 없겠지만 대화의 맥락 속에서 이런 단서에 주의를 기울임으로써 내담자의 정서적 · 인지적 메시지를 이해하는 데 많은 도움을 얻을 수 있다.

내담자에게 공감적으로 이해를 표현할 때 상담자는 처음에 자신의 비언어적 · 언어적 메시지가 일치하는지 혹은 불일치하는지 잘 알지 못하는 경우가 많다. 따라서 자신의 행동에 대한 자각을 높이기 위해 자기평가와 반성이 뒤따라야 한다. 실제 혹은 모의 상담장면에 대한 비디오 피드백은 자기지도 또는 계속적인 학습을 위해 매우 가치 있는 방법이다. 내담자에게 비언어적 공감을 전달할 수 있기 위해서는 상담자가 먼저 비언어적인 공감적 이해를 받은 체험을 가지는 것이 중요하다.

공감적 이해를 표현하는 수단으로서의 침묵 상담에서는 침묵이 말 그대로 '금'인 경우가 많다. 상담자나 내담자나 모두 말한 것, 관찰한 것에 대해 생각하고 내적으로 처리하는데 시간이 필요하다. 그리고 아무말도 필요 없다. 그런 때는 오히려 말하는 것이 방해가 된다. 관찰력 있는 상담자는 내담자가 감정이나 정보를 의미 있게 처리하고 있는 순간을 알아차린다. 그러므로 상담자 편에서 하나의 기술로서 침묵을 사용하는 것은 일정의 깊은 공감적 반응이라 할 수 있다.

순수성의 표현

상담자의 순수성을 전달하기 위해 상담자는 상담관계에서 완전히 자기자신이 되어 한 인간으로서 자신의 진면목을 표현하는 것이다. 이것은 상담자가 가식과 가면을 버릴 때 가장 촉진된다. 즉 상담자는 정직하고 투명해져서 내담자로 하여금 자신이 실제로 어떤 사람인지 알 수 있도록 하는 것이다. 상담자는 매순간 경험되는 것과 느껴지는 것을 자각하고 자유롭게 상담에 활용할 수 있게 된다. 이렇게 함으로써 상담자는 전인적으로 상담에 관련되며 자신의 인격과 모든 존재로서 상담과 치료에 임하게 된다. 에간(Egan, 1975)은 상담에서 상담자의 순수성은 중요하다고 주장하면서 순수해지기 위해서는 다음과 같은 요소들이 필요하다고 하였다.

역할로부터의 자유 역할로부터의 자유란 상담자가 치료적 관계에서뿐만 아니라 일상생활에서도 순수해야 한다는 것을 의미한다. 상담자는 전문적 역할 뒤에 숨지 않으면서 전문적이어야 하며, 내적으로 경험하는 감정과 그 감정의 표현이 일치해야 한다.

자발성 자발적인 상담자는 충동적이거나 억압적이지 않으면서 자유롭게 행동하며, 규칙이나 기술에 얽매이지 않는다. 그들의 언어 표현과 행동을 자기신뢰감에 바탕을 둔 것이다.

방어하지 않음 방어하지 않는 상담자는 자신의 장·단점을 알고 있으며, 그것에 대한 자신의 느낌도 알 수 있다. 그러므로 그들은 내담자의 부정적인 표현에도 기분이 상하지 않고 개방적이 될 수 있다. 그들은 부정적인 표현을 이해하고자 하며, 자신을 방어하거나 보호하기보다는 그러한 부정적 표현을 하게 된 내담자의 내면을 탐색할 수 있도록 촉진한다.

일치성 순수한 사람은 자신의 생각, 느낌, 원칙과 실제 행동 간에 모순이 거의 없다. 예를 들면, 순수하게 행동하는 상담자는 내담자에 대해 생각하고 있는 것과 말하는 것이 다르지 않으며, 그가 믿는 가치와 행동이 다르지 않다.

자신을 나눔 순수한 사람은 적절한 상황에서 자신을 기꺼이 노출시킨다. 그리하여 순수하게 행동하는 상담자는 자신의 감정을 개방하여 언어적·비언어적으로 표현함으로써 내담자와 타인들이 알 수 있도록 해준다.

수용의 표현

상담자 행동의 세 번째 기본조건은 한 인간으로서 내담자를 존중하고 배려하는 것이다. 이것은 수용, 무조건적 긍정적 관심, 존중, 배려, 자랑스러워함 같은 여러 가지 용어로 사용되기도 한다.

다음 네 가지는 수용을 전달할 수 있는 태도이다(Egan, 1975).

① 내담자의 관심사와 감정에 주의를 기울이기
② 순수하게 배려할 만한 충분한 가치를 가진 한 인간으로서 내담자에게 비평가적인 태도를 보이기
③ 내담자에게 정확하게 공감함으로써 내담자의 참조틀을 이해하고 있음을 표현하기
④ 내담자의 자원을 개발하여 그의 잠재력과 행동가능성을 입증하기

3. 인지행동 상담이론

인지행동이론은 인간행동에 대한 인지매개 가설을 받아들여 인지적 책략을 통해 내담자의 사고와 행동을 변화시키는 것을 목적으로 하는 상담접근이다. 인지행동이론은 1960년대 중반에서부터 1970년 초에 태동하여 1970년대 들어 활발히 적용되기 시작하다가 1980년대 들어서는 그 개념적 토대나 치료적 절차가 더욱 정교화되어 다양한 학파로 발전하게 되었다.

인지행동이론은 크게 세 가지 학파로 나눌 수 있다(민병배, 1994). 우선 베크(Beck)의 인지치료와 엘리스(Ellis)의 합리적 정서치료로 대표되는 인지재구성학파, 내담자의 대처기술을 향상시키는 것을 주요 목표로 삼는 대처기술훈련학파, 그리고 인지 재구성법과 대처기술훈련을 합친 문제해결치료학파가 그것이다.

이러한 다양한 학파들은 상담에서 중점적으로 다루는 문제나 치료기법면에서 여러 가지 차이점을 가지고 있지만, 다음의 대표적인 두 가지 공통점으로 인해 서로 강한 유대를 유지하고 있다. 첫째는 우리 각 개인 가지고 있는 인지에 따라 우리가 느끼는 기분이나 행동은 달라진다는 인지매개 가설을 받아들인다는 것이고, 둘째는 원칙적으로 상담기간을 단기간으로 정하여 문제행동을 집중적으로 다룬다는 점이었다.

여기서는 대표적인 인지치료 이론으로서 가장 널리 보급되었던 베크와 엘리스의 이론을 살펴보기로 하자.

1) 인지이론

(1) 베크의 우울증에 대한 인지 이론

베크는 우울증에 대한 종합적인 연구를 통해 우울증에 대한 인지이론을 확립하였다. 우울증에 대해 베크의 연구팀들은 1960년대부터 우울증환자와 관련된 경험적 연구를 활발히 수행하였다. 이것은 한편으로 인지치료가 경험적 연구를 중시하는 행동주의 전통에 그 뿌리를 내리고 있기 때문이기도 하고, 다른 한편으로는 심리치료 분야에 뒤늦게 뛰어든 인지치료가 상담자들이나 대중들에게 인정을 얻기 위한 필요성 때문이기도 하였다. 여하튼 치료결과에 대한 경험적 연구에 힘입어 베크의 인지치료는 다른 인지

행동치료학파에 비해 더 널리 알려지게 되었고, 우울증환자의 치료에 관해서는 적어도 약물치료만큼 혹은 약물치료보다 더 치료효과가 우월하다는 것이 많은 상담자들에 의해 받아들여지게 되었다(민병배, 1994). 그는 우울증에 대한 인지이론의 기본적인 틀을 우울증상, 자동적 사고, 인지적 왜곡, 역기능적 신념 및 환경적 자극으로 나누어 설명하였다(권석만, 1994)

우울증상

우울증의 증상은 다양한 심리적 측면에서 살펴볼 수 있다. 우울한 내담자들은 슬픔, 공허감, 좌절감, 절망감, 죄책감, 무기력감 등의 정서적 증상을 보이며, 동기적인 면에서는 일상생활에 대한 흥미감소, 의욕감소, 성욕 및 식욕감퇴 등의 증상이 보인다. 인지적인 면에서는 주의집중의 곤란, 기억력, 사고력 판단력의 저하, 과제수행 능력의 저하 같은 증상을 보이며, 행동적인 면에서는 사회생활 및 대인관계의 위축과 곤란, 지연행동, 우유부단한 행동을 보인다. 생리적 또는 신체적 측면에서는 피곤함, 활력감소, 소화불량, 두통, 불면 등의 증상을 보인다. 이러한 다양한 측면에서 평가될 수 있는 우울 증상은 내담자들이 일차적으로 호소하는 문제들로서 상담을 통해 해결되고 극복해야 할 상담목표가 된다.

자동적 사고

베크는 본래 정신분석훈련을 받은 사람으로서 우울증을 '자기자신을 향한 분노'라는 프로이트의 견해를 실증하려고 했다. 우울한 내담자의 사고와 꿈을 조사하면서 베크는 우울한 내담자들이 분노와 관련된 생각보다는 상실, 실패, 패배, 무능이 주제와 관련된 부정적이고 비관적인 생각과 심상을 많이 가지고 있다는 것을 발견하게 되었다. 이러한 부정적이고 비관적인 생각은 의식적인 주의와 노력을 기울이지 않으면 내담자 자신에게는 잘 의식되지 않을 수 있으며, 촉발사건 또는 환경적 자극에 의해 의식되지 않은 체 자동적이고 습관적으로 유발되는 경향이 있다. 베크는 이러한 인지를 부정적인 자동적 사고(automatic thoughts)라고 명명했다. 이러한 부정적인 자동적 사고는 자기자신, 자신의 미래 및 자신의 주변환경을 독특한 방식으로 보는 세 가지 주된 인지적 패턴, 즉 인지삼각형(cognitive triad)으로 구성되어 있다(Beck et al., 1979).

인지적 왜곡

우울한 내담자의 자동적 사고는 흔히 환경적인 사건이나 상황을 부정적인 방향으로 체계적인 왜곡을 하여 그 의미를 해석한 경과로 나타난다. 생활사건의 의미를 해석하는 정보처리과정에서 범하는 체계적인 잘못을 인지적 왜곡(cognitive distortion) 또는 인지적 오류(cognitive erro)라고 부른다. 베크가 제시하는 인지적 왜곡의 종류는 다음과 같다.

① 흑백논리(All or Nothing) 또는 이분법적 사고(Dichotomous thinking) : 자신의 인격을 극단적인 흑백 범주로 평가하는 경향을 말한다. 예를 들면 '시험에 떨어졌으니 별볼 일 없는 인간'이라든지, 미팅에서 한두 번 실패했다고 '미팅만 하면 재수가 없다'라고 결론을 내리는 것이다.

② 정신적 여과(Mental filter) 또는 선택적 추상화(Selective absreaction) : 어떤 상황에서 부정적인 세부사항 하나만을 뽑아 오로지 그것을 강조하여 전체 상황이 부정적이라고 생각하는 경향을 말한다. 예를 들면, 힘들고 괴로울 때 친구들이 마음을 알아주지도 않고 놀려대기만 하면 그녀는 "인간이란 잔인해, 그리고 다른 사람의 마음을 알아준다는 것을 불가능해."라고 결론짓는 것이다.

③ 의미의 확대(Magnification) 또는 축소(Minimization) : 한 번 또는 간혹 일어나는 일을 보고 계속 일어나는 일이라고 확대하여 생각하는 경향, 예를 들면 자동차 유리창에 새가 똥을 싼 것을 보고 "제기랄, 새들은 왜 항상 내차에만 똥을 싸는 걸까?"라고 생각하는 것이다. 그러나 실제 거의 차에는 지난 1년간 새가 똥을 싼 적은 두 번 밖에 없었다.

④ 감정적 추리(Emotonal reasoning) : 자신의 감정을 진리의 증거로 채택하는 경향이다. 예를 들면, "나는 폐인이 된 느낌이다. 고로 나는 폐인이다."라고 생각하는 것과 "나는 아무 일도 할 수 없을 것 같은 느낌이다. 고로 나는 아무 일도 할 수 없다."고 생각하는 것이다. 그러나 실제로는 하려고만 하면 어떤 일이든 할 수 있다.

⑤ 개인화(Personalization) : 아무런 근거가 없는데도 부정적인 사건의 책임이 자신에게 있다고 결론짓는 경향으로서, 예를 들면 공부를 못하는 자녀를 둔 어머니가 자신이 '나쁜 엄마'라고 생각하는 것이다.

⑥ 당위적 사고(Shoulds) : '해야 한다', '해서는 안 된다' 등으로 생각하여 압박감과

분노를 느끼게 되는 경향을 말한다. 예를 들면, 병원 응급실에 갔을 때 의사가 급히 서둘러 치료해 주는 것처럼 보이지 않을 때 "의사가 저렇게 느려서는 안 되지. 의사는 환자에게 충실해야만 해."라고 생각하면 의사가 밉고, 분노가 치밀어 오를 것이다.

⑦ 잘못된 명명(Mislabellind) : 지나친 의미의 확대의 한 형태이다. 자신의 잘못에 대해 실수로 보지 않고 '나는 실패자'라고 낙인을 찍는 것이다. 다른 사람의 행동이 비위에 거슬릴 때 '나쁜 놈'이라고 낙인을 찍는 것이다.

⑧ 독심술적 오류(Mind reading) 또는 예언적 오류(Fortune telling) : 정당화될 수 없는 부정적 결론을 성급히 내리는 경향이다. 예를 들면, 화가 난 애인이 데이트할 때 무뚝뚝하게 반응했다고 해서 '그는 나를 좋아하지 않아, 나에게 싫증이 난 거야'라고 생각하여 같이 무뚝뚝하게 화난 듯이 반응하여 결국 싸우게 되는 경우이다.

역기능적 신념

인지적 왜곡과 부정적인 자동적 사고가 유발되는 근본 원인과 사람마다 유사한 환경적 자극의 의미를 달리 해석하는 이유는 무엇인가?

우울증의 인지 이론은 인지적 취약성-스트레스 모형에 기초한다. 결국 심리적 장애는 인지적 취약성 또는 병적 소질을 가진 사람이 스트레스, 즉 부정적인 환경적 자극에 직면하여 발생한다고 본다. 베크 등(Beck et al., 1979)은 우울증에 대한 인지적 취약성을 우울발생적 인지도(depressogenic schema) 또는 역기능적 신념(dysfunctional beliefs)의 개념으로 설명하고 있다. 인지도식(schema)은 한 개인이 주변 자극에 선택적으로 받아들이고 자극의 의미를 해석하여 자신의 경험을 나름대로 체계화하는 인지적 틀을 말한다. 이러한 인지도식은 어린시절의 경험에 의해 형성된다고 베크는 주장한다. 우울한 내담자는 어린 시절의 경험에 의해 특정한 내용의 인지도식을 형성하고 그러한 인지도식을 가지고 생활하다가 부정적인 생활사건에 부딪치면서 그 사건의 의미를 특정한 방향으로 왜곡하여 해석하게 되고 결과적으로 우울 증상을 야기하게 된다고 본다.

베크(Beck, 1983; 1987)에 의하면 역기능적 신념은 세상에 대한 일반적인 신념으로서 내용면에서 절대주의적 · 당위적 · 이상주의적 · 완벽주의적 · 요구적이며, 융통성 없는 내용들로서 현실적인 삶 속에서 실현되기 어려운 것들로 이루어져 있다. 역기능적 신념의 주된 내용은 크게 사회적 의존성(sociotropy)과 자율성(autonomy)의 주제와 관련된 것으로 분석된다.

환경적 자극

우울증의 인지이론에서는 인지적 취약성-스트레스 모델이 의미하듯 우울증은 역기능적 신념을 가지고 있던 사람이 여러 가지 부정적인 환경적 자극이나 사건에 부딪쳤을 때 발생된다고 본다. 우울증상의 유발과 관련된 환경적 자극은 크게 세 종류로 구분하여 살펴볼 수 있다.

첫 번째 유형의 환경적 자극은 부정적 생활사건 또는 주요한 스트레스 사건이라 부르는 것으로 가족구성원의 사망 및 질병, 자신의 질병, 가정불화, 가족과의 이별, 경제적 파탄, 실연(失戀), 이성 간의 관계 악화, 친구 간의 심각한 다툼, 학업 및 사업의 실패 등 내담자에게 심리적 충격을 줄 수 있는 비교적 비중 있는 다양한 촉발사건들을 의미한다.

두 번째 유형의 환경적 사건은 사소한 스트레스 사건이라고 부르는 것으로 매일의 일상 속에서 자주 경험하는 여러 가지 사소한 사건들을 의미한다.

마지막 유형의 환경적 자극은 사회적 지지의 부족으로서 가족과 떨어져 지내는 지속적 상태, 소속집단으로부터 소외, 친구의 부족, 경제적 궁핍, 정보원의 부족 등 긍정적인 환경 자극이 결여된 상황을 의미한다.

우울한 내담자를 이해하는 이론적 모형은 크게 두 가지이다. 〈그림 6-1〉은 우울증의 단순인지모형으로서 부정적인 생활사건이 인지적 왜곡을 거쳐 부정적인 자동적 사고를 유발하고, 이러한 자동적 사고가 우울 증상을 초래한다는 것을 설명한다.

단순 인지모형은 역기능적 신념의 역할을 배제한 모형이며 〈그림 6-2〉에 제시되어 있는 통합적 인지모형은 이상에서 살펴본 다섯 가지 요소들 간의 인과적 관계를 단순화하여 도식화한 것이다(Kwon & Oei, 1992). 이 모형에 따르면 역기능적 신념을 많

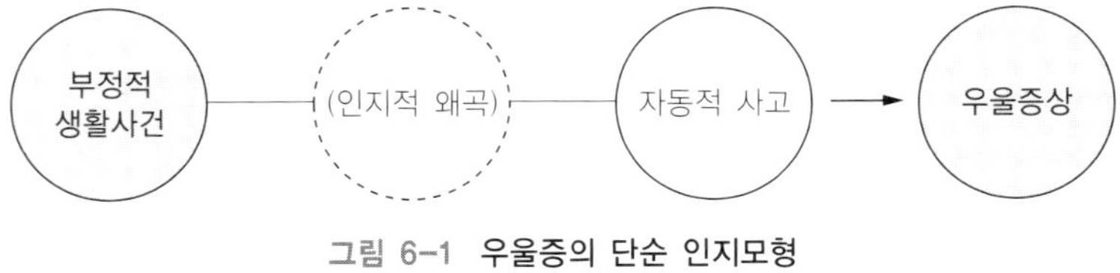

그림 6-1 우울증의 단순 인지모형

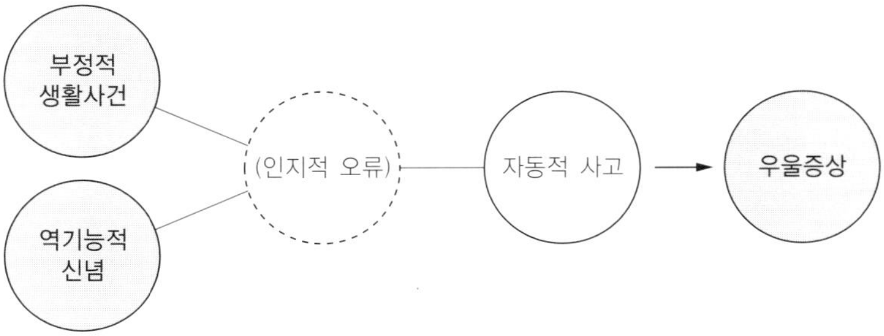

그림 6-2 우울증의 통합적 인지모형

이 가진 사람이 부정적인 생활사건 등 환경적 자극과 부딪치면서 인지적 오류를 범하여 생활사건의 의미를 왜곡함으로써 부정적이고 비관적인 내용의 자동적 사고를 하게 되고, 이러한 자동적 사고는 우울증상을 야기하게 된다. 그러나 〈그림 6-1〉과 〈그림 6-2〉에서 처럼 반드시 일직선적인 방향으로 이러한 과정이 일어나는 것은 아니며, 특히 우울증의 유지과정에서는 각 요소 간의 상호작용이 일어나는 악순환적인 관계가 형성될 수도 있다.

(2) 엘리스의 REBT이론

임상심리학자로서 정신분석적 입장을 가지고 있던 개업상담자 알버트 엘리스(Albert Ellis)는 전통적인 정신분석치료가 내담자를 치료하는 데 그다지 효과적이지 않음을 발견하고 새로운 상담 및 치료법의 개발에 착수하였다. 그는 내담자들의 문제는 그들이 어린시절에 가졌던 비합리성을 적극적으로 자기자신에게 계속 주입시키고 있기 때문이라고 생각하였다. 합리적 정서상담, 지정치료라고도 부르는 이 REBT의 철학적 기초는 그리스, 로마의 스토아학파에서 많은 영향을 받았다. 저명한 스토아학파 철학자였던 에피테쿠스(Epitecus)는 "인간을 혼란시키는 것은 외부의 사물이 아니라 그 사물에 대한 자기자신의 관점이나 생각에 의해 혼란에 빠지게 된다."라고 하였다. 그리고 불교나 도교의 사상가들도 인간의 정서는 사고로부터 나오므로 정서를 바꾸기 위해서는 사고를 바꾸어야 한다고 제안하였다. 그 외 애들러(Adler)의 영향도 많이 받았다고 알려져 있다.

비합리적 신념

REBT의 기본적인 개념은 인간의 문제는 외부 사건이나 상황에서 발생하는 것이 아니며 사건이나 주위환경에 대해 그 사람이 가지는 관점이나 신념으로부터 생겨난다는 것이다. 따라서 인간의 정서란 사건 그 자체가 아닌 그의 신념, 평가, 해석 및 철학에서부터 발생한다.

엘리스에 의하면 사람의 신념, 평가, 해석, 철학에는 합리적인 것과 비합리적인 것이 있다고 한다. 비합리적인 신념은 정서적인 혼란과 장애의 원인이다. 이러한 비합리적인 신념은 엘리스에 의하면 "타인과의 관계에서 생산적인 사고와 계획을 방해하는 습관, 타성, 흥분추구, 변덕 및 부정주의(negativism) 같은 본능적 경향"에서 나온 것이다. 그는 또한 "인간은 자신의 인생에서 모든 것이 최선이 되기를 원하고 추구하지만 만약 원하는 것을 즉시 얻지 못할 때는 자신과 타인 그리고 세상을 비난하는 매우 강한 성향을 가지고" 있기 때문에 많은 노력을 기울려야 합리적으로 생각하고 행동할 수 있게 된다(Ellis, 1970)고 하였다.

그러나 엘리스는 매슬로우(Maslow)나 로저스(Rogers) 같이 인간은 자기실현을 지향하는 강한 경향성이 있다는 사실도 또한 인정한다. 하지만 후천적으로 학습하게 된 자기파괴적 사고방식과 타고난 경향성으로 인해 성장을 향한 움직임을 방해를 받는 경우도 많다. 자신의 삶에서 발생한 사건에 대한 관점과 해석하는 방식 그리고 이 사건에 대해 스스로 선택한 행동을 통해 인간은 자신의 정서적 운명을 통제한다. 이렇게 사고가 정서에 영향을 미치는 방식은 A-B-C이론에 의해 설명된다.

A란 발생한 사건이나 경험이다. 예를 들면, 민지는 생일날 선물을 못 받았다는 사실이 바로 사건이다. C는 민지의 정서적 행동적 결과이다. 즉 "아무도 내 생일을 몰라주는구나, 화가 나네, 오빠 생일에는 그렇게도 법석대더니, 내 생일에는 아무것도 없단 말이야? 혹시 나는 이 집의 진짜 딸이 아닌 것은 아닐까? 좋아! 오늘 한번 집을 나가 버릴까!"라는 결과이다. 현재 발생한 사건인 A와 정서적인 결과인 C는 아주 근접해 있기 때문에 민지뿐만 아니라 많은 사람들이 A가 C를 유발한다고 잘못 생각하고 있다. 그러나 REBT이론에서는 A가 C를 유발하지 않았다고 주장한다. 대신에 B(A에 대한 생각이나 신념)가 C를 유발하였다고 생각한다. 예를 들어, 민지가 자기자신에게 "생일날 아무런 선물을 받지 못한 것은 참 섭섭한 일이야. 화는 나지만 혹시 다른 일 때문에 깜박 잊

을 수도 있으니깐 지금이라도 말해서 기억을 상기시켜 주어야겠다."라고 말한다면 C에서 실망감을 있지만 가출할 생각까지는 하지 않을 것이며, 덜 화가 난 것이고, 덜 비참할 것이다.

그러나 만일 민지가 "다른 사람 생일은 몰라도 내 생일은 꼭 챙겨주어야 돼! 적어도 부모라면 말이야! 자기 딸 생일도 기억 못하는 사람은 부모도 아니야!"라고 생각한다면, 민지는 C에서 우울, 비참함, 절망감, 분노, 원망을 경험할 것이다. 그러므로 이러한 비합리적인 자기진술의 결과 가출을 한다든지 하여 부모와의 관계가 더 나빠지고, 가출에 따른 고통을 경험하게 될지 모른다.

REBT에서는 내담자가 가지고 있는 B를 상담자가 논박(D)하여 합리적인 신념으로 바꾸며 그 결과 새로운 인지적·행동적 효과(E)를 가져온다.

REBT의 가장 핵심은 비합리적 신념의 발견을 위해 엘리스는 내담자의 '~이어야 한다(should)', '반드시 ~ 해야만 한다(must)'는 신념을 찾아내는 것이 필요하다고 주장한다. 엘리스가 발견한 사람들이 보편적으로 많이 가지고 있는 비합리적 신념 열한 가지를 정리하면 다음과 같다(Ellis & Harper, 1979).

① 당신은 자신이 중요하다고 생각하는 사람들로부터 항상 사랑받고 인정받아야 한다는 생각한다.
② 자기 자신이 가치 있는 인간이 되려면 아주 유능하고 성공적이어야 한다. 적어도 한두 가지 분야에서만은 진정한 능력과 재능을 가져야 한다고 생각한다.
③ 나에게 해를 끼치거나 부당하게 행동하는 사람은 나쁘고 야비하며 비열한 사람이다. 따라서 그 사람이 비난받고 경멸받는 것은 당연하다는 생각한다.
④ 일이 뜻대로 되지 않을 때 인생은 끔찍하고 엉망진창이며 아무런 가치가 없다는 생각한다.
⑤ 인간의 불행은 외적인 조건에서 비롯된 것이며, 당신에게는 그런 비극과 장애를 극복할 능력이 없으므로 우울증에 걸리거나 적개심을 느낄 수밖에 없다는 생각한다.
⑥ 어떤 상황이 위험하거나 두려운 것처럼 보이면 우리는 그것에 압도되어 당황할 수밖에 없다는 생각한다.
⑦ 인생의 많은 난관과 책임에 대해 스스로 훈련하여 보상받는 것보다 이런 것들을

피하는 것이 더 쉽다는 생각한다.

⑧ 우리의 과거는 우리의 현재 행동을 결정하며 어떤 일이 당신의 인생에서 강한 영향을 주었다면 그것은 계속해서 당신의 감정을 지배하리라는 생각한다.

⑨ 인생에서는 모든 사람과 사물들이 현재보다 당연히 더 잘 되어야 하며, 생활의 여러 문제에 대해 신속하게 해결책을 발견할 수 없으면 그것은 두렵고 끔찍한 것이라는 생각한다.

⑩ 아무런 노력 없이 수동적으로 무사태평하게 있으면서도 얼마든지 행복할 수 있으리라는 생각한다.

⑪ 인간이 편안해지기 위해서는 어떤 확실한 것 또는 고차원적인 질서가 있어야 한다. 또는 의지할 수 있는 초자연적인 힘이 절대적으로 필요하다는 생각한다.

비합리적 신념을 찾아내는 전략

우리의 성장과 발전에 도움이 되지 않는 비합리적 신념을 찾아내기 위해서는 다음 몇 가지 방법을 활용하면 효과적일 것이다.

첫째, '끔찍한' 또는 '있을 수 없는' 같은 극단적인 수식어를 찾아내어 "이 상황에서 그렇게 끔찍한 것이 무엇입니까?"라고 물어본다.

둘째, "견딜 수가 없어요!" 같은 말을 찾아내어 이 상황의 무엇이 견딜 수 없는 일인지 생각하게 한다.

셋째, '당위적(musturbating)' 사고를 찾아본다. 내담자에게 이 상황에서 '마땅히(should)', '당연히(ought)', '반드시(must)' 그래야 한다고 말하는 일이 무엇인지 다시 생각하게 한다.

넷째, 자기자신이나 다른 사람을 비난하고, 저주하는 말을 찾아 "그 행동에 대해서 특히 경멸스럽고, 용납할 수 없는 것은 무엇입니까?"라고 묻는다.

비합리적 신념을 발견하는 더 쉬운 또 다른 방법은 다음 세 가지 당위적 신념체제 중 어느 하나를 찾아내는 일이다(Ellis & Grieger, 1977)

① 나는 항상 잘 해야 하고 내가 한 일에 대해 다른 사람들로부터 완전한 인정을 받지 못하면 나는 나쁘다. 즉 나는 완벽하게 행동해야 하며 모든 사람들로부터 사랑받고 수용받아야 해!

② 당신은 항상 올바르게 행동해야 하며, 나를 친절하게 대해 주어야 해. 그렇게 하지 않으면 당신은 나쁘다. 즉 당신은 내가 즐거워하는 방식대로 행동해야 해!

③ 인생에서 내가 원하고 가치 있다고 믿는 것이 이루어지지 않으면 인생은 살 가치가 없어!

모든 비합리적 신념은 앞의 나와 너 그리고 세상에 대한 세 가지 당위의 한두 개와 어떠한 방식으로든 관련된다.

A-B-C도식에 따라 상담할 문제를 정의하는 방법은 다음과 같다. 내담자가 기대했던 만큼 성적이 안 나왔다고 하자(A). 그래서 내담자는 다음과 같은 합리적인 신념으로 반응을 했다(B). "나는 이번엔 성적이 잘 나올 줄 알았어! 나도 꽤 노력한 것 같은데 성적이 뜻대로 안 나오다니, 정말 섭섭하구나."라고 결과적으로 내담자는 실망감을 경험할 것이다. 그리고 아마 다음 성적을 더 높일 수 있기 위하여 평소 공부하는 방법과 시험 공부하는 방법 등에 대해 친구나 선생님과 이야기해 볼 필요가 있다고 생각할 것이다(적절한 결과, 즉 rC)그러나, 내담자가 다음처럼 생각할 수도 있을 것이다. "이렇게 비참한 성적을 받다니 정말 끔찍하다 아무래도 나는 머리가 나쁜가봐. 아무리 열심히 공부해도 안 돼. 정말 나는 이런 성적을 견딜 수가 없어. 지능은 유전된다는데, 결국 나는 아무래도 머리가 나빠서 안 될거야. 나는 실패자야, 결국은 실패하고 말거야. 어차피 난 안될거야(iB)."라는 비합리적 신념의 결과로 내담자는 우울, 심한 부적절감, 좌절감을 맛보다 자살충동까지 일으킬 수 있을 것이다(부적절한 결과, 즉 iC) 따라서 이 내담자는 문제 해결을 위한 행동을 시작하지 못할 것이다.

2) 인지행동이론의 상담과정과 기법

(1) 인지이론 상담의 목표

모든 상담의 목표와 마찬가지로 인지상담에서도 목표는 상담자와 내담자가 협의하여 결정하며 내담자가 호소하는 문제나 증상의 해소에 일차적인 목표를 두게 된다. 이렇게 내담자의 증상이나 문제를 개선 내지 수정하기 위해서 인지상담에서는 그러한 증상을 유발하게 된 역기능적이며 갈등과 문제를 일으킬 수 있는 인지를 수정하고자 한다. 즉 인지를 재구성하는 것이다. 인지재구성은 몇 개의 하위 목표가 달성되어야 이루어질 수 있는데, 이 하위목표 자체 또한 인지상담의 다른 목표가 될 수 있다. 인지상담의 하위 목표는 다음과 같다.

첫째, 탈자기중심화(decentering)이다. 내담자가 자신이 현재 겪고 있는 즉시적 경험에서 한발 물러서서 경험을 객관화하는 과정이 탈자기중심화라고 할 수 있다. 모든 심리치료나 상담은 내담자로 하여금 자신의 경험을 관찰하고 숙고하게 한다는 점에서 탈자기중심화 과정을 포함하고 있다. 인지상담에서는 특히 내담자로 하여금 자동적 사고나 역기능적 신념이라는 자기관찰 대상을 줌으로써 탈자기중심화를 촉진시킨다. 또한 상담자는 내담자의 막연하고 일반적인 경험을 다루기보다는 최근에 일어난 구체적이고 생생한 사건을 대상으로 하여 내담자가 가지고 있던 기대나 해석, 판단 등을 구체화하도록 탐색적인 질문을 하여 탈자기중심화를 돕는다. 내담자는 이런 과정을 통해 점차로 자신이 어떤 사건에 반응할 때, 사건 그 자체에 반응하는 것이 아니라 자신의 사고틀을 통해 해석된(혹은 구축된) 사건에 반응한다는 것을 깨달을 수 있게 된다. 자신이 객관적인 실재라고 받아들였던 실재가 어떤 절대적이고 변하지 않는 실재가 아니고 자신에 의해 만들어진 상대적 실재이며, 그 자신이 이 과정에 참여하고 있다는 것을 아는 것은 상담의 목표일 뿐 아니라 상담의 주요과정이며 인지재구성의 첫걸음이 된다.

둘째, 인지재구성(cognitive restruckuring)이다. 인지상담의 핵심은 내담자가 가진 역기능적 사고의 재구성이라 볼 수 있다. 전통적인 인지상담과 치료에서는 내담자의 사고에서 비합리적이고 비논리적인 부분을 깨달아 알게 하고 이를 수정하는 것을 상담의 핵으로 보았다(Beck et al., 1979). 즉 어떤 상황에서 내담자가 흑백논리로 자신이나 타인을 판단하지는 않는지 부정적인 측면에만 초점을 맞추어 결론에 이르는 것은 아닌지, 혹은 자기식대로 남이 생각할 것이라고 지레짐작하지는 않는지 등 내담자 사고에서 현실적으로 타당하지 않는 부분은 가려내고 이를 변화시키는 데 많은 관심을 기울여왔다. 예를 들면, 어떤 내담자가 남들(친구, 선생님)이 자신을 늘 못났다고 생각하기 때문에 남들 앞에서는 행동이 부자연스럽고 자신에게도 화가 난다고 하소연했을 때, 남들에 대한 그런 생각이 과연 타당하고 옳은 것인지에 상담의 초점을 맞출 수 있다. 이러한 현실검증적 접근 뒤에는 좀 더 현실적으로 타당하고 합리적인 현실지각이 있다는 가정이 깔려 있다. 최근에 와서는 내담자에 대한 이러한 합리적 접근보다 구성적 접근이 더 강조되고 있는 추세이다. 구성적 접근에서는 내담자의 태도나 가정, 해석이 현실적으로 합당한가를 넘어서 그러한 생각들이 내담자의 행동에 어떤 영향을 미치는가와 이에 따라 상대방의 반응이 어떻게 달라지는가를 총제적으로 살펴보는 것이 인지재구성에 필요하다고 본다.

셋째, 경험적 반증(experiential disconfirmation)이다. 인지상담에서는 내담자가 문제상황에 직접 뛰어들어가 새로운 경험을 하는 것이 그가 종래에 가지고 있던 역기능적 사고가 변화하고 재구성하는 데 매우 효과적인 방법이라고 본다. 물론 내담자가 두려워하거나 피해왔던 상황에 직면하여 새로운 반응을 해보는데는 탈자기중심화와 어느 정도의 인지적 재구성 작업이 선행되어야 한다. 이때 내담자의 사고가 충분히 변화되어 자연스럽게 새로운 행동을 하기까지 기다리기보다는 내담자가 불안해하고 두려워하는 상황에 내담자를 직면시키고 그 경험을 통해 자신의 역기능적 사고를 재구성하도록 돕는다는 점이 인지상담의 중요한 특징이다. 예를 들어, 자신이 너무 뚱뚱해서 친구들이 싫어한다라고 생각하는 내담자가 있다. 이 내담자는 이러한 역기능적 사고 때문에 남들이 조금만 자기를 쳐다봐도 자신을 비웃는 것이라고 생각하고, 놀 때도 남들은 자기를 생각해서 쉬라고 하는데도 자신을 무시해서 그렇게 한다고 생각하여 화부터 내었다. 이 내담자에게는 상담 초기에 화나고 기분 나쁠 때 떠오르는 생각을 관찰하고 구체화하도록 하여 자신이 어떻게 일상생활의 경험을 구성하고 있는가를 되풀이하여 살펴보도록 하였다. 이 과정을 통해 내담자의 자동적 사고와 역기능적 기대가 뚜렷해지자 상담 중반기부터 내담자가 두려워하는 상황에 반복해서 들어가보고 새로운 행동을 시도해 보도록 도왔다. 이 과정을 통해 내담자는 자신의 행동이 변하면 상대방의 반응도 변하고 자신의 사고틀이 예상하는 방향으로 사태가 진전되지 않는다는 것을 반복적으로 경험함으로써 좀 더 융통성 있게 생각하고 행동하게 되었다.

(2) 인지이론 상담의 과정

베크의 우울증에 대한 인지상담과 치료

우울증의 인지상담 및 치료는 우울증 내담자를 인지 이론의 틀 속에서 이해하고 상담하며 치료하는 적극적이고 단기적이며 구조화된 치료법이다. 인지상담 및 치료의 기본 원리는 ① 내담자가 나타내는 우울증상을 매개하는 자동적 사고 및 인지적 왜곡을 탐색하고 찾아내고, 이의 현실검증을 통해 보다 적응적인 대안적 사고로 대체하고, ② 자동적 사고의 기저를 이루고 있는 더욱 근원적인 역기능적 신념을 찾아내어 좀 더 현실적이고 합리적인 신념으로 대체하는 것이다.

인지치료의 과정을 구체화하면 다음과 같다.

첫째, 내담자와의 협력적인 치료관계 속에서 내담자가 호소하는 우울증상을 여러 측면에서 탐색하여 명료화, 구체화한 후 내담자와 합의하에 치료목표로 삼는다.

둘째, 내담자의 현재 삶에 초점을 맞추어 우울증상을 유발하고 악화시키는 환경적 자극과 자동적 사고를 탐색한다. 내담자가 현재 생활 속에서 경험하는 사건들의 의미를 어떻게 어떤 내용으로 해석하여 파악하고 있는지를 구체적으로 살펴보는 것이 중요하다.

셋째, 환경적 자극에 대한 내담자의 해석 내용, 즉 자동적 사고의 현실적 타당성을 내담자와 함께 살펴보면서 해석과정에 개입된 인지적 오류에 주목한다. 특히 환경적 자극의 사실적 자료에 근거하여 자동적 사고 내용의 사실성, 객관성, 논리성, 유용성 등을 다양한 각도에서 내담자와 함께 논의한다.

넷째, 환경적 자극에 대한 한층 객관적이고 타당한 대안적 해석을 탐색해 보고 이러한 적응적 사고 내용으로 대체하게 한다. 그리고 그 결과로 경험되는 감정적 · 행동적 반응에 대해 논의한다. 여기서 매우 중요한 것은 과거의 습관화된 부정적 사고패턴이 환경적 자극에 직면하여 반복적으로 나타나게 되는데, 그때마다 부정적인 사고를 내담자로 하여금 인식하게 하고 그 현실적 타당성을 따져보고 좀 더 적응적인 대안적 사고 내용으로 대체하는 작업을 꾸준히 격려하고 돕는 것이다.

지금까지의 과정은 우울증에 대한 인지이론에서 환경적 자극 → 인지적 오류 → 부정적인 자동적 사고 → 우울증상의 경로에 초점을 맞춘 작업이었다. 이러한 작업이 이루어져 우울증상이 감소 또는 완화되게 되면 우울증의 더 근원적인 원인으로 여겨지는 역기능적 신념에 초점을 맞춘 치료적 작업을 시작한다. 내담자가 나타내는 자동적 사고의 공통된 내용에서 출발하여 역기능적 신념은 자기자신과 세상에 대한 절대주의적 · 당위적 · 이상주의적 · 완벽주의적 · 요구적이고 융통성이 결여된 신념으로 이루어져 있으며, 내용면에서 크게 사회적 의존성과 자율성 및 성취의 주제와 관련되어 있다. 이러한 역기능적 신념의 현실적 실현가능성, 합리성, 효용성에 대해서 내담자와 함께 살펴본다. 나아가서 더욱 현실적이고 합리적인 대안적 신념으로 대체하도록 유도하며 유지하도록 돕는다. 역기능적 신념의 변화는 우울증의 보다 근본적인 치료로서 우울증의 재발을 방지하는 데 중요하다.

상담의 종결기에 예상되는 문제상황에 대해 내담자로 하여금 예견하게 하고 그러한 상황에 대처할 수 있는 인지상담기법의 적용에 대해 논의하고 준비하게 한다. 인지상담은 일종의 학습과정으로서 상담종료 후에도 일상생활 속에서 인지상담기법을 계속 적용하는 것이 중요함을 내담자에게 강조한다. 상담종결 후 간헐적으로 추후상담회기를 가지고 내담자의 적응상태를 확인해 보는 것이 바람직하다.

엘리스의 REBT 상담과정

REBT 상담과정은 적극적이고 지시적이며, 직면하는 특성을 지니고 있으며 과학적이고 체계적인 질문, 도전 및 논쟁 등 논리적 · 경험적 방법을 주로 사용한다. 상담자는 내담자로 하여금 논리적이고 과학적인 방식으로 자신의 비합리적 신념을 발견하고 논박하는 방법을 학습하도록 조력하는 교사의 역할을 한다. 이런 점에서 REBT 상담과정은 본질적으로 교육적이고, 인간적이며, 과학적이고, 의미론적이다. 상담자는 내담자에게 자기수용을 가르치지만 무조건적인 자기수용과 성공에 기초한 자기수용을 구별하도록 가르친다. 이때 상담자는 내담자의 인간 그 자체를 비난하거나 공격하기보다는 내담자의 비합리적 신념과 자기패배적 행동에만 초점을 두어 직면하도록 한다.

그러나 상담자가 적극적으로 내담자에게 직면해야 할 때 내담자의 약점들이 수용되고 있음을 전달하기 위해 상담자가 온정적이고, 개방적이며, 공감적으로 행동하는 것이 반드시 필요한 것은 아니라는 것이 엘리스의 입장이다. 또한 이 상담자들은 전이나 유아기의 경험, 내담자의 감정 등을 주요한 상담의 관심사로서 고려하지 않는다. 또 변화의 도구로서 상담관계의 질을 고려하지도 않는다. 대신 내담자의 정서적 혼란과 장애의 기초가 되고 있는 비합리적 신념을 발견하고 논박하는 데 주로 관심을 갖는다. 그들이 상담을 진행하는 과정은 앞에서 진술한 바와 같이 우선 상담자는 내담자의 진술을 들으면서 그의 비합리적 신념을 발견하고자 노력한다. 일단 비합리적인 신념들이 발견되면 상담자는 논박을 통해 그것을 수정하고자 하며 동시에 행동적인 과제를 부과하여 비합리적인 잘못된 생각들이 변할 수 있도록 해준다.

(3) 인지행동이론 상담기법(REBT)

인지상담은 인지적 · 정서적 · 행동적인 기법들을 모두 포함하는 종합적인 상담체계이다. 인지행동상담에서 자주 사용되는 기법들은 다음과 같다.

암시와 자기암시

내담자는 종종 자신, 타인 또는 세계에 대하여 많은 자기패배적인 진술을 자기 자신에게 되뇌이고 있는 심각한 부정적 사고가일 수 있다. 상담자는 내담자에게 부정적인 사고를 긍정적인 사고로 대체시키는 방법을 보여줌으로써 내담자 역시 개선될 수 있음을 암시한다. 그러나 상담자들은 그 기법을 조심스럽게 사용하여야 한다. 내담자들은 자신이 처한 상황이 비록 나쁘다 할지라도 견뎌내야 하는데, 스스로를 안심시키기 위해 '다 잘 되어 가고 있어'라고 자기암시를 잘못 사용할 수도 있기 때문이다.

방어와 해석

REBT에서는 방어가 자기비난에서 나온다고 가정한다. 그러므로 내담자가 어떤 증상 때문에 스스로를 비난하고 있다면 이러한 증상을 의식적으로 자각하지 않기 위해 여러 가지 방어를 사용할 것이다. REBT에서는 비록 내담자가 여러 가지 잘못을 저질렀다 하더라도 이것 때문에 경멸당하거나 저주받을 이유는 없는 것을 보여주려고 한다. 이러한 수용은 내담자의 방어욕구를 최소화시킨다.

대안의 제시

내담자들에게는 자신이 가지고 있다는 생각하는 것보다 더 많은 선택가능성이 있는 경우가 많다 따라서 상담자들은 모든 가능한 대안들을 내담자가 볼 수 있도록 돕는다. 내담자 스스로 이러한 대안들을 찾도록 하면 더욱 이상적일 것이다.

정확한 의미의 언어 사용하기

인지행동상담에서는 부정확한 언어 때문에 인간의 사고가 왜곡되며 또 왜곡된 사고로부터 부정확한 언어가 발생한다고 주장한다. 따라서 상담자는 내담자들이 사용하는 말에 특별한 주의를 기울여야 한다.

기분전환하기

인지행동 상담에서는 이완훈련, 요가 또는 운동 같은 신체적인 방법도 내담자로 하여금 자기패배적인 자기교시 대신에 이러한 활동에 집중하도록 해주기 때문에 필요한 것이라고 생각한다. 상담자는 내담자로 하여금 진정으로 몰두할 수 있은 장기적으로도 건설적인 관심거리를 가지도록 격려한다.

▽ 합리적 정서 심상

여기에는 긍정적인 심상과 부정적인 심상 두 가지가 모두 활용된다. 엘리스는 부정적인 심상을 주로 사용하였고, 몰츠비(Maxie C. Maultsby)는 긍정적인 심상을 많이 활용하였다. 부정적 심상은 내담자에게 특정 상황에서 부적절한 정서를 경험하고 있는 자기자신을 열심히 상상하도록 한 다음 후회하고 행동을 변화시키려는 결심 같은 적절한 정서로 부적절한 정서를 대체시키고 있는 자신을 생생하게 떠올리도록 하는 것이다. 반대로 긍정적 심상은 내담자에게 불쾌한 장면을 상상하게 하고 자기감정의 기초가 된 신념들을 집중하게 한다. 그 다음 이러한 비합리적 신념을 포기하고 합리적인 신념으로 대체했을 때 자신에게 어떤 느낌이 드는지 상상하게 한다.

▽ 무조건적 수용

내담자가 자기자신을 수용하도록 적극적이며, 능동적으로 가르치는 것이다. 대체로 상담자들은 내담자에게 그들이 얼마나 잘 행동하는가에 상관없이 인간 그 자체를 평가하는 것은 정당하지 못하다는 것을 이해시키고자 노력한다.

▽ 수줍어하는 행동해 보기

엘리스는 정서적인 문제의 중요한 원인 중의 하나는 수줍음 또는 자기비난이라고 주장한다. 따라서 상담자는 내담자에게 그들이 창피해하거나 부끄럽게 느끼는 바로 그 방식으로 행동해 보라고 과제를 부과한다. 이러한 과제를 실제로 수행해 봄으로써 내담자는 다른 사람들이 자신이 생각했던 것만큼 타인에게 관심이 없으며, 다른 사람의 비난에 대해 과도하게 영향을 받을 필요가 없다는 것을 종종 발견하게 된다.

▽ 역할연기

내담자에게 타인과 상호작용하고 있는 장면을 행동화하도록 함으로써 내담자의 정서를 일으킬 수 있고, 이 정서를 이용하여 기초가 되고 있는 비합리적 신념을 발견하고 논박한다.

▽ 기술훈련

주장훈련, 사회적 기술훈련 등을 의미한다. 만약 사람들이 훈련을 통해 더욱 효과적으로 행동할 수 있다면 자신의 행동에 대한 비합리적인 진술이 줄어들 것이다. 그러나 변화의 첫 단계는 예를 들어 "나는 발표를 잘 해야 해. 그렇지 않으면 나는 도대체가 쓸모없는 인간일 뿐이야!" 같은 비합리적인 신념을 논박하는 것이다. 만약 먼저 비합리적인 신념이 논박되지 않는다면 그것은 내담자의 새로운 기술의 학습을 방해할 것이다.

합리적인 사고의 연습과 강화

상담자는 내담자에게 그들의 역기능적인 신념과 진술을 새로운 신념과 대응적 진술로 대체하는 방법을 가르친다. 예를 들면 "아무리 발표가 잘 안되도 난 괜찮아. 다음에는 조금 더 잘할 수 있을 거야."라고 말하는 것이다. 엘리스는 이러한 긍정적인 자기진술은 연습에 의해 점진적으로 정착될 수 있으므로 그러한 연습이 중요하다고 말하였다.

4. 행동수정 상담

인간의 행동이란 유전과 환경의 상호작용의 소산으로 보고 있다. 인간의 행동은 복잡하기는 하나 원칙적으로 예측이 가능하고 현재의 행동은 어떤 선행조건에 의하여 결정된다는 견해이다.

또한 인간의 의식은 믿을 수 없는 것이기 때문에 과학적인 자료로서의 의미를 구하지 못한다고 생각하며, 중요한 것은 관찰가능한 표출된 행동뿐이며 그것만이 과학적 자료가 될 수 있다는 것이다. 그러므로 이 이론에 입각한 상담자들은 주로 관찰이 가능한 인간의 행동에 관심을 갖게 되고, 또한 상담의 효과적인 면에서도 표출된 행동만이 평가의 기준을 이루게 된다는 것이다. 이러한 견해는 로저스의 인간 중심적 접근이나 프로이트의 정신분석학적 접근에서 인정되는 모든 철학적 개념을 받아들이지 않는다고 볼 수 있다. 즉 인간은 무의식이나 어떤 욕구의 지배하에 존재하는 것이 아니라고 본다. 만약에 무의식이나 욕구 등이 인간에게 존재하고 있다면, 이들은 어떠한 방법으로든지 표출될 것이라고 생각한다. 행동수정상담이론 중에도 여러 가지 다른 견해들이 있으나, 거의 모든 이론가들은 인간의 행동이란 학습된 것이라는 점에서 의견을 같이 한다. 그러므로 인간행동은 학습조건의 변화와 조작에 따라 행동의 혜진이 가능한 것으로 생각한다.

이러한 행동수정상담이론은 다음과 같은 다섯 가지의 명제에 기초하고 있다.

첫째, 대부분의 인간행동은 학습된 것이므로 헤진이 가능하다.

둘째, 특정한 환경의 변화는 개인의 행동을 적절하게 변화시키는 데 도움이 될 수 있다. 상담의 절차란 환경을 변화시킴으로써 내담자들의 행동을 변화시키려는 것이다.

셋째, 강화와 사회모방 등과 같은 사회학습의 원리가 상담방법을 발전시키기 위해서 이용될 수 있다.

넷째, 상담은 효율성과 상담의 결과는 상담장면 밖에서 비추어진 내담자들의 구체적 행동의 변화로 평가된다.

다섯째, 상담의 방법이란 정적이거나 고정된 것, 사전에 결정된 것이 아니라, 각 내담자의 특수한 문제를 해결하기 위해서 각기 독특하게 고안될 수 있는 것이다.

1) 고전적 조건형성방법

고전적 조건형성이론은 러시아의 생리학자 이반 파블로프(Ivan Pavlov, 1849~1936)의 연구[2]에 그 기초를 두고 있다.

파블로프는 개의 타액분비량이 자동적으로 기록되도록 한 실험연구를 통해 배고픈 개에게 고기라는 먹이는 아무런 조건 없이 침을 흘리게 하는 무조건 자극이다. 그러나 개에게 고기라는 먹이를 주면서 종소리라는 중립 자극을 같이 들려주면, 개는 이후에 종소리만 들려도 침을 흘리는 무조건 반응을 보이게 된다는 것이다.

개에게 침을 분비하게 하는 것과는 전혀 관련이 없는 중립 자극이라도 침의 분비를 유발하는 자극과 지속적으로 짝지어 제시하게 되면, 결국에는 중립 자극에 대해서도 침을 흘리게 되는 반응이 일어난다는 사실을 증명하였다.

이처럼 그 자체만으로는 개로 하여금 타액을 분비할 수 없었던 중립 자극에 대해 학습된 타액 분비 반응을 조건 반응이라고 하며, 이 과정을 고전적 조건형성이라고 한다.

고전적 조건형성은 중성 자극(조건 자극)이 다른 자극(무조건 자극)과 짝지은 후에 반응을 유발할 때 일어나는 학습유형으로, 두 자극을 반복적으로 짝지음으로써 중립 자극은 무조건 자극이 유발시킨 반응과 같은 반응을 유발시키기 시작한다.

2) 파블로프는 이 '소화선(개의 침)에 대한 연구'로 1904년 노벨생리의학상을 받았다.

파블로브는 중립(조건) 자극을 조작함으로써 바람직하지 않은 조건 반응을 제거할 수 있고, 연합된 불안을 감소시킬 수 있음을 발견했다.

왓슨(Watson, 1924)은 파블로프의 고전적 조건형성의 원리를 행동에 적용시켜 인간의 행동도 자극과 반응 간의 연합을 통해 이루어진다고 하였다. 왓슨과 라이너(Watson & Rayner, 1920)는 11개월 된 알버트(Albert)라는 소년을 대상으로 흰쥐를 보여주는 것과 동시에 아동에게 선천적으로 두려움을 주는 큰 소리를 함께 들려줌으로써 지금까지 전혀 공포 반응을 보이지 않았던 흰쥐에 대한 공포 반응을 형성하는 데 성공하였다(김택호 외, 2008).

(1) 상담기법

▽ 체계적 둔감법

혐오자극을 심상이나 이완을 통하여 큰 단계가 다루어질 때까지 점진적으로 아주 적은 단계에서부터 다룬다.

▽ 자극 홍수법

혐오 자극을 공포 반응이 없어질 때까지 계속해서 반복적으로 제시한다.

▽ 최 면

더 깊은 형태의 이완을 말한다.

▽ 역조건 형성

혐오 자극을 일으키는 불안을 극복하는 절차로, 기쁘고 강렬한 자극을 약한 혐오 자극과 짝짓는 것이다.

▽ 혐오적 조건형성

부적응적 반응이나 행동을 할 때 혐오스럽고 해로운 자극을 주는 것이다.

(2) 행동상담의 적용

행동상담의 목적은 내담자의 내재적 혹은 외형적 반응을 변화시켜야 한다. 반두라(Bandura, 1974)는 상호적 측면을 강조하며 "행동을 변화시켜라. 그러면 수반성을 변화시킬 수 있다. 왜냐하면, 일상생활에서 이 두 가지 상황이 동시에 발생하기 때문이다."라고 하였다.

반응대가

어떤 특수한 행동을 했을 때 그 조건부로 정적강화를 상실하게 하는 벌의 일종이다. 즉 바람직하지 못한 행동을 했을 때 그 대가로 자기가 가지고 있는 정적강화를 박탈당하는 것이다. 이후 바람직한 행동을 지속하게 되면 보상을 받을 수 있다.

다차원적 접근

공격적이고 폭력적인 청소년들에게 추천할 만하다. 폭넓고 다양한 학습유형과 복잡한 성격을 가지고 있기 때문에 누구에게나 하나의 접근방식을 가지고 하는 치료방식은 효과적이지 못하다. 인지행동상담, 표현적 예술, 스트레스 대처, 사회기술의 모델링 등 협상과 타협을 위한 갈등해결 기술이 있다.

2) 조작적 조건화

스키너(B. F. Skinner, 1953)[3]는 인간의 행동은 자극에 따라 반응을 하는 수동적인 형태가 아니라 오히려 자신이 한 반응 이후에 제시되는 자극의 종류에 따라 결정된다고 주장하였는데, 이를 조작적 조건형성이론이라고 한다. 스키너는 자신의 실험을 통해 배고픈 쥐가 지렛대를 누르는 반응을 했을 때에 먹이라는 자극이 주어지면 지렛대를 누르는 반응을 계속적으로 하게 되지만 전기충격이라는 혐오감을 주는 자극이 주어지면 그 쥐는 더 이상 지렛대를 누르는 반응을 하지 않게 된다는 것이다. 즉 대부분의 행동은 선행되는 자극에 따라 수동적으로 반응이 이루어지는 것이 아니라 반응 이후에 어떠한 자극이 제시되는가에 따라 행동이 결정된다는 것이다. 만약 반응 이후에 제시되는 자극이 긍정적인 것이라면 이후의 반응은 증가할 것이고, 반대로 혐오감을 주는 것이라면 이후의 반응은 감소할 것이다.

반응 이후에 제시되는 자극이 행동을 증가시키는 경우를 강화(reinforcement)라 하

3) 스키너(1904~1990)는 펜실베이니아 주 서스키해너에서 태어났다. 1930년에 석사학위를 받았고, 1931년에 실험심리학으로 박사학위를 받았다. 1936년에는 미네소타 대학교에서 교사로서 그리고 연구자로서 일했으며, 1945년에는 인디애나 대학교 심리학과 과장에 취임하였다.

며, 강화는 정적강화(positive reinforcement)와 부적강화(negative reinforcement)로 구분할 수 있다(김택호 외, 2008).

(1) 인간의 본성

"인간에게 벌어지는 일들이 바로 생물학적 존재로서 그들에게 영향을 주고 그들을 변화시킨다."는 스키너(1971)의 신념으로, 행동주의자들은 인간을 선하지도 악하지도 않은 단지 그들의 환경의 산물로서 간주, 중성적인 존재(백지 상태)로 태어난다고 보았다.

행동주의 상담자들은 개개인을 조건화의 산물로 본다. 자극-반응 패러다임은 모든 인간의 기본적인 학습형태이다. 인간은 주어진 자극에 대한 자신의 경험, 즉 학습한 것에 따라서 예측 가능한 방식으로 반응한다. 스키너는 인간을 여러 가지 형태의 행동을 학습하고, 유기체는 반응에 만족스런 조건이 뒤따를 때 그 특정한 반응을 학습한다.

(2) 상담이론

행동주의상담은 재교육 혹은 재학습과정이다. 내담자들이 적응행동 혹은 조력(도움이 되는 행동)행동을 강화하고, 부적응 혹은 도움이 되지 않는 행동은 소거하는 계획을 개발하도록 돕는다. 상담자의 역할은 강화원리를 통하여 내담자 스스로 설정한 목표를 성취하도록 돕는 것이다.

조작적 형성

조작행동 어떤 방식으로 환경을 조작하거나 변화시키는 행동으로 목표행동을 성취하는 데 강화물이 도구 혹은 수단으로 작용하기 때문이다.

정적강화 바람직한 행동을 한 후에 후속 자극, 즉 내담자가 좋아하는 보상(칭찬, 돈, 자유시간, 관심)을 띤 강화를 제공하여 바람직한 행동을 유지시키거나 발생률은 높이는 기법이다.

부적강화 바람직한 행동을 한 후에 후속 자극, 즉 아동이 싫어하는 처벌이나 불쾌한 자극을 제거함으로써 바람직한 행동을 유지시키거나 발생률을 높이는 기법이다.

처벌 바람직하지 않은 행동 후 어떤 자극을 제공(혐오 자극이나 불쾌한 자극)하거나 제거(대체로 유쾌하거나 보상이 되는 자극)함으로써 특정 행위 발생을 억제하거나 발생이 가능성을 낮추는 현상, 또는 그러한 효과를 지닌 자극이나 행위를 말한다.

소거 바람직하지 못한 행동을 중단시키려면 그 행동을 한 후에는 어떤 강화도 받지 못하도록 상황을 조정(무시)해야 한다.

행동분석

왜 사람들은 그렇게 행동하는가? 사람들은 그들 자신의 자기 이미지를 유지하거나 고양시키려는 방식으로 행동한다.

행동분석의 단계
행동분석의 단계는 내담자의 바람직한 목표행동을 설정하고 행동을 관찰한 후에 이를 기록하고 분석한다. 그 다음에는 강화와 벌을 통해서 행동을 수정함으로써 행동조성과 모방학습 등을 이루어지도록 하는 단계를 이용한다(김익균 외, 2009).

목표행동의 설정 내담자의 행동을 변화시키려고 계획할 때 우선적으로 해야 할 일은 좀 더 구체적이고, 관찰 가능한 행동으로 표현하는 일이다. 즉 목표행동을 설정하고 행동에 대한 조작적인 정의를 내려야 한다. 목표행동을 설정하고 정의를 내리기 위해서는 내담자의 행동을 관찰하여 행동이 발생하는 상황을 파악해야 한다.

목표행동이 설정된 후에는 그 행동들이 내담자 스스로 조성한 것인지 또는 환경적 자극에 의해 조성한 것인지를 파악할 필요가 있다. 따라서 상담자는 환경적 자극에 의해 발생하는 행동을 관찰하여 자극이 주어진 후에 발생한 것인지 아니면 자극을 주기 전에 발생한 것인지를 파악해야 한다.

상담자가 내담자의 행동을 수정하고자 할 때는 내담자의 행동을 파악하여 빈도는 물론 환경에 대한 관찰까지 해야 한다. 이러한 관찰과 분석 후에 수정해야 할 행동을 선별하여 내담자의 행동수정의 목표행동이 설정될 수 있기 때문이다.

행동의 측정과 기록 상담자가 행동수정 목표행동을 선택한 다음에는 행동을 측정하기 위한 과정을 모색해야 한다. 가정이나 자연스런 환경에서 행동을 측정하기에 손쉬운 방법은 관찰기록을 하는 것이 좋다. 여기에서는 내담자의 가족들이 주로 활용할 수 있는 관찰기록에 초점을 두어 살펴보고자 한다. 홀(Hall)은 관찰기록의 기법으로 일화기록, 사건기록, 계속기록, 간격기록, 시간표집을 들고 있다(이영석 외, 2002).

행동분석 관찰된 행동에 대한 기록이 끝나면 수집된 자료를 통하여 내담자의 행동을 분석하는 일을 하게 된다. 행동을 분석하는 일은 교육의 초기 단계에 훈련하는 행동수정 원리로서 행동을 유발시키는 선행 자극과 그 자체 그리고 행동 뒤에 따라오는 후속 자극을 찾아내는 과정이 행동주의 모델의 세 가지 요소이다.

내담자가 그 행동을 주로 언제, 어디서, 자주 또는 심하게 하는지 또한 그 행동을 할 때 주위에서 어떤 일들이 일어나고 있었는지 그 행동이 발생한 다음 후속 자극으로서의 강화 자극은 어떤 것이었는지 그 상황을 세밀하게 분석한다. 이러한 분석은 자녀의 행동에 영향을 미쳐 행동이 일어나도록 한 단서가 되는 선행 자극과 행동을 계속 유지시켜야 할 목록, 증감시킬 수 있는 목록에 대하여 어떠한 후속 자극, 즉 강화와 벌을 사용할 것인지를 결정하게 된다.

강화 계획

강화란 반응촉진으로 연속적 강화와 간헐적 강화가 있다. 성공적인 반응마다 강화물이 주어지는 연속강화와 간헐강화, 즉 고정간격 계획, 변동간격 계획(시간간격강화), 고정비율 계획, 변동비율 계획(반응비율강화)이 있다.

고정간격 계획 정해진 시간(예: 30초)이 경과한 후에 나타난 첫 번째 올바른 반응에 대하여 강화물을 제공한다.

변동간격 계획 평균시간이 경과한 후에 나타나는 첫 번째 반응에 강화물을 제공하는 것이다.

고정비율 계획 참가자들이 매 5, 10 혹은 20번의 정확한 반응을 한 후에 강화를 받는다.

변동비율 계획 참가자들은 변동된 계획에 따라서 강화를 받는 것으로, 5~25 사이의 중간 범위에 해당하는 강화물의 평균 반응 수에 기초해서 강화를 받는다(예: 슬롯머신 게임).

(3) 상담목표

① 내담자들의 욕구에 더 잘 부합되도록 그들의 행동을 변화시킴으로써 그들 자신이 상담자가 되도록 가르치는 것이다.

② 그들 자신의 강화 계획(자신관리)을 설계하는 것이다. 이때 외적강화에서 내적강화로 가도록 격려하는 것이다. 예를 들어 숙제를 했을 때마다 집안에서 특별한 대우를 받았기 때문에 숙제를 하던 아동이, 숙제를 했더니 학교생활이 더 재미있다는 것을 알고 목표행동을 계속할 때 내적 기준에 도달하는 것이다.

(4) 상담방법

▽ 유관계약

목표는 가능한 한 적은 단계로 분명하게 해야 한다. 목표행동이 형성되면 강화는 즉각적으로 주어야 한다. 만약 그 자체가 내담자에게 강화가 되기만 한다면 보상으로는 대가를 지불하지 않고 유용한 것이거나 발달적으로 적절한 것이 좋다.

벡커(Becker, 1979)는 "내담자가 당신들이 원하는 바를 따라서 하도록 그들이 원하는 무엇인가를 익히도록 하기 위하여 환경을 정리하는 것이다."라고 하였다. 우리의 일상생활은 모두 계약이다(김익균외, 2009).

유관계약 6단계

- 1단계 : 해결해야 할 문제 확인
- 2단계 : 바람직하지 않은 행동 발생빈도 기초선 확인 위해 자료수집
- 3단계 : 목표설정
- 4단계 : 보상을 얻기 위한 수행목표 설정
- 5단계 : 목표행동에 대한 관찰, 측정 가능한 계획 평가
- 6단계 : 선정된 계획이 효율적이지 않다면 4단계를 반복한다.

자기관리　자기관리 계획은 자기행동에 책임을 질 수 있는 능력이 있는 내담자에게 적합한 것이다. 유관이나 강화기술을 가지고 있을 때 그들 자신이 스스로 유관성이나 강화를 결정하는 것을 포함한다. 내담자가 목표를 설정하고 결과를 선택하지만 주변인들이 행동을 추적하고 강화하는 것이 필요하다.

조성　조성이란 바람직한 행동에 근접하는 행동을 강화함으로써 새로운 행동을 유발하도록 설계하는 일반적인 절차이다. 바람직한 행동을 할 때까지 계속된다. 상담자는 바람직한 행동을 찾고, 바람직한 행동을 할 때까지 기다리고, 그 행동을 하면 강화를

해야 한다. 조성은 중간 중간의 중재되는 단계들이 확인되고 보상되기 때문에 아동에게 복잡한 행동을 가르치는 유용한 방법이다.

행동적 계기 강화는 쉬운 과제를 수행할 때 이루어지는 것으로, 좀 더 어렵거나 받아들이기 어려운 과제를 완수하는 계기를 만들어 준다는 것이다.

바이오피드백 보고, 기다리고, 강화하는 행동들을 기계가 스스로 알아서 해준다. 기계가 뇌파, 근육의 긴장, 체온, 심장 박동수, 혈압 등의 작은 변화를 감지하고 청각이나 시각적인 수단을 이용하여 내담자에게 피드백을 준다.

모델링 내담자가 배워야 할 행동을 보여주는 한 명 이상의 모델들이 실제, 혹은 필름이나 테이프를 통해서 아동들에게 제시되는 과정이 포함되어 있다. 상담자가 직접 어떤 행동을 하는 것을 보여줄 수 있고, 다른 사람이 모델이 될 수 있다.

모델링이란 바람직한 행동을 관찰하고 반복적으로 연습함으로써 아동에게 자발적으로 행동하도록 가르치는 과정이다.

토큰 경제 내담자가 특정한 목표행동을 달성하면 토큰이나 점수를 받는다.

행동-연습 집단 내담자 스스로 실제 상황에서 노력하기 전에 상대적으로 안전한 상황에서 새로운 행동을 연습할 수 있게 한다.

역할 연습 부정적 역할연습이나 행동시연은 하지 말아야 하는 것이 무엇인지를 확인하는 데 도움을 줄 수 있다. 내담자가 원인과 결과를 학습할 수 있도록 도와주며, 상대적으로 안전한 상황에서 그들의 행동에 대한 결과를 경험할 수 있도록 돕는다.

문제 정의를 위한 역할 연습
내담자는 특정한 상황에서 어떤 일이 벌어졌는지 정확하게 기술하는 데 어려움을 겪는다. 어떤 사건과 관련하여 정확하게 기술하지 못하는 언어적 혹은 비언어적 행동은 그들이 역할연습을 했을 때 더욱 명확해진다.

역할 전환
내담자는 그들이 직접 보고, 듣고, 경험한 것들을 더 잘 이해하기 때문에 다른 사람의 입장을 취하는 역할연습은 언어적 훈계보다 더 잘 이해하도록 할 수 있다.

행동 시연으로서 역할연습
내담자 역시 실제 장면에 임하기 전에 새로운 행동을 연습할 수 있다면 새로운 행동을 시도할 때 더욱 편하게 그 행동을 할 수 있을 것이다.

상담숙제 숙제란 상담회기를 연결시켜 주고, 상담회기 동안 아동의 문제에 대해 '해보도록' 격려함으로써 상담을 촉진시킬 수 있다.

주장훈련 위축됐거나 수동적인 내담자는 다른 사람의 권리를 수용할 뿐만 아니라 자기의 권리를 인식하도록 격려할 필요가 있는데, 자기주장을 하도록 하는 것이 좋다.

5. 교류분석(Transactional Analysis) 상담

인간은 언어적 · 비언어적 메시지를 타인과 교환하면서 관계를 맺고 의사소통을 한다. 의사소통을 통한 인간의 교류는 우리 각자가 형성한 자아와 삶의 태도를 반영하여 나타난다. 에릭 번(Eric Berne)[4]은 개인이 갖는 자아 상태를 바탕으로 의사소통의 교류가 어떻게 이루어지는가를 탐색하여 교류분석이론을 창시했다.

번은 처음에는 프로이트 학파를 따르는 정신상담자가 되고자 했으나 정신분석의 한계를 깨닫고, 1950년대 중반부터 환자를 치료하는 좀 더 신속하고 효과적인 기술의 도입을 위해 정신분석이론의 연구에서 손을 떼고, 1957년 미국집단정신치료협회에 《교류분석－집단 치료에 대한 새롭고 효과적인 방법》을 발표하면서 자신의 교류분석이론을 본격적으로 제창하였다. 그는 1950년대 중반부터 1962년 무렵까지는 자아상태의 변화와 구별에 대해 연구의 초점을 맞추었고 《심리치료에서의 교류분석(1961)》과 《사람들이 하는 게임(1964)》이라는 저서를 출간하였다. 1962~1966년에는 대화와 게임분석을, 1966~1970년에는 인생각본에 연구의 초점을 두었다. 이와 같이 그는 사회적 인간관계 내에서의 사회적 상호작용 및 인간의 성격에 대하여 관심을 가지고 연구하였던 것이다.

이후로 어려운 이론을 일반인에게 쉽게 알린 저서에는 해리스(Herris)의 《나도 옳고 너도 옳다(1969)》, 심리치료뿐만 아니라 부모－자녀관계를 향상시킨 저서에는 제임스와 존스워드의 《성공하기 위해 태어났다(Born to Win, 1971)》, 《당신은 '안녕하세요'라고 인사한 다음에 무슨 말을 하나요?(What Do You Say After You Say Hello?, 1973)》

4) 에릭 번(1910~1970)은 몬트리올에서 태어나 25세에 맥길대학교에서 의학학위를 받은 후에 1938년에 미국 시민권을 취득하였고, 그 직후에 이름을 번스타인에서 에릭 번으로 바꾸었다.

등이 있다.

번을 위시로 한 교류분석에서는 인간에 대해 긍정적 견해를 가지고 있다. 인간이 자기를 발달시킬 능력과 자신을 행복하게 하고 생산적이게 할 능력을 가지고 태어났다고 생각한다. 출생 시에 유아는 건전한 태도와 긍정적인 입장을 가지고 있지만 살아가면서 다른 사람과의 교류를 통해 타고 난 긍정적 태도를 계속 수정한다는 것이다.

따라서 인간은 자신의 과거 경험에서 형성된 가치와 신념들을 이해하고 자신의 그러한 습관성을 떠나서 새로운 목표와 행동을 선택할 능력이 있는 자율적인 존재라는 점을 강조한다. 즉 인간은 자신의 교류를 분석하며 좀 더 나은 방향으로의 자신의 변화를 꾀할 수 있는 능력 있는 존재라는 확신감을 통하여 자신을 변화시킬 수 있다고 믿는다. 이는 부모-자녀관계에서 갈등을 경험하는 부모나 아동에게 적용시킬 수 있다(김태호 외, 2008).

1) 인간의 본성과 상담이론

교류분석 상담이론이 기본적으로 사람의 성격을 기술하고 있기 때문에, 번은 인간의 본성을 긍정적인 관점으로 보았다. 아동들은 학교에 입학하기 전인 초기 기간 동안 자신의 기본적인 인생각본을 형성하고, 'OK' 혹은 'Not OK' 감각을 발달시킨다. 다른 사람들의 'OK' 감각에 대한 결론에 도달하게 된다. 번은 사람들이 의사결정을 하고 자신의 문제들을 해결하는 데 있어서 합리성과 자유를 가지고 있다고 믿었다. 인간관계에 대한 TA이론은 다음과 같다.

① 개인의 성격을 분석하는 구조분석
② 사람들이 서로 행동하고 말하는 것과 관련된 것을 분석하는 교류분석
③ 사람들이 강박적으로 즐기는 구체적인 인생 드라마를 다루는 각본분석
④ 이익을 얻기 위해 내면에 숨은 교류를 분석하는 게임분석

(1) 구조분석

각 개인의 성격은 세 가지의 분리되고 분명한 행동의 원천, 즉 부모자아, 성인자아, 그리고 어린이자아 등 세 가지 자아상태로 나뉜다. 자아상태란 현재 존재하거나 혹은 언

젠가 존재했었던 실제 사람을 나타내며 사람들 자신을 나타낸다(우재현, 2007).

부모자아(Parent ego state : P)

부모자아는 개인이 성장과정을 통해 부모나 양육자의 생각이나 행동, 느낌을 내면화 한 것으로 일종의 '가르침을 받은 나(생활개념)'이라고 볼 수 있다. 부모자아는 제한을 가하는 비판적 부모자아(CP)와 보살핌과 관련된 양육적 부모자아(NP)로 구분할 수 있다.

비판적 부모자아는 주로 비난이나 제한에 관련된 것으로 개인이 이 세상을 살아나가는 데 있어서 해야 하는 것과 해서는 안 되는 것 등의 여러 가지 규칙을 가르쳐 주고, 명령하고 지시하는 것과 같은 지배적인 태도와 관련이 있다. 반면 양육적 부모자아는 개인의 성장을 도와주는 어머니와 같은 이타적이고 보호적이고 양육적인 태도와 관련된 것이다. 그러므로 양육적 부모자아는 원만한 대인관계의 초석이 된다. 그러나 양육적 부모자아가 지나칠 경우 이는 독립심이나 자율성을 저해하는 요인이 되기도 한다. 또한 비판적 부모자아도 아동이 사회생활을 해나가는 데 필요한 규칙을 가르치는 근간이 되지만 지나칠 경우에는 창의적인 능력을 제한하게 된다.

성인자아(Adult ego state : A)

성인자아는 개인의 성격 중에서 자료, 정보 등 사실에 기초하여 사물을 판단하려고 하는 것으로, 즉 '생각하는 나(생활개념)'라고 볼 수 있다. 자료를 통해 얻은 정보를 근거로 하여 어떤 일을 혼자 해낼 수 있는 능력을 갖게 됨으로써 형성된 것이다. 이는 부모자아와 아동자아를 중재하는 역할을 하며, 수집한 정보를 정리하고 결정하는 역할을 한다. 그러므로 성인자아는 사실에 근거하여 정보를 분석하고 이에 근거하여 적절한 해결방법을 탐색하는 능력의 근간이 된다. 그리고 지성, 이성과 관련이 깊고 합리성, 생산성, 적응성을 가지며 냉정한 계산에 입각하여 그 기능을 발휘한다. 그러나 성인자아가 한 개인의 자아상태를 지나치게 지배할 경우에는 감정을 배제한 냉정하고 타산적인 사람으로 비쳐지거나 감정이 없는 사람, 말만 앞서고 실행이 없는 사람, 컴퓨터 같이 기계적이라는 문제를 가지고 있다.

아동자아(Child ego state : C)

아동자아는 어린시절 실제로 느끼고 행동했던 것과 같은 감정이나 행동이 내면화된

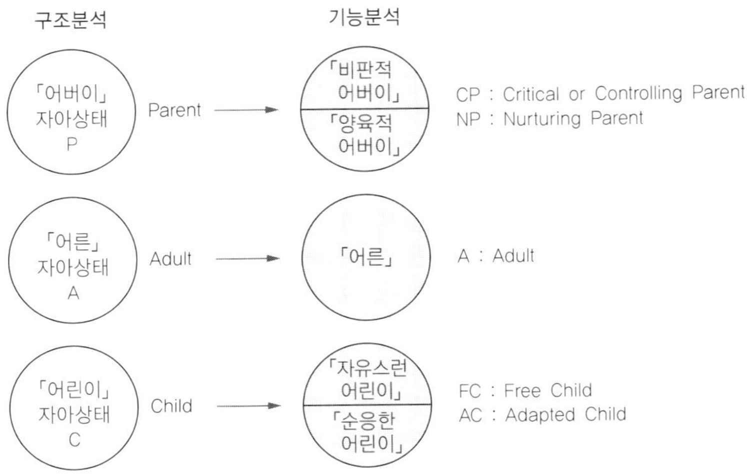

그림 6-3 자아상태의 구조

출처 : www.ta.or.kr

P의 성질		A의 성질	C의 성질	
CP	NP		FC	AC
이상	동정	지성	천진난만	인내
양심	위로	이성	자연스럽게 따름	감정의 억제
정의감	공감	잘 살아가기 위한 적응수단	자유로운 감정의 표현	타협
권위	보호	컴퓨터	직관력	신중
도덕감	관용	정보수집, 냉정한 계산	적극적	타인의 기대에 따름
(비난, 집착)	(과보호)	사실에 의거한 판단	창조의 근원	노력, 착한 아이
(강제)	(응석부림)	현상분석	(충동적)	(주체성 결여)
(편견)	(묵인)	분석적 사고	(방종)	(소극적, 자기속박)
(권력)	(참견)	(과학에 대한 맹신)	(방약무인)	(적개심 보존)
		(자연무시)		
		(물질만능주의)		

그림 6-4 자아의 성질

출처 : www.ta.or.kr

것으로, 일종의 '느껴지는 나(생활개념)'이다. 아동자아는 누구에게나 구속받지 않고 자연스럽게 행동하는 자유로운 아동자아(FC)와 자신을 예의바르게 교육시키려는 부모에게 순종하는 순응적 아동자아(AC)로 구분할 수 있다.

자유로운 아동자아는 개인이 일상생활에서 보고 들은 것에 대한 느낌을 반영하는 것으로 이는 호기심이나 창조적인 힘의 원천이 된다. 그러나 지나칠 경우에는 현실을 고려하지 않고 즉흥적으로 행동하거나 자신의 행동을 제어하지 못하고 경솔한 행동을 하는 경향이 있다. 반면 순응적 아동자아는 순종적이고 참을성이 있으므로 사회생활에 적응하는 데에는 용이하다. 그러나 양육자의 애정을 상실하지 않기 위하여 자신을 억제하게 되므로 지나친 경우에는 심리적인 문제를 초래하는 경우가 많다.

(2) 교류분석

상보적 교류

상보교류는 두 가지 자아 상태만이 관계하므로 서로간의 정신적인 갈등이 없이 의사소통이 원활하게 이루어지는 경우이다. 두 사람의 자극과 반응의 방향이 서로 바라는 방향으로 채워져 평행을 이루는 교류의 형태를 말한다(그림 6-5).

교차적 교류

교차교류는 메시지에 반응하는 자아상태가 다른 사람이 의도하는 자아상태와 일치되지 않아 의사소통이 분열되거나 중단되는 경우를 말한다(그림 6-6).

이면적 교류

이면교류는 다른 사람과의 상호교류가 다양한 관계로 이루어지는 동시에 복합적인 자아상태가 작용한다. 즉 표면적으로는 상보교류나 교차교류의 형태를 보이나 내부에서는 다른 심리적 메시지를 보내는 경우를 말한다. 이때 외부로 표현되는 자극과 반응을 사회적 메시지라 하고 상호 내부로 전해지는 자극과 반응을 심리적 메시지라 한다. 이면교류는 외부로 표현되는 사회적 메시지와 내부에서 표현되는 심리적 메시지의 내용이 다르므로 갈등을 경험하게 된다(그림 6-7).

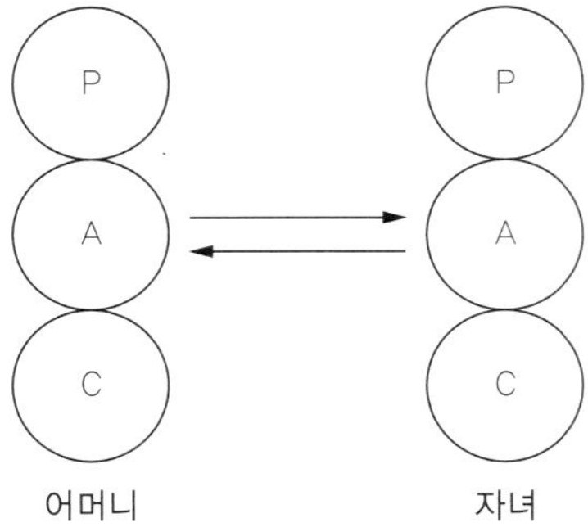

어머니 : 학교에 몇 시까지 가야 하니?
자　녀 : 8시 30분까지 가야 해요.

그림 6-5　상보적 교류

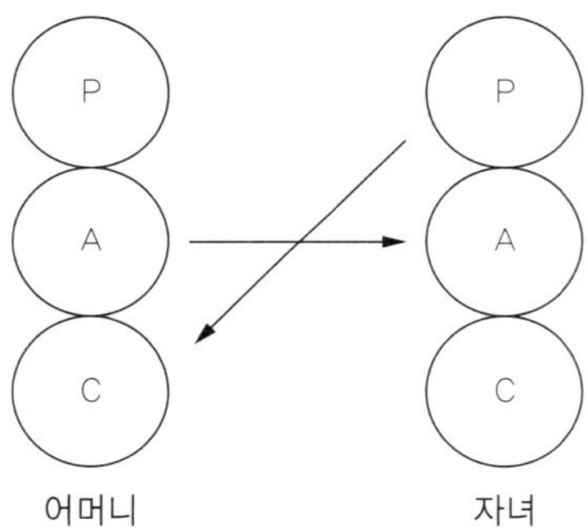

어머니 : 학교에 몇 시까지 가야 하니?
자　녀 : 어제 말했잖아요.

그림 6-6　교차적 교류

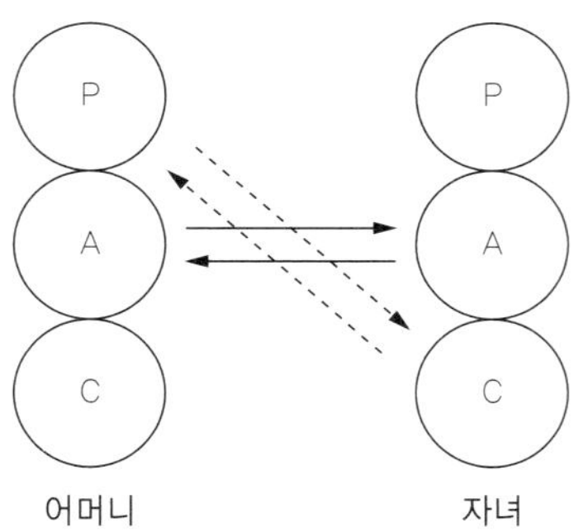

어머니 : 학교에 몇 시까지 가야 하니?
(왜 이렇게 늑장을 부리고 있니? 시간이 없는데.)
자　녀 : 걱정마세요. 빨리 준비할께요.
(엄마는 제가 얼마나 피곤한지 생각해 봤어요?)

그림 6-7　이면적 교류

(3) 각본분석

심리적인 각본은 인생 드라마로 사람들의 지속적인 프로그램이다. 이 프로그램은 사람들의 삶이 지향하는 곳과 그곳에 도달할 수 있는 통로를 나타내준다. 개인은 의식적이든 무의식적이든 간에 그 프로그램에 따라서 강박적으로 행동한다. 어린이자아가 인생 첫 해에 선택했던 인생의 계획으로, 이 인생계획은 부모들로부터 받았던 메시지에 근거를 두고 있다.

성공자의 각본

성공자의 인생각본을 갖는 사람은 인생의 목표를 자기 스스로 결정하고 그것을 향해 최선을 다하고 자신의 인생에 만족하는 사람이다. 즉 자기실현을 이루어내는 각본을 가지고 그것을 실행하며 살아가고, 또 그렇게 된다. 때로는 실패도 있지만 그것에 굴하지 않고 꿋꿋이 헤쳐 나가며 종래에는 성공하는 삶을 사는 것이다.

평범한 각본

평범한 인생각본을 갖는 사람은 눈에 띌 만한 일도 없이 그저 성실하고 근면한 태도로 인생을 살아가고자 한다. 이들은 특별한 문제를 일으키지 않는 대신 사회적으로 공헌하고 기여하는 삶을 살지도 못한다. 그러한 힘이 있음에도 불구하고 자기의 힘과 에너지를 사용하려고 하지 않는다.

패배자 각본

패배자의 인생각본을 갖는 사람은 자기 스스로가 목표를 달성할 힘이 없는 존재라고 생각하고, 마음먹은 대로 되는 일은 하나도 없다고 생각한다. 그리고 그렇게 행동한다. 책임을 지려고 하지 않고 누군가에게 책임을 전가하고 과거의 실패에 연연하며 그 실패가 곧 자기 자신이라고 믿는다.

(4) 게임분석

번은 인간의 의사소통에서는 늘 숨겨진 뜻이 있기 마련인데 이는 이면적 상호교류에 의하여 일어난다고 했으며, 이러한 이면적 상호교류를 게임이라고 하였다. 그는 "게임은 잘 정의되고 예측 가능한 결과를 위한 보완적인 이면적 상호교류가 계속 이어지는 것이다."라고 하였다. 이러한 게임은 세 가지의 중요한 요소를 포함하고 있다. 첫째, 게임은 시작과 끝이 있는 분명한 행동의 순서가 있다. 둘째, 게임에는 깔려 있는 이면적 동기가 있다. 셋째, 게임에 참여한 사람에게는 어떤 이득이 있다.

번은 모든 게임은 기본적으로 부정직한 것이며, 그 결과는 역동적이고 흥미로운 성질이 있다고 하였으며, 슈타이너(Steiner)는 게임에 참여하는 강한 동기는 자극의 갈망, 구조의 갈망, 지위의 갈망에서 비롯된다고 하였다(한성신 외, 2008).

'자극의 갈망'의 본질은 스트로크의 교환에 있다. 모든 사람은 태어나면서부터 자극을 받고자 하는 욕구와 타인과 접촉하고 싶어 하는 욕구를 가지고 있다. 따라서 게임이라는 수단을 통하여 스트로크의 근원이라 할 수 있는 흥분, 자극, 인식의 욕구가 충족되는 것이다. 솔직한 방법으로 스트로크를 얻을 수 없는 사람은 우회적이고, 숨겨진 방법으로 스트로크를 획득하는 게임들을 해야 하는 것이다.

'구조의 갈망'은 사람이 어떤 식으로 자신의 시간을 보내는가를 규정한다. 구조의 갈망을 만족시키기 위해 개개인은 스트로크를 얻으려는 목적으로 시간을 구조화하고 조직화된 사회적 상황을 갈구한다. 따라서 사람은 다른 사람과 교류하기 위해 사회적 관계를 확립하려는 욕구를 갖는다.

'지위의 갈망'은 자신과 다른 사람들이 바라보는 인정에 대한 개인의 느낌과 관계된다. 인정에 관한 결정들은 유아기에 만났던 사람들과의 상호교류에서 비롯되는 것이다. 사람들은 그러한 결정들이 옳았음을 증명하기 위하여, 그리고 이미 획득한 지위를 강화하기 위하여 게임에 참여한다. 따라서 비록 게임에 의하여 감정을 상하고 자기 패배적 행동에 이끌린다 해도 자기가 만든 지각이 정확하고 영속적이라는 것을 아는 것만으로도 위안이 되는 것이다.

(5) 인생태도

I am not OK, You're OK

보편적으로 아동기 태도로 무기력한 사람들의 투사적인 태도를 나타낸다. 부모의 애정어린 인정의 자극들을 경험하기 때문에 타인에 대한 긍정적인 입장을 갖게 된다(You're OK). 그러므로 타인이 자신보다 유능하다고 생각한다. 한편 자기 자신은 다른 사람의 도움 없이는 생존자체가 위협을 받기 때문에 좌절감을 느끼고 자신이 무능력하다는 입장을 취하게 된다(I'm not OK).

I am not OK, You're not OK

긍정적인 스트로크를 부모에게서 기대할 수 없는 아동이 도달하는 지점이다. 걸음마를 시작하면서 아동은 주변환경을 탐색하게 되는데, 이러한 과정에서 자신에 대한 적절한 자율감을 획득하게 된다. 그러나 만일 부모가 이러한 탐색의 시도를 허용하지 않고 통제를 하거나 지시만을 하게 되면 실패감과 자율성의 상실을 가져오고 자신에 대한 무능력을 갖게 한다(I'm not OK). 이와 더불어 지금까지 타인에 대해 가졌던 긍정적인 태도는 부정적으로 바뀐다. 특히 부모와 자녀 간에 기본적인 신뢰감이 형성되지 못했을 때 더욱 타인에 대해 부정적인 감정을 갖게 된다(You're not OK).

I am OK, You're not OK

이 태도를 취하는 사람들은 자기가 희생자라고 느낀다. 아동은 성장하면서 점차 외부의 도움 없이도 생존할 수 있는 자신감이 생기고, 부모의 통제와 같은 외부 자극을 거부하게 되면서 형성되는 인생태도이다. 그 고통을 감내하면서 갖게 된 자기애적인 아이가 몸에 지니는 태도이다(I'm OK). 이들에게는 '너희들이 나를 혼자 내버려만 둔다면 아무 문제도 없다는 생각이 지배적이다. 타인이 자신에게 위해를 가했으므로 타인은 옳지 않다.'라는 자세가 지배적이다. 자신에 대해서는 우월감을 갖게 되고 타인에 대해서는 무능력한 존재로 간주하여 무시하게 된다(You're not OK).

I am OK, You're OK

자신도 가치 있고 타인도 가치 있다고 생각하는 바람직한 생활태도이다. 이는 자기의 가치와 타인의 가치를 인정하고 존중하며 친밀하게 그리고 직접적으로 서로 상대방에 대해 순수한 배려를 하는 관계이다(I'm OK–You're OK). 기본적 태도는 인생의 초기에 부모와의 관계에서 형성되는 기본적인 신뢰를 바탕으로 형성된 것이다.

또한 부모로부터 그러한 기본적 인생태도를 몸에 익히지 못했더라도 우리는 여러 가지 방법으로 자기를 훈련함으로써 자기긍정–타인긍정의 태도를 익힐 수 있다는 점도 생각해 보아야 할 것이다.

(6) 스트로크의 추구

번은 모든 인간은 상호교류를 통해 자극을 받고자 하는 기본적인 욕구를 가지고 있으며, 이러한 자극의 욕구를 건강한 인성발달이나 생존을 위해 필수적인 것으로 간주하였다. 인간 행동의 동기에는 생리적 욕구와 심리적 욕구라는 두 가지 욕구가 작용한다. 생리적 욕구는 먹고 잠자는 것과 같은 생리적 충족과 관련된 욕구인 반면, 심리적 욕구는 타인과의 상호교류를 통해 충족되는 욕구이다. 출생 직후 영아의 성장에서는 만지고 쓰다듬어 주는 것과 같은 신체적 · 감각적 자극이 필수적인 것이며, 이러한 욕구는 성장하면서 인정을 받고자 하는 욕구로 변하게 된다. 이러한 자극의 욕구를 만족시켜 주는 기본단위를 상호교류분석에서는 '스트로크'라고 한다.

인간은 평생을 스트로크를 추구하면서 살아가며 부모를 위시한 양육자로부터 어떠한 스트로크를 받았는가에 따라 기본적인 인생태도를 형성하게 된다고 하였다. 스트로크는 긍정적 스트로크와 부정적 스트로크로 구분할 수 있다. 스트로크는 개인의 생존에 필수적이기 때문에 일반적으로 사람들은 긍정적 스트로크를 일차적으로 추구하며, 그렇지 못한 경우에는 부정적 스트로크를 추구하게 된다. 아무런 스트로크를 받지 못하는 무(無)스트로크보다 부정적인 스트로크라도 추구하게 된다.

긍정적 무조건 스트로크가 한 개인의 행동보다는 존재나 인격 자체에 대해 주어지는 아무런 대가를 바라지 않고 주어지는 것이라면, 긍정적 조건 스트로크는 "너는 청소를 잘해서 좋다."와 같이 상대방의 특정한 행동에 대한 것이다. 이처럼 긍정적인 방식으로 스트로크를 얻지 못할 경우 상대방을 화나거나 상처를 주더라도 관심을 얻고자 하는데 이를 부정적 스트로크라 한다.

부정적 무조건 스트로크는 "무조건 니가 싫어."와 같이 개인의 특정한 행동이 아니라 존재 자체에 대한 부정적인 스트로크이며, 부정적 조건 스트로크는 "너는 지각을 자주 해서 싫어."와 같이 개인의 특정한 행동에 대한 부정적인 스트로크를 의미한다. 부정적 무조건 스트로크는 개인의 성장에 치명적인 영향을 미치게 되며, 부정적 조건 스트로크도 지나치면 문제 행동을 유발할 수 있다.

(8) 시간의 구조화

인간이 삶을 유지하는 동안에 자신에게 주어진 시간을 어떻게 보낼 것인가 하는 방법을 찾고 발달시키고자 하는 욕구이다. 즉 자신의 인생을 의미 있게 보내고 싶어 하는 것을 시간의 구조화라고 하며, 이를 구조갈망이라 한다(김익균 외, 2009).

폐 쇄

폐쇄(withdrawal)는 스트로크를 교환하는 것에 대해 불안감을 가지고 있는 경우 자신을 타인으로부터 격리시키고 대부분의 시간을 자신의 생각이나 공상, 상상으로 지내며 자기 스스로가 스트로크를 주려는 자기애적인 것이다. 유아기에서 부모로부터 필요한 최소한의 스트로크를 받지 못하면 현실을 무시하고 자기만의 세계에 빠져 그것을 통해 위안을 얻으려 하기 때문이다.

의 식

의식(ritual)은 타인을 만나면 의례적인 이야기를 나누는 것 같은 일상적인 인사 관습에서부터 여러 다른 의식에 이르기까지 전통이나 관습에 따름으로써 겨우 스트로크를 유지하는 것이다. 폐쇄와 다른 점은 외부의 대상이나 관례, 전통을 통해 스트로크를 구한다는 점이다. 타인과 같이 관련을 맺는 일이 없고 그래서 상처를 받을 일도 없고 결과의 예측이 가능하기 때문에 어떻게 보면 안전하게 시간을 보내는 방법일 수 있다. 그러나 이 편리한 의식도 굳어지면 '강박적'인 행위가 되어 스스로 어떻게 해 볼 수 없는 지경에 이르기도 한다.

활 동

활동(activity)은 자기 스스로 외부의 대상에게 접근하여 구체적인 형태로 스트로크의 교환을 하는 생산적이고 창조적인 것이다. 그러나 활동은 풍부한 인간관계를 의미하지는 않는다. 활동은 성인 자아 대 성인 자아의 교류이며 도구를 매개로 한 관계이기 때문이다.

잡 담

잡담(pastime)은 큰 부담이 없는 주제에 대한 정보를 상호 교환하며 시간을 보내는 방법의 하나로서, 사실을 중심으로 한 정보의 교환이나 일시적인 가벼운 이야기 등을 하는 것이다. 이는 상대와 감정이나 속내를 나누는 대화라기보다는 무의식적 · 의식적으로 관계를 유지하고 싶어서 시간을 보내는 방법이다.

게 임

게임(game)은 타인이 자신의 욕구를 알아차리지 못하도록 이중적인 교류로, 일종의 필요악과 같으며 인간관계에서 잡담이상의 접촉을 구하는 방법의 하나이다. 이러한 게임은 스트로크를 충분히 만족시켜 주지 못하기 때문에 다시 게임을 하게 되고 이는 만성화된 관계의 패턴으로 굳어지게 된다. 부모 자녀관계에서도 이러한 게임이 만성화 되는 것이다.

친교(intimacy)

친교란 상호간에 신뢰하며 배려하는 관계에서 이루어지는 스트로크를 극대화하여 두 사람이 진실 된 교류로 시간을 보내는 것이다. 게임을 통해 속임수를 사용하지도 않고, 서로 간에 소외되지도 않는다. 이러한 형태로 시간을 보내는 것이 습관화되면 상호간의 감정교환이 자유롭게 이루어지며 상호간에 방어적인 자세가 아니라 수용적인 자세를 가지는 '자기 긍정, 타인긍정' 의 기본자세를 갖게 된다.

2) 상담 방법

상담자의 역할은 훈육, 내담자가 자신을 구속하고 있는 명령을 해제하거나 제거해서 자유로움을 느끼고 새로운 행동을 시도하고, 각본을 다시 작성하고, 'I'am OK, You're OK'라는 생활태도를 기를 수 있는 지지적인 환경을 가르치고 제공하는 것이다.

① 자아 상태 간의 구조분석
② 자아 상태 간의 교류분석
③ 정적/부적 스트로크
④ I am ON, You' re OK
⑤ 게임과 라켓
⑥ 각본

인간은 자신에게 기분 나쁘게 만드는 사람들이 자신에게 상처를 주는 비난으로부터 자신을 보호하도록 학습한다. 인간은 그들의 일상적인 행동을 변화시키기 위해서 계약하고 계약을 유지하는 것을 배운다. TA 상담의 목적은 그들이 성인자아를 사용해서 자신의 반응 통제를 학습하도록 돕는 것이다. 즉 I am Ok, You're OK라는 인생태도를 가지게 하는 것이다.

Chapter 07

현장 중심 상담의 이론

1. 집단상담

매슬로우(Maslow) 이론에 의하면 인간은 다섯 가지 충족욕구가 있다. 생존의 욕구, 안전의 욕구, 소속의 욕구, 존중의 욕구, 자아실현의 욕구 중 '소속'은 집단을 의미한다. 즉 인간은 생존의 욕구에 의해 추위와 배고픔이 해결되고 자신의 안전의 확보가 될 때 여러 가지 형태로 소속되고 싶어 하는데 이러한 인간이 집단 속에서의 어려움을 호소하는 측면은 집단상담이 요구된다. 즉 인간이 집단관계 속에서 어려움을 잘 해결하기 위하여 집단 속에서 자신이 어느 위치에서 어떤 생각을 가지고 살아가고 있는지를 파악하고 평가하는 방법에서 타인과의 다른 관점을 조망하여 집단 속에서 개인이 스스로 느끼고 해결하려는 노력이 필요하다. 왜냐하면 일상생활 속에서 가정, 학교, 또래집단의 집단원으로서 역할을 수행해야 하기 때문이다.

각 인간의 자기 신념과 인식은 가족, 친구, 또래와 같은 주변 사람들의 피드백을 통해 형성된다. 이런 관점에서 볼 때 집단상담은 개인상담보다 훨씬 더 실제적이며 현실감 있는 접근방법이라고 할 수 있다. 우리 사회가 개인주의화 되어갈수록 집단상담에 대한 매력은 더욱 커질 것이다. 집단상담은 한 명의 상담자가 여러 명의 내담자를 동시에 조력할 수 있다는 점에서 매우 경제적이며 효과적인 개입으로 알려져 있다.

이 장에서는 아동을 대상으로 하는 집단상담의 개념, 집단의 형태, 집단의 구성 등을 살펴보기로 한다.

1) 집단상담의 개념

존슨과 존슨(Johnson & Johnson, 1987)은 집단의 개념을 정의하기 위해 몇 가지 요소를 제시하였다. 여기서 집단은 두 명 이상의 개인들로 정의한다.

다이어와 브리엔드(Dyer & Vriend, 1980)는 아동을 대상으로 할 경우 집단 상담의 요소를 다음과 같이 제시하였다.

① 아동은 자기패배적인 사고와 행동을 확인하고, 상담자와 집단구성원의 도움을 받아 행동목표를 설정한다.
② 상담자와 집단구성원은 아동이 구체적이고 도달 가능한 목표를 설정하도록 돕는다.
③ 아동은 집단 내 안전한 환경 속에서 새로운 행동을 실험하고 실제 생활 속에서 그 행동을 시도한다.
④ 아동은 다음 회기에서 행동실천 과제의 결과를 보고하며, 새로운 사고와 행동을 지속적으로 실천할 것인지 혹은 대안을 탐색할 것인지를 결정한다.

한편 올젠(Ohlsen, 1977)은 집단상담을 일종의 조력과정으로 보았는데, 집단경험을 통해 다른 사람을 도와주고 또한 다른 사람의 도움을 받는 것을 배우며, 나아가 자기 자신을 개방할 수 있게 된다. 집단 안에서 아동은 모험을 받아들일 수 있도록 지지받으며 자신과 다른 사람의 성장에 대한 책임을 느끼게 된다.

집단상담자는 인간의 발달 특징과 집단이론에 관한 지식을 갖고 있어야 한다. 만약 아동을 대상으로 집단상담을 실시할 경우, 상담자는 아동의 사회적 · 정서적 · 신체적 · 인지적 수준을 고려한 개입전략을 적용해야 한다. 아동은 성인에 비해 주의 집중시간이 짧고 자신의 감정을 다른 사람에게 쉽게 투사하며, 더 많은 구조화와 지시를 필요로 하며, 자신이 처한 상황과 환경에 대한 통제력이 부족하다(Deluci-Waack, 2000). 또한 성인과 달리 아동은 어휘력이 부족하고 자신의 감정을 언어보다는 상징이나 놀이를 통해 더 잘 표현하기 때문에 비언어적인 상담기법이 효과적이다(Thompson & Rudolph, 2000).

2) 집단의 형태

아동을 위한 집단 형태를 결정할 때에는 발달적 개인차를 고려해야 한다.

발달적 요소는 아동의 연령, 성별, 성숙 수준을 의미하며, 연령에 비해 발달이 미숙한 요소의 문제의 본질, 문제의 출현 양상, 문제의 심각성, 아동과 가족의 대처 기술 유무 등을 포함한다. 아동을 위한 집단 형태는 주로 생활지도 및 학습지도 집단이나 상담 및 심리치료 집단이 활용된다.

(1) 생활지도 및 학습지도 집단

아동을 위한 생활지도는 주로 학교나 지역사회기관에서 이루어진다. 학교생활지도는 예방적인 차원에서 제공되며, 이때 상담자는 집단 리더로서의 역할을 수행하게 된다. 상담자는 정규 학급을 대상으로 구조화된 프로그램을 제공하는데, 주의력 결핍으로 집중이 되지 않은 그룹, 또는 학습의 부진으로 인하여 학교의 부적응의 문제가 있는 아동들을 대상으로 집단상담이 이루어질 수 있다. 따라서 초등학교 저학년 연령대별로 학교 적응에 필요한 학습지도 방법으로, 특히 부모집단 상담을 할 때 이루어지는 것을 알아보자.

1학년의 학교적응지도 준비 부모집단

아이가 학교가 싫다고 한다면 분리불안증상이 아닌지 체크해 보시오.

1. 아이가 부모나 주요 애착대상이 다치거나 눈에 안 보일 경우 계속 지나치게 걱정한다.
2. 무언가 예상치 못했던 일이 일어나서 부모 등 주요 애착대상과 헤어질까봐 무척 두려워한다.
3. 부모 등 주요 애착대상과 헤어지는 게 무서워서 학교나 다른 곳에 가지 않으려고 한다.
4. 부모 등 주요 애착대상 없이 집에 있는 것이나 혼자 있는 것을 몹시 두려워한다.
5. 부모 등 주요 애착대상에게서 떨어져서 자지 않으려고 하고, 집 외의 다른 장소에서 자지 않으려고 한다.
6. 헤어지는 것과 연관된 지속적인 악몽을 꾼다.
7. 부모 등 주요 애착대상으로부터 헤어지거나 헤어지는 것이 예상될 때 몹시 힘들어한다.

※ 이 중 세 가지 이상이 4주 이상 지속되면 분리불안장애를 의심해 볼 수 있다.

이런 아이들은 모든 일에 아주 완벽하려고 애쓰는 경향이 있고, 싫은 것이 있어도 잘 표현하지 못한 채 '좋은 게 좋다'는 식으로 넘어간다. 그러다 그동안 참은 것이 폭발하여 반항적인 행동을 보이기도 한다.

가장 큰 원인은 부모에게 있다

① 부모로부터 과잉보호 속에 자란 아이의 상당수가 학교 가는 것을 두려워한다.

② 또한 반대로 부모와 애착관계가 불안하고 부모로부터 충분한 사랑을 받지 못한 경우에도 세상에 대한 두려움 때문에 학교에 가는 것을 꺼린다.

③ 부모가 겁이 많아 평소에 사소한 일에도 놀라고 겁을 먹는다면 아이가 이런 성향을 갖게 된다.

분리불안증상을 보이는 자녀들의 부모들을 살펴보면 부모 자신은 의식하지 못하지만 아이가 학교에 가지 않고 엄마 곁에 머물러있기를 바라는 마음이 은연중에 아이의 결석을 조장한다. 그러니 아이만의 문제라고 고민하기 전에 엄마 자신의 생활에 다른 문제가 없는지를 근본적으로 점검해 볼 필요가 있다.

아이가 학교를 좋아하게 만드는 법 우선 아이에게 학교가 새롭게 친구와 어울려 지낼 수 있는 재미있는 곳이라는 인식을 계속해서 심어주어야 한다. '잘못하면 혼나는 곳', '해야 할 일이 많은 곳'이 아니라 '친구들과 함께 노는 곳', '재미있고 새로운 것이 많은 곳'이라고 자주 이야기해 준다. 그러나 무엇보다 최고의 해결책은 아이에게 사랑을 듬뿍 주는 것이다. 평소에 아이를 충분히 안아주면서 자주 사랑을 표현해 주어야 한다. 아이 스스로 충분히 사랑받고 있다는 사실을 느낀다면 아이는 더는 엄마에게 의존하지 않을 뿐더러 학교에 대한 거부감도 나아진다.

#1. 담임선생님을 만나기가 부담스러워요

담임선생님의 교육관 파악하기 선생님과 공식적으로 첫인사를 하는 날은 부모가 반드시 참석해야 한다. 대개 첫모임에서 선생님이 1년간 아이들을 어떤 방향으로 지도할 것인지, 부모가 집에서 어떤 역할을 해야 하는지 등 선생님의 개인의 교육관이 드러나기 때문이다. 선생님을 강조하는 말을 귀담아들으면 아이를 가르칠 때 무엇을 중요하게 생각하는지, 아이를 대하는 방식이 어떠할지 파악할 수 있다.

부정적인 평가를 듣게 된다면 선생님을 만났을 때는 평소 아이의 생활습관, 학습태도와 버릇, 정서상의 문제 등에 대해 구체적인 정보를 주고받아야 한다. 또한 선생님이 내 아이에 대해 어떤 평가를 내리고 있는지 있는 그대로 들을 필요가 있다. 아이에 대한 평가가 부정적이라면 '어떻게 하면 좋을지' 겸손하게 도움을 구한다.

선생님과 효율적으로 대화할 수 있는 3가지 방법

① 선생님이 아이에 대해 지적하는 부분이 내가 잘 알고 있던 사실이라면 선생님은 그것을 어떻게 해석하는지 들어야 한다.

② 사안에 따라서 부모가 옳을 수도 있다. 그렇다면 선생님을 설득해야 한다. 단 이때에는 엄마가 내린 판단의 근거가 명확해야 한다.

③ 만약 선생님을 설득할 자신이 없다면 객관적인 평가자료를 준비하는 것이 좋다. 내 아이에 대한 정확한 정보를 선생님에게 알림으로써 선생님의 오해로 말미암아 내 아이가 상처받는 일을 막을 수 있다.

#2. 선생님의 체벌, 어떻게 대처해야 하나요?

체벌에 대한 대한민국 엄마들의 행동방식 부모들은 학교에서 공포를 느낄 정도로 체벌을 하는 것은 문제가 있다고 여기면서도 선생님께는 정작 문제제기를 어려워한다. 혹시나 이야기를 했다가 내 아이가 미움을 받으면 어쩌지?라는 생각으로 반이 바뀌기만을 바라는 분이 대부분이다. 누구나 학교에 다니면서 매를 맞아본 경험이 있을 것이다. 한국의 유교 관념상 매를 통한 훈육이 어느 정도 통용되고 있는 것은 사실이지만 어떤 상황에서도 신체적인 가해를 통한 교육은 옳지 않다. 경우에 따라 아이들과 합의하여 최후의 수단으로 체벌이 이뤄지기도 하지만, 그것이 지속적으로 반복될 경우 이를 지켜보는 아이들은 때리는 행동을 합리화하게 되고, 체벌을 당한 아이는 '나는 나쁜 사람, 맞아도 되는 사람'이라는 생각을 하게 됩니다.

고통을 불러일으키는 우발적인 체벌이 문제 아이가 만일 학교에서 체벌을 당했다면 먼저 어떤 상황인지를 판단해야 한다. 선생님의 체벌이 우발적이었는지, 아니면 사전에 아이들과 합의하고 충분히 설명했는지를 확인해야 한다는 말이다. 상황에 따라 대처하는 한편, 체벌을 당한 아이의 마음을 충분히 감싸주고 헤아려야 한다. 아이가 잘못을 했더라도 우선은 "매를 맞아 정말 아팠겠구나. 마음이 슬펐겠구나." 하면서 아이의 감정에 공감해 주는 것이 먼저이다. 충분한 감정적 공감이 있어야 잘못에 대한 적절한 훈육을 할 수 있다.

체벌에 대한 대처는 엄마의 의무 아이가 특히 집중력이 약하고 충동적이고 장난이 심하여 체벌처럼 강도 높은 훈육이 필요한 경우가 있다. 이때에는 먼저 아이의 의견을 물어야 한다. 예를 들어 "선생님이 네가 장난을 너무 많이 쳐서 때린 것 같은데, 다음부터 네가 장난을 칠 때 선생님이 어떻게 벌해 주셨으면 좋겠니? 네가 이야기를 하면 엄마가 선생님한테 부탁해 볼게." 이런 식으로 자기반성을 유도한 후 아이가 원하는 방법에 부모님의 의견을 절충해서 선생님께 이야기하는 것이다. 만일 학교 체벌 때문에 아이가 심한 상처를 입었다면 아이와 선생님이 직접 그 사건을 두고 대화를 해야 한다. 엄마가 선생님의 입장을 대변하는 것보다 당사자인 선생님과 솔직한 대화가 상처 회복에는 훨씬 효과적이다.

#3. 다른 엄마한테 우리 아이 험담을 들었어요

1학년 엄마에게 꼭 필요한 한 가지 초등학교 1학년 때 학교에 잘 적응하는 것이 아이의 발달 과제라면, 부모로서의 자세와 객관성을 갖추는 것이 엄마의 발달 과제이다. 아이에 대한 객관성을 잃고 과잉기대를 하게 되면 남이 내 아이에 대해 털끝 만큼이라도 지적하면 무조건 발끈하게 된다. 객관적으로 내 아이를 보지 못한다면 부모의 왜곡된 욕심대로 아이를 다그칠 수밖에 없다.

엄마의 숙제, '내 자식 바로 보기' 부모-자녀관계는 감정적으로 너무 밀착돼 있어 남의 아이를 보듯 내 아이를 객관적으로 보기가 어렵다. 이때 가장 좋은 것은 다른 사람들로부터 내 아이에 대한 이야기를 귀담아듣는 것이다. 그러니 다른 엄마들이 하는 말을 내 아이의 장단점을 파악하는 정보로 활용하는 것이 현명하다. 특히나 일하는 엄마라면 같은 반 엄마와 한 명이라도 인연을 만드는 것이 바람직하다. 아이의 학교생활 전반에 대한 조언을 들을 수 있을 뿐더러 아이가 알림장을 빠뜨리고 왔을 때, 학교 행사에 부모가 참석해야 할 때 등 어려운 문제가 있을 때 현실적인 도움을 받을 수 있다.

(2) 2학년 인성 & 버릇 부모집단 상담

#1. 뭘 물어봐도 그냥 얼버무려요

과연 아이의 말을 잘 들어주고 있나요? 아이와 대화를 잘하려면 질문을 많이 하는 것보다 아이의 말을 잘 들어주는 것이 기본이다. 일방적으로 질문만 받아온 아이가 스스로 자기 이야기를 꺼내는 법은 없다. 아이는 지나간 일을 차례대로 기억하지 못할 뿐만 아니라 감정표현도 어렵다. 그렇기 때문에 아이의 말을 끝까지 귀담아듣고 나서 종합적으로 다시 구성해 보는 것이 필요하다. 마치 퍼즐조각을 맞추듯이 아이가 단편적으로 이야기한 것들을 모아 아이가 한 말의 의미를 파악해야 한다. 또한 이로 그칠 것이 아니라 아이의 기분이 어떨지를 헤아리고 공감하고 있음을 전달해야 한다. "네 기분이 어땠겠구나."로 대화를 마무리하는 것이 아이 말을 경청하는 기술이다.

긍정적인 기억 되살리기 "오늘 별일 없었니?"라는 질문보다는 "오늘 학교에서 가장 재미있었던 일이 뭐야?"라는 질문이 아이가 기억을 떠올리기에 더 좋다. 아이에게 질문할 때에는 대화의 주체를 아이에게 두어 경청유형으로 하는 것이 좋다. "엄마는 네 말을 듣고 싶어."가 아니라 "너의 이야기를 해주겠니?"라며 공을 아이에게 던지는 것이다. 엄마의 부탁을 들은 아이는 직접 이야기를 선택하는 우월감을 느끼게 되고, 이야기의 주체가 자신이라는 것을 깨닫게 된다. 그러면 아이는 마치 엄마를 위해 이야기를 '해주는' 것처럼 즐겁게 대화를 풀어간다.

아이의 마음을 여는 대화기술

① 충분히 이해하며 들어주기 : 만약 아이의 말을 듣고 "이해해, 하지만……"이라는 말이 나온다면 아이의 말을 충분히 이해했다고 할 수 없다. 그러므로 아이의 말을 들을 때는 부모의 생각을 버리고 빈 마음으로 들어주는 자세가 필요하다.

② 기분이 어떤지 물어보기 : 부모가 아이들한테 하는 질문 중에는 "왜?"나 "어떻게?" 등 아이의 기분과는 상관없이 일정한 틀에 맞춰 대답해야 하는 것이 많다. 이런 질문은 아이의 마음을 닫게 한다. 그것보다는 "그래서 기분이 어땠는데?" 하고 물어보는 것이 좋다.

③ 남의 이야기인 것처럼 물어보기 : 아이들은 자신의 잘못을 말하기 싫어서 얼버무릴 수 있다. 그렇기 때문에 아이가 잘못한 부분에 대해서 묻고 싶을 때에는 다른 아이의 이야기인 것처럼 질문을 하여 아이가 자신의 잘못을 간접적으로 전달함으로서 부담감을 덜게 하는 것이 좋다.

아이 마음에 벽을 만드는 부모의 말

■ 부모의 사랑을 의심하게 하는 말

"나가 버려.", "꼴도 보기 싫다.", "너 때문에 못살겠어.", "너는 엄마를 괴롭히는 게 재미있니?"

■ 다른 아이와 비교하는 말

"옆집 누구는 공부도 잘하고, 엄마 말을 그렇게 잘 듣는다던데 너는 왜 그러니?", "어떻게 형이 동생만도 못해.", "누구 반만 닮아봐라."

■ 아이를 무시하는 말

"네가 하는 일이 다 그렇지.", "네가 잘 하는 게 도대체 뭐니?", "내가 그럴 줄 알았다니까."

■ 위협하는 말

"그렇게 꾸물대고 있으면 놔두고 갈 거야.", "너 지금 당장 숙제하지 않으면 혼날 줄 알아."

■ 핑계를 대는 말

"다 너 잘되라고 하는 거야.", "엄마는 이렇게 하고 싶어서 그러는 줄 알아?", "엄마가 화를 내는 것은 바로 너 때문이야."

#2. 말 안 듣는 아이 때문에 미치겠어요

생활에 지장이 있다면 적대적 반항장애일 수도 일어나기, 세수하기, 밥 먹기, 가방 싸기, 학교 가기 등 모든 일상에서 짜증을 부리고 화를 내며 결국 엄마가 소리를 지르고 매를 들어야만 겨우 말을 듣는다. 또한 이런 아이들은 공연히 친구들을 집적거리고 수업시간에 딴청을 부리며, 선생님 지시에도 청개구리처럼 행동하다 결국 벌을 받는다. 이런 모습을 심각하게 보인다면 적대적 반항장애가 아닌지 의심해 보아야 한다.

과잉허용 vs. 과잉통제 초등학생 아이가 부모의 말을 듣지 않는 것은 부모와 아이의 상호작용에 문제가 있기 때문이다. 그런데 말을 유독 듣지 않는 아이의 부모들을 보면 자기 기분에 따라 아이를 대한다는 공통점이 있다. 일관적이지 않은 태도로 아이를 통제하고 충동적으로 체벌을 가하는 경향이 있다. 아이가 지나치다 싶을 정도로 부모 말을 듣지 않는다면 먼저 부모의 양육태도를 점검해 보아야 한다.

일방적인 지시보다는 협상이 효과적 이 시기의 아이들이 하는 말은 비논리적일 때가 많고 게다가 아이가 아직까지 감정처리 능력도 미숙해, 이야기하다 갑자기 짜증을 내거나 울어버리기도 한다. 그런 아이와 타협점을 찾으려면 부모의 감정 조절이 필수이다. 욱하는 감정을 잘 다스릴 때만이 아이의 속내를 들을 수 있고, 비로소 아이도 수긍할 만한 타협점을 찾게 된다.

협상의 좋은 점

- 아이와의 관계가 몰라보게 좋아진다. 아무리 아이의 그릇된 행동을 바로 잡아줘야 한다고 해도, 그때마다 부모가 자기 뜻만 관철하려고 하면 어쩔 수 없이 아이의 감정을 무시할 수밖에 없다. 협상의 기본조건은 서로 만족하는 것이기 때문에 부모는 아이의 욕구에 먼저 귀를 기울여야 한다.
- 타협하는 과정이 반복될수록 자발적인 성향이 높아진다. 일방적인 지시에 익숙했던 아이가 자신의 의견이 수렴되는 경험을 하면서 더욱 적극적으로 자기 생활을 꾸리게 되는 것이다.
- 문제해결력이 길러진다. 부모에게 최대한 자신이 원하는 것을 얻으려고 궁리하면서 아이는 자신에게 좀 더 유리한 방법을 생각해 냄으로써 근본적인 문제해결하는 과정을 길러진다.

부모가 알아야 할 협상의 제1원칙 물론 협상이 잘 되지 않는 경우도 생길 수 있다. 이때에는 한 발자국 물러서서 "다음에 또 이야기하자." 하며 일단 대화를 마무리하는 것이 좋다. 단, 다음번의 협상이 원점에서 시작하지 않기 위해 가능한 선에서 대안을 마련하는 지혜가 필요하다. 근본적인 문제 해결은 못하더라도 합의점을 찾는 것은 중요한다.

말 안 듣는 아이를 위한 타임아웃 & 행동수정 계약서

- 제한 강화를 위한 타임아웃

협상을 했음에도 말을 듣지 않을 때에는 '타임아웃'을 선언한다. 하던 일을 멈추고 대화를 중단한 후 아이를 일정한 장소에 시간을 정해 두고 혼자 있게 하는 것이다. 흥분된 감정을 가라 앉히고 아이에게 생각해 볼 시간을 줄 수 있다.

- 행동수정 계약서 쓰기

고쳐야 할 행동과 해야 할 것들을 기록한 계약서를 작성한다. 계약서에는 구체적인 행동과 그에 따른 보상과 체벌도 함께 기록한다. 아이가 볼 수 있는 곳에 계약서를 붙여두고 계약서에 쓰인 사항들은 반드시 실천한다.

적대적 반항장애 체크리스트

반항적 행동 양상이 최소 6개월간 지속되며, 다음 중 4개 이상의 증상이 있으면 적대적 반항장애를 의심해 볼 수 있다.

1. 자주 화를 내고, 이때 화를 발끈 낸다.
2. 어른과 말다툼을 자주 한다.
3. 어른의 요구에 응하거나 규칙을 따르는 것에 자주 반항하거나 거절한다.
4. 다른 사람이 화낼 일을 일부러 자주 한다.
5. 자신의 실수나 나쁜 행실에 대해 다른 사람을 자주 비난한다.
6. 다루기 어렵고, 다른 사람 때문에 쉽게 화를 낸다.
7. 성질을 잘 부린다.
8. 심술을 부리거나 복수심이 강하다.

3) 집단의 구성

집단의 성공은 집단구성원의 선정, 그리고 집단의 크기와 밀접히 관련된다. 기노트(Ginott)는 한 집단의 선별을 위한 기본적인 필수조건이 '사회적 관계 추구'의 여부와 능력이라고 주장하였다(Ginott, 1975). 이는 또래에 의해 수용받고 싶은 아동의 욕구, 그리고 집단에서 주목받고 지위를 유지하고 싶은 아동의 소망을 의미하다. 이러한 욕구의 대응하기 위하여 상담자는 아동의 성숙 정도와 집단목표를 동시에 고려해야 한다. 학교에서는 아동을 지속적으로 관찰함으로써 아동의 성숙 정도를 평가할 수 있다. 자기개념 검사도구, 문장완성검사, 그림그리기 등의 방법을 활용하거나 혹은 아동, 교사, 학부모 등을 대상으로 요구조사를 실시함으로써 장차 집단상담에서 다루고자 하는 주제를 선정하여야 한다.

하지만 집단구성에서도 적응하지 못하는 아동들은 어떻게 다루어야 하는지에 의문점을 갖게 된다. 이런 아동은 일반적으로 개별 치료에서 만나야 한다. 이는 보통 사례에 따라 의사결정을 하지만, 기노트(Ginott, 1961)는 집단 참여가 어려운 몇 가지 경우를 제안하였다.

① 심각한 경쟁관계 문제를 드러내는 형제
② 심하게 공격적인 아동
③ 성적으로 부적합한 행동을 표출하는 아동
④ 취약한 모-아 애착으로 인해 어려움을 경험하고 있는 아동
⑤ 사회병리적인 아동(예를 들어, 타인에게 해 또는 복수를 가하는 경향이 있는 아동)
⑥ 심하게 취약한 자기상을 가진 아동

(1) 집단구성원들 간의 의사소통 방법

놀이, 사이코드라마, 게임놀이(언어게임, 도둑잡기게임), 자기조절 향상 프로그램 등과 같은 활동은 아동을 대상으로 하는 집단에 매우 유용하다. 구체적으로 장난감, 물감, 점토, 모래와 같은 재료는 아동집단상담에서 자주 활용되는 매체다.

(2) 집단구성원 모집과 선발

집단구성원을 모집하는 가장 효과적인 방법은 부모, 교사, 아동에게 집단의 목적과 활동내용을 안내하는 홍보물을 작성하여 배부하는 것이다(Ritchie & Huss, 2000). 게시판과 소식지를 활용하는 것도 좋은 방법이다.

자발적으로 집단 참가의사를 밝힌 아동이나 부모와 교사에 의해 의뢰된 아동이라고 해서 모두 집단구성원으로 적합한 것은 아니다. 집단구성원 선발은 상담의 윤리적, 법률적 책임과 관련이 있다. 집단구성원의 비밀보장, 계약서, 부모의 동의 등은 아동을 상담할 때 고려해야 할 요소이다. 집단구성원을 선발하기 위해 형식적이거나 비형식적 사정이 이루어지는데, 주로 설문지 형태의 심리검사도구를 사용하거나 개인 혹은 집단 인터뷰를 활용한다(Corey & Gorey, 2002). 집단구성원이 집단에 대해 느끼는 만족도와 집단에서의 소속감의 집단 응집력뿐만 아니라 궁극적으로 집단구성원 각자의 개인적인 목표 달성에 영향을 미치기 때문에 집단에 적합한 집단구성원을 선발하는 과정은 매우 중요하다.

집단 선발이 끝나면 참가아동의 부모에게 집단참가동의서를 받아야 한다. 아동도 계약서에 서명하도록 하여 집단에 관여된 모든 사람들이 집단의 목표와 절차에 대해 충분히 숙지된 상태에서 집단을 시작하여 부모와 아동이 행동에 대한 책임감을 갖도록 한다. 그리고 아동의 인권을 보호하기 위한 여러 가지 사항들이 고려되어야 하기 때문에 일반 성인들보다 아동들을 대상으로 집단을 구성하는 것이 훨씬 까다로울 수 있다.

(3) 집단 인원 및 집단의 균형

집단치료에서 고려사항은 집단의 인원이다. 일반적으로 아동의 연령이 어릴수록 회기가 짧고 소규모 인원으로 이루어진다. 집단구성원 수가 9~10명 이상이 될 때에는 각 집단구성원이 집단 내 활동에 참가하는 기회가 줄어들고 집단역동도 달라진다.

따라서 집단의 균형을 유지하기는 것이 도움되기도 한다. 예를 들어, 특정한 주제를 갖고 특정한 구성원을 위한 집단을 운영하는 것도 흔히 도움이 되지만, 동일한 심리적 외상(trauma)을 경험한 아동들의 집단구성을 삼가는 것이 적합할 수 있다. 이는 심리적 외상과 관련된 행동이나 정서의 상승을 예방하기 위해 필요할 수 있다.

한 집단이 두 명의 여아들로 구성되었다면, 두 명의 남아들이 참여함으로써 균형을 이루는 데 도움이 될 수 있다. 일반적으로 한 집단에 한쪽 성이 다수가 되지 않도록 제안하다. 한 집단이 두 명의 위축된 아동들로 구성되었다면, 사교성이 풍부하거나(outgoing) 자기주장적인(assertive) 두 명의 아동들을 참여시키는 것이 집단을 균형 잡는 데 도움이 된다.

집단치료에서의 연령대 차이는 12개월 이상 차이나지 않아야 한다. 3세 아동과 5세 아동 간의 차이는 대부분의 치료목표에서 절대적으로 큰 차이를 갖게 된다. 발달 지연을 고려해야 할 경우가 아니라면 이런 점은 가장 적합한 규칙이 된다. 성별의 측면에서 살펴보면, 통상적으로 아동들은 중학교나 고등학교 연령이 될 때까지는 성별에 의해 분리될 필요는 없다. 끝으로, 아동의 신체(체격)도 고려사항으로 포함시킬 필요가 있다. 각 아동의 성장패턴의 차이가 있을 때 너무 크거나 너무 작은 아동은 권장하지 않는다. 이유는 다른 역동과 마찬가지로 균형이 중요하다.

그렇다면 집단상담을 할 때 치료적인 반응의 균형을 잡기 위하여 어떤 반응을 해야 균형감을 가질 수 있을까? 집단놀이치료에서 상담자의 치료적 역할은 개별놀이치료에서의 치료적 역할과 유사하다. 하지만 집단놀이상담자는 어지러움과 소음을 잘 견뎌낼 수 있어야 하고 빈번한 혼란을 다룰 수 있어야 한다. 상담자는 집단구성원들 간에 균형을 유지시키는 반응을 해야 하고, 더욱 적극적이거나 요구적인 아동에게 초점을 두는 걸 삼가해야 한다. 이는 쉽게 빠질 수 있는 유혹이지만 언어화가 적거나 소극적인 아동을 수용하지 않는다는 메시지를 전하게 된다. 이런 메시지들은 일반적으로 이미 갖고 있는 부정적인 자기관점을 강화시킨다. 그러므로 집단상담자는 모든 구성원들이 소외되지 않도록 균형을 유지하는 것이 필요하다.

(4) 집단 소요시간 및 횟수

집단 회기의 소요시간은 아동구성원의 연령을 고려하여 제안된다. 일반적으로 아동이 어릴수록 회기의 소요시간이 보다 짧아진다. 집단의 촉진자는 정신연령이나 생활연령과 함께 주의집중 시간도 신중히 고려해야 한다. 학령 전기 아동과 초등학교 저학년 아동을 대상으로 한 집단은 20~40분 정도 이루어질 수 있다. 중학교나 고등학교 연령의 아동을 대상으로 한 집단은 한 시간을 약간 넘길 수 있다.

집단의 기간 또한 달라질 수 있다. 구아머(Guamer, 1984)는 대부분의 연구가 아동에게 효과적인 집단상담을 위해 최소한 10회기 정도가 필요하다고 하였다. 또한, 이는 다양한 치료 기관(학교, 병원 등)에서 집단의 필요에 따라, 그리고 다양한 인구집단(성학대 피해아동, 슬픔에 잠긴 아동 등)에 따라 달라질 것이다.

코트(Kot, 1995)의 연구에 따르면 가정폭력을 목격하고 가족쉼터에서 일시보호를 받고 있던 아동들을 대상으로 집중적인 아동중심적 단기놀이치료의 효과성에서 긍정적인 결과를 보고하였다. 비록 이 연구가 개별놀이치료에 관련된 것이지만, 단기의 집중적인 치료적 놀이 집단들이 중요한 잠재 가능성이 있음을 시사한다.

(5) 집단에서의 제한설정

집단상담에서 가장 적합한 치료적 제한 설정은 상담과정에서 가장 치료적이고 성장을 증진시키는 측면 중 하나이다. 제한 설정은 내담자로부터 상담자의 참여 및 반응 기술이 크게 도전을 받는다. 집단상담자의 능숙하게 제한 설정을 하기 위해서는 기본적인 이론적 근거에 대해 상기하는 것이 도움이 된다. 랜드러스와 스위니(Landreth & Sweeney, 1997)는 다음과 같이 요약하였다.

① 제한은 치료적 관계의 경계들을 명확히 한다.
② 제한은 아동에게 신체적 안정을 제공한다.
③ 제한은 아동에게 안전을 제공하려는 상담자의 의도를 보여준다.
④ 제한은 그 회기가 현실과 연결되도록 해준다.
⑤ 제한은 상담자가 아동에 대해 긍정적이고 수용적인 태도를 유지하게 한다.
⑥ 제한은 아동이 타인(또는 사물)에게 해를 가한 후 보복당할까 봐 두려워하게 만드는 대신 부정적인 감정을 안전하게 표현하게 한다.
⑦ 제한은 안정성과 일관성을 제공한다.
⑧ 제한은 아동의 자기 책임감과 자기 조절감을 증진시키고 향상시킨다.
⑨ 제한은 집단상담실을 보호한다.
⑩ 제한은 법적 · 윤리적 · 전문적 기준을 준수하게 한다.

제한과 제한 설정은 집단에서 더욱 가치 있다. 집단구성원은 상담자에 의해서가 아니라 다른 집단구성원들에 의해 제한설정을 경험한다. 앞서 언급했듯이, 이는 중요한 역할을 한다.

또한 제한을 예리하게 예측해야 하고, 제한 설정을 위한 의사결정을 해야 한다. 분명하고 전체적인 제한이 집단을 이끌어갈 때 필요하다. 활동수준이 너무 높을 수 있기 때문에 조절하기 위해 지속적으로 제한을 설정하는 유혹에 빠질 수 있다. 집단상담자는 적절한 제한을 설정할 때 인내심이 있어야 하고 아동이 자신을 위해 결정을 내리도록 돕는다.

2. 미술치료 상담

1) 미술치료 상담의 정의

미술치료(Art Therapy)에 대한 역사는 그리 길지 않다. 일반적으로 의학의 정신과 영역에서 다양한 예술 영역 중에서 그림이나 조형활동을 아동행동 치료의 목적으로 사용할 때 미술치료라고 부른다. 미술치료란 미술과 치료를 모두 포함하는 광범위한 활동과정이다. 특히 아동에 있어서는 일반적인 의사소통보다 더 중요할 수도 있다.

1978년 미국미술치료학회(The Art Therapy Association)에 따르면 미술치료의 분야에는 두 가지 중요한 접근방법이 있는데, 첫째, 미술 그 자체를 치료목적으로 이용할 경우에는 창작과정이 갈등을 조정함과 동시에 자기인식과 성장을 촉진할 수 있는 수단이 될 수 있다는 것이며, 둘째, 미술을 정신치료의 한 수단으로 이용할 때는 미술작품이나 그와 관련된 상황들이 한 개인의 내적 세계와 외적 세계 사이에 좀 더 합일적인 관계를 발견하려는 것을 돕는 노력에 사용될 수 있다고 정의하고 있다(이경화 · 고진화, 2001). 즉 미술치료란 미술이라는 창작활동을 통하여 내담자의 문제나 갈등관계를 해결하는 치료기법이다.

2) 미술치료 상담의 역사적 배경

19세기 말 유럽에서 정신장애 환자들의 그림에 대한 관심이 증가하면서 20세기 초에는 정신장애 환자들의 그림이 정신장애 진단을 확증해 줄 만큼 타당성을 지닌다는 견해가 학자들 사이에 광범위하게 퍼지게 되었다.

이러한 이론적 분위기에서 한스 프린존(Hans Prinzhorn)은 1920년대 정신병원 환자들로부터 그림을 수집하여 이를 바탕으로 1972년 《정신장애자의 예술성(Artisty of Mentally Ill)》을 출판하였다. 그의 연구자료는 정신장애 환자들의 그림이 진단적 가치뿐 아니라 재활에 있어서도 중요한 역할을 한다는 인식을 심어주었다. 또한 프로이트와 융은 20세기 초반 예술적 표현과 정신세계 간의 관련성에 대한 인식을 확장시키는데 많은 기여를 했고, 두 사람 모두 예술과 상징, 성격 간의 관련성에 관심을 갖고 있었다.

아동의 그림에 대한 공식적인 연구는 20세기를 전후로 정신장애 환자들의 그림에 대한 관심이 증대되고 프로이트와 융의 창조적인 저술들이 축적되어 가는 가운데 아동심리발달에 관한 이론적 · 경험적 연구들이 맞물리면서 시작되었다고 할 수 있다.

19세기 후반 아동의 그림에 대한 초기 연구들은 주로 '무엇을 그리는가' 와 '각 연령별로 어떻게 그리는가'에 관한 것들 이었다. 아동의 그림에 대한 본격적인 연구는 아동의 그림을 통해서 지능을 측정하고자 하는 시도에서 출발하였고, 버트(Burt, 1921)는 아동의 그림을 여러 지능검사들과 함께 사용하였다.

굿이너프(Goodenough, 1926)는 그림을 심리학적 평가의 도구로 사용한 최초의 학자로서, 'Draw-A-Man(DAM)'이라는 검사를 개발하였다. DAM 검사는 20세기 전반에 걸쳐 그림검사에 대한 수많은 연구들의 주제가 되었고 이를 바탕으로 아동의 '사람 그림'은 자신과 타인에 대한 아동의 지각에 관한 중요한 정보를 제공해 주는 수단으로 받아들여지게 되었다.

최근의 그림을 통한 영화분석으로 잘 표현하고 있는 것은 영화 〈프리다〉에서 주인공이 자신의 내면 세계를 그림을 통해 발산한 작품으로 미술치료 상담에서 주요 개념들을 시사하는 장면을 살펴볼 수 있다.

3) 주요 개념

전치 · 투사

미술치료는 내담자에게 미술재료를 사용하여 현재의 심리상태를 사정하여 내담자 문제를 해결하는 치료기법이다. 그러나 미술활동은 단순한 놀이활동이 아니므로 내담자들에게 거부반응이나 불안감을 가져올 수 있다. 이러한 부분을 줄여 주기 위하여 방어기제인 전치나 투사를 사용함으로써 내담자들이 미술치료에 대한 효과를 높일 수 있다.

승 화

승화(Sublimation)는 전치의 한 형태로서 내담자가 창조적인 미술활동을 통해 심리적 성장을 가져올 때 일어난다. 승화가 효과적으로 이루어지도록 하기 위해서는 상담자가 내담자의 홍미와 대상 및 목적에 도달할 수 있도록 집중하고 어느 정도의 변화가 있어야 한다.

창의성

창의력 개발에 많은 시사점을 주고 있는 길포드(J. P. Guilford)의 창의성의 특성을 살펴보면 다음과 같다. 그는 창의성은 적성, 기질, 동기 등의 여러 면에서 고찰되어야 하며, 특히 적성적인 측면에 의한 접근방법으로 창의성의 지적 특성을 설명하였다. 또한 그는 지적 개념의 모형에서 확산적 사고를 창의적 사고의 특성으로 보고 이에 대하여 다음과 같이 설명하고 있다.

민감성 어떠한 과제를 해결할 때 문제점이나 개선점을 민감하게 파악할 수 있는 능력이다.

유창성 언어나 연상 및 새로운 생각, 표현의 유창성을 말하며 창의성의 주요한 특성이다.

독창성 독창성은 모방하지 않고 다른 사람과 달리 해결방법을 자기 혼자의 능력으로 찾아내는 것이다.

세밀성 세밀성은 부여된 여러 조건을 고려하여 세밀하게 주의를 기울여 과제를 완성할 수 있는 능력이다.

재정의(재구성) 재정의는 어떠한 개념을 일단 머릿속에서 분해한 후 재구성 또는 재정의하는 능력이다.

이 외에도 창의적 특성은 모험적 · 충동적 · 환상적인 측면이 강하고 신비스럽고 미지적인 것에 잘 이끌린다. 또한 결단력과 용기가 있고, 자기주장이 강하고, 사물 자체에 관심이 많고 여러 해결책을 모색하는 사고를 즐기는 경향이 있다. 이러한 창의성은 미술치료에 있어 아동들이 창의적 표현을 최대한 발휘할 수 있도록 상황을 설정하는 것이다.

그렇다면 미술치료 상담에서의 내담자를 진단 및 평가할 때 어떤 종류로 어떻게 사정하는 것이 좋은 방법인지가 궁금해진다.

4) 미술치료 상담의 투사적 그림검사의 종류

(1) 사람 그림검사 및 관련 검사

사람 그림검사 Draw-a-Person test(DAP)

마코버(1949) 등이 개발한 검사로, 사람을 그려보도록 하고 사후질문과정(Post Drawing Inquiry: PDI)을 실시함으로써 자기상, 신체상, 이상적 자기, 성 정체감 등 성격구조에 대한 다양한 정보를 얻을 수 있다.

집-나무-사람 그림검사 House-Tree-Person(HTP)

벅(1948, 1964)이 개발하고 벅과 해머(1969)가 발전시킨 것으로, 집, 나무, 사람을 그려보도록 하는 검사이다. 따라서 사람 그림에서 얻을 수 있는 정보 외에 부가적으로 성격구조에 대한 정보를 얻을 수 있다.

색채화 검사 Chromatic or Color Drawing test

먼저 연필로 HTP를 수행토록 한 다음 크레용으로 다시 그려보도록 하는 검사이다. 해머는 유채색 그림이 무채색 그림보다 성격에 대해 훨씬 더 많은 것을 보여준다고 주장하였다. 일반적으로 환경에 잘 적응하고 있는 아동일수록 다양한 색채를 사용하며, 반대로 경직되고 정서적으로 불안정한 아동일수록 제한된 색채만을 사용하는 경우가 있다고 한다.

빗속의 사람 그림검사 Draw-a-Person-in-the-Rain test

빗속에 서 있는 사람을 그리도록 하는 검사이다. 이는 그 사람이 현재 겪고 있는 스트레스의 양과 이를 방어기제의 와해나 퇴행 없이 얼마나 잘 다루고 있는가를 측정한다. 여기서 비는 스트레스를 나타내고 비의 질은 그 사람이 느끼는 스트레스의 양을 나타내며, 스트레스에 대한 방어기제는 비에 대한 방어, 즉 우산이나 비옷, 혹은 나무로 상징되어 나타난다고 가정한다. 그러나 정신과 환자들에 비해 일반인들에게는 해석 타당도가 낮다.

동물 그림검사 Drawing of Animals test

동물 그림검사는 아동에게 자기가 원하는 어떤 동물이든 마음대로 그려보게 하는 것으로서 자기구조(self-structure)의 더 원초적인 측면을 파악할 수 있도록 개발되었다.

자화상 검사

자화상을 그려보도록 하는 검사로서, 자기개념과 신체상에 대한 부가적인 정보를 제공하고, 문제를 명료화하여 치료를 계획하는 데 도움을 준다고 보고된 바 있다.

부가적인 인물 검사 Additional Person test

사람 그림 혹은 자화상을 그린 뒤 그 외의 다른 사람을 부가적으로 그려보도록 하는 검사이다. 주로 인물이 그려진 크기를 통해 중요한 타인의 존재나 자존감, 특정 인물에 대한 아동의 감정이나 생각 등을 알아보고자 하는 시도가 있었다.

(2) 가족화 검사 및 관련 검사

가족 그림검사 Draw-a-Family(DAF)

가족그림검사(DAF)는 헐스(Hulse, 1951)가 처음으로 고안한 비운동성(akinectic) 가족 그림으로, 피검자로 하여금 자신의 가족을 그려보도록 한 뒤에 그림 속의 인물들과 자신이 그린 그림에 대해 자유롭게 설명해 보도록 하는 것이다. 헐스는 그림을 해석할 때 무엇보다도 그림 전체의 형태(gestalt)를 중요하게 여겼는데, 이는 아동의 갈등에 대한 주요한 정보원으로서, 진단적으로 가장 중요한 가치를 지니기 때문이다.

운동성 가족화 검사 Kinetic Family Drawing(KFD)

운동성 가족화 검사(KFD)는 번스와 카우프만(Burns & Kaufman, 1970)이 아동으로 하여금 자신의 가족을 모두 그리되 무언가를 하고 있는 내용을 그리도록 하는 검사이다. 운동성 가족화 검사의 해석은 정적인 인물 자체보다는 그림 내 인물의 행동이나 움직임에 초점을 두게 된다. 이 검사는 비운동성 가족화와 마찬가지로 가족에 대한 아동의 지각이나 태도를 이해하는 데 중요한 정보를 제공하지만 그 내용이 좀 더 풍부하고 깊이가 있다고 알려져 있다.

집단 그림검사 Draw-a-Group(DAG)

집단의 구조와 그 안에서 아동의 적응을 평가하기 위하여 가족 이외 다른 집단의 사람을 그려보도록 하는 검사로, 아동이 다른 사람들과 맺는 관계를 측정하는 수단으로 사용되었다. 예로, 아동에게 함께 놀고 싶은 아이들과 운동장에서 무언가를 하고 있는 그림을 그리도록 한 뒤 무엇을 하고 있는지 써보도록 할 수 있다.

운동성 학교 그림검사 Kinetic School Drawing(KSD)

운동성 가족화 검사(KFD)를 변형한 형태로서 아동이 학교 상황에서 자신을 어떻게 지각하는지를 알아보기 위해 개발한 것이다. 아동에게 학교에서 자신과 선생님, 친구 한 명이 무언가를 하고 있는 그림을 그리도록 해서 학교 적응과 또래관계 등에 대한 정보를 알 수 있다. 그림을 해석할 때는 자신의 모습을 어떻게 그리고 선생님과 친구들에 대해 아동이 어떤 행동을 하고 있는지가 중요한 요소로 고려된다.

비운동성 학교 그림검사 AKinetic School Drawing(ASD)

아동이 학교생활을 어떻게 지각하는지를 알아보기 위한 검사이다. 아동에게 교실 그림을 그려보도록 한 후 질문을 하며, 그림을 해석할 때는 교실 안의 친구들, 자기 자신, 선생님, 교실 안 사물들에 초점을 두게 된다.

5) 미술치료 상담의 그림의 해석

(1) 해석의 기본 지침

그림검사의 해석은 다른 모든 심리검사의 경우와 마찬가지로, 여러 가지 심리검사 결과, 행동관찰, 과거력, 면담자료를 고려하고, 피검자에게 적용하기에 가장 적절하고 유용한 것으로 판단되는 이론적 틀에 따라 종합적이고 전체적으로 이루어져야 한다. 다시 말하면 여러 이론적 관점을 고려하여 그림에서 피검자에 대한 여러 가지 가설을 도출하고 다른 검사 및 임상적 자료들을 통해 각 가설을 비교, 검토하여 피검자에게 가장 적절한 결론을 이끌어내는 것이다.

여러 다른 검사 해석과 마찬가지로, 해석에는 '어떤 정보'를 '어떻게' 읽어낼 것인가 하는 두 가지 문제가 있다. 첫 번째는 검사 결과에서 '무엇을' 읽어낼 수 있는가 하는 해석 대상의 문제로 상담자가 어떤 이론적 틀의 잣대를 갖다 대는가, 그리고 상담자가 이론적 구성개념 틀을 얼마나 많이 가지고 있으며, 그때그때 적절하게 이를 응용하여 아동을 이해할 수 있는가에 달려 있다. 두 번째는 이러한 것들을 '어떻게' 알 수 있는가 하는 것이다. 여기에는 크게 '인상주의 해석방법'과 '구조적 해석방법' 두 가지가 있다.

인상주의적 해석방법

인상주의 해석이란 말 그대로 그 그림이 상담자에게 주는 주관적인 인상에 근거하여 피검자의 심리적 특성에 대해 해석하는 방법을 말한다. 이는 구조적 해석 전에 이루어진다.

예를 들어, 상담자가 어떤 그림을 보고 '무언가 공허해 보인다', '화가 난 것 같은 무서운 인상을 준다'와 같은 인상을 얻을 수 있다. 직관적이고 정서적인 수준에서, '이 집은 왠지 유령이 나올 것 같다', '이 사람은 한없이 약해 보인다'와 같은 인상이 들 수도 있으며, 때로는 '이 집은 공중에 붕 떠 있는 것 같다'처럼 비유적인 인상을 얻을 수도 있다.

이러한 인상을 예민하게 느끼기 위해서 상담자에게 충분한 공감능력과 직관력, 예민함이 요구되며, 많은 임상적 경험이 필요하다. 또한 그 안에 상담자 자신의 가정이나 욕구가 얼마만큼 개입되었는지를 관찰하고 분별해 낼 수 있는 능력 또한 중요하다.

이러한 인상을 얻는 데는 '피험자가 그림을 그리는 과정에서 어떤 경험을 했는가'를 대리적으로 체험할 수 있는 '공감'이 필수적이다. 이를 위해서 상담자는 그려진 사람의 모습과 비슷한 몸짓이나 자세를 취해 봄으로써 운동감각적(kinesthetical)인 공감을 할 수도 있다.

그러나 그림에 대한 인상주의적 해석만으로는 피검자의 심리적 특성과 상태를 정확히 알 수 없으므로 전체적이고 종합적으로 이해하기 위해서는 반드시 구조적인 해석을 함께 해야 한다.

구조적 해석방법

구조적 해석방법이란 그림의 여러 가지 구조적 요소들, 예를 들어 그림의 크기, 그림을 그려나간 순서, 그림을 종이의 어느 위치에 그렸는가 하는 것과 같은 요소들이 무엇을 의미하는가를 하나하나 고려하는 해석방법이다. 즉 각 요소의 특징이 의미할 수 있는 바가 무엇인지에 대한 가설들을 도출하고, 그것이 다른 구조적 요소에 근거했을 때도 일치하는가, 그림이 주는 인상과도 일치하는가, 다른 심리검사자료나 임상적 관찰, 면담자료와도 일관되는가 등에 근거하여 가설을 채택하거나 지각하는 것이다.

구조적 해석을 하는데 있어서 가장 유념해야 할 점은 절대로 일대일 해석을 해서는 안 된다는 것이다. 예를 들어, 나무 그림 밑에 지평선처럼 선을 그릴 경우 '안정감에 대한 욕구가 있는 것이므로 내적 불안정감이 있을 수 있다'는 가설을 세울 수 있다. 그러나 이 가설은 다른 임상자료를 함께 고려하여 채택하거나 지각해야 하는 가설인지, 그런 선을 그렸다고 해서 '이 아동은 불안정하다'라고 해석해서는 안 된다. 이렇게 밑에 선을 그리는 것을 유치원 같은 곳에서 배우거나 습관적으로 그냥 그리는 것일 가능성도 배제할 수 없기 때문이다.

다음에서는 여러 가지 구조적 요소들이 무엇을 의미할 수 있는가를 제시할 것인데, 이러한 해석 지침은 여러 가지 가능한 가설을 제시하는 것일 뿐이며, 각 구조적 요소에 'A이면 B이다'와 같은 식으로 일대일로 대응되는 의미를 부여하는 것은 아니다.

6) 미술치료 상담의 사례

(1) 분노의 청소년

내담자의 상황

어머니 친구이기도 하고 자신의 친구 어머니기도 한 여자와 바람이 난 아버지가 딴살림을 차렸고 그에 분노하는 아들이 모든 사람에게 분노를 폭발하면서 느낀 감정에 대한 치료가 필요하다.

상담자

"왜 저를 부르셨어요?"

상담자는 고승의 흉내를 내면서 선문답 같은 질문을 했다.

"너는 동대문에서 뺨맞고 종로에서 화풀이 하니?"

"승준아! 사람은 화가 나는 일이나 상대가 있어도 그 분노의 화살이 죄 없는 다른 사람에게 가지 않도록 자제력도 키워야 하는 거야. 선생님은 그래서 궁극적으로는 아무에게도 피해가 가지 않게 너의 감정을 연소시키는 방법을 함께 생각해 보자고 부른 거야."

검사도구

물고기 가족화(아버지를 가족에서 제외자로 만든 그림)

다정하게 어머니와 자신은 입을 맞추고 있는데 이것은 홀로 남아 힘들게 세 아이를 키우고 있는 어머니에 대한 안쓰러움과 측은함이 겹쳐져 승준이 또래에게 나타나는 이성에게 향해야 할 관심이나 애정의 방향이 어머니에게 고착되는 퇴행현상을 보인다.

내담자 반응

"승준아~ 아버지는 안 계시니, 돌아가셨니?"

승준이는 주먹을 꼭 쥐고 말없이 있었다.

"…… 그 인간 이야기는 하지도 마세요. 생각하기도 싫으니까요."

나는 승준이의 상처가 예상 외로 깊고 아픈 것 같아서 더 이상 묻지 않았다.

상담자

승준아, 네 스스로 문제를 해결할 수 있고, 스트레스나 분노를 다른 사람에게 피해를 주지 않고 해소할 수만 있다면 너의 문제를 털어놓지 않아도 된다. 하지만 그 상처로 인해 네가 계속 힘들어 한다면 믿을만한 사람에게 이야기를 해서 감정을 정화시키는 것이 정신 건강에 좋은 거야. 마음이 내키면 아무 때나 나를 찾아오렴.

내담자

지금 제 얘기를 해도 될까요? 선생님은 무조건 어른 편만 드는 분은 아니죠? 그러면 말 안할 거예요.

상담자

그럼, 이곳은 바깥 세상과는 조금 다른 곳이야. 여기서는 기존의 윤리나 도덕 같은 것보다 사람 감정의 방향과 정화에 더 가치를 두는 곳이야. 치료과정에서 네가 삼강오륜에 벗어나는 행동이나 말을 했다고 해도 문제 삼지 않아. 하지만 한 가지 바람이 있다면 이 과정이 끝나게 될 때 네 감정을 조절하는 법을 터득해서 다른 사람이 잘못했을 때 그로 인해 소중한 네 자신이 파괴되는 행동을 하지 않는 거야.

이러한 언어적인 기법과 미술기법을 통하여 상담을 할 때 평가하는 측면에 대해 부분적으로 시사했다. 다음은 내담자와 직접 글로 표현하도록 하는 방법으로는 사용하여 미술치료 상담에 사용한 방법이다.

표 7-1 가족에 대한 상징적 표현

가족/표현	내마음	아빠마음	엄마마음	형제마음	우리집
동물로 표현한다면 어떻게	호랑이	돼지	토끼	토끼	용
색으로 표현한다면 어떻게	파랑	검정	아무 색이나 잘 어울린다	노랑	무지개색
감각으로 표현한다면 어떻게	부드럽다	꺼칠꺼칠	보드랍다	촉촉	모름
날씨로 표현한다면 어떻게	맑음	어둠	맑음	맑음	모름
꽃으로 표현한다면 어떻게	없다	잡초	장미	개나리	모름
맛으로 표현한다면 어떻게	달콤하다	짜다	싱겁다	쓰다	모름

3. 놀이치료 상담

1) 정신분석적 놀이치료

(1) 발달 배경

1909년 프로이트(Freud)는 한스라는 아동을 그의 아버지를 통해 정신분석적 치료를 시도했었는데 이를 아동심리치료의 역사적 기원으로 본다. 부모를 통한 간접적 방법이었지만 '놀이' 정신치료에 사용한 최초의 사례였다. 프로이트에 이어 허그-헬메스(Hug-Hellmuth)도 아동분석에서 놀이가 필수적이라고 보고 아동에게 자신을 표현하도록 놀잇감을 제공하고 놀이행동에 대한 관찰을 하였다. 이후 프로이트가 이끄는 비엔나 정신분석학파와 클라인(M. Klein)이 이끄는 영국의 정신분석학파가 헬메스의 연구를 더 발전시켜 나갔다. 1920년대의 정신상담자들은 아동분석이 정신분석과는 다르고 독특한 것이라는 사실을 충분히 깨닫지는 못했다. 시간이 지나면서 많은 상담자들은 아동분석이 몇 가지 측면에서 성인분석과는 다르다는 점을 알게 되었다. 그것은 다음과 같다.

① 아동은 자신의 갈등이나 불만을 언어로 표현하기 어렵다는 점
② 아동들은 자신의 과거를 탐색하는 데 관심이 없으며, 자주 자유연상을 거부한다는 점

그리하여 당시의 상담자들은 아동들에 대해서는 성인분석기법으로는 부족하다는 생각을 하게 되었고, 이로 인해 아동행동을 관찰함으로써 해결방법을 찾기 시작했다.

(2) 기본 가정

아동이 현재 보이는 사고, 감정, 행동은 과거에 경험하였던 감정이나 사고에 의해 영향을 받는다. 따라서 정신분석적 놀이치료는 아동의 무의식 세계의 갈등을 놀이를 통해 표현하도록 돕고, 상담자의 해석을 통해 아동이 자신에 대한 통찰을 얻으며, 갈등을 해결하도록 돕는다. 또한 《베티》라는 책에서 언급한 정신분석 놀이치료의 사례를 통해 기본 가정의 상담자의 반응에 대한 태도를 자세하게 살펴볼 수 있다.

(3) 놀이 및 해석에 대한 견해

안나 프로이트(Anna Freud, 비엔나 학파)

① 놀이를 아동의 내면 세계에 접근하는 수단으로, 상담자에 대한 긍정적 애착을 촉진하는 수단으로 이용
② 상담자로서 아동과 치료동맹을 맺는 방법으로서 놀이를 사용
③ 즉각적인 해석보다 아동과의 관계에서 긍정적인 격려와 칭찬이 필요함을 강조
④ 점차 놀이에서 언어적 상호작용으로 옮겨감을 강조

멜라니 클레인(Melanie Klein, 베를린 · 런던 학파)

① 놀이를 성인의 자유연상과 동일하다고 보면서 아동의 놀이가 그러한 표현의 한 양식이라고 봄. 그리하여 모든 놀이는 상징적인 의미가 있다고 봄
② 놀이는 아동의 무의식으로 통하는 주요 통로로 봄

③ 치료의 초기부터 직접적 해석을 시도

④ 전이의 분석을 중시 : 아동의 불안이 영아기의 첫 대상과의 관계에서 비롯되는 것이라는 해석으로 아동에게 도움을 줌. 특히 초기 정서와 환상을 재경험하고 초기 관계의 뿌리를 수정하게 되면 불안은 감소한다고 봄

⑤ 6세 이하의 아동에게도 치료가 가능하다고 보았고, 실제로 치료를 수행함

⑥ 아동의 과거를 다루고 자아를 강화하는 것

⑦ 아동이 자신을 가장 자유롭게 표현할 수 있는 매체가 놀이라는 믿음

(4) 놀이의 기능 및 의미

놀이의 기능

놀이는 아동의 갈등을 해결하는 매개체로 정신분석을 통해 치료하면서 상담자는 해석을 통해 아동이 자신의 갈등을 인식할 수 있게 하여 아동 삶의 변화를 가져오게 하는 것이다. 아동 정신분석은 성인과 마찬가지로 저항과 전이의 분석에 입각하는 것이기 때문에 상담자는 놀이 상대자로서가 아니고 참여관찰자의 역할을 하게 된다. 또한 놀이는 정화의 수단으로서만 사용되지 않으며 아동과 접촉을 이루기 위한 수단이고, 관찰의 대상이며 정보의 차원으로, 그리고 해석적인 대화를 증진하기 위한 도구로 사용된다.

안나 프로이트가 말하는 놀이의 기능

① 아동과의 관계(작업동맹) 형성 : 상담자는 허용적이되 지시적이지 않아야 한다.

② 진단적 평가수단 : 직접적인 관찰을 통해 아동의 근원적인 어려움을 파악한다.

③ 해석을 위한 매개체 : 놀이상황에서 표현되는 은유적 대화, 즉 '은유속의 해석(Epstein & Caruth, 1966)'은 아동의 정서를 이끌어내고 그의 갈등을 언어적 표현의 영역으로 이끌어내는 점진적 과정의 중요한 출발점이다.

놀이의 의미

아동분석의 주요한 도구는 놀이로 '아동을 정상적인 발달 통로로 복귀시키는' 과제를 위해 아동의 자연스러운 놀이성향을 이용하는 것이다.

프로이트(Freud, 1908) 놀이를 창조적인 기능과 관련시켜 아동을 놀이 속에서 자신의 무의식적인 삶에 대한 기쁨과 갈등을 간접적으로 수행하는, 그 자신의 세계에

대한 창조자라고 하였다.

피아제(Piaget, 1951) 놀이에 필요한 인지적 능력을 강조하였으며 만 2세 무렵에 심상적인 상황을 창조하는 능력이 시작되고 이것을 성인 꿈의 전조로 보았다.

오스토(Ostow, 1951) 아동들이 현실적 한계에서 벗어나 가상적이고 상상의 세계로 향하는 지름길이라고 하였다. 오스토(Ostow, 1987)는 놀이에 대해 다음과 같이 말하였다.

① 가공적인 만족을 제공함으로써 현실세계에서의 좌절과 실망을 극복하는 기제를 제공하고, 그에 따라 긴장과 스트레스를 감소시킨다.
② 즐거운 대안들을 제공함으로써 심리 내적인 갈등으로부터 위안을 제공한다.
③ 놀이는 현실적 또는 비현실적인 도전에 노출시킴으로써 긴장을 이완하고 즐거움으로 그것을 대체하여 극복하는 것이다.

위니콧(Winnicott, 1970) 놀이는 주관성과 객관성 사이에서 중간적인 영역을 창조한다고 보았다. 그에 의하면 인간에게는 내적 실재와 외적 현실이 필요하고, 제3의 부분인 중간영역도 필요하다고 보았으며, 이를 환상의 영역, 또는 잠재적 공간이라고 하였다.

(6) 정신분석 놀이치료에 적합한 연령 및 대상

전통적인 정신분석

성격구조가 완전하게 발달되고, 내적인 갈등에 의해 발생한 불안으로부터 증상이 나타난 사람들을 내담자로 보았다. 따라서 전통적 정신분석적 놀이치료는 오이디푸스적 갈등이 최소한 부분적으로라도 해결되지 않은 아동들에게는 적합하지 않다고 보았다. 연령 면에서 최소한 5세 또는 그 이상의 아동을 적합하다고 보았다. 언어에 기반하고 통찰-지향적인 접근으로 작업할 수 있는 충분한 언어적 기술이 발달한 이들로 제한하였다. 이런 면에서 가장 알맞은 내담자들은 공포증, 강박적 행동, 사회적 철수 등과 같은 불안 관련 장애를 가진 아동들이라고 한다(O'Connor, 1991).

정신역동적 치료

훨씬 더 어린 아동 또는 만 3세 이전의 아동, 성격구조가 발달되지 않은 아동들에게도 치료를 해왔다. 역동적 상담자들은 박탈과 같은 환경적 방해로부터 기인한 문제를 가진 아동들과 진행되는 갈등 때문에 생긴 발달상 문제와 더욱 심한 발달상 문제들을 가진 아동들을 치료할 가능성을 만들어 왔다(Johnson, et al., 1986; O'Connor, 1991).

(7) 정신분석 놀이치료에서의 놀잇감들

놀잇감들은 비교적 단순하고 기계적이지 않으며, 아동의 정서 및 인지발달에 적합한 것이 필요하다.

① 다양한 가족구성원을 나타내는 작은 인형들 : 더 큰 인형도 필요
② 다양한 동물모형들 : 야생동물과 가축모형들을 분류해서 배치하면 좋고, 동물들도 각 종류를 가족 단위로 마련하는 게 유용하다.
③ 자동차 모형들 : 작은 크기의 모형들이 유용하지만 큰 자동차들도 필요하다.
④ 나무 블록을 포함한 블록 종류들
⑤ 그리기 및 만들기 작업과 관련된 도구들 : 종이, 연필, 색연필, 크레용, 가위, 색종이, 테이프, 실, 찰흙 등
⑥ 다양한 캐릭터 인형들 : 최근 인기 있는 만화나 영화 주인공들의 모형들
⑦ 전화기 및 그 외에 연령별 발달수준에 맞는 다양한 놀잇감이나 게임도구들

다음은 상담자가 내담아동들의 역동성 및 투사적인 행동에 대해서 알아볼 수 있는 진단하고 평가할 수 있는 놀잇감들이다.

인형

아동은 인형놀이를 통한 상상놀이를 하면서 자기 자신과 자신의 주변환경 모두를 상징화하여 드러낸다. 예를 들면 정체성 문제, 형제간의 갈등, 경쟁의식, 타인과의 친밀감, 부모에 대한 의존성 등을 인형놀이를 통해 보여준다.

인형의 집

가족환경을 재창조할 수 있게 한다. 아동이 인형의 집을 가지고 놀이하는 것을 보면서 상담자는 아동의 가족이 보이는 상호작용이라든가 유대감, 의사소통 태도 등 가족관계에 대한 많은 정보를 얻을 수 있다.

모형인물

모형인물이라는 것은 인물을 나타내는 조그마한 인형을 말한다. 가족 모형인물이나 성인 남녀, 아동, 아기 등의 작은 모형인물을 통해 아동의 가족 상황이나 주변 인물과의 관계를 엿볼 수 있다.

특히 누가 권력을 가지고 있는지, 그 권력을 어떻게 행사하는지, 양육태도는 어떠한지, 학대를 가하는 사람은 누구인지, 누구에게 의존하는지, 누구에게 경쟁의식을 갖고 있는지, 누구와 친밀한 감정을 가지고 있는지, 가족관계에서 안전감을 느끼고 있는지, 가족에게 인정받고 있다고 느끼는지 아니면 거부당하고 있다고 느끼는지, 가족역동성은 어떠한지 등을 가족 모형인물을 통해 알 수 있는 것이다.

핑거페인팅

핑거페인팅을 좋아한다는 것은 아동이 접촉을 원하고 있으며, 어떤 소속감이나 퇴행, 안전 등의 욕구를 가지고 있다는 의미이다. 또한 아동이 경험했던 상처에 대한 정서적 충격을 전하고 싶은 의미도 갖고 있다.

접촉에 대한 바람으로 갈등하는 경우에 그러한 문제들에 접근하는 수단으로 촉감적인 느낌을 강하게 받을 수 있는 핑거페인팅을 택하는 것이다.

하지만 핑거페인팅으로 인해 불유쾌한 연상을 불러일으키는 아동들도 있다.

항문기 아동의 발달 단계에서 보여주는 배설문제와도 관련되어 나타나기도 한다. 이 경우에 핑거페인팅이 주는 촉감이 배설의 촉감이나 욕구를 연상시키는 것이다.

게 임

게임은 아동이 생활하면서 경험하는 구조적인 면이나 통제적인 면에 어떻게 대응하는지를 보여주고, 경쟁의식을 어떻게 표현하며, 어느 정도로 자신감을 가지고 있는지 등을 보여준다. 또한 상황을 이끌어가는 능력, 자기주장력, 순응성, 협조적인지 아닌지 등을 엿볼수 있게 한다. 그리고 게임을 대할 때 마구 서둘러 진행시키는지 아니면 차분히 설명을 듣고 모르는 것이 있으면 질문을 던지는지 등의 정보도 알려준다.

가끔 아동이 게임의 규칙을 다르게 하자고 주장하는 경우도 있는데, 이는 창의성을 이끌어내는 길이기도 하므로 될 수 있는 한 허용하는 것이 좋다.

일반적으로 자신감이 없는 아동들은 게임을 하려고 들지 않는다. 혹은 게임을 하다가도 그런 아동들은 쉽게 포기한다. 이러한 태도가 아동의 자존감에 관한 중요한 정보가 되는 것이므로 상담자는 이러한 점들을 눈여겨 살펴보아야 한다.

① 게임을 통해 아동이 세상을 대하는 태도를 엿볼 수도 있다. 치료과정의 일부분으로 게임을 하는 경우에 상담자가 이기면 자신에게 유리하도록 규칙을 바꾸려는 아동이 있는데 경우에 따라 들어주는 것이 좋다. 내면적 상처를 가지고 있는 아동의 경우는 자신의 욕구를 표현할 자유를 주어 욕구가 받아들여지는 경험을 하는 것도 매우 중요하기 때문이다. 놀이치료실의 모든 게임이나 놀잇감의 목적은 아동이 가지고 있는 내면의 욕구를 표현할 수 있도록 지원하는 것이다.

② 게임을 할 때 자신이 지나치게 쉽게 이길 수 있도록 규칙을 정하려는 아동도 간혹 있다. 이렇게 하는 것은 자신이 아무런 힘이 없다고 느끼기 때문에 사실 진정한 게임을 해볼 엄두도 못내는 것이므로 이런 아동에게는 지속적인 격려가 필요하다.

③ 상담자가 매번 이기도록 만드는 경우도 있다. 주로 역기능적인 가족문제를 가진 경우가 많은데 이러한 아동들은 무조건 눈치보고 양보하고 남에게 맞추려는 경향을 가지고 있다. 자신의 욕구나 기대는 맨 나중으로 밀어 놓는다. 성적 · 신체적 학대를 받을 가능성이 있는 경우에 혹시라도 주변 어른이 화를 내서 자신이 다칠지도 모른다는 두려움에 떨게 되며 그러한 감정들이 게임을 할 때 나타난다.

화장도구

빗, 거울, 립스틱 등 화장도구를 놀잇감으로 사용하는 것은 자아 이미지와 자아개념에 대한 태도를 보여주는 것이다. 또한 사랑을 확인하고 귀여움을 받고 싶은 욕구를 보여준다. 따라서 놀이치료의 마지막 단계에서 자아 이미지에 대한 확인을 위해 화장도구가 쓰이는 경우도 많다. 하지만 지나치게 화장도구에 집착하는 경우에는 혹시 아동이 성정체감으로 갈등하고 있는지 살펴보아야만 한다. 또 이런 경우에 성학대 여부도 반드시 확인해 보아야 할 문제이다.

요술지팡이

아동이 힘을 발휘할 기회가 있다는 것을 보여주는 놀잇감이다. 무기력한 상태에서 도움이 필요할 때 요술지팡이는 아동이 원하는 대로 이루어지게 할 수 있는 힘을 준다. 또한 요술지팡이는 상상놀이에서 자신의 미래의 삶을 위한 소망과 목표를 성취할 수 있게 해준다.

흔히 요술지팡이를 손에 쥐고 휘저으며 소망을 비는데 지금 상태보다 더 나은 상태가 바라는 심정이 담겨 있다. 그래도 "내 삶이 더 좋아지는 게 소원이에요."라는 말은 너무 직접적이기 때문에 하지 못한다. 예를 들면, 자기 집 대신에 할머니 댁에서 살기를 원하는 경우에 요술지팡이에 그 소망을 말하는 것보다는 그저 자신이 탄 기차가 할머니 댁으로 향하도록 하여 자신의 소망을 드러낸다.

괴물 인형

가해자를 나타내기도 하지만 아동 자신이 가지고 있는 공포나 양가감정, 환상, 공격성, 갈등, 복수심 등을 표현하기도 한다. 자신을 힘들게 하는 사람이 누구인지 모를 때, 또 구체적으로 어떻게 했는지 표현할 수 없을 때 괴물 인형을 등장시킨다. 괴물에 대한 정서는 힘들고, 부정적 · 공포적이며 무력감을 보여준다. 괴물 인형은 또한 아동의 삶에 있어서의 위험으로 다가오기는 하지만 무엇인지 잘 모르겠고 이해할 수 없으며, 비밀스럽고 환상적인 것을 상징하고 있다.

악 기

모든 종류의 악기는 자기표현, 의사소통, 창조성, 접촉, 자기성찰 등을 나타낼 수 있게 하는 놀잇감이다. 슬픈 듯이, 열정적으로, 조용하게, 시끄럽게 등 어떻게 연주하는가에 따라 아동의 기분과 태도가 나타난다. 아동이 화가 났거나 내면에 심각하게 갈등을 겪고 있을 때는 악기를 부드럽게 다룰 수 없다. 그러므로 요란스럽게 드럼을 두드린다든지 기타를 쿵쾅거려 불협화음을 만들어내는 것이다.

반대로 자상하게 보살핌을 받고 있다는 느낌을 갖게 되면 부드럽게 달래는 듯한 목소리를 내면서 악기를 만지게 된다. 이처럼 악기는 굳이 말 없이도 아동의 기분을 전달해 주기 때문에 놀이치료실에서 없어서는 안될 중요한 놀잇감인 것이다.

카 드

카드는 돈, 통제력, 힘, 비밀 등을 나타내는데 아동에 따라 아주 다양하게 사용된다. 또한 카드는 상담자와의 유대감을 갖고자 할 때 사용되기도 한다. 대부분의 아동들이 카드놀이에서 이기기를 바라는데 이는 자신이 힘을 가지고 싶다는 것을 확인하고 싶기 때문이다. 모든 그림카드는 자신이 가지고 상담자에게는 숫자카드만을 주는 아동도 있다. 이는 자신이 모든 힘과 통제력을 갖고 싶다는 표현으로 보아야 할 것이다.

상 어

상어는 공격심을 상징하는 놀잇감이다. 상어는 날카로운 이빨로 가지고 몸집이 큰 동물로 자신을 위압하는 사람에게 느끼는 공포를 보여준다. 그것은 학대를 가하는 사람일 수도 있고 신체적인 위압감을 주는 사람일 수도 있다.

군 인

군인은 갈등, 공격심, 무력, 생과 죽음의 싸움, 공포 등을 나타내는 놀잇감이다. 상어와 비슷한 유형의 놀잇감이라고 생각하는 것이 좋다. 또 집단훈련이나 집단감정을 표현하는 데 사용되기도 한다.

은신처

아동이 가지고 있는 숨고 싶은 욕구나 경계선을 갖고 싶어하는 욕구, 수용, 신뢰, 존중, 수줍음 등을 표현할 수 있게 한다. 또한 상담자로부터의 거리감이나 자신이 가지고 있는 문제로부터 거리감을 갖고자 할 때도 유용하게 쓰인다.

텐트나 상자가 주는 경계선들이 아동에게 아무도 자신을 볼 수 없기 때문에 안전을 느끼게 하고 보호받고 있는 느낌을 갖게 한다. 자그마한 상자나 텐트 속으로 들어가 몸을 웅크리고 있는 것은 엄마의 자궁 안에 있는 태아의 자세와 흡사한 것으로 그 시기로 퇴행하여 안전을 추구하고자 하는 마음을 보여주는 것이다.

과 녁

아동의 자신감 수준은 아동과 과녁과의 거리를 보면 알 수 있는데, 예를 들어 과녁에 지나치게 가까이 다가간다는 것은 다른 사람이 자신을 잘 보아주었으면 하는 요구를 나타내는 것이고, 동시에 능력의 부족하다고 느끼고 있다는 표현이다. 또 과녁에서 지나치게 멀리 떨어져 놀이를 하는 것은 아동의 자신감이 적고, 자신의 능력에 대해서도 별 기대를 갖고 있지 못하다는 것을 보여주는 것이다.

수 갑

수갑은 아동에게 구속, 무력감, 죄의식, 범죄, 처벌, 공포, 권력, 경찰 등을 상징한다. 수갑이 주는 속박은 아동에게 두려움을 야기하며, 규칙이나 처벌에 대한 경계심을 갖게 한다.

아동이 수갑을 자신에게 채우는 놀이를 하는 것은 내면의 죄책감을 반영하는 것일 수도 있다. 처벌이 대상이 됨으로써 자신의 잘못을 인정하고 처벌을 받겠다는 의지이기도 하고, 죄책감에서 벗어나고 싶은 욕구를 보여주는 것이기도 한다.

반면에 상담자에게 수갑을 채우고 싶어하는 아동은 자신의 힘, 권력을 과시하고 처벌자로서의 권한을 부여받고 싶어한다.

상담에서 사용할 수 있는 언어게임

① 당신은 지금 어떤 집의 창문 안을 들여다보고 있습니다. 무엇이 보이지요?

② 당신이 정말로 미안함을 느낄 때 '미안하다'라고 말하는 것과 벌을 받지 않기 위해 미안하다고 말하는 것의 차이는 무엇입니까?

상담 장면에서 다룰 수 있는 대화 예)

"동생한테 그런 적 있는데…… 때리고 나서 미안하다고 말했어요. 사실은 미안하지 않았는데……."
"왜 미안하지 않았는데?"
"동생이 날 놀리고 귀찮게 했으니까요."
"그런데 왜 미안한다고 했니?"
"엄마한테 혼날까봐 겁나서요."
"엄마에게 혼이 나는 것보다 동생에게 미안하다고 하는 게 차라리 더 나았구나."

③ 다른 사람의 기분을 좋게 하기 위해 당신이 할 수 있는 일은 무엇입니까?

④ 집을 나오고 싶다고 느낀 적이 있었습니까? 만약 그렇다면 무슨 일 때문이지요?

⑤ 학교에서 배우는 것 중에서 당신이 가장 배우기 싫은 것은?

⑥ 당신 엄마의 좋은 점은 무엇입니까?

⑦ 당신이 화가 났을때, 당신의 마음에 처음 떠오른 것보다 좀 더 공손한 단어를 사용하는 것이 왜 좋을까요?

⑧ 종이 한 장이 바람에 날려 창문 안으로 들어왔다고 생각해 보세요. 그 종이에 무언가가 쓰여 있습니다. 뭐라고 쓰여 있나요?

⑨ 어떤 사람이 당신을 때릴 때 당신의 기분은? 누군가가 당신을 때리려고 할 때 당신은 어떻게 해야 합니까?

⑩ 만약 당신이 한 달밖에 살지 못한다면 어떻게 그 한달을 보내겠습니까?

⑪ 한 남자 아이가 얼굴과 팔 전체에 멍이 들어서 집으로 왔습니다. 학교에서 무슨 일이 있었을까요?
⑫ 엄마의 어떤 점이 당신을 화나게 합니까?

(8) 정신분석 놀이치료의 목표

억압되었던 무의식적 갈등과 불안을 놀이를 통해 의식화시키면 긴장 때문에 묶여 있던 에너지가 자아기능에 활용되고 그로 인해 아동의 감정, 사고, 행동이 원활하게 활동할 수 있다고 보는 것이다. 성격구조의 재구성이라는 의미는 무의식적 기능인 원초아의 힘을 약화시킴으로써 의식적 기능인 자아의 힘을 강화시키는 것이다. 결국 정신분석적 놀이치료의 목표는 아동이 적응적이고 문제해결적인 기능을 할 수 있도록 자아를 강화시키는 것이고, 그리하여 아동이 적절한 발달 수준으로 회복하게 도와 아동의 행동상의 변화를 지속시키는 것이다. 정신분석 놀이치료의 목표는 다음과 같다.

① 아동의 생활연령과 정신연령을 얼마간 유지하면서 정상속도로 성장과 성숙이 일어날 수 있도록 발달을 보조하는 것이다.
② 전이에 대한 해석은 분석이 그것의 변화를 나타내는 효과를 일으키는 핵심도구가 되도록 지속하는 것이다.
③ 정신분석을 받는 아동이 나타낼 수 있는 저항들이 몇 개 있으며, 그 중에서 가장 중요한 것은 그들 자신의 의지로 오기보다는 부모나 다른 권위자에 의해 치료에 의뢰되었다 는 것이다.
④ 놀이라는 표현 속에서 갈등-방어에 대한 해석을 제공하는 것에 덧붙여, 상담자는 아동의 무의식을 견뎌내기가 매우 어렵기 때문에, 해석을 직접적으로 제공하는 시기와 장면을 신중하게 선택해야만 한다.

(9) 정신분석 놀이치료의 기법

기법으로서의 놀이와 해석

① 해석의 기술 : 아동이 자신의 갈등에 대한 더욱 적응적인 해결을 향해 가도록 돕는 주요한 방법이다. 아동에게 해석은 주로 은유로 이루어지는 것이 안전하므로 상담자는 아동의 은유의 개념을 잘 이해해야 한다.

② 무엇을 어떻게 해석하고 그 의미를 어느 시점에 어떤 용어로 전달하느냐에 따라 아동의 자각과 통찰이 생길 수 있는데 루이스(Lewis, 1974)는 아동의 놀이에 대한 해석을 다음과 같은 다섯 가지 차원으로 실시한다고 하였다.

- 주의진술 : 아동이 놀이에서 보이는 행동이나 말하고 있는 내용을 아동이 알도록 도와주는 진술이다. 이는 아동의 행동과 언어의 기본적인 사실적 맥락에 대하여 아동의 인식을 불러일으키는 것을 목적으로 한다. 예를 들어, 아동이 자동차를 미는 행동에 열중하고 있다면 상담자는 아동에게 "넌 그걸 계속해서 밀고 있구나." 또는 "계속해서 왔다 갔다 하고 있네."라고 말해 준다.
- 환언적 진술 : 외견상으로는 전혀 다른 사건을 일상적 형태로 끌어내림으로써 미처 모르던 행동 패턴을 말해 주는 진술이다. 자신의 일을 열심히 하는 아동이 있다고 하자. 그런데 그 아동은 어른이 참견하거나 조금만 지시를 해도 화를 내거나 거부한다. 그럴 때 상담자는 "너는 무엇이든지 혼자서도 잘 한다고 생각하는 구나."라고 말하여 아동의 여러 행동을 통해 반복되는 패턴을 찾아준다.
- 상황적 진술 : 아동의 감정과 행동들이 발생하는 상황들을 아동이 깨닫도록 돕기 위해 상담자가 해주는 진술이다. 예를 들어 어떤 아동은 자신이 하는 일을 누군가가 방해할 때마다 자신을 방해하는 사람에게 화를 내고 때리려 한다. 그럴 때 상담자는 "누가 너를 방해하면, 화가 나고 때려주고 싶구나."라고 한다.
- 전이해석 : 상담자와의 관계에서 아동의 갈등이 어떻게 반영되었는지를 아동에게 보여주기 위한 방법이다. 예를 들어 놀이회기가 끝나서 나가려는 상담자에게 아동이 자꾸 더 있자고 요구하거나, 상담자를 밖으로 나가지 못하게 하는 경우가 종종 있다. 이런 반응이 아동이 과거에 중요한 타인(특히 엄마)과의 관계에서 제대로 보호받지 못하고 버림받은 경험이 있는 아동의 전이반응이라면 상담자는 "내가 엄마처럼, 너를 두고(버리고) 갈까봐 걱정되는 구나."라고 반응해 줄 수 있다.
- 원인적 진술 : 현재 행동과 초기발달의 사건을 연결해 주기 위한 진술이다. 즉 과거의 아동경험을 알아내어 그것이 현재에 어떤 영향을 미치고 어떤 연관성을 갖는지를 찾아내는 진술이다. 상담자가 위의 전이해석의 예와 같은 아동을 만난다면, "사람들이 엄마처럼 너를 버리고 갈까봐 두려웠구나. 그래서 가지 못하게 울고 소리치는 구나."라고 하는 것이다.

2) 아동중심 놀이치료

(1) 발달 배경

인본주의이론에 기초를 두고 있는 아동중심 놀이치료는 아동에 대한 기본 철학은 '아동이 무한한 잠재력과 회복력을 갖고 있고 성장과 성숙을 향해 노력하고 있다'에 두고 있다. 각 개인은 자아실현을 하려는 강력한 힘을 가지고 있는데 이것은 성숙과 독립 그리고 자기안내를 향한 추동이다(Rogers, 1959)

아동중심적 입장은 로저스(C. Rogers)에게서 출발했다고 볼 수 있다. 아동중심적인 입장에서 체계화시킨 사람은 로저스의 제자였던 액슬린(V. Axline)이다. 액슬린은 지금까지 아동중심 놀이상담자의 8가지 기본원칙을 주장했으며, 《딥스》라는 사례집을 발간함으로써 일반 대중에게도 놀이치료의 효과를 널리 알렸다. 현재는 노스텍사스 대학교의 랜드레스(G. Landreth)를 중심으로 미국 전역에서 아동중심적 놀이치료를 하고 있으며, 우리나라도 이의 영향을 받아 여러 기관에서 아동중심적 입장을 기본으로 하는 놀이치료를 하고 있다.

(2) 기본원리

아동이 현실에 대해 어떻게 지각하고 있는가를 아는 일이다. 아동의 내적 세계가 무엇을 원하고 있고 무엇 때문에 어려워하고 있는지를 이해해야 한다.

또한 상담자의 무조건적인 수용과 공감적 이해를 통해 신뢰하게 된다.

(3) 놀이를 보는 견해

액슬린은 '놀이치료는 놀이가 아동의 자연스런 자기표현의 매개체'라는 사실에 기초하고 있다.

어른은 언어로 그들의 어려움을 이야기할 수 있지만 아동은 놀이를 통해 아동의 감정과 문제를 발산하게 된다. 아동은 그런 감정들을 표현에 떠올리고 외부로 끌어내어 직면하여 그것을 조절하거나 버리는 것을 배우게 된다.

(4) 놀이의 기능

인간은 누구나가 놀고 싶어 하는 욕구를 갖고 있다. 자기 내부의 불안, 긴장, 두려움, 공격적인 욕구 등을 발산할 수 있는 기회를 갖는다.

놀이는 아동과 상담자와의 관계를 형성하기 위한 매개체의 역할을 한다. 놀이만큼 서로 친해지도록 도와주는 활동은 없는 것 같다. 아동이 하고 싶은 놀이를 하도록 허용하고 때로는 상대가 되어서 같이 놀면서 아동은 관심과 이해를 받는다는 느낌을 가지게 된다.

(5) 치료목표

성장은 변화하는 과정이기 때문에 인간은 계속적인 경험을 함에 따라 관심과 조망이 달라진다. 경험은 개인의 사고와 느낌을 재구성하고 해석하는 데 끊임없는 영향을 주고 그때마다 경험의 중요성도 다르게 작용한다. 이런 변화는 개인의 행동에 적용이 되어 반응하게 되고 자기 자신의 독특한 형상으로 엮어가게 된다.

(6) 주요 기법

격 려

격려는 칭찬과 다르다. 칭찬은 아동이 잘했을 경우에만 할 수 있지만, 격려는 아동이 잘한 것뿐만 아니라 실수했을 때도 할 수 있는 반응기법이다. "혼자서도 블록을 끼울 수가 있네. 그래서 네가 원하는 것을 만들었구나." 즉 자신의 실수를 두려워하지 않고 아동이 다시 일어날 수 있도록 상담자는 다른 성인과는 다른 모습으로 적절한 격려를 한다.

반 영

상담자가 아동의 놀이나 언어에 나타나는 그들의 감정과 생각을 읽어 내고, 그것을 적절한 말로 거울과 같이 다시 비추어주는 것을 말한다. "너는 내가 그것을 함께 했으며 하는구나."

명료화

상담자가 아동이 미처 자각하지 못하는 감정이나 생각을 명확하게 해주는 것을 말한다.

모든 일을 혼자서 완벽하게 해야 직성이 풀리는 아동이 있다. 아동은 블록 맞추기가 자기 뜻대로 되지 않아 짜증을 내는데, 이때에는 "원하는 대로 되지 않아서 속상하고 화가 나는 구나."라고 명료화한다.

개방식 질문

개방식 질문은 아동에게 "예, 아니오."와 같은 단답식의 응답을 요하는 폐쇄적 질문이 아니라 아동에게 자신의 생각과 감정을 정리해서 이야기해 보도록 하는 질문방식을 뜻한다. 예를 들어, "기쁜 일이 생길 때는 언제이니?", "사람들은 왜 화를 낸다고 생각하니?", "누군가 너를 때리면 어떤 기분이 들까?" 등이 있다.

침 묵

침묵은 언어로 표현하는 것보다 어려운 기법이기 때문에 많은 상담자들이 침묵을 견디지 못해 이야기를 하게 되고 때때로 그것은 아동에게 부담감을 안겨준다.

적절한 침묵은 아동이 자신의 감정이나 생각을 언어나 놀이로 표현할 때 수용적인 분위기에서 상담자가 여유를 가지고 아동에게 필요한 시간을 충분히 제공한다는 것을 보여주는 것이다.

3) 아동관찰 및 놀이평가

(1) 접수면접

접수상담은 아동에 대해서 걱정하는 부분을 전문가와 상담하게 되는 첫 만남을 말한다.

접수상담을 어떻게 시작하면 되는가?

인터넷으로 육아나 자녀교육 관련 정보를 검색하고 아동의 문제를 어떻게 바라보아야 할지에 대한 고민으로부터 시작된다.

부모는 혹시 아이가 상담을 받게 된다는 사실 때문에 상처를 받게 될까 염려한다

아이들의 경우 친절한 선생님과 놀잇감으로 가득찬 곳에 왔다는 좋은 기억을 더 많이 갖게 된다.

▽ 접수면접을 하러 오기 전에 부모는 꼭 아이에게 왜 상담실에 가야 하는지에 대해 이야기 한다

① 5세 이하 아이에게는 "너랑 재미있게 놀아주실 선생님을 만나러 가는 거야."

② 초등학생 이상은 "네가 요사이 짜증나고 화나고 힘들어하는 것 같아. 그걸 엄마, 아빠는 어떻게 도와줘야 할지 모르겠다. 그래서 아이들의 힘든 점을 아주 잘 살펴주시는 선생님을 찾아가기로 했어. 그 선생님이 너와 엄마, 아빠한테 가장 좋은 방법을 알려주실 거야."

▽ 접수면접의 특징

① 상담을 요청한 성인과의 면접을 통해 아동의 현재 문제점뿐 아니라 여러 측면에 대해서 이야기할 수 있다.

② 아동의 현재 문제가 어떤 특성을 보이고 있는지를 이해하고, 또 어떻게 이러한 문제가 형성되었는지에 대한 가설을 세우게 된다.

③ 정보수집을 통해 아동을 더 많이 이해할 수 있다.

▽ 상담자와 부모가 대화

① 부모 : 내 자식인데도 도대체 무슨 생각을 하는지, 왜 그런 행동을 하는지 이해 못하겠어요.

② 상담자 : 물론 첫 만남이고 상담자는 '신'이나 '점쟁이'가 아이기 때문에 모든 것을 완벽하게 말해 줄 수는 없습니다. 하지만 아동에 대해 한발 더 나아간 이해는 부모님과 아동의 관계를 한층 개선시켜 줄 수 있습니다. 좋은 출발을 시작하게 된 것이죠.

▽ 평가절하하는 부모

부모가 보기엔 항상 덤벙되고 실수투성이의 내 아이지만, 다른 엄마들은 듬직하다든가 성실하다는 평가를 내리는 경우가 종종 있다. 부모의 기대 혹은 기준에 미치지 못해서 아동을 평가절하한다거나 혹은 부모-자녀관계가 불편해서 아이가 자꾸 부모 앞에서만 실수하는 경우 부모가 평가절하하는 원인을 찾아 재정의를 통해 부모와 상담자 간에 동맹자 관계를 맺는다.

(2) 아동면접 시 상담자가 관찰해야 할 사항

상담자는 부모님과의 시간 외에 아동과 직접 만나서 아동을 관찰하고 이해하는 시간을 가져야 한다.

왜냐하면 부모님하고만 이야기를 나누게 되면 아동의 한쪽 측면만을 이해하게 되고, 아동을 온전하게 이해하지 못하는 실수를 범하게 될 수 있다.

부모의 마음 알기 아동이 상담자와 함께 놀이상담실에 들어가고 나면 꼭 병원 진찰실이나 수술실에 아이를 보내는 것처럼 부모님들은 가끔 불안한 마음으로 대기실에서 기다리게 된다. 왜냐하면 아동과 상담자가 무슨 이야기를 나누는지, 혹여 아이가 마음에 상처를 입거나 힘들어하지는 않을지 걱정을 많이 한다.

아동의 마음 알기 아동을 이해하려고 노력하는 상담자들이기 때문에 대부분의 경우 아동들은 금방 상담자와 익숙해지고 마음을 털어 놓게 된다.

또한 나이가 많은 아동일수록 자신의 마음을 직접적으로 표현하려 하지 않는다.

상담자는 언어 및 비언어적인 표현을 알아야 한다 놀잇감으로 가득찬 방에 들어선 아동들은 저마다 자신의 방식대로 행동하고 놀이하게 된다.

산만함이 문제가 되어서 온 아동 처음 보는 낯선 상담자가 마치 안 보이는 듯이 혹은 보여도 자신의 관심사나 놀잇감에 온 정신이 쏠려서 정신이 없다. 상담자조차 오랫동안 보지 못한 장난감들이 온 방에 널리 있게 된다.

상담자는 아동의 외모를 평가한다 아동의 옷매무새, 체중이나 신장, 표정, 분위기, 부모에게 상담자에게 오는 순간, 대기실의 모습 등 상담자의 눈과 손, 귀는 아주 바쁘게 돌아가고 있다.

놀이실에서 처음 사용한 놀잇감은 무엇인가? 아동이 무엇을 선택하는지, 장난감을 어떻게 사용하는지, 어떤 주제가 펼쳐지는지 등에 대해서도 놓치지 않으려고 노력해야 한다.

① 놀이는 성인의 언어만큼 중요한 언어다 : 결과적으로 사람의 첫인상이 중요하듯이 놀이의 첫 장면은 생각보다 많은 정보들을 전해 준다. 수많은 놀잇감 중에서 꼭 그 놀잇감으로 그 장면을 만드는 것은 아동 안의 특별한 힘이 작용한 덕분이다.

예) 혜진이의 부모님은 이혼 직전의 갈등 상황에 처해 있어서 툭하면 큰소리에, 싸움의 연속입니다. 그런 상황에서는 혜진이가 어떨지에 대해서까지 생각할 여유가 없죠. 한동안은 부모님이 별거를 하시는 바람에 혜진이는 할머니와 함께 살기로 하였습니다. 그때까지 별문제 없이 밝던 혜진이는 갑작스럽게 산만해지고 할머니에게 공격적인 행동을 보이게 되었습니다. 또는 진짜 친구가 아닌 가상의 친구가 생기기도 하고요. 유치원 때까지는 그저 왈가닥이려니 생각했었는데 학교를 들어가고 나서는 산만함 때문에 수업시간에 참여 하는 것조차 어렵게 되었습니다. 그래서 혜진이 어머니는 상담기관에 접수상담을 신청하게 되었습니다. 혜진이는 놀이상담실에 처음 와서 여러 놀잇감을 둘러보다가 한쪽 구석에 있는 텐트에 눈을 돌렸습니다. 이곳에 새로운 집을 짓는다면서 종이벽돌로 한참 동안 아주 포근해 보이는 집을 만들려고 노력하였습니다. 그러다가 다시 집을 난폭하게 엎어버리고 다시 짓는 과정을 여러 차례 반복하였습니다. 집에 대해 혜진이가 어떤 느낌을 작고 있고 어떤 집을 원하는지를 놀이로 표현한 것이죠.

(3) 부모면담

아동과 접수면접을 하고 난 상담자는 아동의 문제가 어디에서 유래했고 어떤 성격을 띠고 있는지에 대해 어느 정도 이해하게 된다. 하지만 아직은 '감(感)'이고 가설이다. 그러므로 좀 더 구체적으로 알기 위해 부모님과 이야기를 나누는 것이 필요하다.

부모는 접수면접지를 작성해야 한다

이야기를 나눌 때는 그냥 무작정 물어보는 것이 아니라 일정한 형식과 기준이 있다. 대부분의 상담기관에서는 아동이 상담자와 상담실에 들어간 사이 부모님들에게 '접수면접지'라는 것을 작성한다.

접수면접지로 부모 면담하기 아동에 대한 인적 사항, 아동 양육사항, 현재 아동에게 걱정되는 부분(주호소), 가족사항 등이 담겨 있다. 부모님과의 면담은 부모님이 작성한 접수면접지의 내용과 상담자가 초점을 두고 이야기를 나누는 내용으로 이루어진다.

(4) 문제 평가

상담자는 감정 탐정가이다

이제 감정 탐정의 수첩에는 꽤 많은 정보가 있다. 목격자와 증인, 증거들이 수첩에 빼곡히 적혀 있는데다가 오랜 경험을 가진 탐정이기에 이 정보들을 한데 모아서 중요한 결론을 이끌어내는 능력까지 있다.

상담자는 정보를 평가한다

왜 이런 일이 발생되었고, 어떻게 자신의 결론이 나오게 되었는지에 대해서 말하는 장면을 볼 수 있다.

① 아동의 사고의 흐름을 좇아서 정리를 하고 결론을 내린다.
② 왜 아이가 문제를 발생시켰는가? (선천적 혹은 후천적 혹은 두 가지 영향 모두)
③ 무엇이 이를 유발시켰는지?
④ 왜 이 문제가 약화되었는가?

가설과 확증을 하게 된다. 또한 상담과정을 통해서 부족하거나 빠진 정보들이 더 많이 모아져야 한다.

심리적인 문제가 아닌 의학적인 문제가 있을 경우

어떤 경우는 심리상담보다 의학적인 처치 혹은 약물 복용이 먼저일수도 있다.

놀이상담을 받지 않는 경우와 지속적인 상담을 요구하는 경우

어떤 경우는 부모님께 아동의 특성을 설명하는 것만으로, 즉 일회의 면담만으로도 충분할 수 있다. 혹은 지속적인 상담을 통해 아동을 도와주는 것이 최선일 수 도 있다.

구체적 상담계획 부모에게 알리기

상담자가 부모님들께 아동에게 가장 최선이라고 생각하는 부분을 제안하고 나면 부모님들은 상담자와 협의하에 결정을 내리게 된다. 어떤 결정을 내리든 간에 상담자는 부모님을 돕기 위해 최선을 다해야 한다.

① 대부분의 아동상담은 예외적인 상황이 있다(문제의 심각성, 제한된 기간, 상담의 효과 등의 경우 일주일에 두 번).

② 언제 어떻게, 어디서, 몇 시에 몇 분 동안 할 것인가를 구체적으로 계획한다(요일, 시간, 날짜).

③ 대부분 아동상담만 40~45분 하고 아동상담 전후에 10~15분 정도 부모면담을 한다.

4) 상담과정

초기 상담 → 중기 상담 → 후기 상담 → 종결 상담과정을 갖는다.

(1) 초기 상담

목표

"관계 맺기 과정-허니문 관계가 확립된다."

관계 맺기 과정 접수면접 당시 상담자와 직접 상담을 담당하는 상담자는 다르다. 기관에 따라 접수상담 때 만났던 상담자와 상담 시 만나는 상담자가 다를 수 있다. 여러 상담원이 있는 기관인 경우 이런 가능성이 더 높아진다.

낯선 사람에 대한 부모님과 아동에 대한 배려 아동에게 가장 적절하다고 판단되는 상담자가 배정된다. 하지만 부모님과 아동 모두 낯선 사람에 대한 불안함과 불편함을 줄 수 있다.

보통 사람은 낯선 사람을 만나서 속마음을 다 털어 넣고 진한 감정을 나누는 친구가 되기까지는 많은 노력과 시간이 필요하다. 처음 누군가를 만나면 그 사람의 첫인상과 분위기를 파악하면서 "저 사람은 어떤 사람일까?", "저 사람이 날 어떻게 생각할까?", " 나는 저 사람에게 어떻게 해야 할까?" 등의 여러 느낌을 갖게 된다.

상담자가 이 상황을 바꾸어 보겠다고 너무 급하게 변화시키려 하거나 아동을 쫓아다니게 되면 아동은 더욱 불안함과 불편감을 갖게 된다.

즉 기다림과 인내 그리고 그 마음을 이해해 주는 감정이 가장 큰 배려이다.

부모와 아동 사이에 적절한 관심과 여유가 필요하다 여러분이 옷을 사려고 새로운 상점에 들어갔다고 하자. 점원이 너무 쫓아다니면서 말을 걸거나 도와주려 할 때에도, 또

반대로 전혀 무관심한 채 그냥 둘 때에도 모두 불편한 느낌을 받으셨을 것이다. 나에게 신경을 쓰고 있다는 느낌은 받으면서도 적절한 거리를 유지해 주는 그런 느낌이 상담자와 아동의 관계를 유지 하는 것이 중요하다.

상담자의 반응이 곧 관심이다 처음 상담을 시작하면 부모님들은 상담자가 아무것도 하지 않은 채 그냥 가만히 앉아 있는 것처럼 느끼며 "저렇게 앉아만 있어서 무슨 상담이 될까?" 혹은 "저렇게 앉아만 있을 거면 내가 해도 되겠네."라는 생각이 들기도 한다.

하지만 상담자는 그 적절한 거리를 유지하기 위해 최대한의 노력을 기울이면서 앉아 있는 것이다. 예를 들어, 점원이 자기 생각에 빠져 있거나 인터넷 혹은 음악을 듣고 있으면 손님이 필요할 때 재빠르게 반응할 수 없다. 마찬가지로 상담자는 아동의 요구나 미세한 반응에 민감하게 반응을 할 수 있도록 오감 모두를 아동에게 집중하고 있는 것이다.

집중된 관심은 아동에게 자존감을 상승하는 효과가 있다 집중된 관심을 받게 되는 아동은 자신이 대단히 소중하고 존중받을 만한 사람이라고 느끼게 된다. 이런 감정은 아동과 상담자가 좋은 관계를 맺는 데 밑거름이 되고 아동의 자기상과 자신을 확신하게 만드는 힘이다.

초기 상담자의 자세

부모들은 빨리 아동의 문제가 호전되어서 상담소에 오지 않기를 바라기 때문에 상담자가 좀 더 적극적으로 주의하면서 나아가길 원할 수 있다. 물론 상담자의 주도적인 자세가 필요하다.

그런데 왜 아동중심 놀이치료과정에서 왜 대부분의 상담자들은 아동에게 주도권을 넘기는 것일까? 그것은 의미는 관계형성을 하는 데 있다. 상담자와 아동 간의 이렇게 서먹하고 어색한 감정조절 단계가 끝나고 나면, 그동안 상담자가 아동에게 보여준 믿음과 긍정적인 자세로 인해 아동은 상담자에게 호감을 표현하게 된다.

(2) 허니문 관계

여러분도 마음에 맞는 친구라고 느껴지면 항상 만나고 싶고, 잘해 주고 싶고, 잘 보이고 싶어 하는 그런 마음이 든다. 이처럼 아동도 상담자에게 대단한 호감을 표현하게 된다. 하지만 이때도 상담자는 아동의 특별한 행동에 좀 더 많은 관심을 기울이려고 하지 않는다.

왜냐하면 아동의 어떤 특정 행동에 따라 평가하고 인정하는 태도를 보이면 아동은 계속 상담자가 원하는 아동으로 남아 있으려고 하게 되기 때문이다.

허니문 관계의 특징

허니문 관계의 아동과 상담자의 관계 상담자가 어디까지 자신을 받아줄 수 있는지를 시험하려고 할 수 있다.

그 이유는 좀 더 깊은 관계를 맺기 전에 두려움을 느끼기 때문이다. 그래서 일부러 상담자가 안 된다고 하는 행동을 더 해보고 상담자의 반응을 살핀다.

허니문 관계의 아동에게 제한하기 상담자는 아동의 그런 마음을 이해하고 공감하면서도 행동적인 부분에 대해서는 명확하게 제한을 하게 된다.

이러한 과정을 통해 아동은 상담자가 그저 모든 것을 받아주는 환상적인 사람이 아닌 자신에게 공감을 하면서도 한계가 있는, 안전하고 실제적인 사람으로 느끼게 된다.

허니문 관계의 일관성 어떤 경우는 부모가 보기에 그냥 넘어가도 되는 것 혹은 "저렇게 아이가 울고 떼쓰면 그냥 아이의 말을 들어주면 어떨까?" 하는 생각이 들 때에도 상담자는 결코 들어주지 않는다. 이 경우도 상담자들은 아동이 명확하고 일관된 한계를 알게 해서 자신의 좌절을 적절하게 처리하는 것이 더 중요하다고 판단하기 때문이다.

허니문 관계의 행동에 대한 특징

① 치료실에서 장난감을 갖고 나오고 싶어 하는 행동
② 시간을 넘겨서 치료실에서 계속 놀고 싶어 하는 행동

이럴 때 대부분의 부모는 실랑이를 하다가 들어주거나 화를 내거나 무시할 수 있다. 이런 상황에서 부모님이 일관되게 반응하는 것은 무척이나 어렵다. 하지만 전문적인 훈련을 받는 상담자들은 일관된 반응을 보이면서도 감정적인 동요가 최소한으로 일도록 훈련받았다.

허니문 관계의 효과성

행동상의 제한을 당하면서도 아이들은 기분이 상하거나 상담자에게서 거부당했다

혹은 상담자가 나를 싫어해서 이렇게 한다는 식의 감정을 갖지 않는다.

또한 아동 자신들도 자신의 행동에서 잘잘못을 대충 알고 있는데 부모가 전혀 반응이 없거나 그냥 지나치면 아이들은 더 불안해져서 다음에는 더 큰 행동으로 부모님을 자극하게 된다. 악순환의 고리가 또 하나 형성된다.

초기에 이런 일련의 과정, 즉 한마디로 '관계 맺기'의 과정을 아이들마다 다른 모습으로 거치게 된다. 이 과정을 거치고 나면 아동과 상담자는 진정한 신뢰관계를 맺게 되면서 중기 단계에 접어들게 된다.

단, 아동의 문제 정도와 심각성, 대인관계의 손상 정도 등에 따라 초기 관찰이 대단히 길어질 수도 있다.

(2) 중기 상담

목표

상담자의 경험과 전문적인 지식 → 아동의 놀이주제 → 아동의 행동상 변화

상담자의 갈등 아동과 관계가 어느 정도 맺어지고 나면 자꾸 갈등이 생기는 것을 경험을 기억할 수 있다. 좀 더 편안하고 믿게 되니까 예전에 불편해서 혹은 그저 좋은 관계를 맺는 데 급급했기 때문에 지나쳤던 것들을 직 · 간접적으로 표현하게 되면서 발생한다.

예를 들면, 부부간의 관계에서 연애 또 혹은 신혼 초에는 깨가 쏟아지는 좋은 관계를 유지하고 좋은 모습만 보면서 화가 날 일이 있어도 서로 조심하고 그냥 지나치는 경우가 대부분이다. 하지만 조금 지나고 나면 예전엔 좋았던 모습까지 답답하고 짜증나는 경우가 있다. 이는 대부분 자신들이 갖고 있던 사람 간의 관계양식이다.

갈등의 생기는 원인 친구관계나 부부관계에서 자신이 얘기할 때 잘 듣지 않는 것 같은, 즉 무시당한다는 느낌을 갖게 될 때 참지 못하고 갈등을 일으킬 수 있다. 무시당하는 느낌이 이 사람의 아킬레스건이 되는 것이다.

갈등의 영화가 상영된다 아동의 경우도 이제까지 자신이 주변 사람들과의 관계에서 겪었던 부분들을 새로운 사람을 만났을 때 투사해서 보게 된다.

영화관에서 영화가 스크린에 비춰지는 것처럼, 사랑을 많이 받고 좋은 관계를 유지

한 아동은 로맨틱 코미디 영화가, 힘들고 두려운 경험을 많이 한 아동에세는 공포영화가 상영될 것이다.

왜 동일한 상황에서 아이들마다 다른 반응을 보이는지 하는 의문이 이런 측면에서 설명될 수 있다. 특히 심리적으로 어려움이 많았던 경우 이런 투사의 감정 정도는 더욱 심각해진다.

예) 준석이의 엄마는 준석이에 대한 기대가 큽니다. 첫아들인데다가 엄마가 시키는 것을 곧잘 따라하는 아이가 대견하게 생각되면서 욕심을 더 커집니다. 다른 아이들보다 무엇이든지 더 많이 시키고 싶고 최고가 되길 원하죠. 그러면서도 준석이가 못 미덥습니다. 책상 정리를 해놓아도, 숙제를 해도 항상 엄마가 다시 보고 고쳐주지 않으면 안될 것 같습니다. 신기하게도 엄마 마음엔 준석이에 대한 대견한 마음이 많은데도 불구하고 칭찬은 입에서 적게 나오고 지적은 더 많이 나오게 됩니다. 상담소에 오게 된 계기는 준석이가 학교에서 친구들과 관계를 맺는 것을 어려워하고 소극적이며 발표회 날만 되면 먹을 것을 다 토할 정도로 힘들어하는 것을 본 담임선생님의 권유 때문입니다.

준석이는 처음엔 치료실을 낯설어하고 상담자의 눈치를 보면서 근처에 있는 놀잇감만을 꺼내서 놀았습니다. 혹여나 놀잇감이 바닥에 떨어지면 깜짝 놀라면서 상담자를 황급히 쳐다보았고요. 그러다 몇 번의 만남을 거치고 나니 준석이는 상담자와 좋은 관계를 맺게 되고 좀 더 편안한 마음을 갖게 되었습니다. 상담자를 대단히 따르고 OO상담소에 가면 좋은 선생님이 있다고 하면서 상담소 가는 날을 손꼽아 기다리기도 합니다. 준석이와 상담자가 만난 지 5, 6회 정도가 되었을 때부터 준석이는 상담자에게 이것저것 시키기 시작했습니다. 자신이 짓고 있는 벽돌집의 벽돌이 바로 옆에 있음에도 상담자에게 가져다 달라고 일일이 시키고 상담자가 해놓으면 이상하다면서 부셔버립니다. 자신은 꼼짝도 하지 않은 채 상담자에게 무엇인가 가져다 달라고 요구하면서 고압적인 자세를 계속해서 취하는 것이 마치 상담자를 하인처럼 다룬다는 느낌이 들 정도입니다. 상담자는 억눌리는 느낌과 함께 자신이 하찮고 뭐하나 잘 하는 것이 없다는 느낌을 갖게 됩니다. 이런 느낌은 상담자의 개인적인 느낌이 아니라 준석이가 이제까지 엄마에게서 느꼈던 느낌입니다. 준석이는 자신도 모르게 대인관계에서 이런 느낌을 반복하고 있는 것이고요. 만약 일상생활에서 준석이가 친구들이나 다른 사람에게 이런 태도를 취한다면 어떻게 될까요? 친구들이 몇 번 들어주다가 준석이를 따돌리거나 더 큰 힘으로 억눌러버릴 수도 있을 것입니다. 준석이의 머릿속에 있는 관계란 힘과 통제로 이루어진 것이다라는 생각을 교정할 기회가 없는 것이죠. 하지만 상담자는 다릅니다. 준석이가 이런 태도를 취할 때, 왜 이런 행동을 취하게 되는지를 알기 때문에 상담자는 다른 사람들과 다른 반응을 보입니다. 물론 준석이가 이런 경험을 해왔던 기간과 어려움의 정도에 따라 달라지겠지만 준석이는 상담자의 새로운 정의를 갖게 됩니다. 이것을 상담자들은 '교정적 경험' 이라고 부릅니다.

중기 단계에서의 갈등

사람간의 대인관계 양식이 혹은 성격이 하루아침에 바뀌는 것이 아니라는 것을 모두 잘 알고 있다. 특히 강하게 박혀 있는 감정들과 기억들은 더욱 더 많은 약과 좋은 반응들을 덧씌워 주어야 바꿀 수 있다.

① 동일한 상황이 반복되거나 어떤 경우는 더 악화된다고 느끼면서 상담을 중단하고 싶은 마음이 많이 들게 된다. 그 이유는 여러 행동 유형과 성격방식을 바꾸는 힘든 싸움에 부모 또한 동참하고 있기 때문이다.

② 포기하고 싶은 마음도 많이 들고 상담에 대한 불안감도 많이 들 수 있는 시기다.

중기 단계에서 비전 제시하기

의문과 회의가 들 때는 항상 상담자와 함께 적극적으로 협의하는 것이 더욱 유익하다. 아동의 행동 특성에 따라 부모가 아동에게 반응하는 혹은 반응해야 하는 방식들이 달리지기 때문에 이를 상담자와 협의하고 이해하는 과정을 거치는 것은 필수 선택이다. 지치고 힘들어서 그만두고 싶은 마음도 종종 들었지만 이제 골인 지점이 눈앞에 있다는 것을 제시한다.

(3) 후기 상담

놀이에서 아동은 좀 더 발전적이고 안정된 놀이를 하게 되고, 놀이가 통합 · 확장되면서 더욱 성숙하고 자신 있는 태도를 보인다. 그리고 자신의 연령에 맞는 놀이를 하는 횟수가 늘고 다른 놀이보다 발달에 맞는 놀이에 더 열중하게 된다.

① 중기 단계에서 내내 놀이에서 나타난 어려움들이 계속 반복되면서도 좀 더 횟수가 줄어들고 다양한 해결책들이 등장한다.

② 아동의 마음에서 자연스럽게 이젠 자신이 혼자 설 수 있다는 것을 알기 시작한다.

놀이치료실보다 친구와 놀기를 더 좋아한다

놀이치료실 밖에서도 안정을 찾아가고 자기 연령에 맞게 여러 기능이 발달하고 능력을 활용하여 잘 지낸다. 또한 이제는 놀이치료실에 오는 것보다는 친구들과 더 놀고 싶어 하고, 그렇게나 좋아했던 놀이치료실에 대해 시큰둥한 반응을 보이기도 한다.

안정적인 대인관계를 유지한다

실생활에 적응해 가는 범위가 넓어지고 자신이 생겼다는 것을 보여준다. 이런 변화들이 계속 몇 주 동안 안정적으로 유지되고 부모님들도 아이들에 대한 자신이 생기고 나면 종료를 준비하게 된다.

부모의 사정에 따라 주호소문제만 해결하면 종결한다

어떤 경우 부모님이나 가정 사정 등으로 인해 주호소의 해결만으로 상담이 끝나기도 한다. 갑작스럽게 상담이 중단되는 경우도 종료 준비를 잘하는 것이 상담을 지속하는 것만큼 중요하다.

(4) 종결 상담

상담과정에서 종결은 졸업식과 비슷할 수 있다. 우리는 졸업할 때가 되면 새로운 세계 혹은 새로운 단계로 나간다는 사실에 기쁨 마음과 설렘을 갖는다. 그러면서도 친했던 친구나 선생님과의 헤어짐, 앞으로 어떤 일들이 벌어질까 혹은 어떤 사람을 만나게 될까 하는 등의 걱정 때문에 불안하고 아쉬울 수도 있다.

종결의 문제점

관계 맺기가 어려웠던 아동의 경우 종료를 거부로 받아들이는 일까지 있다. 그래서 종료는 정확하게 준비된 과정 속에서 이루어져야 한다.

아동뿐 아니라 부모님에게도 마찬가지로 힘든 과정을 같이 이겨내면서 특별한 감정을 서로 갖게 된다. 그래서 종결 과정은 천천히 진행되어야 하고 몇 주 전부터 계획되어야 한다.

종결 단계의 활동

종결이 협의되고 나면 아동에게 종결을 알릴 수 있는 준비물을 준비해 놓는 것이 도움이 된다.

보통은 대개 4주 전부터 종결과정을 거치게 되는데 어린아이의 경우 사탕을 4개 준비해서 하나씩 가져가도록 만들어 자신이 종결하게 되는 날짜를 체험적으로 느끼게 할 수 있다.

종결 단계의 문제점

① 아동들이 문제를 다시 일으킬 수도 있고 퇴행할 수도 있다.
② 저항하면서 자신을 종결하지 않을 것처럼 행동하기도 한다.
③ 가뜩이나 불안한 부모님들은 아이들의 이런 태도를 보면서 종결하는 것이 잘못된 것은 아닐까 하는 생각을 할 수도 있다.

종결의 최종의 날 작은 파티를 계획한다

작은 파티를 열어서 아동의 종료를 축하하게 된다. 이때에도 아동의 긍정적인 변화와 힘을 강조하면서, 앞으로도 지내면서 힘들어지거나 이야기를 나누고 싶을 때 상담자에게 언제든 전화를 하거나 이메일을 주고받을 수 있음을 알려주고 연락처를 전해 준다.

5) 아동의 심리행동적 문제

(1) 심리행동적 문제란

심리행동적 문제란 무엇인가?

'문제'라고 하는 말의 뜻을 좀 더 세밀하고 구체적 살펴보자.

문제란 표면적으로 들어나는 보통 기준으로 이해가 되지 않는 외현한 행동 또는 '이상'이라는 단어로 '보통과는 다른 상태나 모양'이라는 사전적 의미가 담겨 있다.

또한 아동을 보는 관점에 따라 문제행동이다, 아니다라는 기준을 정하는 것이 어렵지만 보통은 아동의 행동적인 형태로 그 증상이 나타나기 때문에 문제행동에만 관심을 갖고 아동문제로 취급하기 쉬우며, 그 행동이 사라지게 하는 데에만 관심을 쏟다가 놓치는 경우가 많다.

'이상'이라는 단어는 '보통과는 다른 상태나 모양'이라는 사전적 의미가 담겨 있다.

아동의 모습과 행동을 보면서 '이상하다'고 느낀 적은 없는가?

이상한 행동의 유형

① 대소변을 잘 가렸던 아이가 갑자기 밤에 자다가 소변 실수하는 모습

② 멀쩡하던 아이가 갑자기 눈을 깜빡거리거나 코를 킁킁거리는 행동을 하는 모습

③ 자기 할 일을 알아서 잘 하던 아이가 어느 날 모든 것이 다 귀찮다며 폭발하듯 짜증을 내는 모습

이상한 행동의 원인

① 출생 전 엄마의 불안과 스트레스는 태아에게 스트레스가 될 수 있다.

② 맞벌이로 인해 아기를 돌보는 사람이 자주 바꾸어 정서적인 경험을 편안하게 하지 못한 경우

③ 배변훈련, 말 배우기, 동생의 출생, 초등학교 입학, 학습 및 또래관계 등도 아이들에게 스트레스를 유발시키는 요인이 된다.

이상한 행동의 증상

심리적 어려움으로 인해 고통을 받고 있는 아이들의 몸과 마음은 경보기가 된다. 그래서 아이가 경험하는 어려움은 다양한 모습과 행동으로 표현된다. 아이를 힘들게 하는 것들은 심리적 편안함을 위협하고 갈등을 일으키는데 그것의 현장은 불안과 갈등은 안으로 나타나기도 하고, 밖으로 나타나기도 한다. 즉 내면화, 외현화의 현상이다.

내면화의 문제 특징

① 아이는 병원에서는 별다른 이상이 없다는데 '머리나 배가 아프다', '토할 것 같다'며 신체적인 통증을 호소하기도 한다.

② 너무 겁이 많거나 불안해하는 등 공포나 두려움을 나타내는 행동을 한다.

③ 다 귀찮은 듯 기운 없어 하기도 하고, 불행하다고 느끼며 슬퍼하거나 우울해하기도 한다.

④ 소극적이고 내성적이어서 심한 부끄러움을 보이기도 하고 위축된 행동을 한다.

외현화의 문제 특징

① 화가 나면 자기 물건뿐 아니라 가족이나 다른 친구의 물건을 부수기도 한다.

② 남을 때려 싸움을 많이 하는 등 공격적이거나 파괴적인 행동으로 주변 사람들과 편안한 관계를 유지하지 못하게 된다.

③ 말을 잘 듣지 않으려 한다.

④ 물건을 훔치는 행동을 보이기도 한다.

사회가 원하는 아이를 바라보는 관점

정신적으로 건강한 아동은 연령에 맞는 생각, 행동, 감정을 갖고 있어야 하며, 연령에 맞는 발달 과업을 성취해야 한다. 그러나 어려움이 생기면 자기 연령에 맞지 않게 신체적으로나 정서적으로 너무 느리게 발달하거나 너무 빠르게 발달하는 경우가 있어서 적응상 문제가 생긴다는 것을 인식하는 것이 너무나 중요한 관점이다.

(2) 문제를 보는 기준

사람들은 세상을 바라볼 때 저마다 자기만의 렌즈를 통해 바라보게 된다. 그래서 동일한 상황을 함께 경험하고 있음에도 다르게 생각하고 느끼고 받아들이게 된다. 아이의 모습도 마찬가지다.

문제를 바라보는 시각의 차이점

① 늘 차분하고 조용한 엄마에게는 호기심 많고, 모험적인 성준이가 산만하게 느껴져 입학을 앞두고 걱정이 클 수 있다.

② 호준이 아빠는 "남자 아이들은 싸우면서 크는 거야."라고 생각하지만 유치원 선생님은 호준이의 행동이 너무 공격적이라고 이야기 한다.

③ "때가 되면 다 말을 한다. 네 애비도 말이 늦었다."고 시부모님들은 말씀하시지만 또래에 비해 언어 표현이 늦은 아이가 엄마에게는 큰 걱정거리다.

아이의 행동을 어떻게 보는 것이 정상일까? 문제를 보는 기준은 무엇일까?

아이가 신체적으로나 정신적으로 연령에 맞는 행동을 하지 못하고, 이것이 발달을 방해하고 환경에 적응하는 데 어려움을 가져온다면 문제가 있다고 할 수 있다.

(3) 문제의 형태에는 어떤 것들이 있나?

지능이 떨어지는 아동

표준화된 지능검사에서 IQ 70 이하이고 적응능력이 현저히 부족한 아동을 '정신지체아' 또는 '지적장애아'라고 한다. 이런 아동은 자기 연령에 비해서 신체적인 성숙이 늦고, 뇌의 발육 장애로 인해 운동 발달도 상당히 저조하다. 또한 신경학적 손상이나 감각 손상 등의 문제를 동반하기도 한다.

행동 증상

① 언어장애가 심하여 발음상의 문제, 말더듬, 언어 이해 및 표현이 제한적이다.

② 학습 상황에서도 주의집중에 어려움을 보이고, 새로운 일이나 문제, 자극 상황에 지식이나 기술을 적용하는 능력이 부족하다.

③ 단기 기억에 결함이 있어서 학습에 어려움이 있다.

④ 대체로 대인관계가 원만하지 못하고 여러 상황에 제대로 적응하지 못한다.

⑤ 책임감이나 사회적 기술의 부족으로 인해 부적절한 행동을 나타내고 주위 사람들에게 거부당하기 쉽다.

치료방법

특수교육에서는 자조기술, 의사소통기술, 작업습관, 지시 따르기, 기초적인 사회참여 등의 교육을 받는다.

자폐적인 아동

다른 사람과 관계를 맺어나가는 사회적 상호작용과 의사소통 기술 등에서 심각하고 광범위한 장애가 있다.

영화 〈말아톤〉의 주인공은 초원이라는 아이이다. 주인공 초원이는 엄마는 커녕 다른 누구와도 눈맞춤을 하지 않는다. 불러도 대답이 없고 거의 알아들을 수 없는 말을 한다.

행동 증상

① 앵무새처럼 상대방의 말을 그대로 따라하기도 한다.

② 자기만의 의미가 있는 신조어를 만들어 사용한다.

③ 의미를 알 수 없는 똑같은 행동을 지속적으로 반복한다.

④ 자기 자극행동과 자해행동과 같은 부적절한 행동을 보인다.

⑤ 환경과 습관의 변화에 지나치게 민감해서 사소한 변화에도 심하게 울며 저항하는 경우가 많다.

행동적인 발견

3세 이전에 발견되고 경우에 따라 생후 18개월에도 진단이 가능하다.

조기발견의 예후

조기발견이 매우 중요하며 치료와 교육은 빠르면 빠를수록 효과적이다.

치료목표

전반적으로 지연된 발달, 즉 언어, 인지 기능, 사회성을 촉진시켜 주고, 문제 행동을 감소시키고 적응적인 행동을 키워나가는 것이다.

치료방법

애착 형성 및 사회적인 상호작용을 증진시키는 치료가 우선이다.

접촉을 강조하는 발달놀이치료 및 치료놀이적인 접근을 통해서 효과적인 치료가 이루어진다.

▽ 말이 늦은 아동

언어는 자신을 표현하고 다른 사람과 적절하게 상호작용하는 데 가장 중요한 도구입니다.

가끔 아이들 중에는 친가나 외가 쪽 말이 늦은 유전적인 영향이 있거나, 어릴 때 언어적인 자극 및 상호작용 경험이 적은 환경의 영향을 받아 언어발달이 늦는 경우가 있다.

행동 증상

① 말만 늦는 경우

② 말도 늦고 말귀도 못 알아듣는 경우

③ 발음이 나쁜 경우

④ 말을 더듬는 경우

증상에 따른 장애

① 표현성 언어장애

예) '인정이'는 엄마가 심부름을 시키면 곧 잘 심부름도 하고, 엄마나 어린이집 선생님의 지시 따르기가 가능하다. 그러나 무언가 필요한 것이 있으면 엄마를 쳐다보며 알 수 없는 소리를 내거나 손과 몸짓으로 표현한다. 다른 사람의 말에 제대로 말로 대꾸를 하지 못하는 등 자신을 표현하는 것에 큰 어려움이 있는 경우

② 조음장애

예) 열 살 호연이는 다른 사람과 적절하게 상호작용하고 친구들과 어울려 노는 것에 크게 문

제가 없다. 그러나 가끔 주변 사람들로부터 "발음이 이상해."라는 말을 듣고, 사탕을 '타탕'으로, 자전거를 '다던거', 호랑이를 '호당이' 같이 혀 짧은 소리를 내는 경우를 말한다.

치료방법

언어치료와 놀이치료를 병행한다.

다른 사람과의 관계가 어렵기 때문에 또래 관계와 위축되거나 언어적으로 적절한 표현이 어렵기 때문에 부적절한 행동을 하거나 공격적인 행동을 보일 수 있다. 또한 불안 및 우울증의 정서적인 문제의 발생할 수 있기 때문에 언어치료와 놀이치료를 병행하는 방법을 선택한다.

주의력이 부족하고 충동적인 아동

1학년 상철이네 교실에 들어서면 상철이의 자리임을 금방 알 수 있는 단서가 있다. 상철이의 책상 주변에는 항상 무언가가 널려 있다. 또한 교실 뒤켠, 아이들이 잃어버린 물건들을 놓아두는 (주인을 찾아주세요) 라고 쓰여 있은 통에는 '김상철'이라고 쓰인 연필, 지우개, 색연필이 늘 주인을 애타게 기다리고 있다. 그러나 정작 상철이는 잃어버린 것을 아는지 모르는지 찾을 생각조차 하지 않는다.

행동 증상

① 수업시간에는 가만히 앉아 있지 못하고 앞뒤에 앉아 있는 친구들과 장난을 쳐서 늘 선생님께 지적을 받는다.

② 친구들과 함께 하는 모둠활동에서 늘 자신이 해야 하는 부분을 끝까지 완성하지 못해 친구들로부터 원망을 사기도 한다.

③ 다른 사람의 말을 끝나기도 전에 자신의 말을 하거나 행동해 버리는 경우

④ 사소한 일에 쉽게 짜증을 내거나 화를 내 친구들과 싸우는 일이 빈번해지는 경우

치료방법

인간의 발달 가능성을 기대하며, 엄마들이 아이들에게 하는 말 중에는 '노력을 하면 되겠지.'라고 말하지만 세상에는 노력을 하면 되는 것이 있고 노력해도 안되는 것이 있다. 주의력 결핍/과잉행동 장애(Attention Deficit/Hyperactivity Disorder, ADHD) 아동에게도 마찬가지 사정이 있다. 꼭 의사의 진단과 치료가 필요하다.

엄마와 떨어지는 것을 불안해하는 아동

5학년 시연이의 엄마는 시연이와 함께 등교하고, 수업이 끝날 때까지 창밖에 서서 시연이를 지켜봐야 한다. 시연이는 꼭 엄마를 확인해야 안심을 하고 학교생활을 한다. 만약 엄마가 일이 있어 함께 등교를 할 수 없는 날이면 늘 전화를 해서 확인해야 안심한다. 만약 눈 앞에 엄마가 보이지 않으면 시연이는 불안해서 견딜 수 없다. 시연이의 머릿속에는 "엄마에게 무슨 일이 생겼으면 어떡하지?", "엄마가 길을 건너다가 교통사고가 나면 어떡하지?" 등 부질없는 생각이 나서 불안한 마음으로 가득 차 있다. 그리고 엄마와 떨어져 있는 동안은 자주 배가 아프다고 호소를 한다. 집과 엄마를 떠나서 친구들과 캠프를 가거나 수학여행을 가는 것은 상상조차 할 수 없다.

분리불안(分離不安)은 영유아기 성장 과정에서는 부모 및 주 양육자와의 분리시 정상적으로 나타나는 불안이다. 그러나 발달상 정상적인 불안반응이라고 볼 수 있는 시기를 지나서 분리불안 반응이 과도하게 나타난다면 문제가 될 수 있다. 시연이의 경우는 '분리불안장애'라고 할 수 있다. 분리불안 장애는 집 또는 부모와 떨어지거나 분리상황이 예상될 때 반복적으로 심한 불안을 느끼는 것이다. 그리고 부모를 잃거나 해로운 일이 일어날 것 같으면 계속적으로 심하게 걱정을 하기도 하고, 이러한 생각은 비현실적이고 지속적인 걱정이 된다. 혼자 집에 있는 경우나 부모 없이 지내는 것에 대해 지속적으로 과도하게 두려움을 느끼거나 거부하기도 한다. 분리와 연관된 악몽을 반복해서 꾸기도 하고, 부모와 떨어지는 상황이 되거나 예상되면 두통, 복통, 구토 등 신체적인 증상을 호소하는 경우도 있다. 이러한 증상은 또래관계와 학업 또는 다른 중요한 생활영역에까지 부정적 영향을 미친다.

우울해하는 아동

요즘 혜선이는 눈을 반짝이며 무언가를 하는 모습보다는 아무 생각없이 아이처럼 소파나 침대에 누워 있는 모습을 많이 보인다. 밖에 나가서 친구와 노는 것도, 게임을 하는 것도, 책을 읽는 것에도 모두 심드렁한 반응을 보인다. 마치 소금에 절인 배추처럼 축 처져 있는 모습을 많이 보인다. 피곤하고 무기력한 모습을 보이다가도 무언가 불만이 생겨 짜증을 내기 시작하면 대단하다. 혜선이의 엄마는 이런 아이의 모습을 무척 당황스러워한다.

혜선이는 현재 우울한 상태이다. 아동의 우울은 성인의 우울과는 조금 다른 모습을 보인다. 아동의 경우 사고 및 감정 발달이 충분하게 이루어지지 않았기 때문에 성인이 경험하는 우울한 감정보다는 사소한 일에 짜증이나 울음을 터트리거나 의학적인 원인이 없는 신체적인 호소로 표현한다. 그러므로 혜선이와 같이 변화무쌍한 감정을 보이게 된다. 우울한 아동임을 알 수 있는 몇 가지 단서들이 더 있는데, 만약 예전에 좋아하던 놀이와 일에 대해 흥미를 잃어버리는 경우, 쉽게 피로해 하는 경우, 잠을 깊게 못자고 입맛도 없어지는 경우 등이다. 이러한 증상을 보인다면 우울증을 의심해 볼 수 있다.

틱 증상을 보이는 아동

혜진이 엄마는 요즘 혜진이에게 새로운 버릇 같은 것이 보여 신경이 쓰인다. 공부를 할 때나 텔레비전을 볼 때, 그리고 엄마랑 이야기를 할 때에도 수시로 눈을 깜빡거린다. 혜진이에게 그렇게 하지 말라고 야단도 쳐보고 주의를 주어도 눈을 깜빡이는 것은 계속된다. 혜진이는 그렇게 하지 않으려고 하는데 자신도 모르게 눈을 깜빡이게 된다고 한다.

혜진이처럼 눈을 깜빡이는 것은 나쁜 버릇으로 볼 것이 아니다. 왜냐하면 심리적인 스트레스를 받게 되면 나타나는 증상이기 때문이다. 틱(Tic)이라고 하는 증상이며, 틱은 자신의 의지와는 상관없이 갑자기 그리고 빠르게 반복적으로 불필요한 움직임을 반복해서 보이는 장애이다.

틱은 여러 형태로 나타날 수 있습니다. 눈을 깜빡거리기도 하고, 코를 씰룩거리거나 목을 움찔거리기도 하고, 어깨를 움트리기도 하며, 얼굴을 찡거리기도 한다. 심한 경우에는 옆에 있는 사람이 깜짝 놀랄 정도의 갑작스러운 몸의 움직임이 있기도 하고, 손과 발, 그리고 몸을 심하게 흔드는 경우도 있다. 몸의 움직임으로 나타나는 틱이 있고, 소리로 나타나는 틱도 있다. 소리는 헛기침을 하거나, 심한 경우에는 상황에 맞지 않게 쓸데없는 말을 반복하기도 하거나 의심스러운 단어나 욕설을 하기도 하고, 자신만의 독특한 단어들을 반복해서 나타내기도 한다. 몸의 움직임과 소리가 함께 나타나며 그 정도가 심한 경우가 있는데 이를 '뚜렛장애'라고 한다.

자신도 모르게 나타나는 증상들이지만 마음이 편안해지면 줄어들기도 하고, 신체적인 피곤함이나 심리적 불안 및 스트레스를 받으면 더 심해지기도 한다. 이런 증상들은 몇 달 정도 일시적으로 생겼다가 없어지기도 하지만, 없어졌다가도 다시 나타나며 또는 1년 이상 지속되는 경우도 있다. 한 가지 형태에서 여러 가지 다른 형태로 달라져서 나타나기도 한다.

아동의 틱 증상에 대해 너무 주의를 주거나 야단을 치면 더 심해질 수 있다. 이러한 아이에게는 그런 모습을 못 본 척하며 자연스럽게 대하는 것이 중요하며, 아동이 편안하게 이완할 수 있는 환경과 분위기를 제공해 주는 것이 필요하다. 틱으로 인해 대인관계나 정서장애 문제가 야기될 수 있으며 이와 같은 심리적 문제를 전문적으로 다루어 주는 심리치료가 필요하다.

밤에 오줌을 싸거나 대변을 가리지 못하는 아동

다섯 살 선종이는 세 살 무렵에 대소변을 다 가렸는데 요즘 자다가 이불에다 지도를 여러 장 그려 넣는다. 처음에는 '자기 전에 물을 너무 많이 마시고 잤나?', '아이랑 추운데 너무 많이 돌아다녔나?', '피곤한가?'라고 생각을 해보았지만 요사이는 너무 자주 이런 일이 생겨서 엄마의 걱정이 크다.

선종이처럼 소변을 가릴 나이가 되었는데도 밤에 자다가 소변 실수를 하는 아이들이 있습니다. 간혹 한두 번이 아니라 매일 밤 지도를 그리는 아이들도 있고, 심지어는 하루에 두세 번씩 지도 그리기를 하는 아이들도 있다. 이런 경우에는 유뇨증과 야뇨증을 의심해 봐야 한다.

대개 대소변 훈련이 끝이 나고 만 세 살 무렵이 지나면서 자기 의지에 따라 방광조절이 가능해진다. 그러나 세 살이 지났는데도 이불에 오줌을 싸는 것을 '유뇨증' , 소변 실수가 밤에도 이어지는 경우를 '야뇨증' 이라고 한다. 처음부터 소변을 잘 가리지 못하는 경우가 있고, 1년 이상을 잘 가리던 아이가 실수를 하는 경우도 있다. 후자의 경우 의학적인 이유가 없는 경우가 많으며, 심리적 요인을 고려해 보아야 한다.

소변의 경우처럼 대변을 가려야 하는 나이임에도 옷에 대변을 보는 것을 '유분증'이라고 한다. 처음부터 대변 가리기가 이루어지지 않아서 생기는 경우와 일정 기간 대변을 가리다가 증상이 생기는 경우가 있다.

대소변 가리기에 문제가 있는 경우는 유치원이나 학교에서 놀림을 당하기 쉽고, 냄새로 인해서 아이들이 곁에 있기를 꺼려하는 경우가 많다. 이로 인해 또래관계 및 정서장애 등 이차적인 문제가 생길 수 있다. 그러므로 정상적인 대소변 가리기가 이루어진 후에 이러한 증상을 보인다면 심리적인 이유를 찾아 치료적 도움을 주는 것이 무엇보다 중요하다.

집 밖에 나가서는 말을 하지 않으려는 아동

혜수는 집에서의 모습과 집 밖에서의 모습이 너무나도 다르다. 집에서는 엄마나 아빠, 동생에게 자기 할 말을 다 하는 아이지만 집 밖을 벗어나면 전혀 다른 모습이 된다. 학교에서도 혜수네 반 친구들은 혜수가 말을 하는 것을 거의 본 적이 없다. 선생님께도 친구들에게도 말을 하려고 하지 않는다.

혜수처럼 집에서는 말을 잘 하는데 어떤 특정한 상황에서는 어떤 누구와도 말을 하지 않으려고 하는 것을 '선택적 함구증'이라고 한다. 이러한 행동은 학업이나 사회적인 관계에 크게 영향을 줄 수 있다. 이와 같이 말을 하지 않는 원인으로는 심리적인 문제가 있을 수 있으며, 그 원인을 충분하게 탐색하여 해결하는 것이 필요하다.

밤에 자다가 자주 깨서 우는 아동

어젯밤 경준이네 가족들은 집에서 한바탕 난리를 겪었다. 모두들 고요하게 잠든 시간에 어디선가 비명소리와 함께 울음소리가 들린 것이다. 자다가 깜짝 놀란 아빠와 엄마는 경준이 방에서 나는 소리임을 알고 방으로 달려갔다. 몇 시간 전만 해도 쌔근쌔근 잘 자던 경준이가 공포에 질린 듯 비명을 지르며 온 몸으로 울음을 토해 내고 있었다. 이런 것은 처음 있는 일이라 경준이네 가족은 너무 놀라고 당황스러워 어찌할 바를 몰랐다. 처음 밤에 한바탕 난리가 있은 후, 요사이는 밤마다 이런 행동을 자주 보인다.

경준이처럼 자다가 갑자기 깨서 소리를 지르며 심한 공포와 공황 상태를 보이는 아동들이 있는데 이를 '야경증'이라고 한다. 이런 증상들은 아이가 의도적으로 하는 행동이 아니라 수면 중에 일어나는 행동이기 때문에 깨어나서 전혀 기억을 하지 못하는 경우가 많다. 소리치며 우는 아이를 안아서 달래도 소용이 없으면, 부모도 지쳐 소리를 치거나 야단을 치게 되는데 이런 경우 증상을 더 악화시킬 수 있다. 야경증은 스트레스가 큰 경우 나타날 수 있으므로 아이에게 스트레스가 될 만한 일들이 있었는지 살펴봐야 한다.

사고 후 정서적인 어려움을 보이는 아동

주말여행을 떠났던 정우네 가족은 예기치 않게 교통사고를 당했다. 정민와 동생 그리고 엄마는 무사했으나 운전을 하고 있던 아빠가 돌아가셨다. 그 일로 정우는 이루 말할 수 없는 큰 충격을 받았다. 늘 명랑했던 아이가 넋이 나간 듯 멍하게 있는 경우가 많고, 말 수도 적어지고, 매일 밤 악몽에 시달려 밤이 되면 잠을 제대로 자지 못한다.

정우의 경우처럼 아동이 감히 견디어 내기 힘든 사건을 경험하는 경우 정서적인 충격들 가져다주게 되며, 이를 '외상 후 스트레스 장애(Post-Traumatic Stress Disorder, PTSD)'라고 한다. 외상 후 스트레스 장애는 미국의 9 · 11테러, 동남아시아의 쓰나미 사건, 대구 지하철 사건과 같이 생명을 위협하는 천재지변이나 재난 등으로 충격을 받고 난 후 심한 불안감 및 다양한 정서적 증상을 보이는 상태를 말한다.

PART 4

현장 중심 상담의 실제

Chapter 08

현장 중심 상담의 적용

1. 아동상담

1) 아동발달과 아동상담

(1) 아동발달

발달(development)이란 인간 생명의 시초인 수정의 순간부터 완전히 노화될 때까지 양적 및 질적으로 성장 혹은 변화하는 과정이다. 양적인 발달은 세포의 조직 및 미세한 부분은 물론 신장이나 흉위가 커지고 체중이 늘어나 신체의 기능이 다원화 내지 정교화되는 것을 가리키는 반면에, 질적인 발달은 감각, 지각, 인지는 물론 추리, 논리, 사고 등의 모든 심리적 발달을 의미한다. 이러한 양적 · 질적 발달은 기능적으로는 상호 독립적으로 볼 수 있지만, 한 개인 내에서 동시에 이루어진다는 점에서 상호 보완적으로 보아야 한다.

인간은 성숙(maturation)과 학습(learning)의 두 기제에 의해 발달한다. 일반적으로 성숙은 생래적인 변화를 의미한다. 즉, 인간이 시간이 지남에 따라서 양적 혹은 질적으로 발달할 수 있도록 생래적으로 이미 설계되어 있는 계획표(programing)를 의미한다. 한편 학습은 후천적인 변화를 의미하는 것으로, 개인이 성장함에 따라 내적인 성숙수준의 향상으로 훈련과 연습을 통하여 신체적 · 심리적 발달을 이루어나가는 것을 말한다.

그러므로 일생을 통하여 성장 · 성숙 학습에 의하여 이루어지는 변화과정이 인간의 발달이며 아동기에 일어나는 변화과정을 아동발달이라고 한다.

(2) 아동상담의 개념

아동발달은 생물학적 과정, 인지적 과정, 사회정서적 과정의 영향 속에서 발달한다. 즉 생물학적 발달은 신체적 변화와 관련된 것으로 부모로부터 물려받은 유전인자, 뇌와 감각기관의 발달, 신장과 체중의 증가, 운동기능, 호르몬의 변화 등이 생물학적 과정의 역할을 반영한다. 인지적 발달은 개인의 사고·지능·언어에서의 변화를 포함하는 것이며, 정서적 발달은 대인관계, 정서, 성격, 사회적 환경의 변화와 가족관계, 또래관계, 교사와의 관계 등을 포함한다.

따라서 아동상담이란 아동의 생물학적·인지적·사회정서적 과정이 서로 복잡하게 얽혀서 상호작용을 하고 영향을 주고받으며, 이들 세 영역의 상호작용에 의해 아동의 발달이 이루어지는 가운데 발생한 문제를 해결하기 위한 활동이다.

2) 아동상담의 필요성

(1) 가족구조의 변화

현대사회는 과거와는 비교할 수 없을 정도로 속도와 내용면에서 크게 변화하고 있다. 우리가 사는 사회만 보아도 생활의 조건과 방식이 한 세대 안에서도 수없이 바뀌기 때문에 날마다 새로운 환경에 적응해야만 한다. 무엇보다도 대가족 환경에서 핵가족 시대로의 변화는 전통적인 가정의 교육적 기능과 사회적 기능을 약화시키는 결정적인 원인이 되기도 한다. 이로 인하여 가족 간의 갈등은 심리적으로 기본적인 욕구와 안정의 요구를 갈망하는 아동들을 충족시키지 못하는 결과를 낳고 있다. 또한 여성의 사회적 진출은 부모와 아동과의 상호작용의 양이 줄어들고, 질이 떨어지게 가치관과 규범적 통제기능이 약화되고 있는 실정이다.

아동학자들에 의하면 아동이 건강하게 자라고 발달하기 위해서는 따뜻하고 사랑이 넘치며 안정된 가정환경이 필요하다고 한다. 그 가정에서 아동들은 사회생활을 어떻게 해야 하고, 예절과 가치관은 어떠한 것인지를 학습한다. 그러므로 이러한 기능을 대체할 수 있는 교육기관에서의 생활지도는 매우 중요한 역할을 담당하게 되는 것이다.

(2) 도시화

현대사회의 문제 중 하나가 바로 도시화 경향이다. 오랜 농경사회에서 산업사회로의 전환에 따라 도시에 모여든 사람들은 농경사회에서 지켜오던 정적인 관습과 전통을 부정하고 합리적이고 냉철한 법 아래에서 생활해야 하는 상황에서 수많은 정신적 고통을 겪고 있다. 이웃과 협조적이고 온정적인 전통사회에 익숙했던 세대는 경쟁적이고 개인적인 산업사회에 적응하면서 성공하기 위한 불안을 안고 살아가고 있는 것이다. 이로 인한 소위 '강남증후군'과 조기유학 붐은 어린 시기인 아동기의 위기를 그대로 반영하고 있는 사례이다. 따라서 도시화에 따른 각종 사회적 역기능을 해소하고 정신적으로 건강한 사회를 형성하기 위해서는 아동기의 이상행동의 원인을 파악하고 해소하는 생활지도가 필요한 것이다.

(3) 이상행동의 증가

아동의 정상적인 발달에도 일련의 인지적 · 신체적 · 정서적 · 사회적 변화가 수반된다. 거의 모든 아동들은 이러한 변화에 적응하는데 있어서 갈등과 긴장 그리고 여러 가지 정서, 행동의 문제를 야기하지만 걱정할 것이 없다. 그 이유는 정상적인 발달에 있어서 수반되는 약간의 갈등이 있기 때문이다. 정상적으로 발달한 아동은 독립심과 자신감을 기르고 또래와 관계 맺는 것을 배우며, 항상 변화하는 신체에 잘 적응해 나가고 기본적인 가치를 형성하며, 새로운 사고방식과 새로운 정보를 습득하는 작업을 달성한다. 그러나 문제가 되는 것은 발달과정에서 나타난 갈등을 조기에 발견하고 올바른 방법으로 아동 스스로 해결할 수 있도록 해야 하는 것이다. 특히 현대사회로 접어들면서 비정상적이며 원인을 규명할 수 없는 이상행동의 증가는 아동기의 발달에 따른 여러 증상과 원인을 파악하고 처방해 주는 것이 상담 본연의 역할임을 보여주는 것이다.

(4) 자기발견 및 자기정체감 형성

아동이 자신의 존재를 인지하고 자신을 둘러싼 개체들 속에서 자기를 발견하기란 상당히 어렵다. 또한 또래들과의 원만한 관계를 통하여 자기정체감을 형성하는 것도 더욱 어렵다. 여러 학자들의 의견을 종합해 보면 아동기는 인지적 차원에서 자신을 발견하고 자신에 대한 개념을 형성하며, 심리적 차원에서 나라는 존재와 나를 통제하는 개체들 간의 관계를 발견하여 정서적 차원에서 자신의 자기인식과 성장이 이루어지도록 도와주는 것은 청소년기의 자아정체감을 형성하는 데 도움을 주기 때문에 아동의 생활지도가 필요한 것이다.

3) 아동상담의 문제와 목표

(1) 아동상담에서 다루는 문제

▽ 대인관계 갈등에 관련된 문제

아동들은 자기의 부모, 형제, 교사 및 또래 아동들과의 관계에서 어려움을 겪고 있으며, 좀 더 긍정적인 관계를 원한다.

▽ 개인의 내적인 갈등 혹은 자기 자신과의 갈등에 관련된 문제

아동은 의사결정상의 문제를 가지고 있으며 그 갈등의 결과와 대안을 명료하게 하는 데 도움을 필요로 한다.

▽ 자기 자신의 정보에 관한 문제

아동은 자신의 능력, 장점, 관심, 가치에 대해 학습할 필요가 있다.

▽ 환경에 대한 정보를 요구하는 문제

아동은 성공적인 학교생활에 관한 정보나 직업교육에 관한 정보를 필요로 한다.

▽ 기술 부족으로 인한 문제

아동은 효율적인 학습방법, 주장적인 행동, 경험기술이나 친구 사귀는 방법 같은 구체적인 기술에 대해 학습할 필요가 있다.

(2) 라자루스(Lazarus)가 주장하는 아동상담의 문제(BASICID)

① B-Behavior(행동) : 싸움, 방해, 훔치기, 떠들기, 미루는 버릇

② A-Affect(정서) : 분노의 표현, 불안, 공포, 우울

③ S-Sensation School(감각학교) : 두통, 요통과 복통, 학교에서의 부적응

④ I-Image(심상) : 악몽, 낮은 자아개념, 거부에 대한 공포, 지나친 공상과 환상

⑤ C-Cognition(인지) : 비합리적인 사고, 의사결정, 문제해결, 목표설정의 어려움
⑥ I-Interpersonal relationship(대인관계) : 타인 앞 위축, 수줍음, 성인, 또래와 갈등, 가족문제
⑦ D-Drug, Diet(약물, 체중조절) : 체중조절, 약물남용, 담배, 술, 그외의 약물 사용

이상과 같은 아동 내담자의 문제는 상담을 통해 긍정적인 행동변화, 즉 부정적인 감정의 감소, 해소, 문제해결, 의사결정, 인격의 성장 및 교정이 될 것으로 기대된다. 결국 아동 내담자는 다른 상담자가 필요 없게 되는, 즉 스스로 자기 자신의 상담자가 되어 자기 조력이 가능하게 되는 것이다.

(2) 아동상담의 기본목표

① 아동 자신과 주위 환경에 성공적으로 대처할 수 있는 능력을 함양시킨다. 효과적인 상담을 위해 선택과 결정의 필요를 내담자가 인식하여 이에 요구되는 정보를 수집, 평가, 선택하고 이에 관련된 정서적인 태도를 함양할 것을 강조한다. 결과적으로 현재에 부딪히고 있거나 미래에 직면하게 될 선택과 결정을 합리적이고 효율적으로 이루어지도록 하는 것이 목표이다.
② 아동상담은 정상적인 발달을 벗어난 아동을 대상으로 건강한 성장, 발달을 위해 직면한 신체적 · 정신적 · 사회적 문제들을 다룰 수 있도록 도와준다. 상담은 개인이 좀 더 성공적인 생활을 하는 데 도움이 되는 행동은 증가시키고 방해가 되는 행동을 감소시키는 것뿐만 아니라 더욱 현실적으로 적응된 태도, 자기 자신에 대한 편안한 감정 같은 보이지 않는 추상적인 것까지 목표로 한다. 상담은 여러 가지 병리적인 요소의 제거 내지 수정보다 정신건강을 증진시키기 위해 아동의 정상적인 성장 발달을 촉진시키는 것을 중요하게 다룬다.
③ 상담은 내담자의 잠재능력을 개발하여 긍정적인 자아개념을 형성한다. 그러므로 상담자는 내담자를 상담할 때 그들로 하여금 무한한 잠재력을 이끌어내어 삶을 한층 긍정적으로 바라보게 한다.

(3) 아동상담에서 고려할 점

아동상담에서는 성인상담과 큰 차이는 없지만 아동의 발달 수준에 맞는 다양한 상담

기법들을 사용해야 한다.

① 아동상담은 아동발달상 언어 이해, 표현능력이 제한적이어서 비언어적 의사소통이 강조되어야 하며, 구체적 사건이나 사물에 의존해야 논리적 추론이 가능하므로 복잡한 느낌이나 생각들을 통합하기 위해서는 실제적인 매개요인 수단이 필요하다. 아동은 상담자와 자신의 문제를 공유하는 능력이 부족하므로 아동에게 재미있는 방법을 찾으려고 노력하며, 특히 아동의 탐구욕구, 조작욕구가 적극 활용될 수 있어야 한다.
② 지적 · 정의적 · 사회적 · 신체적 영역이 서로 상호 보완적인 전인적 발달을 하므로 한 영역의 발달의 문제가 다른 영역의 발달에 연관을 미치게 되어 다학문적인 접근이 필요하다.
③ 아동은 자신의 생각을 언어적으로 완벽하게 표현하기가 어려우므로 음악, 미술, 놀이, 문학 등을 이용하여 내면적인 표현을 할 수 있다.

이상과 같이 아동은 발달하는 과정에 있으므로 그 특성이 고정되어 있지 않고 변화의 가능성이 많으므로 앞으로의 발달과 성장을 중심으로 더욱 신중하게 판단하고 진단해야 할 필요가 있으며, 오늘날 아동의 문제는 부모들의 욕구나 갈등으로 인해 나타나는 경우들이 많으므로 성인상담과 비교해 볼 때 상담의 원리는 동일할지라도 상담의 접근방법과 기술은 다양하게 시도해야 할 것이다.

4) 아동상담의 유형

(1) 상담방식에 따른 분류

대면상담

대면상담은 전통적으로 실시해 오던 형태의 상담으로 상담자와 내담자가 직접 대면하여 심리적 문제를 다루는 대인상담, 집단상담, 가족상담을 말한다. 놀이치료, 음악치료, 미술치료 등은 각각 놀이, 음악, 미술을 매개로 하는.대면상담 방법으로 볼 수 있다.

통신상담

통신상담은 과학기술이 점차로 발전함에 따라 의사소통 과정에 서신, 전화, 팩스, 그리고 컴퓨터를 활용하는 상담이다. 최근에는 정보통신 분야의 발달로 컴퓨터의 상담, 즉 사이버 상담이 중요한 매체로 등장하였다.

사이버 상담은 컴퓨터 통신이 단순한 정보교환이나 의사소통의 수준을 넘어서서 인간의 내면세계까지 다루게 되어 내담자의 문제를 해결하고 성장을 촉진하는 것을 돕는 과정까지 가능해졌다. 사이버 상담은 전화상담과 같이 편리성, 경제성, 신속성, 시공의 제약 극복 등의 특징을 지닌다. 그러나 실제적인 관계를 통한 상담이 아니라는 것과 단회적인 상담으로 흐르게 되는 것 그리고 기계라는 한계 등 다양한 문제점을 가지고 있다.

현재 실시되고 있는 사이버 상담의 현황을 보면 시 · 도 내담자 종합상담실, 사랑의 전화, 생명의 전화, 인터넷 스쿨 내담자 세계, 등대, 아동의 전화, 함께 배우는 성과 사랑, 내담자 정보마을 등 내담자들을 대상으로 하는 사이트들이 개설되어 운영되고 있다.

(2) 상담 형태에 따른 종류

개인상담

개인상담이란 한 명의 상담자와 한 명의 내담자가 직접 대면하든지 혹은 매체를 통하여 간접적으로 만나서 상담관계를 형성하고, 내담자가 자기 자신과 환경에 대해 이해를 증진하도록 함으로써 내담자의 성장과 발전을 촉진하는 심리적인 조력의 과정을 말한다. 이때 상담자는 내담자를 존중하고 수용하며 상담자 자신의 생각과 감정에 솔직해야 한다. 이와 같은 상담의 촉진적인 관계 속에서 내담자는 스스로 효율적인 의사결정을 하고 여러 심리적인 특성들을 긍정적인 방향으로 변화시키도록 도움을 받게 된다. 그리하여 결과적으로 내담자의 성장과 발전을 촉진하게 된다.

개인상담은 일반적으로 상담자와 내담자가 각각 한 명인 것이 집단상담과 다르다. 따라서 개인상담은 내담자의 문제가 위급하며 원인과 해결이 복잡하고 내담자 자신과 관련된 신상을 보호할 필요가 있는 경우 그리고 집단에서 공개적으로 발언하는 것을 두려워하는 내담자에게 적당한다.

집단상담

집단상담이란 한 명 혹은 그 이상의 상담자와 여러 명의 집단구성원이 일정 기간 동안 정기적으로 만나면서 일상생활에 부딪치는 문제에 대한 그들의 태도와 행동을 점검하고 변화시키기 위한 목적으로 현실에 대한 방향점검, 감정정화, 상호신뢰, 이해, 수용, 지지, 허용 등과 같은 치료적 기증을 포함한 의식적 사과 행동에 초점을 둔 역동적인 인간 상호관계의 과정이다. 집단상담의 대상은 다양한 관심을 지닌 정상인이며, 그들은 집단 내에서 상호작용을 하면서 자신의 가치와 삶의 목적을 이해하고 수용하며 어떤 태도와 행동을 새롭게 변화시키거나 학습하게 된다.

집단상담은 여러 사람들보다 잘 이해해야 할 필요가 있는 내담자나 다른 사람들이 자신을 어떻게 보고 있는지를 알아야 할 것으로 판단되는 내담자에게 적합하다. 그리고 사회적 기술이 필요한 내담자나 다른 사람과의 유대감, 소속감 및 협동심의 향상이 필요한 내담자에게도 적합하다. 또한 자신의 관심사나 문제에 대해서 다른 사람의 반응이나 조건이 필요한 내담자 그리고 동료 혹은 타인의 이해와 지지가 도움이 되리라고 판단되는 내담자에게도 역시 적합하다.

집단상담의 장점

① 자신의 감정, 경험, 현재의 상황을 아무도 이해하지 못한다는 생각을 타인에게 노출시킴으로써 힘을 얻고 자신의 관심사를 동료들과 나눔으로써 서로의 의견을 수용하고 이해하는 과정을 통하여 자아강도를 높일 수 있다. 즉 나만이 특이하다는 생각을 깨뜨릴 수 있다.
② 내담자들의 자기방향성, 자율성을 인정하고 동시에 원하는 지도력을 제공한다.
③ 개인상담에 비하여 덜 강력하고 덜 위험하다. 집단상담은 집단원들 간의 동질성, 친근감 등을 통해 불신감과 두려움을 감소시켜 준다.
④ 집단상담을 통해 점차 남의 이야기를 들으려는 태도를 가지게 되고 지나친 자신에 대한 관심, 또는 자기의식에서 해방되는 경험을 가지게 된다.
⑤ 집단상담은 내담자에게 새로운 행동과 사회적 기술을 학습할 수 있도록 해준다.

집단상담의 유형

① 성장 중심의 집단상담이란 자신 자신의 의뢰방법으로 일상생활에서 부딪히는 문제들에 좀 더 효과적으로 대처할 수 있도록 개인적인 자원 극대화와 일어날 수 있

는 발달 위기를 잘 처리하도록 도와주는 것이다.

② 문제 중심 집단상담이란 타인에 대한 의뢰방법으로 성장에 방해가 될 수 있는 개인적 갈등 치료, 학습 실패, 비만, 이혼, 비행, 내적에너지를 깨닫는 것이다. 즉 현실적 자기이해, 자신감, 책임감, 자아존중감을 길러줄 수 있다.

2. 청소년상담

1) 청소년상담의 필요성과 문제

사회발전의 가능성을 가늠하는 중요한 척도의 하나는 청소년들의 의식구조와 행태에 있다. 건전한 사회생활을 준비하는 의식과 태도, 먼 미래를 내다보면서 긍정적이고 진취적인 삶의 가치를 정립하고 유능한 능력을 갖춘다면 결국 발전 가능성을 가진 사회임에 틀림없을 것이나 그 반대로 올바르지 못한 가치관을 설정하고 필요한 능력을 갖추지 못한다면 개인은 물론 사회체제의 무질서와 파괴의 위험을 안게 될 것이다.

과연 건전한 미래사회를 만들어 갈 올바른 가치는 무엇이고 또한 유능함이란 무엇인가? 이러한 시각에서 청소년들을 바라보면 매우 다양한 측면에서 문제를 감지할 수 있으며 앞으로 다가오는 미래사회를 내다볼 때 다른 영역에서보다 훨씬 심각한 과제로 나타나는 것이 또한 청소년 문제임을 고려할 때 더 많은 관심과 배려가 요구되는 영역이라 할 수 있다. 더욱이 복지사회란 더불어 함께 행복한 생활을 해나가는 것을 말하며, 아무리 경제성장이 순조롭게 이루어지고 과학이 발전한다 하더라도 그에 적응하지 못하는 다수의 사람들이 사회의 주류를 이루고 있다면 순식간에 심각한 사회적 문제를 야기시키기도 하고 심지어 파멸의 길을 걸을 수도 있기 때문이다.

2) 청소년문제와 관련된 현대사회의 특성

현대사회의 특성은 여러 시각에서 논의할 수 있으나 특히 청소년 문제와 관련해서 살펴본다면 다음과 같은 몇 가지 특성을 지목할 수 있다.

(1) 세계화에 따른 사상과 정체성의 혼미문제

영국의 역사가 웰스(H.G.Wells)의 문화지도를 보면 서양 문명은 바다를 중심으로, 동양은 육지를 중심으로 발전되었다. 중국은 히말라야 산과 접근하기 힘든 태평양을 중심으로 하는 닫혀진 세계를, 서양은 바다를 통해 열려진 환경을 가짐으로써 농업과 항해기술의 차이와 관계(상대성)와 개체(절대성), 음과 양, 수동적(내향적)인 것과 적극적(외향적)인 것 등의 많은 차이를 가지고 있었다. 그러나 이들의 문화가 다양한 변화들로 인하여 정체성(삶의 가치와 인간관, 국가관과 미래관 등)이 혼미한 상태이다.

(2) 과학기술의 발전에 따른 열려진 사회

각종 오락기기, 영상매체의 발달, 상호의사소통의 도구들이 발달하면서 비밀스럽고 신비스러워야 할 영역들이 적나라하게 노출된 사회이다.

인간의 욕구에 대한 개념과 순서도 달라졌으며, 성, 미래, 지역간, 개인간의 차이를 모호하게 하고 있다.

(3) 열악한 교육환경

청소년기의 대부분을 차지하는 학교교육 환경은 결코 사회의 변화를 포함한 각종 과학기구들의 변화, 인식과 가치의 변화를 수용하지 못하고 있다. 즉 교사와 청소년의 시각 차이, 학교 교실에서 다루는 지식과 현실 경험과의 차이, 미래에 대한 인식과 지향점의 차이, 학교 주변 일상생활 환경의 낙후성과 몰개성적이고 비창조적인 풍토의 문제이다.

(4) 급속히 변화하는 사회환경

현대사회는 하루하루가 급속하게 변화하고 있다. 즉 국가관계 간의 변화, 과학기술의 급속한 변화, 생활패턴의 변화, 입시제도를 비롯한 직 · 간접적으로 영향을 주는 제도에 대한 인식과 가치의 변화이다.

(5) 미래에 대한 불확실성의 문제

지금까지 살펴본 정체성의 혼미문제, 과학기술 발전에 따른 열려진 사회, 열악한 교육환경, 그리고 급속히 변화하는 사회환경에 대한 문제들은 미래에 대한 막연함과 불확실성을 초래한다. 즉 자신의 정체성과 역할 인식의 혼미와 불신과 포기의 의식을 갖게 한다.

3) 현대사회 청소년의 특성과 문제점

일반적으로 청소년의 특성은 육체적 · 정신적 측면에서 독특한 성격을 가지고 있기 때문에 오랜 역사를 두고 끊임없는 논란을 전개해 왔다.

몇 가지 시각들을 정리하면, 우선 에릭슨이 보는 청소년기의 특성은 정체성이 혼란한 시기라는 점을 강조한다. 게젤은 청소년들은 부정적인 성격, 내향성, 반항의 시기로 규정한다. 레빈은 주변성, 이념적 불안정성, 극단주의, 생활공간의 차별화와 팽창의 특성을 강조한다. 그리고 프로이트는 자아방어의 메커니즘, 성적 성숙에 따른 심리적 불안정성 등을 들고 있다.

특히 논의의 대상이 되는 청소년들의 문제행동이란 결국 청소년들을 둘러싸고 일어나는 여러 가지 갈등과 불안, 욕구불만 등으로 인하여 자기 스스로 살아가고자 하는 삶의 전략에 문제가 생기거나 또는 다양한 형태의 억압이 일어나게 되고 그로 인하여 도피, 파행, 비행현상이 나타나게 되는 것을 말한다.

이러한 일반적인 시각들을 바탕으로 우리나라 청소년들의 문제들을 살펴보면 최소한 청소년범죄가 양적으로뿐 아니라 질적으로 증가 추세에 있다는 사실을 고려할 때 적절한 조치가 필요하다. 구체적으로 우리나라 청소년들이 호소하는 표면적인 문제들의 빈도순서를 살펴보면(김병석, 1998) 대략 다음과 같은 내용들이 주류를 이루고 있다.

(1) 학교 불만

물리적 환경, 규칙과 규율에 대한 불만, 학교지위와 위상, 평판에 대한 불만이다.

(2) 공부와 성적의 문제

시험 불안과 압박감, 성적저하로 인한 걱정과 스트레스, 지나친 경쟁의식, 공부에 대한 반감과 회의, 효과적인 학습방법의 부재이다.

(3) 진로문제

장래에 대한 무계획과 인생관의 부재, 적성과 소질의 인식 부족, 진로정보 부족, 희망과 현실의 괴리이다.

(4) 신체적 조건의 문제

신체적 결함이나 질병, 외모와 체형, 외모에 대한 대처방식이다.

(5) 성 문제

정확한 성지식 부족, 지나친 성에 대한 관심, 성에 대한 관심과 호기심에 대한 죄책감, 성에 대한 관심 저하 및 부족, 성 정체감의 혼란이다.

(6) 행동의 문제

공격적 일탈행동(폭행, 금품갈취, 괴롭힘 등), 비공격적 일탈행동(거짓말, 도벽, 가출, 유흥가 출입 등), 성과 관련된 일탈행동, 약물 사용, 성인모방이다.

(7) 시간과 돈

편중된 여가활동, 취미와 여가의 부족, 놀이문화의 부족, 용돈 부족, 부적절한 용돈관리, 부적절한 시간관리이다.

(8) 습 관

불규칙한 식사시간과 편식, 약속위반, 휴대폰 및 전화 · 컴퓨터 사용의 과다, 수면습관 등이다.

(9) 생활문화

연예인에 대한 모방과 동경, 유행에 대한 맹목적인 동조, 잘못된 의례, 유명상표 선호, 외국에 대한 막연한 동경이다.

(10) 가치관

공중도덕과 질서의식, 예의와 공경심 부족, 이기적인 풍토, 물질만능주의, 향락주의, 사회에 대한 불만과 비판이다.

이상의 내용들 외에도 종교문제, 정체감과 자아의식의 문제, 성격문제, 정서의 문제, 중도탈락의 문제, 부모들과의 관계문제 등을 제기하고 있다

4) 청소년 문제의 해결방향과 상담

청소년 문제는 문제의 정도나 유형을 초월하여 모든 청소년자녀를 가진 부모에게 항상 조바심의 대상이 된다. 적은 문제는 적은 대로, 큰 문제는 큰 문제대로 걱정거리이며 불안의 소재이기 때문이다. 그러나 다음과 같은 몇 가지 문제들은 대부분 공통적인 문제이면서 사회 전체적인 관심을 가지지 않으면 안 되는 내용들이기 때문에 각각의 문제들과 해결대안들을 모색해 본다.

(1) 입시문제에 다른 성적 공포증

학급 전체 학생의 2/5가 우수한 학생이고 학습은 그들을 대상으로 하며 나머지는 소외된 학생들이 된다. 학업 성적과 관련된 청소년들의 문제는 대부분 성적 부진에 대한 부모나 교사의 꾸중, 부모의 지나친 기대, 갑작스런 성적 하락, 스스로의 무기력감 등의 순서로 문제가 제기된다.

청소년들의 적성에 적합한 진로지도가 철저히 이루어져야 하며 이를 위하여 적절한 객관적 검사, 깊은 관심과 배려, 학생과 교사 그리고 학부형들 상호간의 대화, 다양한 직종에 대한 소개와 접근기회의 확대 등이 필요하다.

(2) 가출문제

부모와의 갈등이 주요 원인이며 때로는 친구와 갈등, 성적 하락 등이 원인이 된다. 가출은 자신의 고통을 상대방에게 전달하기 위한 수단으로, 독립성 확보를 위해서 혹은 현실도피를 위해(학대에 대한) 시도한다. 따라서 관계(부모 혹은 가출원인 제공자) 개선을 위한 공감과 설득을 통한 신뢰관계 회복이 우선되며 또한 관심과 진로를 수정하는 등을 활용할 수 있다.

(3) 폭력의 문제

신체적 · 언어적 폭력과 금품 갈취, 집단 괴롭힘과 따돌림, 성폭력의 문제 등이 포함된다. 힘 있는 집단을 배경으로 하는 폭력이 대부분이고 자신의 뜻대로 동료들을 조정하기 위해, 자신의 무능함을 합리화하기 위해 그리고 구체적인 문제에 대한 보복 등으로 일어난다.

폭력적인 청소년들은 대부분 충동적 경향과 조절능력부족, 타인에 대한 권리와 감정의 이해 부족, 장기적인 삶의 조망능력 부족, 자신에 대한 수용능력 부족 등이 원인이다. 따라서 폭력청소년들에 대한 삶의 능력을 구체적으로 확신시키고 함양하도록 도와주어야 한다. 즉 교육력의 회복과 전인교육을 실현하며, 비교육적 환경을 개선해 준다. 예를 들어 학교가기를 무서워하는 청소년들은 수용, 존중, 여유 있는 태도 등으로 문제에 접근하고 해결방법을 모색하는 과정이 필요하다. 또한 동료들이 때리고 괴롭힌다는 청소년들은 여유 있는 마음으로 원인분석하고 다양한 정보를 수집하여 해결방안을 찾으면서 스스로 극복할 수 있는 능력을 신장시켜야 하며, 집단따돌림을 당하는 청소년들은 주변의 인간관계망을 작성, 가정을 대상으로 하는 이해와 설득, 역할과 진로방향의 이해와 개선을 위해 힘써야 한다.

(4) 약물중독의 문제

청소년들의 약물실태는 술 72%, 담배 27%, 진해제 14%, 각성제 11%, 수면제 6%으로 나타났다. 약물을 지속적으로 복용하였을 때에는 두통과 경련, 호흡곤란, 환각, 청각장애로부터 시작하여 재생불량빈혈, 간과 신장에 독성 유발, 신경정신계의 불가역적 손상, 기억과 판단의 감퇴, 생식능력의 저하, 질식, 폐수종, 후두경련 등으로 발전한다.

약물남용의 원인은 주로 감정 등의 자기조절능력 부족, 융통성 부족, 미숙한 방어기재 현실판단의 결여, 부정적 사고체제, 심리적으로 우울증이나 품행장애, 과잉행동, 불안장애 등이다. 따라서 약물을 복용하는 청소년들의 생활에 대한 세심한 관심을 갖고, 밝고 건전한 가정환경을 위한 여러 전문가들의 세심한 노력이 필요하고, 건전하고 바람직한 친구관계를 맺을 수 있도록 한다. 또한 선별과 교육 및 유해환경의 해소를 위한 지속적인 노력과 온정적이며 긍정적인 관심과 나아가 일정 기간 이후에 재발가능성을 항상 고려해야 한다.

5) 청소년 문제해결을 위한 상담전략

청소년문제의 해결은 결코 몇몇 집단이나 특정인들의 노력으로 가능한 것이 아니다. 최소한 청소년들에게 유해한 환경을 줄이기 위한 범국민적 차원에서의 노력으로부터 시작하여 청소년문제에 대한 관심과 배려의 풍토를 조성하는 노력, 가장 많은 시간을 보내는 학교교육환경의 개선과 풍토를 개선하는 일이 필요하다. 더욱 중요한 일은 가장 적은 집단이면서 가장 영향력 있는 가정에서의 청소년문제 예방이 중요하다. 더불어 제기된 문제들에 대한 해결의 방향으로 수동적이면서 소극적인 청소년보호소의 활용 이전에 적극적인 방법으로 청소년들에 대한 상담활동, 특히 자원봉사활동을 통한 상담, 전문상담원들을 통한 상담, 학교와 가정에서 이루어지는 다양한 상담방법들이 활용되어야 할 것이다.

구체적인 상담의 기법들은 문제의 내용과 정도 그리고 대상과 환경에 따라 각기 다르기 때문에 논외로 하고 청소년 문제해결과 예방을 위한 상담의 전략을 살펴보면 다음과 같다.

① 청소년의 특성과 문제에 대한 구체적인 인식
② 각종 문제의 상황으로부터 탈피하도록 하는 전문적인 노력
③ 청소년들 스스로 적극적인 자기 성장 활동의 학습과 실천
④ 바람직한 인간관계 기술의 학습과 실천
⑤ 자기정체성의 발견과 소신을 자유롭게 표현할 수 있는 의사표현력의 신장
⑥ 학습효과 증진을 위한 자기학습법의 개발과 활용

⑦ 유연한 의사소통의 기술과 실천

⑧ 기타 일상생활에서 나타나는 다양한 유형의 갈등과 문제해결에 필요한 객관적인 지식, 경험의 터득, 처치를 위한 모의훈련

⑨ 청소년상담을 위해서는 진정한 인간애(타인에 대한 선의의 관심과 유머 감각을 통한 친밀한 대화, 끈기와 창조적 태도, 용기 등)와 스스로 타인에게 도와주고자 하는 자율적인 의지, 다양한 분야에 대한 폭넓은 이해와 해박한 지식을 가진 전문가가 진행

청소년 지도는 궁극적으로 국가와 사회의 미래를 위하여 그리고 개개인의 행복한 미래를 위하여 적극적으로 이루어져야 한다. 다수의 청소년들이 아직 미성숙한 청소년기의 오류로 인하여 기나긴 일생을 어둠 속에서 병마와 시달리면서, 혹은 훌륭한 잠재능력을 사장시키는 결과를 가져오고 있다는 사실을 감안한다면 이는 심각한 일이면서 동시에 가장 중요하게 다루어야 할 국가적 책무라고 말 할 수 있을 것이다. 따라서 청소년 문제의 궁극적인 해결과제를 살펴보면 다음과 같다.

① 인간의 존재 가치와 의미를 찾게 해주고, 개인이 가지고 있는 기술과 지식을 향상시켜 스스로 자아존중감을 가지면서 학습의 보람과 가치를 느끼게 해야 한다.

② 청소년들로 하여금 스스로의 자존의식과 정신 건강에 도움을 주면서 개인의 인격적인 성숙과 발전의 바탕을 마련해 주어야 한다.

③ 가까운 가족들과 동료들에 대한 애정이 강화되도록 바람직한 인간관계의 좋은 장을 마련해 줌으로써 안정된 일상생활을 하도록 해준다.

④ 예기치 않은 불행이나 사건에 당황하지 않고 초연한 자세로 극복하는 자세를 터득케 해야 하며, 공동 사회에 대한 올바른 인식과 참여의식을 높여 주며, 냉소적 사고방식을 타파하고 온정적 사회의식을 강화시켜 주어야 한다는 차원에서 모두의 관심과 배려를 가지고 이루어져야 한다.

3. 부부상담

1) 부부생활의 문제

(1) 부부생활 문제의 원인

'연합한다'는 것은 딱 붙어 하나가 된다는 의미의 히브리어이다. 남편과 아내는 종이 두 장을 풀로 붙여 놓은 것이다. 하나로 붙여 놓은 종이를 나누려고 한다면 이 둘을 다 찢을 수밖에 없다. 부부는 서로 사랑하고 가까워지고 신뢰하는 것이다. 만약 이와 같은 연합함이 없다면 그들은 합법적일지는 모르나 사랑이 없는 '공허한 결혼생활'을 하는 것이다.

잘못된 의사소통

많은 부부관련 서적에 의하면, 잘못된 의사소통은 부부간의 불화를 일으키는 가장 일반적인 원인이라고 한다. 의사소통의 불일치는 보낸 내용과 받은 내용이 다를 경우에 일어난다.

저드슨 스위하트(Judson swihart)는 그의 저서에서 "당신을 사랑해."라고 말하는 8가지 방법을 제시하고 있다. 만일 남편이 선물을 사주는 것으로 "당신을 사랑해."라는 표현을 했는데, 아내는 그것을 직접 말로 듣기를 원했다면 이것은 잘못된 의사소통이다. 보낸 내용과 받은 내용이 같지 않은 것이다. 메시지는 언어적(말) 또 비언어적(제스처, 목소리, 얼굴 표정 등)으로 전해진다. 언어적인 것과 비언어적인 것이 모순될 때 이중메시지가 되어 혼동을 일으키고 의사소통이 단절된다. 아내가 "나는 당신이 출장을 가든지 말든지 상관없어요."라고 말하는데 억양이 낮고 말에 힘이 없으면 '나는 당신이 가지 않기를 원해요'라는 뜻으로 볼 수 있다. 즉 바람직한 의사소통은 언어적인 내용과 비언어적인 내용이 일치해야 하는 것이다.

방어적이고 자기중심적인 태도

다른 사람과 가까워진다는 것은 모험적인 일이다. 우리는 다른 사람과 가까워지게 되고 그들이 우리의 약점들을 알게 될 때 비난받고 거절당할 수 있는 상황에 놓이게 되는 것이다. 우리들 대부분이 스스로를 방어하는 것의 가치를 이미 알아 버려 다른 사람을 믿는다는 것이 쉬운 일이 아니다. 완고함, 신뢰치 못하는 마음, 타인을 비난하고 자신을 방어하는 경향 등은 모두 소위 '사랑의 두려움'이라 부르는 것의 증거들이다. 때때로 사람들은 이러한 두려움을 감정적으로 거리를 두는 것으로 나타낸다. 또는 타인들을 비판하거나 내치기도 한다. 그래서 결국은 자기도 모르는 사이에 '조만간 나는 내가 사랑하는 이 사람에 의해서도 상처를 받을 것이다. 그러니 내가 먼저 상처를 주어야겠다'는 결론에 도달하게 될 때도 있다.

우월한 위치를 고수하고자 하는 마음으로 자기를 방어하고자 할 때 그의 배우자는 계속해서 말로 억압당하고 교묘하게 조종당하게 된다. 이것은 부부간에 긴장과 불화를 초래하게 한다. 불행하게도 남편과 아내는 무슨 일이 일어나는지조차 알지 못하고, 긴장감을 초래하는 방어적이고 자기중심적인 태도를 깨닫지 못하는 것이다.

대인간의 긴장

두 사람이 결혼할 때 그들은 각각 과거 약 20년 전 경험들과 훈련받은 것들, 삶에 대한 태도들도 함께 가지고 결혼생활에 들어간다. 이런 차이점들은 타협과 양보를 통하여 해결된다. 그러므로 어떤 때는 서로 바꾸기를 싫어할 때도 있다. 그래서 차이점들은 쟁점이 되고 심각한 전쟁터를 만들기도 한다. 어떤 경우에는 갈등을 해결하고자 하는 진지한 열망은 있으나 사태가 개선될 수 있는 방법을 부부가 잘 알지 못하는 때도 있다. 이러한 긴장들은 다음의 것들에 관련이 된다.

성 교 이따금 대부분의 부부들이 성적인 문제들을 갖고 있다. 때때로 이것은 결혼생활의 긴장에서 오는 결과일 수 있다. 성적 문제의 원인들은 정확한 지식의 부족, 비현실적인 기대, 제대로 성교하지 못할 거라는 두려움, 성적 충동의 차이점, 성에 대하여 억제하는 태도, 불충분한 사생활의 기회 등을 포함하고 있다. 그리고 조급함, 불감증, 불신 등이 원만한 성적 기능을 방해하는 긴장을 더욱 유발케 한다. 그런데 성적 문제들이 해결되지 않을 때 결혼생활은 항상 고통을 겪게 된다.

역 할 여성 해방과 전통적 남녀 역할에 대한 재평가가 이루어지고 있는 오늘날, 남자 혹은 여자가 된다는 것이 무엇을 의미하는가에 대한 많은 논란이 일고 있다. 의견들이 너무나 빨리 변하기 때문에 사회도 방향을 정해 주기가 힘들다. 그 결과 서로 일치되지 않으며 경쟁을 수반하여 협박하기도 한다. 이러한 긴장은 아내가 하는 일의 본질이나 범위를 넘어서 일어나기도 한다.

가치관 인생에서 가장 중요한 것은 무엇인가? 우리는 어떻게 우리의 인생을 보낼 것인가? 우리의 삶의 목적은? 가치관과 가치의 갈등에 관련된 이런 질문들은 부부간의 긴장을 일으키는 요인이 될 수 있다.

욕구 거의 한 세기 동안 생리학자들은 인간의 욕구에 대해 논쟁을 벌여 왔다. 우리는 음식, 휴식, 호흡과 고통으로부터의 해방을 필요로 하며, 이외에도 사랑, 안정, 타인과의 접촉 등 심리적 욕구도 가지고 있다. 게다가 각 개인마다 독특한 개인적인 욕구들, 즉 지배하고 통제하고 소유하고 성취하고 돕고자 하는 욕구들도 있다. 한쪽 배우자가 지배하고자 하는 욕구를 가진 반면, 다른 쪽은 지배받기를 원한다면 조화가 된다고 할 수 있다. 그러나 남편과 아내가 모두 지배하고자 한다면 이것이 갈등을 일으킬 수 있다.

돈 한 가정의 재정은 얼마나 되는가? 누가 돈을 관리하는가? 얼마나 쓰고 있는가? 무엇이 필요하고 무엇이 필요없는 것일까? 예산 책정이 필요한가? 돈이 모자라는 경우에 어떤 일이 일어날 것인가? 이러한 질문에 대한 대답은 사람의 재정에 대한 가치관이나 태도에 달려 있다고 볼 수 있다. 남편과 아내가 이러한 질문에 각각 다른 대답을 하게 된다면, 여기에서 갈등이 일어날 가능성이 있다. 재정적 문제가 또 다른 문제들을 야기시키는지의 여부는 쉽게 결정할 수 없다. 그러나 조화 있는 결혼생활이 이루어지기 위해서 조화 있는 재정적 관계가 필수적인 것은 사실이다.

외부의 압력 때에 따라서는 부부간의 긴장이 그 부부를 제외한 다른 사람이나 상황에 의하여 자극을 받을 수 있다. 이러한 외적 압력의 원인들은 다음과 같다.

① 말이 많은 친척이나 부부에게 많은 요구를 강요하는 친척들로 인해 갈등이 생긴다.
② 자녀들이 많은 요구를 하며 부모 곁에만 있어서 부부간의 깊이 있는 접촉과 잦은 접촉을 방해하며, 때로 부부간에 쐐기를 박기도 한다.
③ 이성친구를 포함한 친구들이 부부에게 오랜 시간을 빼앗는다. 때에 따라서는 한쪽이나 양쪽 모두를 불신에 빠뜨리기도 한다.
④ 가족관계를 분열시키는 위기들이 결국 가족구성원들에게 스트레스를 주게 된다.
⑤ 직업 때문에 생기는 여러 요구들이 남편이나 아내에게 압력을 가하고, 피곤함을 초래하고, 결혼생활의 시간을 빼앗는다. 이러한 압력들 중 대부분은 저지될 수가 있으나, 각각 위력이 있으며 결혼생활의 조화를 파괴하는 위협이 될 수가 있다.

권 태 시간이 지남에 따라 남편과 아내는 일상적인 생활에 정착하게 되고 서로에게 익숙해져서 자기도취나 자기만족, 자기연민 등에 빠지게 된다. 이러한 것들은 결혼생활에서의 흥미를 없애며 생활에 대하여 싫증을 느끼게 한다. 결혼생활이 따분해지고 일상적이게 되면 부부는 다른 곳에서 변화와 도전을 찾기 시작한다. 이것이 결국에는 더 많은 부부간의 긴장을 초래한다.

(2) 부부생활의 문제가 미치는 영향

앞에서 언급했던 것처럼 부부생활에 문제를 주는 영향과 원인을 분리하여 생각하는 것은 쉬운 일이 아니다. 이미 살펴본 성적 문제 또는 경제적 문제는 부부간의 긴장을 일으킬 수 있고, 부부간의 긴장 역시 잠자리나 가계부의 균형에 문제를 야기할 수 있다. 이렇게 원인과 결과 간에는 순환적인 관계가 있다. 그럼에도 불구하고 상담자는 부부간의 긴장에서 오는 몇 가지 구체적인 결과들을 관찰할 수 있다.

혼동과 절망

한창 갈등이 심할 때 부부생활의 불화를 살펴보면, 남편이나 아내가 다음에 무엇을 해야 할지를 모르고 당황하는 경우가 있다. 그래서 때때로 바로 별 소용이 없지만 필사적인 시도를 해보기도 한다. 또는 "좋아질 기미도 보이지 않는데 왜 노력을 하나?"라는 절망이나 포기하는 태도가 나타나기도 한다.

움츠림(withdrawal)

합법적으로 결혼을 해서 함께 살고 가끔 한 침대에서 자기도 하지만 감정적으로나 심리적으로 이혼한 부부의 숫자를 알아내는 것은 불가능하다. 남편과 아내가 각자의 일에만 열중하고 온정이나 관심, 대화, 서로 간의 사랑은 전혀 없다. 그들은 감정적으로 물러나 있으므로 해서 이혼을 해야 하는 고통이나 사회적 오명을 피한다. 그들 사이에는 평화협상이나 전쟁은 없을지라도 갈등이 남아 있다. 대신에 결혼이란 일생 동안 연장될 수 있는 일종의 휴전으로 존재한다.

유 기

부부간이나 가족 내의 압력이 격심해질 때 어떤 사람들은 쉽게 가족을 버리고 떠나버린다. 수많은 사람들이 매년 상처받은 감정이나 혼동, 불확실성, 또한 편부모가정을 뒤로 하고 떠난다는 것은 사실이다. 법원에서 유기한 배우자가 돌아오도록 요구할 수 있으나 이러한 사람들은 찾아내기도 어렵고 또한 그들은 법의 판결을 무시한다. 더구나 대부분의 유기자들이 하류층인 가정에서 나오기 때문에 버림받은 배우자는 유기자에 대항하는 법적인 소송을 할 능력조차 없는 것이다.

이 혼

부부생활의 문제가 가져온 가장 결정적이고 영원한 결과인 이혼은 점점 더 많은 부부들이 채택하고 있는 길이다. 이혼은 한때 유망하고 만족스러웠으나 이제는 사회적으로나 감정적으로 무너지게 된 관계를 합법적으로 종결시키는 것이다. 이혼은 결코 즐거운 해결책이 될 수 없음에도 불구하고 너무 자주 쓰여지고 있다.

(3) 부부생활의 문제에 대한 상담

한 사람과 상담한다는 것은 어려운 일이다. 부부와 상담한다는 것은 더 어려우며 특별한 기술과 상담자 편에서의 주의를 요한다. 흔히 부부나 그중 한쪽이 상담의 가치에 대하여 회의하거나 저항적인 태도를 보이기도 한다. 부부상담은 '심리적인 올가미나 놀라움들로 가득한 가장 어렵고 신중을 요하는 요법의 하나'라고 불렸다. 그래서 상담하기 전후에 상담자는 반드시 자신의 태도, 편견, 약점들을 분명히 알기 위하여 점검해 볼 필요가 있다.

당신 자신을 잘 파악한다

부부생활의 문제점에 대한 당신의 태도는 어떠한가? 당신은 비판적인가? 비난을 하거나 어느 한편을 드는 경향이 있는가? 결혼상담이 당신 자신의 결혼생활에 대한 걱정과 불안을 일으킬지 모른다는 두려움을 가지고 있는가? 당신의 상담이 실패하지 않을까? 필요 이상으로 신경을 쓰는가? 즉 부부생활에 대한 친밀한 대화는 상담자에게 있어서 성적인 또는 그 밖의 감정을 일으키게 할 수 있다. 상담자는 이러한 감정을 인정하면서 적절한 방법으로써 해결해야만 한다.

때때로 내담자는 우리가 다른 곳에서 알았던 다른 사람들의 결혼생활들을 생각나게 한다. 그래서 세심한 주의를 기울이지 않으면 상담자가 다른 상황들에서 취하였던 감정이나 태도를 내담자에게 부과시키기 쉽다. 이것은 커다란 혼동을 야기한다. 또한 내담자가 상담자에게 깨닫지도 못하고 원하지도 않는 새로운 역할을 부여할 수도 있다는 것을 기억해야 한다. 예를 들면, 여성 내담자는 남성 상담자를 자기의 남편과는 매우 다른, 친절하고, 이해심이 있는 남자로 보게 될 수 있다. 반면 남편은 남성 상담자를 결혼생활에 대한 위협자로, 또는 자신의 아내를 진정으로 이해하지 못하는 사람으로 생각하기 쉽다. 상담자는 칭찬을 받을 때나 거부를 당할 때나 자신의 감정에 따라 반응하지 않도록 조심하여야 한다.

구체적인 문제들을 잘 파악한다

부부상담은 다른 종류의 상담에서는 나타나지 않는 몇 가지 진행상의 질문들을 제기한다.

① 부부를 동시에 상담할 것인가, 따로 따로 할 것인가?
② 집단상담이 바람직한가?
③ 상담을 혼자서 할 것인가? 아니면 다른 상담자와 함께 할 것인가?
④ 결혼생활의 특성이 있는가?

상담목표를 설정한다

상담자, 남편 그리고 아내는 각자 나름대로의 기대와 목표를 가지고 결혼상담에 임하게 된다. 이러한 목표는 불확실할 수도 있고 명확할 수도 있다. 어떠한 것들은 현실적일 수도 그렇지 않을 수도 있다. 목표가 분명하고 현실적이고 모든 사람에게 수용될 수 있는 경우 결혼상담은 성공할 수 있는 높은 가능성을 가지고 출발한다. 목표가 불분명하거나 갈등을 포함하는 경우(예를 들어 남편은 자연스런 별거를, 아내는 화해를 원하는 경우)에 상담은 좀 더 어려워진다.

① 상담자의 목표를 인식한다.
② 내담자의 목표를 설정한다.
③ 서로 수용할 수 있는 목표를 설정한다.
④ 목표에 도달한다.
⑤ 사람들에 초점을 맞춘다.
⑥ 문제들에 초점을 맞춘다.
⑦ 과정들에 초점을 맞춘다.

(4) 부부생활의 문제에 대한 예방

증가하는 이혼율과 부부간의 긴장에 대한 사회의 관심은 논의를 활발하게 일으키게 하였다. 다시 말해 결혼생활의 문제점을 방지하는 데 가장 중대한 자리에 있다. 따라서 혼전상담을 통해서 젊은이들에게 결혼과 성에 대한 교육을 시키는 것은 결혼생활의 문제점을 방지하는 좋은 방법이다.

결혼과 결혼서약의 중요성을 강조한다

대부분의 사람들에게 있어 삶은 수많은 요구, 위탁, 책임 등으로 이루어진다. 이러한 압박들 가운데서 결혼생활이나 가정은 서서히 우선순위에 있어서 멀어지게 된다. 직업, 사회에서의 책임 등이 배우자와 보내는 시간보다 우선한다. 결혼생활이 성장하고 발전하기 위해서는 시간과 노력과 헌신이 요구된다. 따라서 결혼생활을 우선순위에 놓도록 사람들을 격려한다. 부부가 함께 모든 일을 해결하고, 서로를 위하고, 함께 우선순위를 세우고 성숙한 목표를 향하여 함께 노력하며, 결혼생활에 다양성을 주기 위한 방법을 생각하도록 도와준다(독서가 도움이 될 수 있다).

의사소통 및 갈등해결의 원리를 가르친다

부부는 주의 깊게 듣는 것, 자기를 표현하는 것, 받아들이는 것, 이해의 중요성을 알아야 한다. 감정 이입, 온정, 성실성이 상담과정에서 제한 받을 필요가 없다. 이것들은 결혼생활에서 배우고 실시해야 하는 속성들이다.

결혼 생활이 더 풍성하도록 자극한다

훌륭한 결혼생활이라 할지라도 개선할 여지가 있다. 부부관계를 개선시키는 데 도움을 주는 책들을 읽고 서로 이야기할 수 있도록 부부나 부부집단을 격려한다. 여러 기관에서 결혼생활을 풍성하게 하는 세미나를 열도록 후원할 수 있고, 이러한 모임에 참석하도록 부부들을 격려한다.

상담을 장려한다

개인과 마찬가지로 부부도 실패를 인정하는 것처럼 보일까 봐 상담을 요청하기를 싫어하는 경우가 많다. 상담을 요청하는 것이 바로 강인함의 증거임을 강조하여야 한다. 도움을 빨리 구할수록 상담의 효과는 더 커진다.

4. 부모상담

1) 부모상담의 필요성

자녀문제로 상담실을 찾아온 부모들의 대부분은 처음부터 자녀의 문제가 자기 자신의 문제와 관련되어 있다고 인식하는 경우는 드물다. 그러나 점차 부모들은 자녀의 문제가 자신 자신에게 문제가 있기 때문에 나타난 증상으로 이해하면서 그 증상이 해결되기를 바라는 마음으로 상담실을 찾는다. 물론 증상이나 문제행동을 보이는 주체는 자녀이기 때문에 자녀에게 상담의 초점을 맞추어 접근하는 것이 중요하며, 특히 그 자녀가 어떤 핸디캡을 갖고 있는 경우에는 이에 따라 상담의 내용과 방향이 결정되기도 한다.

그러나 자녀에게 어떠한 핸디캡도 없는 경우는 대개 자녀의 증상이나 문제가 부모나 그 주변 사람과의 관계의 질에 문제가 있는 경우가 많다. 특히 자녀의 연령이 어릴수록 부모와의 관계에 문제가 있는 경우가 많은데, 이 경우에는 자녀만이 아니라 부모에 대해서도 상담 내지 치료적 접근을 하게 된다.

부모를 대상으로 상담할 때 부모 자신은 의식하고 있지 않을지라도 상담자는 부모를 자녀와의 관계에서 문제를 갖고 있는 사람으로 보면서 상담의 대상으로 인식한다. 이런 인식은 반드시 비정상적이라고 판단되는 부모에 대해서만 필요한 것이 아니다. 물론 부모들 가운데는 왜곡된 성격이나 정서적 장애, 인격장애 등의 문제로 상담 내지 심리치료를 받아야 하는 경우도 있지만, 대개의 경우는 이런 유형의 문제가 두드러지게 나타나지 않거나 부모 자신이 심리적으로 문제가 없다고 생각하고 있다. 그러나 심리적으로 문제가 없다고 생각하는 부모일지라도 자녀와의 관계에서 자녀의 문제행동의 원인을 제공하는 경우가 적지 않다.

사실 부모들이 처음 상담실을 찾을 때는 이 문제에 대해 본인이 의식하거나 언어화하지 않기 때문에 표면화되지 않는다. 그러나 상담이 진행되는 가운데 어머니의 마음이 열리면서 자녀 문제와 관련된 자신의 문제를 의식하고 언어로 표현하게 된다. 이처럼 부모상담에서는 확인해야 할 문제들이 몇 가지 있다고 할 수 있는데, 이에 대해 자세히 살펴보면 다음과 같다.

① 자녀 자신의 문제, 또는 자녀에게 직접 관계가 있는 문제
② 모(부)자 관계의 문제와 이에 의해 발생되는 자녀의 문제
③ 부모 자신의 문제, 이것이 자녀 문제나 모자관계의 문제에 영향을 주고 있는 것
④ 부부 사이에 문제가 있으며, 이것이 자녀의 문제나 모(부)자관계의 문제에 영향을 주고 있는 것
⑤ 부모 자신의 성격 문제
⑥ 현실적으로 스트레스를 받을 만한 상황이나 과제에 직면해 있으며 이로 인해 발생하는 부모 또는 자녀의 문제
⑦ 극히 가벼운 수준의 부모 문제, 또는 일시적 현실적 문제에 의해 발생하는 자녀 문제

상담자는 부모상담에서 이런 다양한 문제의 가능성을 생각하면서 핵심적인 측면을 놓치지 않고 파악하여 필요한 지원을 해나가야 한다. 이처럼 상담자는 부모상담에서 자녀의 문제에만 초점을 맞추는 것이 아니라, 부모로서 자신의 문제를 바라볼 수 있도록 지원함으로써 문제해결의 실마리를 찾아나간다.

어머니는 여성, 아내, 어머니라고 하는 세 가지 역할을 하고 있는 존재이며, 동시에 자녀와 남편과의 인간관계 이외에도 조부모, 시부모, 형제, 사촌, 친구, 직장 등의 사람들과의 다양한 인간관계를 맺으면서 살아간다. 그러기 때문에 부모상담에서는 부모가 이런 다양한 인간관계의 영향을 받으면서 자녀를 양육하고 있다는 사실을 간과해서는 안 된다.

2) 부모와의 커뮤니케이션

부모상담에서 얻을 수 있는 중요한 정보원 가운데 하나는 상담 장면 이외에서의 자녀 행동에 관한 정보이다. 누구보다도 자녀를 항상 가까운 거리에 두면서 바라보고 있는 어머니는 가정에서의 자녀의 언행, 그리고 자신과의 관계에 대해서 풍부한 정보를 갖고 있다. 그러나 어머니가 말하는 자녀의 모습이나 자신과의 관계는 어디까지나 자신의 관점에서 말하는 경향이 강하기 때문에 비록 부모 자신의 문제를 의도적으로 숨기려고 하는 의식은 없을지라도 부모의 인식이 왜곡되어 있거나 문제의 핵심을 파악하지

못하는 경우가 많다. 이런 점은 실제 모(부)자 사이에 대화를 나누어 보도록 함으로써 부모 자신이 이제까지 깨닫지 못했던 자녀의 기분이나 자녀와의 관계에 있어서 자신의 문제점이 무엇인지를 알게 되는 경우가 많다. 이와 관련된 예를 들어보면 다음과 같다.

사례 1 고집만 부리는 자녀의 행동으로 인해 힘들어하는 어머니가 "그러다간 사람들에게 조롱거리만 돼!"라고 꾸중한다.

사례 2 방 안에 어지럽게 널려져 있는 장난감을 치우지 않고 있는 자녀에게 혼을 내자, 그때서야 천천히 장난감을 치우기 시작하는 자녀를 향해 어머니가 "혼을 내니까 장난감을 치우는 구나, 넌 어쩔 수 없구나." 하며 또 혼을 내기 시작한다.

앞의 사례들은 평소 어머니들의 양육행위에 종종 들을 수 있는 말이다. 그런데 이런 식의 대응을 꼼꼼히 따져보면 뭔가 이상하다는 느낌이 든다. 먼저 〈사례 1〉에서 실제는 어머니 자신이 "그러면 안 돼!"라고 꾸중하고 싶은 마음은 본심이지만, 이 본심은 교묘하게 타인의 시선이나 생각으로 위장되어 나타나면서 자녀의 행동을 간접적으로 통제하려고 하는 것을 알 수 있다. 〈사례 2〉의 경우는 자녀가 어머니에게 혼이 나는 상황이 되어버리는 이중구속적인 상황이 되었다. 만일 어머니의 이런 태도는 일상적으로 경험하고 있는 양육환경에서 자라고 있는 자녀라고 하면 그 자녀는 심리적 혼란과 함께 자립심이나 주체성의 발달에 부정적인 영향을 받게 된다는 것을 쉽게 예측할 수 있다. 이처럼 일상생활에서 흔히 발견할 수 있는 어머니의 이런 모습이 자녀의 심리적 발달에 미치는 부정적인 영향의 문제를 간과할 수 없으며, 이에 대한 문제를 부모상담 시 어떻게 도와줄 것인가가 상담자의 또 하나의 중요한 과제라고 할 수 있다.

3) 부모상담의 과정

(1) 개별상담

상담과정의 요소

라 포 라포(rapport)란 서로간에 조화를 이루는 관계를 말한다. 바람직한 상담의 분위기로 발전시키는 데 있어 가장 근본적인 것으로 내담자와 상담자가 서로를 신뢰하고 편안한 감정으로 대화를 나눌 수 있는 분위기의 형성이라고 할 수 있다.

공 감 공감이란 자신이 직접 경험하지 않고도 다른 사람의 감정을 거의 같은 내용과 수준으로 이해하는 것이다. 특히 자녀를 가진 부모의 특징을 잘 이해하고 부모의 위치에서 모든 것을 바라보려는 노력이 필요하다.

수용적 존중 부모의 입장을 이해하고 그의 생각을 존중하는 것을 말한다. 물론 부모의 생각에 동조할 수 없는 경우도 있다. 그럴 경우에도 부모의 생각을 직접적으로 거부하기보다는 서로가 다른 생각을 가지고 있음을 부드럽게 표현하는 것이 바람직하다.

전문적 능력 부모는 상담자에게 도움을 구하러 온다. 부모는 상담자가 자기를 도와줄 수 있는 전문가임을 인식하는 것이 중요하다. 그러나 상담자가 부모에게 권위적으로 대하거나 매사를 처방하려고 하는 것은 도움이 되지 않는다. 오히려 상담자가 모든 것을 알 수는 없으나 상황을 적극적으로 이해하고 함께 해결책을 모색하는 협조자임을 알리는 것이 필요하다.

의사소통 훌륭한 의사소통은 성공적인 상담을 위해 매우 중요하다. 만약 상담자가 부모의 걱정을 대수롭지 않게 여기거나 부모의 생각은 모두 잘못되었다고 훈계한다면 좋은 의사소통이 이루어질 수 없다. 즉 부모가 하는 말을 열심히 들으면서 이해하고 있다는 느낌을 전달하는 것이 필요하다.

효율적인 상담의 과정

① 상담을 위한 준비를 한다. 즉 부모의 연령, 직업, 교육에 대한 관점, 양육 태도 등이다.
② 부모를 완벽한 인간으로 보지 않는다.
③ 같은 말이라도 긍정적으로 표현한다.
④ 부모가 많은 이야기를 할 수 있도록 배려한다.
⑤ 말하는 것 자체만으로도 정화의 가치가 있다는 것을 인식한다.
⑥ 느낌을 반영한다.
⑦ 부모의 이야기를 요약해 준다.
⑧ 부모가 과장할 수도 있음을 기억한다.
⑨ 상담 도중 부모들이 가장 잘 던지는 질문에 대답할 준비를 한다.
⑩ 중요한 결단을 대신 내려주지 않는다.

⑪ 상담 시간을 너무 길게 하지 않는다.
⑫ 면담 도중 '교육 전문 용어'를 쓰지 않는다.
⑬ 긍정적인 어조로 면담을 마친다.

(2) 집단상담

▽ 집단상담의 장점

집단상담은 상담의 깊이를 갖기 어려운 단점이 있지만 시간을 절약할 수 있고 부모 간의 교류를 통해 자녀의 문제를 폭넓게 볼 수 있으며, 부모와 상담자 둘만의 긴장된 관계를 해소할 수 있다는 장점을 갖는다. 즉 아동이 지나치게 소극적인 것이 고민되는 부모들이 모이게 되면 서로가 쉽게 공감대를 형성하여 상담의 효과를 극대화할 수 있다.

▽ 효율적인 집단상담을 위한 지침

① 어느 한 부모에 의해 이야기가 독점되어서는 안 되며, 참석한 모든 부모들이 이야기할 기회를 골고루 갖는 것이 중요하다.
② 개인적인 약점을 꼬집거나 상처를 주는 말은 하지 않도록 한다.
③ 서로가 원만한 대화를 이루기 위해서는 집단의 크기가 너무 커서는 안 되며 4명에서 최대한 10명 이내가 바람직하다.
④ 면담 시간도 1시간에서 1시간 30분 정도로 계획하여 너무 지루하지 않도록 배려하고, 소요 시간을 미리 알려주어 부모들이 스스로 시간을 조절할 수 있도록 한다.

5. 가족상담

1) 가족상담의 필요성

가족상담 또는 가족치료(family therapy)는 미국과 유럽에서 1950년대 중반에 생겨난 것으로 가족 전체를 대상으로 한 상담 또는 심리치료이다. 이것은 개인의 다양한 증상이나 문제행동, 또는 부부나 가족의 갈등을 어떻게 이해하고 치료하는가에 관해서 이제까지의 개인치료와는 다른 관점에서 접근하고 있다. 즉 도움이 필요한 대상은 가족구성원 전체로 보고 있으며, 때로는 그 가운데 한 사람만을 대상으로 상담을 하더라도 가족 전체를 염두에 두고 치료를 하는 면에서는 집단 전체를 대상으로 한 집단상담과도 공통점이 있다.

가족상담의 대상은 가족 시스템이기 때문에 그에 대한 이해와 이를 바탕으로 한 개입이 요구된다. 가족상담 · 가족치료에는 현재 10가지 이상의 이론이나 기법이 소개되고 있으며, 각각의 특징에 따라 서로 다른 내용을 갖고 있지만 시스템론을 중심으로 한 측면은 모든 이론에 있어 공통적이다.

가족상담의 탄생은 개인을 중심으로 심리치료를 해온 정신과 의사의 다양한 시행착오에서 출발하고 있다. 사실 오늘날 청소년들의 등교 거부나 학교폭력, 집단따돌림 등의 문제가 사회적으로 이슈가 되고 있는데 그 뒷면에는 가족 문제가 얽혀 있는 경우가 많다. 그래서 미국의 아동정신과 의사들은 아동의 심리치료 장면에 가족을 참가시키게 되고, 모자(母子) 병행 상담의 형태로 접근하는 가운데 아이나 어머니의 심리적 건강이 회복될 수 있다는 사실을 알게 된 것이다. 그러나 만일 아버지가 심리적으로 문제가 있는 경우는 환자가 건강을 되찾고 집으로 왔지만 다시 문제가 재발되기도 하고 가족의 다른 구성원에게도 문제가 발생하기도 한다는 사실이 밝혀졌다. 이 때문에 가족 전체를 대상으로 상담을 실시해야 한다는 인식을 갖게 된 것이다.

당시 정신분석적 접근이 강했던 미국의 정신과 세계에서는 가족 전원을 대상으로 한 심리치료에 대해서는 부정적인 견해가 강했다. 정신분석의 대상은 현재의 가족이 아니라 내담자의 내적 세계에 존재하는 가족이어야만 한다는 논리가 강했기 때문이다. 그러나 가족치료에서는 이와 같은 견해를 버리고 가족구성원 전체를 대상으로 상담한 결과, 생각지도 않았던 치료효과를 발견하게 된 것이다. 이것이 바로 이후에 나오는 가족의 항상성(homeostasis)이며, 가족 시스템으로서의 특성의 효과라고 할 수 있다.

2) 가족 시스템의 이해

가족상담의 기본적 출발점은 가족 시스템론이라 할 수 있다. 즉 여기서는 하나의 시스템으로 보고 있으며, 상담 내지 치료는 시스템을 대상으로 해야 한다는 인식을 갖고 있다. 시스템으로 본다고 하는 것은 문제나 증상이라고 하는 것은 개인의 문제로만 귀속할 수 없기 때문에 가족 전원을 대상으로 치료해야 한다는 의미만은 아니다. 즉 가족상담적 관점이나 생각이란 상담(치료)기법의 차이에 무게중심이 있는 것이 아니라 문제나 증상의 이해에 대한 차이, 그리고 인식을 시스템론적으로 바꾸었다는 데 핵심이 있다.

일반 시스템론(general system theory)을 제창한 이론생물학자인 버틀런피(Von Bertalanffy)는 무생물, 생물, 정신과정, 사회과정에서 공통된 일반원리를 공식화하였다. 여기에서는 시스템이란 상호 영향을 주고받는 요소의 통일된 복합체로 정의하고 있으며, 가족도 하나의 시스템으로 간주하고 있다. 그러므로 시스템론적 인식론은 어떤 문제나 증상에 대한 이해를 할 때 상호 영향적 관계의 관점에서 바라보게 된다.

가족 시스템은 부모 하위 시스템, 자녀 하위 시스템 등의 다양한 하위 시스템으로 구성되어 있으며, 동시에 상위 시스템(예: 확대가족, 지역사회, 학교나 직장, 국가 등)의 아래에 놓여 있는 하위 시스템이기도 하다. 그리고 항상 환경과의 사이에서 다양한 정보를 주고받는 상호 영향과의 관계 가운데 존재하는 개방 시스템(open system)이기도 하다.

과학의 원리처럼 인과관계를 명확히 할 수 있는 것은 직선적 인과론인 폐쇄 시스템(closed system)이라고 볼 수 있다. 이 관점에서는 개인의 심리치료나 의학적 치료의 기본적 생각은 문제나 증상의 원인을 그 개인의 내적 요인으로 귀속하고 있으며, 그 원인을 제거하기만 하면 문제는 해결된다고 본다. 예를 들어 위(胃)에 이상이 있어서 통증을 느낀다면 이상이 있는 부분에 대한 약물치료나 수술 등의 방법으로 치료할 수 있을 것이다. 이러한 논리의 맥락에서 볼 때, 예를 들어 등교거부나 학교폭력에 대한 대응은 그 문제행동의 원인이 그 학생에게 있기 때문에 해당 학생에 대한 지도 또는 상담만으로 행동 개선이 가능하다고 보게 된다. 이런 식의 접근은 원인 규명적 관점에서 보는 '직선적 인과론'이며, 부분의 기능장애는 그 부분의 기능 회복에 초점을 맞추게 된다.

이런 관점에서 문제행동이나 증상에 대한 치료적 접근을 하게 된다면 그 문제행동이나 증상을 보이는 사람에 대한 대응만으로 개성이 가능하다고 할 수 있다. 또는 만일 그 문제행동에 영향을 미친 사람이 있다고 할 경우에는 영향을 미친 사람이 문제행동의 원인 제공자라고 하는 관점에서 치료적 접근을 하게 된다. 예를 들어, 자녀의 정서적 장애는 어머니의 양육태도에 의한 문제라고 보는 방식이나 그 배경에 남편의 무관심이 있다든가 하는 식으로 문제행동이나 증상에 대한 이해를 원인규명적으로 접근하는 것은 직선적 인과론적인 이해라고 할 수 있다.

그러나 만일 개인을 집단의 일부로 보면서 동시에 집단도 개인의 단순한 집합이 아닌 역동성을 지닌 집단으로 보게 되면 문제행동이나 증상에 대한 이해는 전혀 다른 모습으로 나타나게 된다. 본래 '생태(organism)'라고 하는 것은 그 자신이 독자적으로 존재할 수 없는 특성을 갖고 있다. 생태라고 하는 시스템은 폐쇄적으로 존재하고 있는 것이 아니라 개방적 시스템의 형태로 항상 다른 시스템과 관련해서 존재하고 있다. 예를 들어 위장의 경우 다른 소화기관의 관계에서 그리고 그 소화기관도 다른 기관의 관계에서 움직이고 있는 것처럼 인간은 항상 타인과의 상호작용적 관계 속에서, 그 타인도 또 다른 타인과의 관계 속에서 영향을 주고받으면서 살아가고 있는 것이다.

이와 같이 문제나 증상을 바라보는 입장이 상호 영향적인 것으로 이해하는 것을 '순환적 인과론'이라 부른다. 이 관점에서는 일부의 변화는 다른 부분의 변화에 영향을 미치게 되며 나아가 이것이 전체의 변화로 확대되어 나간다고 본다. 또한 전체의 변화는 부분의 변화에 영향을 미친다고 본다. 이렇게 생각하면 변화는 한 번의 순환으로 끝나는 것이 아니라 나선상으로 연속적으로 일어난다고 보게 된다. 사실 가족이라고 하는 동적인 개방 시스템에서는 어떤 현상이 하나의 원인으로 작용함과 동시에 또한 결과가 되기도 하는 순환적 인과론의 특징을 띠고 있다. 그래서 개인의 변화는 가족 시스템 전체의 변화를 가져오게 하고, 반대로 가족 시스템 전체의 변화는 개인의 변화를 가져오게 한다. 그러므로 가족구성원의 누군가가 증상이나 문제행동을 보이면 그것은 그 개인의 정신병리 현상이라든가, 부모의 양육방식에 문제가 있을 수 있다는 식의 이해가 아니라 가족 시스템의 기능에 문제가 있어서 나타난 현상으로 이해하게 된다.

순환적 인과율을 가족에게 적용해서 생각하면 가족구성원은 성장이라고 하는 변화와 장애라고 하는 변화를 일으킬 수 있다. 이런 관점에서 보게 되면 문제나 증상은 그 어느 누구 때문에 발생된 것도 아니며, 장애도 그 사람만의 문제로 볼 수 없다. 이와 같이 문제의 순환성이라는 관점에서 보게 되면 환자라고 하는 사람은 과연 누구를 지칭하는가라는 문제가 발생하게 된다. 순환적 인과율의 관점에서는 측정의 한 사람을 환자로 취급하는 것은 문제가 된다. 그래서 가족상담에서는 가족 가운데 처음으로 문제나 증상을 호소한 사람을 IP(identified patient)라고 부른다. IP란 '우연히 환자로 간주된 사람'이라는 의미를 담고 있다. 이 관점에서는 문제나 증상의 본질은 '관계의 문제'이며, 이 관계에 속한 한 사람이 대표적으로 병리적 관계를 문제행동이나 증상의 형태로 표현한 것으로 간주한다. 그렇기 때문에 이 이론적 입장에서는 어디까지나 관계의 문제이지, 누가 피해자이며 누가 가해자인지 단정지을 수 없다. 즉 쉽게 말하면 원인이 확실치 않다는 것이다.

인간은 누구라도 그 사람 나름대로의 모습으로 건강하게 살아가고 있지만 타인과의 만남과 관계속에서 다양한 문제가 발생하게 된다. 이 관계에서 만들어지는 문제에 대해 가장 부담을 느낀 사람이나 피해를 본 사람이 먼저 SOS를 보내는 것이다. IP는 문제나 증상을 자신의 문제로서 호소하는 경우도 있고, 다른 사람의 문제로 생각하는 경우도 있다. 또는 타인이 IP를 문제로 생각하고 도움을 요청하기도 한다. 그러나 어느 경우일지라도 이것은 각 사람의 인식의 문제이며, 문제 그 자체의 본질을 이야기하고 있는 것은 아니다. 이처럼 가족상담에서는 특정인을 환자로 단정해서 그 사람에 대해서만 치료적 접근을 하는 것이 아니라, 문제의 본질이 전체의 관계성에 있다고 보기 때문에 상담이나 치료는 관계의 조절에 초점을 맞추게 된다. 그래서 가족상담에서는 가족 전원을 대상으로 상담하기도 하고 부모만을 대상으로 상담하기도 하는데 여기서 중요한 포인트는 문제나 증상을 다양한 시스템의 관계의 문제로 본다는 것이다.

3) 가족의 변화

(1) 가족상담을 통한 변화

가족상담은 간단히 말하면 기능이 마비된 가족관계를 효과적인 관계형성으로 바꾸는 지원법이라고 할 수 있다. 그래서 가족상담에서는 어느새 완고하게 굳어진 가족에 대해 어떤 변화가 필요하며, 그 변화를 일으키기 위해 어떤 지원이 필요한가가 중심과제가 된다.

가족상담에서는 변화의 문제를 생각할 때 자동제어이론이 도입된다. 특히 가족의 기능 마비의 완화에는 '제2차 변화(second order change)'라는 전략이 효과적이다. 제2차 변화란 시스템 조직을 근본적으로 바꾸는 시스템 내의 모든 변화를 말한다. 제1차 변화(first order change)란 시스템의 기본적 구조는 그대로 두면서 이미 설정되어 있는 행동의 범위 내의 연속적인 작은 변동을 말하지만, 제2차 변화는 시스템 그 자체가 불연속적이면서 질적 변화를 나타내는 것을 의미한다. 그러므로 제1차 변화는 시스템의 불균형을 회복시켜 일정한 수준으로 유지시키려고 하는 접근을 하게 되며, 제2차 변화는 시스템의 불균형을 증대시켜 새로운 구조로의 발전을 유도하는 접근을 하게 된다. 시스템의 주위 상황이 비교적 일정한 경우에는 시스템의 안정을 유지시키는 것을 중요하게 생각하는 제1차 변화가 효과적이지만, 내외 상황의 변화가 큰 경우에는 시스템 자체를 해소하거나 시스템의 일관성을 유지하면서 그 내적 구조를 변화시키는 제2차 변화가 요구된다. 가족상담에서 어떤 증상이나 문제에 직면하였을 때, 이것이 발생하기 이전의 상태로 회복시키려는 시도는 제1차 변화적 시도라고 할 수 있으며, 새로운 행동 패턴이나 새로운 구조를 만들려고 하는 시도는 제2차 변화라고 할 수 있다.

가족 내에서 생성되는 어떤 증상이나 문제의 표출은 가족의 제2차 변화를 만들어 내기 위한 움직임이라고 할 수 있다. 그래서 제2차 변화가 필요로 할 때 가족구성원의 한 사람이 증상이나 문제행동이라고 하는 이탈행동을 통해 가족을 흔들어서 변화를 일으키게 된다.

제1차 변화와 제2차 변화의 차이를 한 예를 들어 설명해 보자. 사춘기에 부모와의 심리적 독립이 제대로 이루어지지 않아 등교거부를 하게 된 자녀의 문제를 풀어 나갈 때 부모의 노력을 통해 자녀가 다시 이전처럼 학교를 다니도록 하는 경우는 제 1차 변화의 접근방법이라고 할 수 있다. 그러나 사춘기의 자녀를 부모의 생각대로 지도하는 것을 포기하고 자녀의 자립이 이루어지도록 지원하여 자녀와의 관계 그 자체가 변화하도록 함으로써 결과적으로 등교거부의 문제가 해결되도록 하는 경우는 제2차 변화의 접근방법이라고 할 수 있다.

가족상담은 문제나 증상 그 자체에 대해 접근하는 심리치료가 아니다. 문제라고 하는 것은 인간관계 그 자체에 있으며, 한 사람 한 사람은 문제가 아닐지라도 두 명 이상의 관계에서는 문제가 생성될 수 있다는 가능성을 생각하는 것이 가족상담의 핵심적 관점이다. 때문에 가족상담은 가족 전체를 대상으로 하게 되며 가족 중에 누가 문제인가라고 하는 범인 색출과 같은 접근이 아닌, 구성원 전체의 균형과 변화를 지원하게 된다.

(2) 가족의 발달과 발달과제

개인에게 발달이 있는 것처럼 가족에도 발달이 있다. 그리고 가족의 발달에도 일정한 순서가 있으며, 각 발달단계에 따른 발달과제가 있다. 또한 개인의 발달에서 단계와 단계의 임계기에 위기가 일어나기 쉬운 것처럼 가족발달에서도 동일한 현상이 일어난다. 가족의 발달단계와 각 단계에서 요구되는 발달과제를 요약하면 〈표 8-1〉과 같이 정리할 수 있다.

표 8-1 가족의 발달단계와 발달과제

단 계	발달과제
제1단계: 성인 초기	가족으로부터 심리적 · 경제적 자립
제2단계: 신혼기	원가족으로부터의 자립, 부부관계의 확립, 가족의 일상적 규범 설정, 자녀 출산에 대한 결심 등
제3단계: 출산 및 육아기	모(부)자관계의 확립, 자녀양육에 전념, 자녀의 사회화에 대한 지원 등
제4단계: 청년기 자녀의 시기	동일 세대와의 교류, 자녀 자립을 위한 지원, 중년기 부부 과제의 직면, 본인과 부모와의 관계 재설정
제5단계: 자녀 이탈 시기	2인 시스템의 재적응, 부모의 죽음에 대한 대응 등
제6단계: 노년부부 시기	사회적 역할로부터 해방, 모(부)자관계로부터의 해방, 배우자의 죽음에 대한 적응 등

개인의 발달과정에서 그 시기에 요구되는 발달과제를 습득하지 못하게 되면 그 다음 단계의 발달과제의 획득이 부담으로 작용하게 되면서 심리적 중압감으로 인한 노이로제 증상을 보일 수 있다. 가족발달에서도 동일하다. 가족이 해당 시기에 획득해야 할 발달과제를 달성하지 못하면 이후에는 가족이 감당할 수 없을 정도로 그 문제가 커지게 된다. 이럴 때 가족의 한 사람이 SOS를 보내게 된다.

이런 경우 대개 가족 전체가 경직되어 있어 그 상황에 유연하게 대처할 수 없는 상태가 되어서 가족구성원의 누군가가 이로 인한 문제나 증상이라는 형태로 외부에 표출하게 된다. 그리고 문제가 표면화되었을 때는 해결을 위한 무의미한 시도가 동일한 패턴으로 반복하고 가족 전원의 필사적인 노력에도 불구하고 당사자들도 어떻게 할 수 없을 정도로 악순환에 빠져버리는 경우가 일반적이다. 가족상담에서는 이런 무의미한 가족의 노력을 객관적으로 재검토하고, 효과를 기대할 수 있는 행동이나 관계로 재조정될 수 있도록 지원하게 된다.

가족 기능의 마비와 가족의 생활주기

가족상담에서는 가족구성원 중에 한 명이 어떤 증상이나 문제행동을 보였을 때, 이것을 가족 시스템의 전체의 기능 마비로 이해한다. 그리고 이런 가족의 기능 마비는 가족의 생활주기(life cycle)의 다음 단계로 원만하게 이행하지 못하게 하며, 이는 가족발달에 다른 과제를 잘 수행하지 못한 결과라고 보고 있다. 예를 들어, 최근 이혼 경향을 보면 결혼 초기만이 아니라 결혼 20년 이상이나 되는 만혼 부부들의 이혼율이 급속도로 증가하고 있다. 이런 현상은 전자의 경우는 신혼기에 원(源)가족으로부터 심리적으로 독립하여 부부 시스템을 확립하지 못한 경우가 많으며, 후자의 경우는 이미 성장한 자녀가 독립하여 다시 이전의 부부 중심의 생활로 변화하는 과제를 잘 극복하지 못한 결과라고도 볼 수 있다.

그러므로 가족상담에서는 그 가족이 현재 어느 발달단계에 와 있으며 어떤 발달과제에 직면해 있는가, 과거의 발달과제는 어느 정도 극복해 왔으며 어떤 미해결의 과제가 남아 있는가를 진단하여 다음 발달단계로 원만하게 진행할 수 있도록 지원하게 된다.

발달적 위기와 상황적 위기

가족이 직면하는 시스템 내외의 위기에는 일반 가족이 보편적으로 체험하는 어느 정도 예측 가능한 발달적 위기와 일부 가족밖에 체험하지 못하는 예측 불가능한 상황적 위기가 있다. 발달적 위기는 앞에서 언급한 가족 생활주기의 이행에 수반되는 발달과제를 원만하게 극복하지는 못하는 경우에 생성되는 문제들을 말하며, 상황적 위기는 가족구성원의 급사(急死)나 사고, 재해, 만성질환 등을 말한다.

대개 발달적 위기를 극복하는 것만으로도 가족의 입장에서는 적지 않는 스트레스를 느낀다. 그런데 여기에다 상황적 위기까지 겹치게 되면 가족 시스템이 이에 적절하게 변화하여 적응한다는 것은 간단하지 않아서 아무리 건강한 가족일지라도 문제 발생이 쉬워진다. 그래서 상담에서는 현재 그 가족의 발달단계와 발달과제에 대한 이해만이 아니라 예측 불가능한 상황적 위기에 직면하지 않았는지에 대한 파악도 매우 중요하다.

정서 시스템으로서의 가족

가족 시스템은 개방 시스템이기 때문에 그 발달과정은 다른 사회 시스템으로부터의 영향도 크게 받는다. 무엇보다도 예를 들어 물리적으로는 핵가족이라고 할지라도 정서적으로는 3세대 이상의 확대가족 전체와 상호 영향적 관계에 있다고 할 수 있다. 한 예로 비록 할머니가 시골에 살고 있지만 그 할머니의 죽음으로 인해 그 자녀인 어머니가 우울 증세를 보이게 되고, 그로 인해 아들이 심리적으로 불안해하면서 학교생활의 부적응이라고 하는 문제행동으로 나타날 수도 있다는 가정을 해볼 수 있다. 이처럼 가족의 생활주기에서의 발달과제를 생각할 때에도 핵가족 내에서 어떠한 변화가 필요한가만이 아니라 각 발달단계에서 확대가족과의 관계는 어떻게 변화해야 하는가를 함께 고려하는 것도 중요하다.

4) 가족상담의 주요 개념과 기법

한마디로 가족치료라고 하지만 여기에는 다양한 학파가 있으며, 이에 따른 특징적인 이론과 기법이 확립되어 있다. 그러나 어떤 이론이든 공통점은 가족을 하나의 시스템으로 보고 있다는 것이다. 몇 가지의 주요 개념과 기법에 대해서 알아보자.

(1) 다세대적 접근

이 접근은 개인이나 가족의 문제를 3세대 이상에 걸친 확대가족의 역사라는 틀 안에서 생각하며 상담에서 가족을 시스템으로 이해함과 동시에 개인의 정신과정을 중요하게 생각한다. 또한 가족구성원이 어느 정도 자신의 부모나 이전의 세대로부터 자기분화(differentiation of self)를 하였는가, 즉 어느 정도 자율적이면서 정서적으로 성숙한지를 진단한다. 그러므로 자녀가 IP일지라도 치료과정에는 부모의 원(源)가족과의 관계에 대해서도 관심을 갖는다. 다세대적 접근에서의 특징적 기법에는 삼각관계화, 충성심, 그리고 가계도 작성이 있다.

먼저 삼각관계화(triangulation)란 가족 내의 두 사람 관계에 불안이나 긴장이 강해졌을 때 제3자의 개입을 통해 안정을 회복하려고 하는 메커니즘이다. 이에 대한 한 예로, 부부싸움으로 인해 마음의 상처를 받은 아내가 심리적 안정을 얻기 위해 친정으로 가버리는 경우를 생각해 볼 수 있다. 그러나 삼각관계화에 의해 문제가 해결되었다고 할지라도 이것은 일시적이며, 만일 이 상태가 고착되면 새로운 문제가 발생하기도 하여 몇 세대에 걸쳐 문제가 확장 또는 반복되기도 한다.

충섬심(loyalty)이란 가족에 대한 소속감을 의미하며 의식적 또는 무의식적인 마음의 연결고리를 말한다. 여기에는 수직적 충성심과 수평적 충성심이 있다. 먼저 수직적 충성심(vertical loyalty)이란 부모나 조부모 또는 그 이전의 세대, 그리고 다음 세대로 이어지는 마음의 연결고리를 말한다. 한편 수평적 충성심(horizontal loyalty)은 동일 세대간, 배우자나 형제와의 마음의 연결고리이다. 종종 발생하기 쉬운 문제는 두 세대의 충성심의 균형을 어떻게 유지하는가 하는 것이다. 특히 자신의 부모에 대한 수직적 충성심은 강하지만 배우자에 대한 수평적 충성심이 약한 경우 종종 심각한 부부갈등을 일으켜 자녀의 심리적 성장을 방해하기도 한다. 그리고 부모에 대한 불만이나 적대감정을 갖고 있는 자녀라고 할지라고 행동 레벨에서는 부모와 동일한 행동을 하는 경우를 볼 수 있다. 예를 들어, 부모에게 학대받으며 자란 자녀가 부모를 증오하면서도 한편으로는 자신의 자녀를 학대하는 경우가 있다. 이것은 부모에 대해 해결되지 않은 죄악감이나 의존, 증오심이 마음 속 깊은 곳에 있으며, 눈에 보이지 않는 충성심(invisible loyalty)이라고 하는 마음의 연결고리를 갖고 있기 때문이다.

다세대적 접근에서 가정 특징적인 기법은 가계도(genogram) 작성이다. 가계도란 3세대 이상의 가족구성원에 관한 다양한 정보나 가족구조, 그리고 가족의 인간관계를 담은 가계도 작성법을 말한다. 가계도 작성을 통해서 가족이 어떤 역사를 거쳐 왔는지, 어떠한 인간관계의 패턴을 보이는지, 과거의 미해결의 문제는 무엇인지, 이러한 문제가 현재의 가족 문제와 어떤 관련이 있는지를 시각적으로 이해할 수 있다. 다세대적 접근은 물리적으로는 핵가족일지라도 심리적 또는 무의식적으로는 자신의 부모와 연결고리가 강하다고 할 수 있다. 이 접근은 개체의 확립이 불충분한 우리 사회의 가족문제를 생각할 때 상담 장면에서 유용하게 활용할 수 있다. 또한 개인상담에서 내담자의 가족문제를 이해하는 데도 큰 도움이 될 것이다.

(2) 구조적 접근

구조파 가족치료에서는 가족의 구조를 중요하게 생각한다. 구조란 구성, 조직, 체계 등을 의미하며, 이것은 가족구성원 간의 상호작용이 '경계', '제휴', '세력'이라고 하는 세 가지 측면에 의해 규정되어 있다고 보고 있다.

먼저 경계(boundary)란 특정의 상호작용 형태나 가족관계의 전체에 가족구성원 중 누가 포함되어 있고, 누가 포함되어 있지 않는가라는 문제를 말한다. 가족구성원 사이의 경계가 모호한 상태로 관계가 뒤엉켜 있는 경우도 있고, 반대로 가족구성원들 사이의 경계가 견고하고 경직되어 있는 상태도 있다.

제휴(alignment)에는 두 명 또는 그 이상의 가족 멤버가 다른 한 사람 또는 그 이상의 가족구성원에 대항하여 결속하는 연합(coalition)과 두 명 또는 그 이상의 가족구성원이 다른 구성원과는 관계없이 독립적으로 결속하는 동맹(alliance)이 있다.

세력(power)이란 각각의 가족구성원이 상호작용 과정을 통해 다른 구성원에게 미치는 영향이 있는가에 대한 것이다.

기능이 마비된 가족이란 세대간의 경계가 혼란스럽거나 어머니가 아버지를 배제하고 자녀와 연합하거나 부모가 자신들의 부부갈등을 부정하고 자녀를 문제아동으로 몰아붙여 연합해 있거나 자녀가 가정 내에서 부모 이상으로 세력을 갖고 있는 등 가족의 구조 그 자체가 기능적 역할을 하지 못하고 있는 상태를 말한다. 그러므로 구조적 접근에서는 가족의 경계, 제휴, 세력을 조정하여 가족의 시스템을 재구조화하게 된다.

구조적 접근에는 치료적 변화로 이어질 수 있는 가족구성원 간의 교류를 상담자가 만드는 교류의 창조(예: 각본을 만들어 가정에서 일어날 수 있는 문제 장면을 실제 연기하도록 하여 문제를 끄집어낸다), 상담자가 가족 시스템의 교류에 참여하는 교류의 합류, 그리고 가족구성원 간의 교류 형태를 변화시켜 IP의 문제를 필요로 하지 않는 기능적 가족구조를 만들기 위한 교류의 개조 등이 있다.

이 기법에서는 다세대적 접근처럼 장기간의 가족과정을 중요시하는 것은 구조가 필요한지를 생각하면서 더욱 기능적인 가족구조로 변화시키기 위해 가족 시스템에 적극적으로 개입한다.

(3) 커뮤니케이션적 접근

이 접근은 특히 가족구성원 간의 커뮤니케이션에 주목한다. 다세대적 접근이나 구조적 접근처럼 가족 시스템으로서의 성장이라든가 가족구조의 변화, 가족구성원 한 사람 한 사람의 자기분화라고 하는 것보다는 치료목표가 가족이 현재 힘들어하고 있는 문제가 무엇인지를 파악하여 이에 대한 지원을 하는 데 초점이 맞추어져 있다. 또한 이 접근에서는 가족이 안고 있는 문제는 그것을 해결하려고 하는 가족구성원 간의 잘못된 커뮤니케이션에 의해 오히려 유지, 강화되거나 악화되는 악순환에 빠지게 되는 것에 착안하여 이 악순환을 타파하기 위해서 역설적인 개입도 필요하다고 본다. 가족은

IP의 문제행동이나 증상을 부정적인 것으로 간주하고 있지만, 가족상담자는 오히려 여기에는 긍정적인 의미가 있으며, 가족의 입장에서도 의미가 있다고 생각한다. 이런 관점에서 문제를 바라보면 가족의 문제를 이해하는 방식과 치료법이 바뀌게 된다. 이것을 영어로는 'reframing(재정의)'라고 하는데, 이는 문제로 간주되고 있는 부분을 바꾸지 않고 그 의미부여를 새롭게 하는 것이다. 심리학적으로 말하면 그림 그 자체는 바꾸지 않고 배경이라고 하는 부분을 완전히 다르게 함으로써 전체를 변화시키는 접근법이라고 할 수 있다.

증상 처방(prescribing the symptom)이라고 불리는 기법은 IP에 대해 문제행동이나 증상을 의도적으로 일으키도록 하거나 다른 가족구성원도 그것을 도와주도록 지시함으로써 증상이나 문제행동이 갖고 있는 의미를 수정하고 가족 시스템의 균형을 깨뜨려서 치료적 변화를 일으키도록 하는 것이다. 이 접근은 특히 문제를 단기간에 해결하는 것을 중요하게 생각하고 있으며, 통상 10회 정도의 치료과정으로 해결되지 않으면 실패로 간주한다. 또한 가족이 안고 있는 문제에 대해 가장 관심을 갖고 있는 사람이 있다면 그 사람만을 대상으로 상담을 통해 변화시킴으로써 그것이 가족 전체에 영향을 미칠 수 있도록 유도한다.

5) 가족상담의 학습과 훈련

(1) 이론학습

오늘날 가족상담 또는 치료에 관한 서적이 적지 않게 출판되고 있으며, 이것들을 통해 가족상담의 다양한 이론과 기법을 배울 수 있다. 대개 이들 책에서는 상담 장면의 축어 기록이 실려 있는 경우가 많기 때문에 이론과 실제를 연결하여 배울 수 있다.

(2) 가족상담 장면의 역할훈련

지적 학습만이 아니라 가족상담 장면을 가정한 역할연습을 통해 체험적으로 배우는 것도 중요하다. 책에 수록되어 있는 가족상담 장면의 축어 기록을 시나리오로 해서 역할훈련을 해보거나 어떤 문제를 안고 있는 가족을 추정하여 역할을 해보는 것도 도움이 된다. 역할훈련(role play) 가운데 상담자의 역할을 하게 되면 상담자로서 가족과의 관계를 경험할 수 있으며, 가족구성원의 다양한 역할을 해봄으로써 가족치료에서 가족이 어떠한 체험을 하는지도 알 수 있다.

(3) 관찰과 슈퍼비전

개인상담과는 달리 가족상담은 하나의 팀으로 진행되며, 일방향 거울의 장치나 녹화를 통해 슈퍼바이저(supervisor)의 도움을 받으면서 상담을 진행할 수 있다. 또는 슈퍼바이저가 하는 상담을 관찰할 수도 있을 것이다. 물론 여기에는 윤리적인 문제가 발생하지 않도록 사전에 상담가족의 동의를 얻어야 할 것이다.

(4) 상담자 자신의 자기이해 및 가족 이해

정신분석을 비롯해서 개인상담에서는 상담자 자신의 자기이해가 무엇보다도 중요하다는 것은 주지의 사실이지만, 이것은 가족치료에서도 마찬가지이다. 우선 상담자는 자신의 가족과의 관계를 충분히 이해할 필요가 있다. 상담자 자신이 가족과의 관계에서 큰 갈등이나 문제를 갖고 있는 경우, 가족상담 장면에서 그 가족을 어떻게 이해하고 접근할 것인가라는 문제에 영향을 미치게 된다. 구체적인 훈련방법으로는 자신이 평소 가족과 주고받는 경험을 한 번 재현해 보는 가족역할 훈련이 효과적이다.

(5) 가족치료 학습의 유의점

가족상담기법은 매우 다양하며, 여기에다 단기간에 가족의 변화를 유도하는 강력한 기법들이 많다. 대개 사람들은 이런 기법에 매혹되어 가족치료를 시작하는 경우가 적지 않다. 그러나 기법에만 얽매이게 되면 가족을 지원하기 위한 가족상담이 아니라 상담자 자신이 만족하기 위한 가족상담이 되어버릴 위험성이 크다. 임상심리학이나 상담을 배우는 사람은 단지 기법의 힘보다는 가족 한 사람 한 사람의 아픔과 고민에 대한 수용과 공감성이 더 중요하다는 사실을 알아야 할 것이다.

또한 가족상담에서는 가족구성원 간의 상호작용에 초점을 맞추기 때문에 개인의 정신세계의 과정을 소홀히 하거나 정신의학적 진단이나 정신병리를 무시하는 경우가 적지 않다. 가족을 시스템으로 이해하는 것도 중요하지만, 이것만으로는 가족을 이해할 수 있다고 생각하는 것은 과학지상주의와 다를 바 없다. 가족이라고 하는 시스템은 그

구성원 한 사람 한 사람이 나름대로의 개성을 갖고 존재하며, 이런 인간으로 구성되어 있다는 사실을 잊어서는 안된다. 유럽이나 미국에서는 처음부터 가족치료의 세계에 들어간 상담자가 이것만으로는 치료에 한계가 있다는 사실을 점차 느끼면서 개인의 정신세계의 과정이나 정신병리에 대해서 새롭게 배우기 시작하는 사람이 적지 않게 나타나고 있다.

현재 우리나라에서도 다양한 가족치료법이 소개되고 있는데 여기에는 각각 특징이 있으며, 또한 장점과 단점도 각각 갖고 있다. 또한 치료학파는 다를지라도 실제 치료장면에서 행해지는 것에는 공통점이 많다. 그러므로 가족상담 내지 치료를 배우는 데 있어서는 폭넓게 각 학파의 기본적인 이론과 기법을 배우면서 자기 자신의 성격이나 가족에 맞는 접근법을 몸에 익혀 나가는 것이 중요하다고 할 수 있다.

6) 가족상담의 과정

(1) 초기 단계

상담접수

대부분 상담은 가족 중 한두 명이 직접 방문하거나 전화로 상담예약을 하고 찾아오게 된다. 또는 다른 사람이나 기관에서 의뢰되기도 한다. 전화나 직접 대면으로 가족 한 사람과 사전 접촉을 하는 경우에 한 사람한테서 얻은 정보만으로 편견이 생길 우려가 있기 때문에 간략하게 약속시간, 상담비 등을 알려주고 신청서 양식을 작성하게 한다.

상담자의 자기소개와 내담자 소개

먼저 상담자는 자신을 내담자에게 소개한 후 가족원의 이름, 연령, 직업 등의 중립적인 질문을 한다. 만약 접수 시 내담자에 관한 기록지가 있으면 이름과 얼굴을 맞추어 나갈 수 있다.

화제 유도하기

처음으로 상담에 온 내담자들은 개인적으로 힘든 문제를 가져오고 상담자에 대한 막연한 기대만 갖고 있기 때문에 불안하다. 상담자는 가족들이 긴장하지 않고 편안한 마음으로 자신의 문제를 이야기할 수 있게 도와야 한다.

공적인 사항 알리고 승낙받기

상담시간, 상담기간, 상담의 빈도, 비밀 보장성, 의뢰한 사람에 대한 언급, 상담비와 지불방식 등에 대해 알리고, 녹음이나 녹화에 관하여 설명하고 승낙을 구한다.

신뢰적 관계형성

① 내담 가족원들의 말을 경청하고 공감적으로 이해한다.
② 내담자를 존중하고 수용적으로 대한다.
③ 내담자에게 일관성 있게 성실하고 정직하게 대한다.
④ 적절한 때에 내담자에게 객관적이고 전문적인 태도로 이해하고 도움을 준다.
⑤ 상담자 자신이 편안하고 온화한 표정으로 대하며 자신의 감정변화에 민감해야 한다.
⑥ 정서적 측면 반영과 수용하기, 내담자의 말 바꾸어 말하기, 요약하기, 명료화 등의 기법을 사용한다.

문제의 탐색

상담에 오게 된 직접적인 동기를 파악하고 문제를 일반적인 것에서 세부적인 것까지 서서히 탐색한다. 최근에 경험한 문제를 중심으로 가족원의 정서와 행동, 상호작용 패턴을 탐색한다. 그리고 과거의 상담 및 치료경험 및 그 결과, 그동안 문제해결을 위해 시도했던 방법과 그 결과 등을 파악한다.

가족사정

가족사정은 첫 면접에서 시작하여 초기에 지속적으로 이루어진다. 이를 위해 가족문제의 배경, 현재의 가족생활주기 단계, 가족의 구성과 특징, 권력형태, 가족원 각자의 생활역사와 감정관리 패턴, 가족원의 긍정적인 측면과 장점, 극복경험, 외부의 영향력 있는 사람, 자원 등을 탐색한다. 가족역사를 들을 때는 그것이 현재의 가족관계나 문제와 어떤 관련이 있는지에 초점을 두고 듣는다. 이들을 자료로 하여 상담자는 잠정적 가설을 세운다.

문제의 명료화와 상담목표 합의

상담자는 가족들이 원하는 변화와 상담목표를 파악하고, 가족 각자가 치료를 통하여 무엇을 얻기를 원하는지를 분명히 하며, 그러기 위해서 다음 단계에서 할 일을 정해야 한다. 가족원들이 바라는 목표가 다른 경우에는 서로 합의를 하도록 도우며, 내담자의 목표가 비현실적이거나 모호할 때는 현실 가능한 것으로 구체화시켜야 한다.

상담목표를 설정할 때는 내담자의 문제해결에 중요하면서 내담자가 원하는 것이어야 한다. 이때 바람직하지 않은 행동을 하지 않는 것보다는 성공적이거나 긍정적 행동을 증가시키는 것이어야 하고, 특히 가족상담 치료에서는 구체적이고 분명하게 측정할 수 있는 행동용어로 기술되어야 한다.

내담자가 바라는 도움이 상담자의 능력으로 가능한 것이고 전문가적 윤리에 어긋나지 않으며 내담자와 상담자는 상담목표에 합의하고 상담계약이 이루어진다. 만일 내담자가 바라는 도움이 상담자의 능력 밖이라면 내담자에게 그 사실을 밝히고 다른 전문가에게 의뢰해야 한다.

상담계약과 상담의 구조화

상담계약은 상담목표, 시간, 상담비 등에 대해 계약을 맺는 것이다. 이때 상담자는 내담자에게 실현 가능한 것이 무엇이고 목표에 도달하려면 어느 정도의 기간이 걸리는지를 설명해 주고 계약이 변경될 수 있다는 것에 대해 말한다.

상담의 구조화란 상담관계를 바람직한 방향으로 안정시키기 위하여 상담에서 성취가능한 범위와 제한점에 관해 내담자를 교육하는 것이다. 일반적으로 상담자와 내담자가 서로 편안하도록 제한점은 최소한도로 줄이고 면담시간, 내담자의 행동규범 등에 관해서는 구체적으로 정하는 것이 좋다.

(2) 중기 단계

가족참여

적어도 한 번 이상은 전체 가족을 한꺼번에 참여시키는 것이 바람직하다. 그것이 불가능할 때는 한 명의 상담자가 각 성원을 개별적으로 만날 수 있고, 두 명의 상담자가 각 가족원을 만나며 서로 협조하는 방법을 사용할 수 있다.

공동상담자

공동상담자는 다른 성을 가진 두 사람으로 이루어진다. 공동상담자가 같이 상담을 진행하면 차이점을 개방적으로 다룰 수 있고 바람직한 의사소통 모델이 될 수 있으며, 상담의 균형유지나 역할보완에 도움이 될 수 있다는 점이 긍정적인 면이다. 그러나 공동상담자 사이에 역할분담이 모호하거나 분열이 일어날 가능성이 있고, 비용이 많이 드는 점들이 문제점으로 지적된다. 공동치료를 성공적으로 하기 위해서는 상담자 간에 이해가 충분히 되어야 하고, 상담 전후로 의논하고 검토하고 계획을 세우는 시간을 가져야 하며, 상호보완적 특성을 존중하고 개발을 격려하여야 한다.

다른 치료방법이나 다른 기관과 치료를 병행하는 문제

정신과 치료나 집단치료, 개별 행동치료를 가족 상담과 병행하는 경우도 있고 복합적인 문제를 가진 가족의 경우 복지관이나 학교, 병원 등의 기관과 연관되어 있을 수 있다. 이 경우 상담자나 기관들 사이에 의사소통이 이루어져서 협조적인 분위기가 되는 것이 바람직하다.

(3) 종결 단계

종결 시기를 판단하는 기준

① 상담목표가 이루어진 경우
② 가족원들이 상담을 통하여 새롭게 습득한 대처방법이나 행동방식을 계속 유지하는 경우
③ 가족원들 간의 의사소통에서 비생산적인 다툼이나 갈등이 감소되고 의사표현이 솔직하고 갈등을 협상할 수 있는 능력을 가지게 된 경우
④ 가족의 구조와 규칙이 융통성 있고 기능적이 되는 경우
⑤ 증상이 완화되거나 소멸되고 긍정적인 상호작용이 이루어지는 경우
⑥ 가족의 발달단계에 적합하게 가족원의 역할과 기능이 이루어지는 경우
⑦ 가족원들이 장래에 그와 비슷한 문제가 발생하더라도 잘 처리할 자신감을 보여주고 자발적인 활동이 증가하는 경우

종결을 위한 준비

상담자는 종결에 대한 자신의 감정에 직면하고, 가족들이 종결할 준비가 얼마나 되어 있는지를 평가하며, 그들의 반응을 예측하고 종결방법을 계획하여야 한다. 그리고 내

담자에게 상담 초기와 현재의 상태에 대하여 비교하게 하여 상담종결 가능성을 탐색한다. 또한 상담자는 가족들이 상담을 통하여 달성하고자 했던 목표에 얼마나 근접했는지 검토하게 하고 종결의 필요성을 얘기한다. 이때 종결 전에 가족이 남은 시간 동안 달성할 수 있는 목표가 무엇인지를 결정하고 그 목표를 달성하도록 도와야한다. 상담자와 가족이 종결 시기에 합의하는 것이 바람직하다.

종결과정

상담자는 상담의 종결이 상담자 자신의 노력이나 능력보다는 내담자의 참여와 노력의 결과임을 말하고 그들을 존중하고 지지해 주는 것이 좋으며, 달성된 목표를 유지시키기 위한 노력을 계속하도록 격려한다.

상담이 종결된 후 상담자는 가족들과 추후지도를 위한 면접약속이나 전화연락을 할 수 있다. 추후지도를 위한 면접약속은 상담이 종결된 한 달가량 후에 가족들이 계속 변화를 유지하고 있는지를 검증해 볼 필요가 있을 때 하게 된다.

7) 가족상담자의 역할

(1) 객관적인 지각자 역할

상담자는 치료 장면에서 나타나는 가족원 간의 상호작용 역동을 관찰하고 가족들이 상황을 객관적으로 인식하도록 돕는다. 그 결과 가족들이 가족체계의 문제와 문제해결을 위한 목표를 동일하게 인식하고 변화 동기가 촉진될 수 있다.

(2) 교사역할

상담자는 가족이 정서적 · 인지적인 면에서 자신의 가족체계와 문제가 되는 행동방식에 대해 자각하여 새로운 기능적인 행동방식으로 변화할 수 있도록 교육하는 기능을 한다.

(3) 환경조정자 역할

상담자는 치료 장면에서 상담자와 가족이 하나의 기능적인 체계로 작용하도록 함으로써 가족원들이 새로운 태도와 의사소통 방식을 시도하고 기능적인 관계를 유지하는 방법을 행동화하도록 돕는다.

(4) 안내자 또는 지도자 역할

상담자는 여러 이론과 기법을 적용시켜 가족원의 역기능적인 행동에 대해 인식하고 새로운 행동방식을 찾도록 돕고 변화를 촉진시킨다. 그리고 이러한 변화를 가족 단위 속에 통합하는 일을 통해 가족의 변화를 위한 친절한 안내자와 지도자 역할을 하게 된다.

Chapter 09

현장 중심 상담의 기본방법

상담은 내담자가 호소하는 심리적 어려움과 문제해결을 도와주고, 나아가 자아성장을 촉진시키기 위한 서로 간의 긍정적인 노력이라고 할 수 있다. 상담자의 역할은 내담자가 문제를 해결하고 증상과 고통을 경감시키며 긍정적으로 변화하도록 돕는 것이다. 상담자가 내담자의 본질적인 부분을 바꿔주는 역할을 하는 것이 아니라 내담자가 자신의 고통스러운 감정과 행동을 바로 보고 스스로 조절할 수 있도록 돕는 역할을 할 뿐이다. 그러기 위하여 상담자는 상담자로서의 전문성과 정체성을 확립하고, 내담자가 현실 속에서의 경험과 감정들을 솔직하게 이야기 할 수 있도록 돕는 적절한 역할을 수행해 낼 수 있어야 한다.

상담을 하기 위한 여러 가지 방법이 많지만 그 중에 가장 기본적인 상담방법은 다음에 제시하는 비지시적 상담방법으로써 상담자가 내담자의 언어적 흐름을 방해하지 않는 내담자 중심의 상담법이라고 할 수 있다. 내담자 중심의 상담은 로저스의 기본이론으로 상담자의 진실성과 무조건적인 긍정적 관심, 수용, 적극적인 공감적 이해를 중요시하고 있다. 본 장에서는 상담과정에서 중요하게 다루는 신뢰관계, 공감, 경청, 반영, 명료화, 직면, 해석 위주의 측면으로 살펴보도록 하겠다.

1. 신뢰관계 형성 기법

일반적으로 상담이라고 하는 것은 내담자의 어려운 문제해결을 위한 단순한 정보를 제공한다거나 충고를 하기 위한 것이 목적이 아니라 상담자와 내담자가 함께 심리적 어려움을 헤쳐나가는 내적 여행이라고 할 수 있다.

내담자가 자신의 복잡한 문제나 심리적 어려움을 인식하고 자발적으로 상담실의 문을 두드리는 경우도 많지만, 자신은 아무런 문제가 없는데 부모나 주변 사람의 권유로 인해 억지로 상담실을 찾게 되는 경우도 허다하다. 이유를 막론하고 내담자에게 상담이라는 것은 막막한 경험일 수 있으며, 상담실에 들어서게 되면 더욱 긴장하게 되고, 서먹한 감정을 느낄 수 있기 때문에 내담자가 상담에 적응하려면 상담자의 많은 노력과 시간이 필요하다고 할 수 있다. 이러한 내담자와의 심리적인 거리감을 단축시키고 상담 장면에 적응시키기 위하여 상담자는 내담자와의 친밀한 관계를 형성하려고 노력하는데 이것을 '라포(rapport) 형성'이라고 한다. 이것은 내담자가 상담자를 신뢰하여 마음을 터놓고 자신의 문제점과 심리적 어려움을 솔직하게 이야기 할 수 있게 만드는 중요한 과정이라고 할 수 있다.

예컨대, 상담자는 내담자에게 "제가 당신의 어려움을 해결하기 위해 어떤 점을 도와드렸으면 좋겠습니까?", "지금 무엇을 가장 이야기 하고 싶으신가요?" 등과 같은 질문을 하되, 내담자를 일방적으로 다그치는 자세를 보여서는 안 된다. 내담자가 바로 대답을 못하고, 명확하게 말을 못하더라도 상담자는 내담자가 차분하게 이야기를 할 수 있도록 배려하는 자세와 부드러운 분위기를 조성하는 것이 신뢰관계 형성에 매우 중요하다고 할 수 있다.

따라서 상담에서 이루어지는 모는 작업들이 어느 하나 중요하지 않은 것이 없지만, 특히 상담 초기에는 라포형성, 즉 신뢰관계를 형성하는 데 주력하게 된다. 상담 초기에는 내담자의 문제점이나 부정적인 측면을 지적하거나 비판하지 않고, 내담자의 문제해결과 내면의 성장을 돕기 위한 목표를 함께 설정하는 것이 중요하다. 내담자의 심리적 어려움을 돕기 위한 사람으로서의 상담자가 항상 옆에 있어 줄 것이라는 신뢰를 주는 것이 무엇보다 중요한데, 상담자와의 신뢰관계는 향후 원활한 상담진행의 바탕이 되기 때문이다. 내담자가 상담자에게 자신의 속마음을 솔직하게 말할 수 있을 정도의 정서적 친밀감과 신뢰관계가 형성되었다면 상담은 순조롭게 진행될 것이다.

상담자는 내담자가 자신의 이야기를 구체적으로 말할 수 있도록 편안하고 부드러운 분위기를 제공해야 한다. 상담자는 내담자가 말하고 싶은 내용을 솔직하게 이야기하도록 해야 하는데, 이때 이야기의 흐름을 끊거나 중간에 자주 개입하는 것은 신뢰관계 형성에 바람직하지 않다. 그러나 모든 내담자가 이야기를 잘 하는 것은 아니며, 자신의 문제와는 관계없는 이야기를 하는 경우도 많기 때문에 상담자로서의 중심을 잃지 말고 대화의 방향을 잘 이끌어가는 것이 중요하다. 이런 경우 상담자는 권위적이거나 지시적인 느낌이 들지 않도록 가능한 부드러우며 수용적인 자세로 내담자가 자신의 핵심문제에 대하여 이야기를 할 수 있도록 도와야 한다.

예컨대, 내담자가 자신의 문제와 관련 없는 다른 이야기만을 하고 있을 때나 문제의 핵심에서 벗어났을 때 상담자는 "지금 말씀하신 것이 당신이 당면한 어려운 문제와 어떤 관계가 있을까요?"라고 조심스럽게 접근할 필요가 있다.

상담자는 내담자의 행동이나 말에 자신의 주관적인 판단을 하거나 너무 위로하는 자세를 보이는 것은 신뢰관계 형성에 전혀 도움이 되지 않는다. 상담자는 내담자의 마음을 이해하려고 적극적으로 노력하고 있다는 것을 보여주는 것이 중요한데, 이는 상담자의 많은 경험과 스스로에 대한 관찰이 필요하다. 상담자는 내담자가 말하고 있는 것을 이해한다는 적절한 표현을 해야 하고, 내담자의 관점에서 바라보고 있는지를 인식해야 하며, 내담자에게 따뜻한 시선과 말로써 성실하고 수용적인 자세를 보였는지를 점검할 필요가 있다.

수용이라는 것은 내담자를 하나의 인격체로서 존중하고 있는 그대로의 모습으로 받아들인다는 자세를 보이는 것이며, 내담자를 한 인간으로서 진실한 관심을 가지는 것이다. 내담자의 말과 행동, 사고, 감정표현 등에 대하여 상담자는 어떠한 판단이나 평가를 하지 않으며, 이러한 수용적인 자세를 보일 때 내담자는 자신이 이해받고 있다고 느끼게 되어 자신의 힘들고 어려운 문제들에 대하여 솔직하게 이야기할 수 있게 된다.

내담자가 상담자에게 신뢰와 친밀감을 갖고 있지 않다면, 아무리 훌륭한 경험과 지식을 겸비한 상담자라 해도 효율적인 상담은 기대하기 어려울 것이다. 그러나 상담자가 성실한 자세로 내담자와 긍정적인 신뢰관계를 갖게 되었다 하더라도 상담자의 기본역량이 부족하다면 내담자의 문제를 적절하게 해결할 수 없기 때문에 궁극적으로는 상담자에 대한 신뢰를 잃게 될 수 있다. 따라서 상담자는 자신을 인식하고 이해하려는 노력을 게을리해서는 안 된다.

2. 공 감

공감이라는 것은 상담자가 내담자의 입장에서 내담자의 감정과 행동, 경험 등에 대해 민감하고 깊게 이해하는 심리적 반응을 말한다. 내담자가 현재 자신의 혼란스러운 감정을 상담자에게 이야기하는 것을 상담자가 함께 아파하고 자신이 힘들어하는 감정을 알아줄 때 내담자는 상담자에게 더욱 신뢰를 갖게 되며, 자신의 문제가 혼자만의 문제가 아님을 느끼고 도움을 주려하는 사람이 있다는 것에 용기를 갖게 된다.

상담자가 내담자의 반응에 주의를 기울이고 집중하고 있는 모습을 보일 때 내담자는 자신이 존중받고 있음을 느끼게 된다. 그러나 내담자의 이야기와 문제에 상담자가 과도한 관심과 반응을 보인다면 내담자는 오히려 상담자에게 거부감을 가지게 될 것이다. 따라서 상담자는 내담자의 이야기의 핵심과 수준에 적절하게 맞춰야 하는데, 이것이 공감적 이해이다.

상담에서 공감이 중요한 이유를 살펴보면 다음과 같다(이형득, 2000; Mearns & Thorne, 1988).

첫째, 공감은 상담자가 내담자를 잘 이해하고 있다는 사실을 말해 주는 것이기 때문에 이 사실이 바로 내담자의 자기존중감(self-esteem)을 증진시킨다. 그리고 공감하려고 애쓰는 상담자의 노력 그 자체가 내담자를 존중한다는 증거로 보이기 때문에 같은 효과를 낳는다.

둘째, 경우에 따라서 공감을 통하여 내담자의 소외감을 해소시킬 수가 있다. 왜냐하면 아주 개인적인 차원에서 자기를 깊이 이해해 주는 사람 앞에서 소외감을 느낄 수는 없기 때문이다.

셋째, 아마도 내담자는 다른 상황에서 다른 사람과의 관계에서는 그러한 공감을 경험해 보지 못했기 때문에 이 새로운 경험을 귀하게 여기고, 진실로 자기를 이해해 주려고 노력하는 사람이 자기 앞에 있다는 사실을 깨닫고 흐뭇하게 느끼게 될 것이다.

넷째, 정확한 공감을 통해서 내담자의 자기각성을 증진시키고 더욱 깊게 자기탐색을 할 수 있도록 격려하게 된다.

공감은 상담자가 내담자의 마음에 동일한 눈높이를 가지고, 내담자의 욕구를 그대로 수용하는 자세를 보이는 것이다. 상담자가 내담자의 이야기를 듣고 그것에 대하여 공감하고 있음을 언어로 표현하는 것도 좋은 방법인데, 이러한 언어적 공감반응을 통하여 내담자는 자신이 존중받고 이해받고 있음을 느낄 수 있다.

공감의 언어적 반응은 여러 가지가 있는데, 상담자는 내담자가 한 말을 똑같이 반복해서 다시 말해 줄 수 있으며, 또는 같은 어휘를 사용하기보다는 의미에 맞는 용어로 대체해서 말할 수도 있다. 내담자가 직접 말하진 않았지만 행동과 몸짓 속의 이면에 있는 생각이나 느낌을 상담자는 언어로 적절하게 표현해 줄 수도 있다.

공감은 상담자가 내담자와 동일한 입장에서 내담자의 감정과 경험을 공유하되 내담자가 감정에 빠져들지 않는 것이 매우 중요하다.

진정한 공감이란 상담자가 자신의 사사로운 감정에 얽매이거나 지시적인 의견을 내세우는 것이 아니라 상담자가 내담자의 내적 감정세계를 함께 경험하되 자신의 경험과 주관적인 방식에 주의하고 주체성을 잃지 않는 것이라고 할 수 있다. 따라서 상담자로서 자신에 대한 지각과 인식을 하는 것이 필요하다. 이러한 공감적 이해를 통해 내담자는 그동안 혼란스러웠던 문제의 의미가 드러나게 되고, 왜곡되어 왔던 자신의 모습이 그대로 인정되고 수용될 때 진정한 긍정적인 내면의 변화가 일어날 수 있는 것이다.

내담자가 느끼는 자신의 고통스러운 감정이 상담자의 공감적 이해를 통하여 재발견되고 자신에 대하여 자유로운 탐색이 가능해질 때 비로소 자기수용과 성장의 길로 나아가게 된다.

3. 경 청

경청이란 내담자의 말과 행동에 상담자가 선택적으로 주목하는 것을 뜻한다. 내담자의 말과 행동에 대한 경청은 상담을 효과적으로 이끄는 주요 요인이 된다. 경청은 내담자로 하여금 생각이나 감정을 자유롭게 표현할 수 있도록 북돋아주고 자신의 방식으로 문제를 탐색하게 하며 상담에 대한 책임감을 느끼게 한다.

상담자가 경청을 할 때 적극적으로 선택하여 듣는 것만이 중요한 것은 아니다. 상담자는 자신이 내담자의 말을 주목하여 듣고 있음을 전달해 줄 필요도 있다. 예컨대 상담자는 내담자가 말할 때 진지한 관심이 있음을 나타내는 눈길을 보냄으로써 그와 함께하고 있음을 알리는 것이다. 그리고 자연스럽고 이완된 자세를 취하며 내담자의 말을 가로막든가 내담자의 발언 중에 질문을 던지거나 새로운 문제를 제기하지 않도록 하는 것이 필요하다(이장호 외, 1999).

상담은 내담자가 상담실의 문을 열고 들어오는 순간부터 시작된다. 상담은 언어적인 내용뿐만 아니라 내담자로 하여금 느껴지는 표정과 인상, 행동, 말소리 등 비언어적인 요소까지 모두 관심을 가지고 귀 기울여야 한다. 내담자가 자신의 심리적 어려움과 문제에 대하여 이야기할 때 상담자는 내담자가 전달하려는 내용을 집중해서 경청하고 있으며, 이해하려고 노력하고 있음을 표현할 필요가 있다.

예를 들자면, 내담자를 향하여 앞으로 약간 기울인 자세로 고개를 끄덕이거나 "아, 그랬군요."라는 자연스러운 표현이 필요하며, 이때 다리를 꼬거나 삐딱한 자세는 바람직하지 않다. 내담자가 "오늘은 감기 때문에 매우 힘들어요."라고 했다면 상담자는 "감기 때문에 매우 힘듦에도 불구하고 상담을 하러 오셨군요."라고 적극적 경청을 표현할 수 있다.

경청기법은 다음 세 가지의 주요 목적을 가지고 있다(현정환, 2008).

첫째, 내담자를 정확히 이해하는 데 있다. 경청을 통해 상담자는 내담자가 경험하는 외적 상황과 내적 현실을 가능한 정확히 이해할 수 있기 때문에 경청을 소홀히하는 상담은 있을 수 없다.

둘째, 상담자가 이해한 내용을 내담자에게 피드백하기 위함이다. 아무리 내담자의 이야기를 올바르게 경청하였다고 할지라도 그것을 내담자에게 정확하게 전달하지 못하면 경청기법이 기대하는 효과를 얻을 수 없다. 상담은 어디까지나 이해와 피드백의 두 가지 면으로 성립되는 것이며, 어느 한쪽이라도 부족하면 상담을 성공적으로 이끌어나갈 수 없다. 즉 상담자는 잘 들을 수 있는 능력만이 아니라 잘 반응할 수 있는 능력도 갖춰야 한다는 것이다. 경청기법은 내담자를 정확히 이해하고 효과적인 반응을 위한 방법을 제시해 주며, 동시에 내담자에 대한 이해와 피드백의 반복에 의해 상담자와 내담자 사이에 라포, 즉 긍정적인 관계가 형성된다.

셋째, 이러한 라포를 견고하게 확립하는 것이다. 이렇게 형성된 관계를 소위 '안심할 수 있는 장(a safe place)'으로 부르고 있는데, 상담자는 내담자의 이러한 심리적 안정을 경청기법에 의해 구축해 나간다.

내담자는 상담자에게 자신의 문제를 이해받기 원하며, 자신의 있는 그대로의 모습을 존중받기 원한다. 내담자는 상담자가 자신의 이야기에 귀 기울여 주고, 집중하는 모습을 보여줄 때 상담자의 진실한 태도를 느낄 수 있고 자유로운 대화가 가능해진다.

상담자의 경청행동의 구성요소를 살펴보면 다음과 같다(김환 · 이장호, 2006).

첫째, 시선을 통한 상담자와 내담자의 접촉이다. 다른 사람을 주목하는 것은 그에게 관심을 가지고 있음을 알리는 효과적인 방법이다. 그렇다고 고정적으로 응시할 필요는 없다. 상담자는 내담자에게 진지한 관심을 가지고 자연스럽게 눈길을 보내면 된다. 즉 상담자는 내담자에게 보내는 눈길에서 "당신을 이해합니다."라는 뜻을 전달하여야 하는 것이다. 상담자는 내담자와 어느 정도의 거리를 두는 것이 좋은가를 고려할 필요가 있다. 어떤 내담자는 너무 가까이에서 시선을 받으면 불편해하는 경우가 있다. 그러므로 내담자가 시선을 받을 때 불편해하거나 긴장하는지를 살펴야 한다.

둘째, 상담자의 자세이다. 보통 상담자는 이완된 자세로 내담자 쪽으로 약간 몸을 기울이는 것이 좋다. 상담자의 자세가 이완되지 않고 긴장된 경우는 내담자를 주목하지 못하고 상담자 자신을 더 의식하게 될 수 있다. 또한 상담자의 긴장은 내담자에게도 긴장을 유발시킬 가능성이 크다.

셋째, 상담자의 몸짓이다. 상담자는 몸짓을 통하여 내담자에게 많은 뜻을 전달한다. 만일 상담자가 손을 거칠게 흔들거나 팔짱을 낀다면 내담자에게 거만하게 비칠 수 있다. 상담자는 자신의 자세와 몸짓이 어떤 의미를 전달하는지 주목하고, 이것이 자신이 의도한 것인지 아니면 습관적인 것인지를 분명하게 파악해야 한다.

넷째, 상담자의 언어행동이다. 경청이라고 해서 아무런 말을 하지 않는 것은 아니며, 간단하게 '음'이나 '그렇죠' 등의 표현을 할 수 있다. 좀 더 긴 표현을 할 수도 있는데, '아, 알았어요.', '그게 문제였군요.' 등의 표현도 가능할 것이다. 그런데 여기서 중요한 것은 경청에서 상담자의 언어행동은 내담자의 진술의 흐름을 방해하지 말아야 한다는 것이다. 또한 내담자가 표현한 의미에 새로운 것을 덧붙이지 말아야 한다.

상담자는 경청을 통하여 내담자로 하여금 자신이 이해받고 있다는 것을 느끼도록 하는 것이 중요하다. 상담자가 많은 말을 하지 않았지만 오히려 내담자의 이야기를 주의 깊게 들어줌으로써 마음이 편안해지고 수용받고 있음을 느끼게 되어 내담자가 자신의 생각과 감정을 자유롭게 표현하도록 돕는 것이다.

때로는 내담자가 문제의 핵심에서 벗어나 다른 이야기를 하거나 엉뚱한 행동으로 상담자의 관심을 끌려고 할 때는 선택적 경청을 할 수 있다. 선택적 경청은 상담 장면에서 불필요한 말과 행동을 선택적으로 무시하는 것과도 같은데, 이러한 경우 상담자는 내담자에게 말로서 중요하지 않음을 전달할 수도 있지만, 오히려 무관심한 행동이나 태도를 보이는 것이 효과적일 수 있기 때문이다.

상담자는 내담자가 자신의 이야기를 편안하고 솔직하게 표현할 수 있도록 편견이 없는 자세와 개방적인 마음이 필요하며, 내담자가 말한 내용의 의미를 파악하고 이해하고 있음을 적절하게 표현하는 것이 올바른 경청이라고 할 수 있다.

다음은 하이든과 허슨(Heiden & Herson, 1995)이 상담 장면에서 상담자가 내담자의 이야기를 얼마나 잘 경청하고 있는지를 구분하고, 상담자로서의 태도를 점검해 보기 위한 질문이다.

① 당신은 반응하기에 앞서 내담자가 자신에 관해 말할 충분한 시간을 주는가?
② 비록 당신은 대수롭지 않다고 생각될지라도 내담자가 심각하게 말하고 있는 것을 자신도 그렇게 받아들이고 있는가?
③ 내담자에게 충분한 주의를 기울이는가? (즉 내담자가 이야기하고 있는 동안 간단한 사무 처리를 한다든지 책상 위의 물건들을 정리하지는 않는가?)
④ 때때로 고개를 끄떡이고 미소를 짓고, '음' 하며 주의를 기울이고 있다는 것을 보여주고 있는가?
⑤ 필요하고 관련된 질문을 하는가?
⑥ 내담자를 쳐다보고 자주 눈을 맞추며, 시계를 보는 것을 삼가고 있는가?
⑦ 내담자가 문제점을 이야기할 때 가로막는 일은 없는가? 문제점에 관한 논쟁을 피하는가?
⑧ 당신은 주제를 바꿈으로써 내담자의 문제나 호소를 기피하는가?
⑨ 내담자가 할 말을 찾고 고르고 있을 때 당신은 말을 이어받지 않을 만큼 충분히 인내하고 기다리는가?
⑩ 말하기 전에 생각하는가? '즉각적인' 충고를 피하는가?

4. 반 영

반영이란 내담자의 말뿐만 아니라 표정, 행동 등을 포함한 다양한 감정표현과 그 내용 뒤에 숨어 있는 감정까지도 잘 파악하고 그것을 내담자에게 다시 전달하는 것을 말한다.

이것은 내담자가 자신의 문제를 이해하는 것에도 도움이 될 뿐만 아니라 내담자로 하여금 자기가 이해받고 존중받고 있다는 인식을 갖게 된다. 상담자가 내담자의 이야기를 반영해 줄 때는 내담자의 말을 그대로 다시 반복하기보다는 가능한 내담자가 한 말의 의미에 맞는 새로운 말로 반영해 주면서 내담자의 이야기에 관심을 갖고 있다는 태도를 보이는 것이 좋다.

반영은 다음과 같은 효과를 지닐 수 있다(김환 · 이장호, 2006).

첫째, 내담자는 자신이 표현한 감정과 생각을 상담자가 다시 거울처럼 반영해 줄 때 자신의 감정과 생각을 더 절실하게 느낄 수 있다. 즉 적절한 반영 반응은 내담자가 자신의 감정을 파악하고 수용할 수 있게 돕는다.

둘째, 반영에 의해 내담자가 자신의 감정을 명료하게 파악하고 수용하게 되면 이후 자신에 대해 더욱 깊은 탐색을 시도하게 된다.

셋째, 상담자의 충분한 감정 반영은 내담자에게 감정표현의 모델이 될 수 있다. 감정표현이 서툴거나 표현을 억압하는 내담자의 경우 상담자가 감정을 반영해 줄 때 자신도 그렇게 따라하게 된다.

넷째, 상담자의 반영으로 내담자가 자신의 감정을 충분히 경험하게 되므로 카타르시스를 느끼게 된다.

다섯째, 반영 반응은 내담자에게 이해받는다는 느낌을 주기 때문에 촉진적 상담관계를 형성하는 데 도움을 준다. 즉 상담자와 내담자는 서로 더 신뢰하게 되고 안정감 있는 관계를 맺게 된다.

상담자는 내담자의 언어적 표현뿐만 아니라 목소리, 표정, 몸짓, 자세 등으로 표현되고 있는 것에 대하여도 반영해 줄 필요가 있다. 특히 내담자가 이야기한 내용과 행동이 일치가 안 되거나 부적절해 보일 때 상담자는 내담자의 모순된 태도에 대한 반영을 해 주어야 한다.

상담자가 내담자의 이야기를 반영한다는 것은 내담자에게 어떤 충고나 지시를 하는 것이 아니라 내담자의 이야기를 잘 듣고 있음을 언어나 몸짓 등으로 표현해 주는 것이다. 따라서 상담자는 내담자가 무엇을 말하려는가에 귀 기울여야 하는데, 이때 내담자의 이야기에는 언어뿐만 아니라 목소리, 표정, 자세, 몸짓 등의 비언어적인 메시지에도 주의를 기울여야 한다.

내담자는 때로는 자신의 감정과 생각을 모두 이야기 하지 않거나 억압하는 경우도 많기 때문에 대화의 이면에 숨겨져 있는 비언어적인 메시지가 무엇을 의미하는지를 공감하려고 노력해야 하며, 민감하게 파악하여 느낀 바를 적절하게 반영하는 것이 중요하다.

상담 장면에서 내담자가 때로는 말을 하지 않고 침묵을 할 때가 있다. 언어적 표현을 하지 않는 경우 상담자는 당황할 수 있는데, 상담자는 이러한 내담자의 침묵이 상담자에 대한 저항이거나 상담에 대한 거부의 표현으로 받아들일 수 있기 때문이다. 그러나 상담자가 자신의 어색함을 극복하기 위하여 섣불리 불필요한 이야기를 꺼낸다거나 그 이유를 캐묻는 것은 바람직하지 않다. 상담자는 내담자의 침묵 속에 담겨져 있는 감정이나 의미가 무엇인지 민감하게 관찰하고 공감하려고 노력해야 한다.

다음은 울버그(Wolberg, 1994)가 상담 중에 내담자가 침묵할 때 사용하도록 제안한 방법이다.

① 충분히 기다린 다음 "으음"이나 "네에"라고 말하고 기다린다.
② 내담자가 말했던 마지막 몇 단어를 강조하여 반복한다.
③ 그래도 침묵하면 내담자가 마지막으로 말한 문장 전체를 강조하여 반복한다.
④ 그래도 말을 안 하면 내담자가 이야기한 마지막 부분의 전체 내용을 요약해 준다.
⑤ 무언가 다른 것이 있는지 알아보기 위하여 "그런데?", "그래서?"와 같이 질문형식으로 말한다.
⑥ 그래도 내담자가 여전히 침묵하면 "말하기가 어려운가 보군요."라고 하여 내담자의 관심의 초점을 말 막힘에 둔다.
⑦ 그렇게 해도 응답이 없을 때는 "왜 침묵을 하고 있는지 궁금하군요."라고 말한다.
⑧ 이어서 "침묵하는 이유라도 있나요?"
⑨ 그런 다음 "아마도 무슨 말을 할지 모르겠나 보군요?"
⑩ 그러고는 "무슨 말을 할지 생각하고 있는 건가요?"
⑪ 그 다음에는 "혹시 속으로 당혹감을 느끼시는 건지요?"
⑫ 그래도 여전히 아무 반응이 없다면 내담자의 저항을 직접 다룬다. "아마도 마음 속

에 있는 말을 꺼내기가 두려운가 보군요."

⑬ 그러고는 "마음 속에 있는 말을 할 때 혹시 제(상담자)가 어떻게 받아들일지가 마음에 걸리는 건지도 모르겠네요."

⑭ 그래도 침묵이 계속되면 끝으로, "혹시 저(상담자)에 대해서 생각하시는 건가요?"

⑮ 매우 극단적으로 드문 경우이기는 하나, 그래도 내담자가 여전히 말을 하지 않고 있다면 상담자는 내담자의 침묵을 존중하고서 그와 함께 앉는다. 그 어떤 경우에도 내담자를 꾸짖거나 거부하거나 화를 내지 않도록 한다.

상담자가 침묵을 다루기 위한 중요한 점은 내담자의 이야기의 흐름에 어떠한 영향력도 끼쳐서는 안 된다는 것이다. 만약 내담자가 오랜 침묵을 깨고 기존의 이야기와는 다른 주제를 이야기한다면 상담자는 그 의미를 반드시 알고 넘어가야 한다. 내담자가 자신에 대한 중요한 이야기가 드러나는 것을 회피하거나 방어하는 태도일 수 있기 때문에 반드시 내담자의 설명을 들을 필요가 있는 것이다.

5. 명료화

명료화는 내담자의 말 속에 내포되어 있는 뜻을 내담자에게 명확하게 말해 주는 것이다. 명료화는 내담자가 말하고자 하는 의미를 상담자가 생각하고, 이 생각한 바를 다시 내담자에게 말해 준다는 의미에서 내담자의 말을 단순히 재진술하는 것이 아니다. 다시 말해서, 명료화는 내담자의 실제 반응에서 나타난 감정 또는 생각 속에 암시되었거나 내포된 의미를 내담자에게 더욱 분명하게 말해 주는 것이다(이장호 외, 1999).

명료화는 내담자가 자신을 그대로 드러내기가 두렵거나 어려워서 애매하고 불분명하게 표현할 때 상담자는 내담자가 말하려는 핵심적인 의미를 파악하여 분명하고 명확하게 다시 전달해 주는 것이다. 명료화는 내담자가 모두 표현하지 못한 마음까지도 대신 읽어내어 주는 것이므로 때론 내담자가 당황할 수도 있고, 부끄러워할 수도 있다. 그러나 상담자가 부드럽고 수용적인 자세로 임한다면 내담자는 자신이 충분히 이해받고 있다는 것을 깨닫고 좀 더 자신의 심리적 어려움에 대하여 깊이 있게 탐색할 수 있게 된다.

명료화는 좀 더 깊이 있는 공감반응이므로 상담 초기보다는 중기 이후에 많이 사용하게 된다. 내담자가 상담자를 신뢰하고 안전한 관계라고 느끼기 이전에 자신의 문제를 명료하게 한다면 내담자는 상담자에게 거부감과 저항감을 느끼게 될 것이기 때문이다. 내담자가 상담자에게 저항을 한다면 원활하게 상담목표에 도달하기가 매우 어렵다. 상담 초기에는 내담자와 안전한 신뢰관계가 형성되기 위한 상담기법이 필요하다면, 상담 중기에는 내담자의 문제해결을 위한 촉진작업이 진행되어야 하므로 내담자와 마음의 높이를 맞추려고 노력하며, 공감하는 자세를 보이되 내담자의 문제를 구체화하고 좀 더 객관화시키는 작업이 필요하다.

상담자의 적절하고 효과적인 명료화는 내담자로 하여금 자신이 미처 생각하지 못한 부분까지도 다시 생각해 보는 계기가 될 수 있으므로 내담자가 자신이 이해받고 존중받고 있다는 것을 새롭게 느끼게 되고 스스로에 대한 용기도 갖게 된다.

6. 직 면

직면은 상담자가 내담자의 말이나 태도 등에서 모순되거나 왜곡된 부분 등이 있다면 다시 되물어주는 것이다. 또한 직면은 내담자가 모르고 있거나 인정하기를 거부하는 측면을 재언급함으로써 현재 자신의 생각과 느낌에 대해서 주목할 수 있게 된다. 상담자의 직면을 통하여 내담자가 이제껏 힘들어했던 자신의 문제와 행동, 태도, 감정 등에 대하여 좀 더 자각할 수 있도록 돕는 방법이라 할 수 있다.

직면은 상담자가 내담자의 언어와 행동, 태도 등의 불일치를 언급하고, 부정적인 측면들을 인식하도록 도와 내면의 긍정적인 변화를 촉진시키도록 이끌어주는 것이다.

직면은 내담자의 잘못된 부분을 비판하고자 하는 것이 아니다. 이제껏 상담자가 내담자 스스로 자신의 문제를 탐색하고 깨닫기를 기다렸다면 적절한 직면을 통하여 내담자가 좀 더 적극적인 내면의 변화를 추구하려는 단계라고 할 수 있다.

따라서 직면은 좀 더 적극적인 개입방법으로서 상담진행 과정과 내담자의 심리적 상태에 맞게 적절한 시기에 사용되어야 한다. 직면은 내담자의 문제를 통찰하게 하는 강력한 기법이므로 만약 내담자가 심리적으로 받아들일 준비가 안 되었다면 매우 위험할 수 있다. 상담자가 무리하게 직면을 시키려한다면 내담자의 강한 저항을 불러일으키거나 상담이 매우 어렵게 될 수 있다.

직면은 내담자가 상담자를 신뢰하고 있을 때나 상담자가 어떠한 이야기를 해도 받아들일 마음의 준비가 되었다고 느낄 때, 내담자가 자신의 심리적 변화에 관심이 높아지고 성장의 욕구가 생겨날 때 사용해야 하며 상담자의 조급한 마음에 무리하게 사용해서는 안 된다. 그리고 상담자는 반드시 내담자가 자신을 직면시키는 이유를 알 수 있도록 분명하고 쉬운 언어로 말해 줄 필요가 있다. 이때 직면은 비판적이거나 비난어린 말투로 해서는 안 되며, 내담자가 스스로 자신의 문제를 인식하고, 탐색할 수 있도록 격려하는 신중한 자세가 필요하다. 상담자는 내담자가 직면을 수용할 수 있도록 부드럽고 온정적인 태도로 임해야 한다.

7. 해 석

해석은 내담자가 명확하게 인식하지 못하는 자신의 문제를 객관적인 측면에서 이해할 수 있도록 설명하는 것이다. 내담자가 이제껏 자신의 행동이나 말에 대한 문제와 그 의미를 좀 더 새로운 각도에서 바라볼 수 있도록 돕는 것이라 할 수 있다. 이것은 상담자가 자신의 견해를 받아들이라고 지시하거나 강요하는 것이 아니라 내담자가 자신의 문제에 대하여 좀 더 다른 시각으로 바라볼 수 있도록 돕는 것이다. 내담자는 상담자의 올바른 해석을 통하여 비로소 자신의 문제에 대한 의미를 깨닫게 되고, 좀 더 넓은 시각으로 자신을 바라볼 수 있게 된다.

해석은 직면과 마찬가지로 내담자의 방어나 저항과 같은 내용을 설명해 주는 형태로 이루어질 수도 있고, 부적절한 이야기의 흐름이나 부정적인 사고방식, 내담자의 행동과 성격 속의 불일치관계 등을 지적해 주는 형태로 이루어질 수도 있다. 따라서 해석도 내담자가 상담자의 어떠한 말이라도 받아들일 마음의 준비가 되어 있고, 그만큼의 신뢰관계가 형성되어 있을 때 이루어지는 것이 가장 효과적이다. 그러므로 해석은 상담의 중기 이후, 종결 단계에 주로 사용하는 기법이라고 할 수 있다.

효과적인 해석을 하기 위해서는 현재까지의 상담과정을 살펴보고, 지금 하려는 해석이 내담자에게 도움이 되는 내용인지, 상담자의 과시욕인지, 조급한 마음 때문인지, 상담자 스스로에 대한 점검이 필요하다. 무리한 해석은 상담진행에 위험이 따를 수 있다.

해석은 내담자에게 새로운 측면을 제시하는 단계이므로 내담자가 부담을 갖거나 거부감을 느낄 수 있다. 따라서 내담자가 상담자를 위협적으로 느끼지 않도록 가능한 부드럽고 온정적인 자세를 잃지 말아야 한다.

해석을 하고 나서는 내담자가 상담자의 해석을 잘 이해하고, 받아들이고 있는지에 대한 내담자의 반응을 살펴보는 것이 중요하다. 내담자가 상담자의 해석을 거부하거나 기분 나빠하거나 화를 낼 수도 있는데, 이런 상황에서 상담자는 내담자가 왜 그렇게 느끼고 있는지를 알고 싶고 이해하고 싶다는 표현을 전달하고, 그것에 대한 적절한 해석이 필요하다.

상담자의 올바른 해석은 내담자를 통찰로 이끌게 되어 긍정적인 감정과 행동의 변화를 가져오게 한다. 상담자의 효과적인 해석은 내담자의 스스로에 대한 책임감과 자기통제를 촉진하게 하는데, 이것은 이제껏 자신을 힘들게 하고 혼란스럽게 했던 모든 문제들 속에서 자신이 어떤 역할을 했으며, 자신의 행동에 어떠한 책임이 있었는지를 객관적으로 깨닫는 계기가 될 수 있기 때문이다.

강문희 · 박경 · 정옥환(2003). **아동심리검사**. 교문사.

강문희 · 손승아 · 안경숙 · 김승경(2008). **아동상담**. 교문사.

고문숙(2004). **부모교육 및 상담 이론과 실제**. 유치원 1급 정교사자격 연수.

곽금주 · 박혜원 · 김청택(2001). **K-WISC-III**. 도서출판 특수교육.

구본용(1995). 전화상담의 과정과 절차, **한국청소년상담연구**. 1(1), 145-162.

김광웅 · 김화란(2006). **처음 만나는 놀이치료**. 숙명여자대학교 출판국.

김광웅 · 유미숙 · 이소연(2006). **101가지 놀이치료 기법**. 중앙적성출판사.

김순혜(2004). **현대아동상담**. 학지사.

김영란(2002). 상담단계별 상담자 공감과 내담자 체험 및 상담성과와의 관계. **한국심리학회지**, 14(1), 19-38.

김영환 · 문수백 · 홍상황(2008). **심리검사의 이론과 실제**. 학지사.

김익균 · 김경림 · 백영숙 · 윤정란 · 이숙자 · 장문규 · 정혜숙 · 허린강(2009). **부모교육**. 파워북.

김익균 · 윤정란 · 장문규 · 정혜숙(2007). **아동상담**. 교문사.

김재환(2008). **임상심리검사의 이해**. 학지사.

김중술(2007). **다면적 인성검사**. 서울대학교 출판부.

김진숙(1999). 상담면접의 요령과 절차. **한국가족자원경영학회지**, 1999(1), 32-45.

김진영 · 김정원 · 전선옥(2003). **유아 · 부모 · 교사를 위한 부모교육**. 창지사.

김진호 · 박재국 · 방명애 · 안성우 · 유은영 · 윤치연 · 이효신 옮김(William L. Heward 지음, 2006). **최신특수교육**. 시그마프레스.

김청자 · 정진선(2006). **아동상담심리**. 태영출판사.

김춘경(2004). **아동상담 이론과 실제**. 학지사.

김춘경(2006). **아동상담: 이론과 실제**. 학지사.

김충기 · 강봉규(2003). **현대상담이론과 실제**. 학지사.

김형태(2005). **21세기를 위한 상담의 이론과 실제**. 동문사.

김환 · 이장호(2006). **상담면접의 기초**. 학지사.

마리안느 코레이 · 제랄드 코레이 지음, 이은경 · 이지연 옮김(2004). **좋은 상담자 되기**. 시그마프레스.

문수백 · 변창진(2004). **K-ABC**. 학지사.

참고문헌

박경 · 최순영(2004). **심리검사의 이론과 활용**. 학지사.

박영숙(1998). **심리평가의 실제**. 하나의학사.

박태영(2005). **가족치료사례집**. 시그마프레스.

성영혜(2000). **치료놀이** Ⅰ. 형설출판사.

송영혜 · 윤지현(2001). **놀이치료 입문**. 시그마프레스.

신경진(2010). **상담의 과정과 대화 기법**. 학지사.

신민섭 외(2006). **그림을 통한 아동의 진단과 이해**. 학지사.

신민섭 · 한수정(2006). **영화 속의 청소년 부모가 알아야 할 청소년 심리**. 서울대학교 출판부.

신숙재 · 이영미 · 한정원(2002). **아동중심 놀이치료**. 동서문화원.

신숙재 · 이영미 · 한정원(2005). **아동중심 놀이치료**. 동서문화원.

신혜종(2007). **가족치료**. 시그마프레스.

안동현 · 이옥 · 이완정 · 이재연 · 이혜경 · 정선아 · 황옥경(2005). **아동권리 보호와 연구윤리**. 학지사.

안영진 · 장선철(2001). **아동상담**. 동문사.

양옥경(2006). **가족과 레질리언스**. 나남출판.

염숙경(2002). **아동상담과 놀이치료**. 상조사.

염숙경(2002). **아동의 특성과 문제별 아동상담과 놀이치료**. 상조사.

우재현(2006). **심성개발을 위한 교류분석(TA) 프로그램**. 정암서원.

우재현(2007). **임상교류분석(TA) 프로그램**. 정암서원.

윤운성(2003). **에니어그램 지능**. 교육과학사.

이규미 · 이은경 · 주영아 · 지승희(2006). **아동 및 청소년 상담**. 시그마프레스.

이소현(2003). **유아특수교육**. 학지사.

이소희(2005). **아동복지론**. 학현사.

이수연(2008). **아동상담**. 양서원.

이숙 · 정미자 · 최진아 · 유우영 · 김미란(2004). **아동상담**. 양서원.

이숙 · 최정미 · 김수미(2002). **현장중심 놀이치료**. 학지사.

이영자 · 권영례(1998). **유아교육기관의 운영관리**. 창지사.

이영석 외(2002). **현대부모교육론**. 형설출판사.

이장호 외(1999). **상담 심리학의 기초**. 학문사.

이장호(2001). **상담심리학**. 박영사.

이해경 · 김성기 · 김진숙 · 권이종 · 박호근 · 서영곤 · 신창호(2007). **교육학의 이해**. 학지사.

이현림(2008). **상담이론과 실제**. 양서원.

이형득(1992). **상담이론**. 교육과학사.

장미경 · 이상희 · 정민정 · 손금옥 · 조은혜 · 유미성(2007). **아동상담의 이론과 실제**. 태영출판사.

장혁표 외(1995). **상담과 심리치료의 이론 및 실제**. 교육과학사.

전국보육교사교육원대학협의회(1999). **가족상담과 치료**. 양서원.

정원식 · 박성수 · 김창대(1999). **카운셀링의 원리**. 교육과학사.

정종진(2003). **어린이 행동장애 원인, 발달, 치료**. 시그마프레스.

조현춘 · 조현재 공역(Gerald Corey 지음, 2003). **심리상담과 치료의 이론과 실제**. 시그마프레스.

차영희(2008). **유 · 아동을 위한 상담의 기초**. 창지사.

찰스 톰슨 지음, 김택호 외 옮김(2009). **아동상담**. 시그마프레스.

천성문 외(2006). **상담심리학의 이론과 실제**. 학지사.

천성문(2009). **상담심리학의 이론과 실제**. 학지사.

천성문 · 송재홍 · 윤치연 · 윤호열 · 이영순 · 박천식 · 김경일 · 하영자 · 김상희 · 원요한(2005). **아동상담의 이론과 실제**. 시그마프레스.

최바울(2004). **상담은 이제 교사의 능력입니다**. 대구 유아교육현장연구회 교사 연수.

최정윤(2002). **심리검사의 이해**. 시그마프레스.

탁진국(2007). **심리검사**. 학지사.

하이든 외 지음, 이영호 옮김(2001). **임상심리학 입문**. 학지사.

한국상담학회의 윤리강령(2002)

한국카운셀러협회 윤리강령(1979)

한성심 외(2008). **예비부모교육**. 동문사.

한숙자(2004). **전문상담학 개론**. 창지사.

현정환(2008). **상담이론 · 실제 · 연습의 상담심리학**. 양서원.

홍수현(2001). 상담 초기단계에서 상담자의 자기 효능감 및 상태불안이 상담협력관계에 미치는 영향. 서강대학교 교육대학원 석사학위청구논문.

Arlow, J. A.(1979). Psychoanalysis. In R. Corsini(Ed.), *Current Psychotherapies*(2nd ed.). Itasca, IL: F. E. Peacock.

Bandura, A.(1974). Behavior therapy and the models of man. *American Psychologist*, 29, 859-869.

Bandura, A.(1984). Recycling misconceptions of perceived self-efficacy. C*ognitive Therapy and Research*, 8, 231-255.

Beck et al.(1979). Assessment of suicidal intention : The Scale for suicidal ideation. *Journal of Clinical and Consulting Psychology*, 47, 343-352.

Egan(1975). *The skilled helper*(5th ed.) Pacific Grove, CA : Brooks/ Cole.

Ellis & Harper(1979). *Guide to rational living*. Englewood Cliffs, NJ : Prentice-Hall.

Ells, A.(1962). *Emotion in psychotherapy*. Secaucus, NJ: Lule Stuart.

Freud, S.(1912). *Dynamics of the transfernce*. Standard edition. 12, 9B7-118.

Mearns, D., & Thorn, B.(1988). *Person-Centered Counseling in Action.* London: Sage Publications.

Pope, B., & Siegmn, A.(1970). Anxiety and speech in the initial interview. *Journal of Consulting and Clinical Psychology,* 43, 504-510.

Rogers, C. R.(1942). *Counseling and psychotherapy*. Boston: Houghton Mifflin Company.

Rogers, C. R.(1961). *On becoming a person*. Boston: Houghton Mifflin Company.

Rogers, C. R.(1980). *A way of being*. Boston: Houghton Mifflin Company.

Salo, M., & Shumate(1993). Counseling minor clients. In T. Remley Jr. (Ed.). *The ACA Legal Series*, Vol. 4. Alexandria, VA: American Counseling Association.

Sharpley, C. F., & Ridgway, I. R.(1993). An evaluation of the effectiveness of self-efficacy as a predictor of trainees' counseling skills performance. *British Journal of Counseling Psychology*, 35, 397-401.

Skinner, B. F.(1953). *Walden two*. New York : Macmillan.

Skinner, B. F.(1971). *Beyond freedom and dignity*. New York : Knopf.

Sue, D. W., & Sue, D.(2002). *Counseling the Culturally Diverse Theory and Practice*(4th ed). New York: John Wiley & Sons.

Tompson, C. L., & Rudolph, L. B.(2001). *Counselling children*. Monterey, CA : Brooks/Cole.

Watson, J. B., & Rayner, R.(1920). Conditional emotional reaction. *Journal of Experimenal Psychology*, 3(1), 1-14.

Winnicott(1963). *Playing and reality*. London : Tavistock.

Wolberg, L. R.(1994). *The technique of psychotherapy*. New York: Grane & Stratton.

Zapadka, J. K.(1982). Measuring response empathy: The development of multicomponent rating scale. *Journal of Counseling Psychology*, 29, 379-387.

한국교류분석협회 홈페이지 www.ta.or.kr

찾아보기

저자 소개

정효정
이화여자대학교 대학원 사회복지학 박사
Washington Baptist University 교수(family studies)

심순애
숙명여자대학교 대학원 아동심리치료전공 석사
온양성심신경내과 심리치료사

이준희
성균관대학교 대학원 아동학전공 박사수료
이준희아동청소년심리상담소장

장문규
인하대학교 대학원 아동복지전공 박사과정
한국부모아동연구소장

전영택
한국교원대학교 대학원 교육학 석사
한국교류분석상담연구원 슈퍼바이저

김미숙
아주대학교 공공정책대학원 사회복지학 석사
블루밍어린이집 시설장

채소희
덕성여자대학교 대학원 유아교육전공 박사수료
동원대학 아동보육복지과 겸임교수

허린강
인하대학교 대학원 아동복지전공 박사수료
한국컬러케어연구소

현장 중심 상담심리

2010년 9월 1일 초판 인쇄
2010년 9월 5일 초판 발행

지은이 | 정효정 · 심순애 · 이준희 · 장문규
전영택 · 김미숙 · 채소희 · 허린강
발행인 | 유제구
발행처 | 파워북
주 소 | 서울 마포구 염리동 161-5 대동빌딩 4층
전 화 | (02) 730-1412
팩 스 | (02) 730-1410
등 록 | 1997. 1. 1 제 300-1997-13

정 가 18,000원
ISBN 978-89-8160-160-7 93590